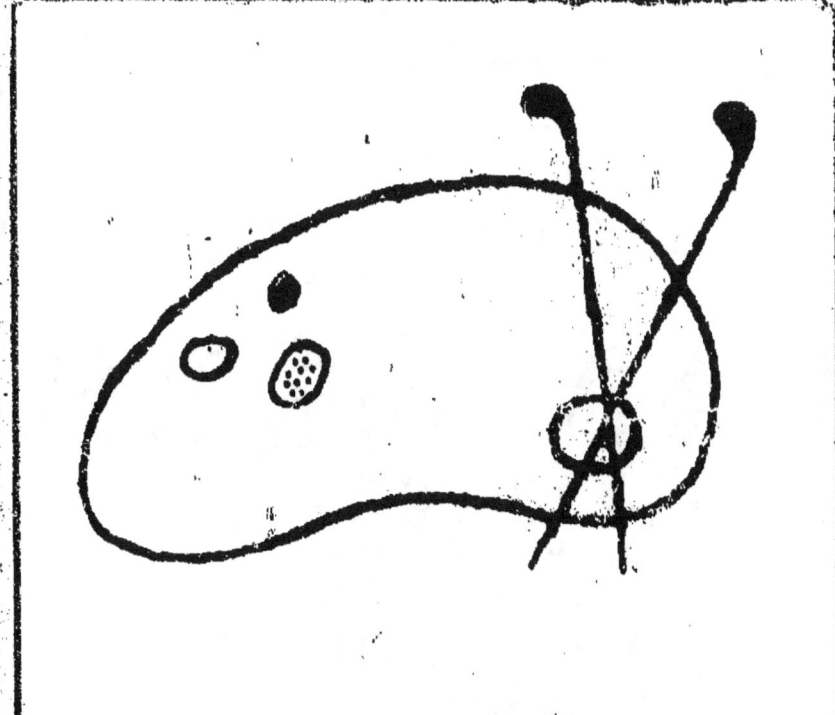

Début d'une série de documents en couleur

ŒUVRES POSTHUMES DE P.-J. PROUDHON

# LA BIBLE ANNOTÉE
(NOUVEAU TESTAMENT)

LES

# ÉVANGILES

annotés

## PAR P.-J. PROUDHON

PARIS
LIBRAIRIE INTERNATIONALE
15, BOULEVARD MONTMARTRE
A. LACROIX, VERBOECKHOVEN & Cⁱᵉ, ÉDITEURS
à Bruxelles, à Leipzig et à Livourne

1866

Tous droits de reproduction et de traduction réservés

## CHEZ LES MÊMES ÉDITEURS

### I. — ŒUVRES COMPLÈTES DE P.-J. PROUDHON

Les Contradictions Économiques (3ᵉ édit.). 2 vol. in-18 jésus. 7 »
1ᵉʳ et 2ᵉ Mémoires sur la Propriété (3ᵉ édit.). 1 vol. in-18 jésus. 3 50
Création de l'Ordre dans l'Humanité (3ᵉ édit.). 1 v. in-18 jésus. 3 50
Avertissement aux Propriétaires. Célébration du Dimanche. — De la Concurrence. — Le Miserere. 1 vol. in-18 jésus. . 3 50
Manuel du Spéculateur a la Bourse (6ᵉ édit.). 1 vol. in-18 jésus . . . . . . . . . . . . . . . . . . 3 50
Confessions d'un Révolutionnaire (4ᵉ édition). 1 vol. in-18 jésus. 3 50

L'ordre des autres volumes sera indiqué ultérieurement.

### II. — ŒUVRES POSTHUMES DE P.-J. PROUDHON

LA BIBLE ANNOTÉE par Proudhon.

    Le Nouveau Testament. *Les quatre Évangiles.* 1 fort v. in-18 jésus . . . . . . . . . . 4 »

    —      — *Les Actes des Apôtres; les Épîtres; l'Apocalypse.* 1 vol. in-18 jésus.

    L'Ancien Testament. *La Genèse. L'Exode.* 1 volume in-18.

    —      *Le Deutéronome. Le Lévitique. Les Nombres*, etc. 1 volume in-18.

    —      *Les Rois. Les Prophètes. Les Psaumes*, etc. 1 volume in-18.

La Pornocratie ou les Femmes. 1 vol. in-18.
La Féodalité Industrielle. 1ʳᵉ étude : *Fondateurs et Actionnaires.* 1 vol. in-18 jésus (en collaboration avec G. Duchêne, ainsi que le *Manuel du Spéculateur*, dont la *Féodalité Industrielle*, comprenant 5 études, forme la suite).
Conclusions sur les Évangiles et la Vie de Jésus. 1 vol. in-18.
Histoire de Jéhovah ou histoire de la Conscience juive. 1 vol. in-18.

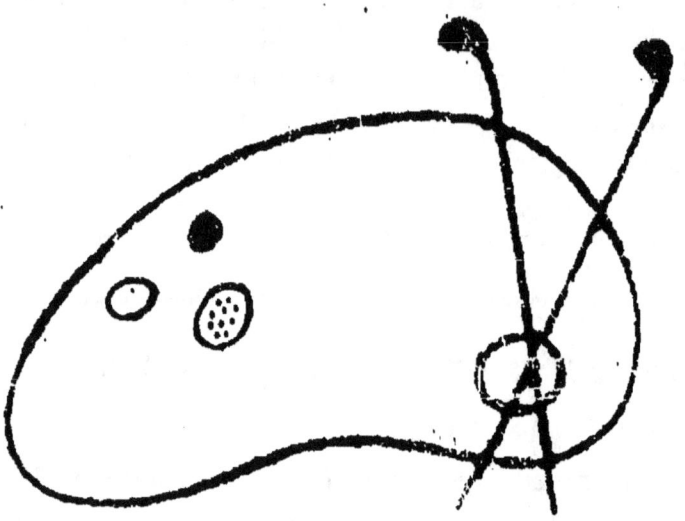

Fin d'une série de documents
en couleur

LES
EVANGILES

A

13577

PARIS. — IMP. POUPART-DAVYL ET COMP., 30, RUE DU BAC.

ŒUVRES POSTHUMES DE P.-J. PROUDHON

# LA BIBLE ANNOTÉE

(NOUVEAU TESTAMENT)

# LES ÉVANGILES

ANNOTÉS

## PAR P.-J. PROUDHON

PARIS

LIBRAIRIE INTERNATIONALE

15, BOULEVARD MONTMARTRE

A. LACROIX, VERBOECKHOVEN & C<sup>e</sup>, ÉDITEURS

*à Bruxelles, à Leipzig et à Livourne*

1866

Tous droits de reproduction et de traduction réservés

# AVERTISSEMENT AU LECTEUR

La Bible sur laquelle Proudhon a écrit ses annotations a été imprimée en 1837, sous sa direction, lorsqu'il était correcteur chez MM. Gauthier, à Besançon. C'est lui qui on a revu les épreuves. Le titre est ainsi libellé : BIBLIA SACRA (sur son exemplaire, le commentateur a ajouté à la plume : PROUDHONIANA), *Vulgatæ editionis, Sixti V et Clementis VIII, pont. max., auctoritate recognita; editio nova, notis chronologicis, historicis, geographicis, ac novissime philologicis illustrata.* C'est une fort belle édition in-quarto. De 1837 à 1864, Proudhon a consigné sur les grandes marges de son exemplaire, ses notes critiques, chronologiques, historiques, philologiques, philosophiques, théologiques et politiques. Il y travaillait à ses loisirs, et jusque dans les derniers mois de sa vie.

Une seule note est datée : celle de la page 4 des Évangiles. La différence de date des commentaires se reconnaît : 1° à la nuance de l'encre, plus ou moins jaunie et décolorée ; 2° aux modifications et rectifications apportées aux points de vue premiers par des observations et des études ultérieures.

Pour la commodité des lecteurs, le texte latin de la Vulgate a été remplacé par la traduction française de Le Maître de Sacy, acceptée par l'Église ; le latin est cité chaque fois que la clarté du commentaire l'exige.

# TABLE ANALYTIQUE

# DES COMMENTAIRES

## SUR LES ÈVANGILES

Accommodations de l'histoire et des discours de Jésus aux prophéties et aux Écritures de l'Ancien Testament, notes c, e, page 11 — f, 12 — b, c, d, 13 — g, h, i, 14 — j, k, 15 — h, b, 18 — e, 20 — c, 29 — i, 36 — f, 38 — i, 42 — a, 43 — d, 54 — e, 65 — c, 67 — u, b, 70 — a, 73 c, 74 — j, 101 — f, 111 — r, 115 — u, 117 — v, 118 — b, c, 119 — d, 171 — b, 176 — c, d, 187 — m, 192 — n, 202 — r, s, t, 203 — u, v, x, 204 — d, 207 — i, k, 208 — o, q, 210 — w, x, 211 — k, 220 — b, 226 — d, 232 — l, 246 — l, 304 — q, 311 — g, 324 — h, 342 — r, 351 — a, 366 — g, h, 375 — s, 378 — c, 403 — i, j, k, 405 — o, p, 406 a, 408.

Accommodations de l'histoire et des discours de Jésus à l'histoire et aux doctrines de l'Église, note g, page 36 — h, 45 — a, 48 — l, 51 — e, 55 — t, 56 — h, 66 — g, 71 — i, 72 — b, 73 — c, d, e, 87 — h, 100 — l, m, 101 — o, p, 102 — q, 104 — a, 105 — b, 106 — i, 112 — k, 113 — t, 116 — e, 119 — j, 120 — k, 121 — m, 122 — o, 123 — a, b, 125 — c, 126 — f, 127 — e, 145 — g, 148 — a, 150 — e, 154 — d, 159 — a, 173 — b, 174 — j, 179 — k, l, 180 — h, 189 — j, 191 — g, h, 199 — i, 200 — p, 202 — w, 204 — h, j, 208 — n, 210 — v, 211 — n, 220 — g, 228 — a, 231 — e, 237 — j, 240 — b, c, 242 — h, 244 — j, 246 — a, 248 — e, f, 265 — a, 267 — d, 273 — c, 277 — h, 279 — d, f, 289 — b, 291 — m, 301 — b, 302 — m, 304 — b, 307 — f, h, 308 — k, 310 — p, 311 — s, 312 — e, 319 — c, 323 — i, j, 325 — o, 328 — e, 331 —

*e*, 335 — *g*, 336 — *k*, *m*, 343 — *m*, 350 — *n*, 356 — *q*, 357 — *f*, 363 — *i*, 364 — *n*, 365 — *j*, 368 — *k*, 369 — *p*, 370 — *q*, 371 — *c*, 373 — *f*, 374 — *k*, 376 — *m*, 377 — *r*, 378 — *a*, *c*, 384 — *e*, 385 — *e*, *f*, 389 — *a*, 390 — *a*, 393 — *i*, 396 — *i*, 400 — *h*, 404 — *b*, *c*, 409 — *g*, *a*, 411 — *b*, 412. — Sur ce sujet, voir tout l'Évangile de saint Jean. — Voir aussi le mot *foi*.

ÆONS, note *b*, page 317 — *n*, 356 — *n*, 365.

AGONIE, notes *l*, *m*, page 114 — *m*, 181 — *e*, 188 — *i*, *j*, 299.

APÔTRES, note *a*, page 18 — *g*, 20 — *a*, 43 — *p*, 48 — *d*, 141 — *c*, 227 — *a*, 241 — *a*, *c*, 248 — *i*, 259 — *g*, 297 — *c*, 380 — *e*, 391 — *k*, 392 — *l*, 393 — *a*, 408 — *b*, 409 — *e*, 410 — *b*, 412.

CHRIST (sur cette qualification), note *a*, page 10 — *j*, 42 — *b*, 53 — *g*, 71 — *k*, 121 — *b*, 176 — *k*, 180 — *h*, 219 — *m*, 307 — *i*, 327 — *c* 373 — *g*, 411. — Voir aussi les mots *Fils de Dieu*, *Messie*, etc.

CONTRADICTIONS, divergences, note *c*, page 48 — *d*, 49 — *m*, 51 — *l*, *m*, 63 — *b*, 86 — *l*, 98 — *i*, 112 — *f*, 119 — *l*, 122 — *p*, *q*, 124 — *d*, 126 — *g*, 127 — *a*, 137 — *b*, 138 — *d*, 140 — *e*, 142 — *a*, 143 — *c*, 144 — *d*, *e*, 145 — *a*, 146 — *a*, 150 — *b*, 176 — *c*, 177 — *j*, 179 — *c*, 187 — *g*, 188 — *h*, *b*, *c*, 189 — *d*, *e*, *f*, *g*, 190 — *h*, 191 — *j*, 200 — *k*, 201 — *p*, *q*, 202 — *l*, 209 — *i*, 216 — *a*, *b*, *c*, 217 — *d*, 218 — *f*, 219 — *k*, *l*, *m*, *n*, 220 — *p*, 221 — *d*, 225 — *a*, 226 — *g*, *h*, 228 — *k*, 234 — *m*, 235 — *d*, *a*, 237 — *h*, 239 — *n*, 251 — *o*, 257 — *d*, 268 — *e*, 273 — *h*, 298 — *m*, 304 — *o*, 306 et suiv. — *r*, 311 — *f*, 324 — *m*, 328 — *n*, 333 — *q*, 344 — *e*, 347 — *n*, 356 — *o*, 370 — *a*, *b*, *c*, 373 — *e*, 374 *o*, 377 — *b*, 380 — *e*, 391, — *d*, *e*, 398 — *e*, 403 — *i*, 405 — *q*, 407 — *c*, 409.

DATES, observations sur la chronologie, pages 7 et 9 — note *a*, page 13 — *b*, 16 — *a*, 85 — *b*, *c*, 109 — *h*, 111 — *n*, 123 — *e*, 127, — page 195, — note *c*, page 198 — *f*, 199 — *a*, *b*, 206 — *a*, 213 — *h*, 215 — *b*, 217 — *g*, 238 — *a*, 252 — *a*, 263 — *d*, 292 — *b*, 295, — page 315, — note *c*, page 318 — *j*, 320 — *b*, 323 — *d*, *e*, *f*, 324 — *k*, 325 — *c*, 329 — *m*, 332 — *a*, 334 — *a*, *b*, 339 — *a*, 347 — *g*, 363 — *u*, 372 — *a*, 379 — *b*, 380 — *i*, 383 — *e*, 403 — *c*, 413 — *g*, 414. — Chronologie sacrée, 417.

EUCHARISTIE, Cène, Pâque, *g, h*, 111 — *i, j*, 112 — *c*, 295 — *e, f*, 296 — *g*, 297 — *g*, 341 et suiv., jusqu'à la fin du chap. vɪ; — *b, c*, 380 — *i*, 396-397.

ÉVANGILES, introduction, page 1; — étymologie, 7; — authenticité, 7 et 197; — Évangile de saint Matthieu, 9; — de saint Marc, 131; — de saint Luc, 195; — de saint Jean, 315.

EXCOMMUNICATION, note *c*, page 77 — *j*, 179 — *j, a*, 275 — *d*, 353.

FILS DE DAVID, FILS DE DIEU, FILS DE L'HOMME, note *c*, page 11 — *h*, 14 — *j*, 37 — *i*, 42 — *a*, 43 — *e*, 55 — *m*, 63 — *i*, 72 — *g*, 94 — *a*, 105 — *e*, 107 — *f*, 108 — *u*, 117 — *b*, 138 — *c*, 141 — *e*, 142 — *a*, 150 — *e*, 160 — *n*, 202 — *z*, 211 — *i*, 216 — *q*, 222 — *e*, 243 — *h*, 244 — *f*, 255 — *d*, 258 — *l, m*, 301 — *d*, 318 — *i*, 327 — *e*, 335 — *g*, 336 — *l*, 364 — *n*, 365 — *a*, 393 — *b*, 403. — Voir aussi *Christ, Messie*.

FOI (doctrine de la), note *c*, page 36 — *a*, 38 — *h*, 41 — *m*, 51 — *f*, 68 — *d*, 74 — *g, h*, 148 — *e*, 154 — *a*, 231 — *l*, 241 — *b*, 276 — *c*, 277 — *e*, 278 — *k*, 283 — *m*, 338 — *j*, 342 — *e*, 410.

GÉNÉALOGIES, page 3 — notes *b* et *c*, page 11 — *i*, 216 — *j*, 217.

GRACE (dogme de la), note *r*, page 203 — *n*, 210 — *i*, 228.

INTERPOLATIONS, note *e*, page 38 — *a*, 43 — *h*, 45 — *o*, 47 — *p, a*, 48 — *g, i*, 50 — *j*, 56 — *b*, 58 — *d*, 59 — *e*, 60 — *h*, 61 — *e, f*, 68 — *h, i*, 72 — *b*, 73 — *c*, 74 — *e*, 75 — *i*, 90 — *d*, 93 — *a, b, c, d*, 99 — *e, f, h*, 100 — *j, l, m*, 101 — *q, r*, 104 — *a*, 105 — *e*, 107 — *d*, 110 — *k*, 113 — *r*, 115 — *s*, 116 — *m*, 122 — *f*, 127 — *c*, 134 — *c*, 139 — *e*, 154 — *a, d*, 159 — *a*, 173 — *b, c*, 174 — *a*, 176 — *i, j*, 191 — *m*, 192 — *n*, 210 — *v*, 211 — *e*, 218 — *i*, 228 — *j*, 229 — *e*, 243 — *f*, 244 — *d*, 273 — *h, i*, 279 — *i*, 282 — *c*, 291 — *o*, 328 — *b*, 334 — *e*, 335 — *c*, 352 — *i*, 364 — *a*, 366 — *i*, 367 — *j*, 368 — *k*, 369 — *p*, 370 — *q*, 371 — *m*, 377 — *a, d*, 390 — *b*, 394 — *e*, 395 — *a*, 411.

JEAN-BAPTISTE, note *a*, pages 16 et suivantes — *c*, 19 — *b, c*, 64 — *a*, 133 — *d*, 134 — *c*, 151 — *a*, 198 — *b, c, d, e*, 214 — *f, g*, 215 — *h, l, m*, 320 — *n*, 321 — *a*, 322 — *m*, 328 — *o*, 365.

JÉSUS, *sa morale, sa doctrine, sa mission*, note *g*, page 17 — *a*, 21 —

c, 23 — d, 24 — c, 25 — i, j, k, l, 27 — a, b, 28 — d, 29 — e, f, g, h, i, 30 — j, 31 — a, b, 32 — c, d, e, f, 33 — g, h, i, 34 — j, k, 37 — f, g, 40 — h, 41 — d, 44 — e, g, j, 45 — n, 52 — k, 57 — e, f, 60 — g, 61 — i, j, 62 — n, 63 — g, 71 — d, 74 — a, b, 76 — b, 79 — c, d, 80 — a, 82 — b, 83 — e, 87 — a, 90 — d, e, f, 93 — a, 105 — c, 106 — f, 108 — i, j, 112 — k, 121 — b, d, 134 — a, 161 — g, 173 — o, 184 b, 186 — aa, 212 — j, 229 — l, 235 — e, 243 — o, 251 — b, 253 — d, 258 — j, k, l, 260 — n, o, p, q, 262 — d, e, 265 — h, 266 — b, 267 — e, f, 269 — d, 271 — g, 274 — b, 276 — c, 277 — c, 284 — a, 329 — f, 331 — c, 340 — j, 342 — s, 345 — m, 350 — b, 352 — d, e, 353 — s, 371 — c, 380 — e, 381 — h, 382 — e, 389 — h, 396 — f, 399. — Voir Messie.

Jésus, *sa polémique*, note d, page 36 — b, 38 — c, e, 39 — i, 45 — e, f, 49 — a, 52 — b, 53 — c, 54 — l, 57 — b, c, 58 — h, 89 — g, 94 — b, c, d, e, 96 — f, g, h, i, 97 — a, 155 — n, 220 — d, 225 — d, 232 — j, 275 — c, 280 — f, 281 — a, 286 — b, 287 — k, 349 — f, g, 354 — j, 355 — p, 357 — a, 358 — f, 387.

Jésus, *sa politique*, note a, page 18 — c, d, 19 — g, 20 — b, 35 — j, 42 — c, 44 — p, c, 48 — j, 50 — b, 53 — i, 56 — d, 64 — f, 75 — a, 85 — c, 87 — b, 92 — e, 110 — d, 141 — a, 170 — r, 222 — m, 241 — c, 259 — c, 288 — e, 294 — f, 374.

Jésus, *hésitations équivoques* sur son rôle, contradictions dans sa conduite, note j, page 42 — b, 44 — l, 46 — m, 51 — a, 109 — t, 116 — v, 118 — f, 135 — k, 364 — i, 367 — n, 369.

Judas-Iscariote, note f, page 114 — a, 119 — e, 177 — g, 178 — i, 179 — a, 294 — g, 297 — d, 374 — n, 377 — b, 380 — g, 382 — d, 395 — a, 397.

Messie, messianisme, messianité, page 4 — note i, page 14 — a, 16 — f, g, 17 — f, 20 — a, 24 — j, 42 — c, 48 — e, 49 — g, i, j, 50 — b, 53 — e, 60 — h, 61 — b, 64 — g, 71 — i, 72 — b, 83 — b, 92 — g, 94 — c, 99 — h, 100 — m, 101 — f, 108 — a, 109 — e, 110 — k, 113 — r, 115 — t, 116 — u, 117 — v, 118 — j, 120 — k, 121 — m, 122 — b, 125 — c, 126 — d, 134 — f, 135 — b, 138 — c, 141 — e, 142 — a, 150 — e, 154 — c, 174 — d, 175 — b, 176 — g, 178 — i, 179 — k, l, 180 — m, 181 — o, 184 — a, 185 — b, 186 — e, 187 — n, 202 — y, z, aa,

205 — g, 207 — aa, 212 — b, 214 — j, 215 — e, 218 — d, 232 — g, 233 — m, 235 — c, 242 — c, 243 — g, 244 — j, 246 — o, 247 — g, 258 — m, 261 — e, g, 269 — d, 273 — f, 278 — i, 279 — b, 291 — a, 294 — g, 297 — g, h, 303 — m, 304 — h, 308 — s, 312 — l, 320 — d, 326 — m, 328 — f, g, 336 — j, 342 — e, 343 — l, 346 — b, 347 — k, 349 — r, 351 — e, 353 — f, 354 — p, q, 357 — c, 360 — h, 363 — n, 365 — r, 371 — c, 373 — d, f, 374 — o, 377 — p, r, 378 — i, 395 — c, 398 — f, 399 — h, 400 — j, 401 — g, 414. — Voir encore *Verbe*, etc.

MILLÉNAIRES, ou fin du monde, note f, page 17 — k, 46 — o, p, 102 — a, 105 — b, 106 — g, 161 — m, 261 — d, 292 — f, 301 — c, 413.

MIRACLES, notes g, h, page 36 — d, 49 — g, h, 66 — a, 222 — b, 231 — j, 240 — c, 254 — g, 319 — c, 323 — o, p, q. 333 — b, 334 — h, 337 — d, e, f, 341 — h, 342 — o, 365 — d, 366 et suivantes.

NOMS PROPRES, ayant une signification, page 3 — note d, page 11 — r, 203 — k, 208 — r, 210 — h, 274.

PROPHÉTIES, voir *Accommodations*.

RÉSURRECTION de Jésus-Christ, note b, page 125 — g, 127 — h, 128 — a, 189 et suiv. — l, n, 192 — o, 306 et suiv. — q, 407 — d, e, 410 — g, 414 et suiv.

RÉSURRECTION (doctrine de la), note i, page 56 — b, 73 — d, e, 93 — b, 125 — h, 129 — b, 170 — c, d, 171 — l, 192 — c, 242 — c, 267 — d, e, f, 289 — a, 306 — k, m, 343 — l, 356 — f, 363 — j, 368 — k, 369 — d, 410.

TESTAMENT, page 1 et suiv.

VERBE ou *Logos*, note e, page 255 — a, b, 317 — c, f, 319 — g, 336 — m, 350 — n, 356 — o, q, 357 — n, 365 — r, 378 — a, c, 384.

FIN DE LA TABLE

# INTRODUCTION

# AUX ÉVANGILES

*Novum Jesu Christi Testamentum :* titre inexact et faux. Le Nouveau Testament, imaginé en opposition à l'Ancien, n'est pas de Jésus-Christ ; il a eu pour point de départ et prétexte Jésus-Christ.

---

L'Église chrétienne, a dit Lessing, n'est pas sortie des écrits du Nouveau Testament : ce sont, au contraire, les écrits du Nouveau Testament qui sont sortis de l'Église. Cette remarque doit servir de base à toute l'exégèse de cette partie de la Bible. C'est dans le mouvement des Églises, dans leurs rivalités, dans leurs discussions spéculatives, qu'il faudra chercher la cause, la date, le but et le sens des divers écrits qui composent ce Testament.

---

Serait-ce outrer le paradoxe d'oser dire qu'à l'exception de deux ou trois Épîtres, le Nouveau Testament tout entier n'est qu'une fade légende, imitée et composée d'après les fables des livres juifs ? C'est ce que je ferai ressortir à mesure que l'occasion s'en présentera. Mais n'oublions pas qu'il y a ici, en regard l'un de l'autre, deux systèmes d'interprétation : — l'un, orthodoxe, qui prétend, d'une part, que les Écritures contenues dans le Nouveau Testament sont authentiques; d'autre part, que ce Testament, c'est-à-dire les faits et discours qui y sont relatés, sont réellement le complément de l'Ancien, qui les avait annoncés, soit par des figures ou événements figuratifs, soit par des prédictions formelles ; — l'autre, rationaliste, qui affirme, à l'aide d'une interprétation fondée sur une critique historique et philologique rigoureuse, que le Nouveau Testament est une compilation de passages mal entendus, déguisés, interpolés, au moyen desquels on a imaginé l'histoire tout entière de Jésus-Christ, auquel le Pentateuque, les Psaumes, les Prophètes n'eurent jamais la moindre envie de faire allusion.

Mais comme toute cette discussion repose sur deux termes, l'exégèse des anciens livres et le sens que leur ont attribué les nouveaux, il faut d'abord constater les rapports de conformité qui établissent le fait d'*imitation*, sinon de *plagiat*.

TITRE. — La loi de Moïse se nommait le *traité*, le *pacte* ou l'*alliance* de Jéhovah, *fœdus*, διαθήκη, ברית. Par suite de la double signification du grec διαθήκη, qui veut dire aussi *testament* ou *codicille*, cette loi fut appelée le *Testament de Dieu*, l'*Ancien Testament*. — Sur cela, on ne pensa pas mieux faire que d'appeler la réforme de Jésus, cru fils de Dieu, le *Testament de Jésus-Christ*, le *Nouveau Testament*. D'ailleurs, Jésus-Christ étant mort pour tous les hommes, sa loi pouvait avec convenance être appelée un *testament ;* mais, appliquée à la loi de Jéhovah, cette dénomination était absurde.

---

Généalogies, Noms. — Jésus était dit fils de David ; or, on lit dans les histoires juives les généalogies de tous les grands principaux personnages. Il était tout simple de faire celle du Messie ; il eût été inconvenant de ne pas la faire. En conséquence, on la composa, plus ou moins heureusement, de trois fois quatorze générations (*Matthieu*, i, 17), lesquelles se trouvent démenties par l'histoire et par la généalogie de Luc.

Quelque chose d'extraordinaire s'était passé à la naissance de tous les grands personnages : la mère de Samson, celle de Samuel, celle d'Isaac, etc., étaient stériles ; on fit mieux pour celle de Jésus : on la supposa vierge-mère, à l'imitation de certaines fables orientales sur le Soleil et Bouddha, ou Laotseu. Ce qui était scabreux à raconter, mais qui n'a pas fait reculer le narrateur, c'est l'inquiétude du fiancé Joseph. On fait intervenir un ange pour le tranquilliser. On avait vu aussi des anges aux naissances d'Isaac et de Samson.

Les noms des anciens personnages étaient tous significatifs ; le fils de Marie reçut aussi un nom significatif de sa future mission. Mais tandis que les noms des anciens furent accommodés après coup aux événements de leur vie, et attribués de la sorte à une révélation, il est probable que *Jésus* ne se crut *Sauveur* que parce qu'il se nommait ainsi. Au reste, rien n'empêcherait que ce nom, vulgaire en Syrie, ne se fût rencontré naturellement chez ce réformateur, dont on ne sait rien, sinon qu'il s'est mis à prêcher, et qu'il a été crucifié pour avoir prêché. Quoi qu'il en soit, on remarquera cette coïncidence de noms entre Jésus et Josué, M-oïse, Osée, Isaïe, qui furent aussi sauveurs, et cette autre entre :

Jean, ainsi nommé parce qu'il fut grâce, miséricorde,
Isaac, ris, joie, allégresse,
M-oïse, sauvé ou sauveur,
Israël, fort contre Dieu.
Abraham, père aux enfants,

et tous les patriarches anté-diluviens, ainsi que les douze enfants de Jacob.

Cette mode, si bien suivie, doit nous mettre en garde contre ces révélations de noms propres faites par des anges (1).

*Collection de textes d'anciens auteurs sur le* Sauveur, Médiateur, Libérateur, Rédempteur, *etc., attendu à toutes les époques et chez la plupart des peuples.*

Les chrétiens abusent, comme l'on sait, de cette vieille croyance, pour s'en faire une preuve de la nécessité et de la réalité du dogme chrétien. La vérité est que cette légende, produit de la triade mythologique et de la misère des peuples, a été une des *causes* efficientes du christianisme, à peu près comme les prophéties, bien ou mal entendues, ont été la *cause* de l'invention de l'Evangile, et, par suite aussi, du

---

(1) *Conciergerie*, 1850. — Les lignes ci-dessus ont été écrites à une époque où je n'avais pas lu Strauss. Le système mythique, développé par ce savant, a été complètement aperçu et développé par moi depuis plus de douze ans. (Cf. le *Miserere* et l'article *Apocalypse* de l'*Encyclopédie catholique*.)

christianisme. C'est un argument grossier qui consiste à prendre l'*effet* de la superstition pour la *justification* de la superstition !...

Eschyle, le *Prométhée* : prédiction d'un fils de Jupiter qui, plus puissant que son père, le détrônera et *délivrera* Prométhée.

Platon, *Alcibiade* II, où Socrate témoigne du besoin d'un Dieu pour enseigner les hommes.

Genèse, prophétie de Jacob, mal entendue; — histoire d'Ève et du serpent.

Nombres, prophétie de Balaam.

Psaumes et Prophètes, *passim*, idée messiaque, — tout le judaïsme.

Virgile, églogue de *Pollion* et livre Ier des *Géorgiques*, sur Jupiter, ou l'âge de fer. (Cf. aussi son commentateur Heyne.)

Plutarque, *De Iside et Osiride*, fable de Typhon, où se trouve un passage tout à fait semblable à celui de la Genèse, III, sur l'écrasement du serpent.

Dictionnaire de la Fable, *Echidna*.

Elias Schedius, *De Diis Germanis*, culte des Gaulois pour Isis, vierge et mère. — Inscription druidique (?) découverte à Châlons-sur-Marne, en 1833 : *Virgini pariturae druides*.

Foucher, *Mémoires* de l'Académie des Inscriptions, tome LXXI, sur les dieux et demi-dieux sauveurs. — Suivant Cicéron, on comptait trente-deux Hercules !

Anquetil-Duperron : il dit que Mithra est *médiateur*. (Cf. *Mémoires* de l'Académie des Inscriptions, tome XXXIV; cf. la Trinité hindoue et celle des Egyptiens, Champollion-Figeac, etc.)

De Guignes, *Mémoires de l'Académie des Inscriptions*, tome XLV, page 543 : que les Chinois attendaient aussi un médiateur.

D'Herbelot, *Bibliothèque orientale*, article *Zardascht*, citation d'Aboul-Faradj.

Boulainvilliers, *Vie de Mahomet* : que les Arabes attendaient un libérateur.

Ramsay, *Discours sur la Mythologie*, sur les Chinois et Lihyki.

Confucius, *Morale* : qu'un saint doit être envoyé du ciel.

Abel Rémusat, trad. de *l'Invariable milieu*, etc., cité par Nicolas, tome II.

De Humboldt, traditions mexicaines, *Vue des Cordillères*, tome 1, pages 235 à 251.

Riambourg, *Traditions scandinaves*.

Mallet, *Voyage en Norvége*.

Volney, *Ruines*.

Voltaire, *Addition* à l'histoire générale, page 15.

Boulanger, *Antiquité dévoilée*, t. II, livre IV, chap. 3 ; *Despotisme oriental*, sect. X, page 146.

Tite-Live, liv. I, n. 4 et 55, sur le Capitole.

Polybe, *Histoire*, prologue, où il montre que les événements poussent le monde à l'*unité*.

Suétone, *Vie d'Auguste*, c. 94.

---

Plus on multiplie les citations, plus on affaiblit la preuve. Il en est de cette croyance comme de celle du *Diable*, dont elle est la corrélative et l'antithèse : elle a sa source dans la constitution de l'esprit humain et les efforts faits par lui pour expliquer le problème de l'existence. Comme l'idée de Dieu a été réalisée dans les cultes antérieurs, de même celle d'un libérateur a été réalisée dans le christianisme.

―――

*Evangelium*, en grec εὐαγγέλιον, *bonne nouvelle*. Ce mot était appliqué par les Juifs à l'annonce du Messie. Ainsi Jean-Baptiste est dit avoir *évangélisé* (*Luc*, III, 18), et tous ceux qui prédisaient l'arrivée prochaine du Messie étaient des évangélisateurs. Jésus fit comme les autres, mais avec cette différence caractéristique, qui fut la base du christianisme, à savoir que lui ne croyait point à la réalité du personnage messiaque ; qu'il n'y voyait qu'un mythe, une allégorie de la réforme sociale. (Cf. *Luc*, II, 52.) — Paul et les autres disent aussi, en parlant de leurs discours et écrits, *mon évangile*.

―――

Sur l'authenticité des Évangiles, les témoignages positifs les plus anciens sont ceux d'Irénée, Clément d'Alexandrie et Tertullien, qui tous trois vivaient sur la fin du deuxième siècle, c'est-à-dire 160 à 170 ans après la disparition de Jésus. Ces trois docteurs admettaient les quatre Évangiles comme véridiques, mais plutôt en vertu de la *tradition* chrétienne que de raisons justificatives et critiques. Avant eux, les seuls témoignages qu'on puisse recueillir sont ceux de Papias et de Polycarpe, le premier mort de 161 à 180, le second mort en 167. Mais Papias, tout en disant que Matthieu a écrit, *en hébreu*, les faits et gestes de Jésus, s'exprime de manière à faire douter qu'il entende parler de l'Évangile actuel. Ce qu'il dit ensuite de Marc ne convient point à l'Évangile qui lui est aujourd'hui attribué. Il se tait sur Luc et sur Jean. Quant à Polycarpe, il est connu pour avoir vu *Jean*, mort vers l'an 100, et auteur présumé du quatrième Évangile; mais il NE DIT RIEN de cet Évangile, et son témoignage n'est ici que négatif, et par hypothèse.

# ÉVANGILE

### SELON (a)

# SAINT MATTHIEU (b)

---

(a) *Selon, secundum,* d'après des renseignements attribués à Matthieu.

(b) Matthieu, auteur de convention du premier Évangile.

Écrit, selon moi, ou collectionné peu de temps après la prise de Jérusalem par Titus, d'après l'ensemble de mes remarques, notamment celle sur l'institution de la Cène. (Cf. *Jean*, XIII, XVI, mes notes, et I *Cor.*, X.)

Des quatre Évangiles, celui de saint Matthieu est le plus intéressant, le mieux narré ; on y trouve plus d'ordre dans les idées, plus de liaison dans les discours et les faits.

D'après Strauss, cet Évangile serait le plus ancien, celui où le travail légendaire s'était borné à rapporter la substance *parabolique* des discours de Jésus, sans s'inquiéter de l'ordre des faits, des dates ni des circonstances de l'événement. Aussi cet Évangile est-il une pure compilation.

Le chapitre I et le chapitre II de saint Matthieu donnent la clef de tout le système évangélique. Les traditions juives sur le Messie avaient dit qu'il descendrait de David : de là, fabrication d'une généalogie pour Jésus ; — qu'il naîtrait à Bethléem : de là, l'histoire du voyage à Bethléem. Tout le reste à l'avenant.

## CHAPITRE I.

### Généalogie de Jésus-Christ. Sa Conception et sa Naissance.

1. Livre de la Généalogie de Jésus-Christ (*a*), fils de David, fils d'Abraham.
2. Abraham engendra Isaac. Isaac engendra Jacob. Jacob engendra Juda et ses frères.
3. Juda engendra, de Thamar, Pharès et Zara. Pharès engendra Esron. Esron engendra Aram.
4. Aram engendra Aminadab. Aminadab engendra Naasson. Naasson engendra Salmon.
5. Salmon engendra Booz, de Rahab. Booz engendra Obed, de Ruth. Obed engendra Jessé. Et Jessé engendra David, *qui fut roi*.
6. Le roi David engendra Salomon, de celle qui avait été *femme* d'Urie.
7. Salomon engendra Roboam. Roboam engendra Abias. Abias engendra Asa.
8. Asa engendra Josaphat. Josaphat engendra Joram. Joram engendra Ozias.
9. Ozias engendra Joathan. Joathan engendra Achaz. Achaz engendra Ezéchias.
10. Ezéchias engendra Manassé. Manassé engendra Amon. Amon engendra Josias.
11. Josias engendra Jéchonias et ses frères, vers le temps où les Juifs furent transportés à Babylone.
12. Et, depuis qu'ils furent transportés à Babylone, Jéchonias engendra Salathiel. Salathiel engendra Zorobabel.
13. Zorobabel engendra Abiud. Abiud engendra Éliacim. Eliacim engendra Azor.
14. Azor engendra Sadoc. Sadoc engendra Achim. Achim engendra Eliud.
15. Eliud engendra Eléazar. Eléazar engendra Mathan. Mathan engendra Jacob;

---

(*a*) *Christi* : sur cette qualification donnée à Jésus, voir Strauss, mes notes ci-dessus sur les quatre Évangiles, *passim*, mes notes sur les Épîtres, et ma note sur la chronologie d'Ussérius, à la fin de ce volume.

16. Et Jacob engendra Joseph, l'époux de Marie, de laquelle est né Jésus, qui est appelé Christ.

17. Il y a donc en tout, depuis Abraham jusqu'à David, quatorze générations ; depuis David jusqu'au temps où les Juifs furent transportés à Babylone, quatorze générations ; et, depuis qu'ils furent transportés à Babylone jusqu'à Jésus-Christ, quatorze générations (*b* et *c*).

18. Quant à la naissance de *Jésus*-Christ, elle arriva de cette sorte : Marie, sa mère, ayant épousé Joseph, se trouva grosse, ayant conçu dans son sein *par l'opération* du Saint-Esprit, avant qu'ils eussent été ensemble.

19. Or Joseph, son mari, étant juste et ne voulant pas la déshonorer, résolut de la renvoyer secrètement.

20. Mais, lorsqu'il était dans cette pensée, un ange du Seigneur lui apparut en songe, et lui dit : Joseph, fils de David, ne craignez point de prendre *avec vous* Marie, votre femme ; car ce qui est né dans elle a été *formé* par le Saint-Esprit.

21. Elle enfantera un fils, à qui vous donnerez le nom de Jésus ; parce que ce sera lui qui sauvera son peuple, *en le délivrant* de ses péchés (*d*).

22. Or tout cela se fit pour accomplir ce que le Seigneur avait dit par le prophète (*e*), en ces termes:

---

(*b*) Verset 17. — Manière de retenir la généalogie.

(*c*) Versets 2-17. — Le soin qu'on a eu de fabriquer une généalogie à Jésus et de le faire naître à Bethléem prouve précisément qu'il n'est ni de la race de David, ni juif; il est *Galiléen*, natif de Nazareth, et résidant habituel de Capharnaüm.

(*d*) Versets 18-21. — Cette fable a son analogue dans toutes les mythologies.

(*e*) Michaélis suspecte l'authenticité de ce passage, parce que, dit-il, le passage cité ne correspond pas littéralement à l'événement auquel il est appliqué; et il refuse de le considérer comme une simple *application*, attendu la manière solennelle dont il est présenté. A cette occasion, M. le docteur Wisemann, sans accorder d'abord que la prophétie ne regarde point spécialement et uniquement Jésus-Christ, se borne à soutenir, contre Michaélis, l'authenticité du texte,

23 Une Vierge concevra, et elle enfantera un fils, à qui on donnera le nom d'Emmanuel, c'est-à-dire Dieu avec nous (*f*).

24. Joseph, s'étant donc éveillé, fit ce que l'ange du Seigneur lui avait ordonné, et prit sa femme *avec lui*.

25. Et il ne l'avait point connue (*g*) quand elle enfanta son fils premier-né, à qui il donna le nom de Jésus.

---

en faisant voir que la phrase de l'Évangéliste s'emploie fréquemment dans les écrivains syriaques, en Orient, et aujourd'hui même parmi les Arabes, et il en cite des exemples. Les preuves qu'il donne sont en effet très-concluantes, et rien n'empêche d'entendre dans ce sens le passage de saint Matthieu, si l'on prouve que la prophétie qu'il rapporte ne regarde point Jésus-Christ. Mais il ne faut pas oublier, — chose que Michaélis et Wisemann ne pouvaient adopter à cause de leurs préventions dogmatiques, — que les prophètes n'étaient plus entendus chez les Juifs, au temps de Jésus-Christ, et qu'on ne se faisait point scrupule d'y trouver la prophétie de tout ce qu'on voulait, indépendamment du sens littéral, de la suite et de l'esprit des textes. Je pense donc que saint Matthieu est réellement auteur du passage; qu'il l'a entendu de Jésus-Christ; qu'il ne le cite pas par application : l'erreur manifeste où il se jette doit servir de mesure à la croyance que l'on doit avoir dans la compétence des historiens évangéliques à interpréter les Écritures. Mais qui a donné l'idée de faire de telles accommodations à la vie de Jésus? Ici le docteur Strauss répond : Le sens des prophéties était, dès avant Jésus-Christ, détourné de la vérité; et ce fut en raison de ce détournement, en raison de l'opinion qu'on s'était faite de la génération du Messie à venir, que fut imaginée l'histoire de la conception de Jésus.

(*f*) Premier exemple d'accommodation de textes pris de l'Ancien Testament et convertis en prophéties. Ce passage d'Isaïe n'a aucun rapport à l'enfantement de Marie. (Voir mes notes sur Isaïe.)

(*g*) *Cognoscebat* : cela supposerait qu'il la *connut* après. Remarquons cette imitation du vieux style biblique; comme

# CHAPITRE II.

### Adoration des Mages. Fuite de Jésus en Égypte. Massacre de Bethléem. Retour d'Égypte.

1. Jésus étant donc né dans Bethléem, *ville de la tribu* de Juda, du temps du roi Hérode (*a*), des Mages (*b*) vinrent de l'Orient à Jérusalem.
2. Et ils demandèrent : Où est le Roi des Juifs, qui est *nouvellement* né? car nous avons vu son étoile (*c*) en Orient, et nous sommes venus l'adorer.
3. Ce que le roi Hérode ayant appris, il en fut troublé, et toute la ville de Jérusalem avec lui.
4. Et, ayant assemblé tous les princes des prêtres et les scribes, *ou docteurs* du peuple, il s'enquit d'eux où devait naître le Christ.
5. Ils lui dirent *que c'était* dans Bethléem, *de la tribu* de Juda, selon ce qui a été écrit par le prophète :
6. Et toi, Bethléem, terre de Juda, tu n'es pas la dernière d'entre les principales villes de Juda; car c'est de toi *que* sortira le chef qui conduira mon peuple d'Israël (*d*).

---

si l'on demandait de pareils renseignements. (Cf. *Luc*, I, 1, 38.)

(*a*) *In diebus Herodis*. La date valait la peine d'être marquée; mais non; on se croyait encore à la création, et l'on écrivait l'histoire comme aurait fait Mathusalem. — Hérode régna trente-sept ans.

(*b*) *Magi*. Imitation de l'histoire de la reine de Saba et application du verset 10 du psaume LXXI.

(*c*) *Stellam*, voilà l'étoile de Balaam.

(*d*) La prophétie de Michée n'a pas le moindre rapport à Jésus-Christ. Suivant toute probabilité, Jésus est né à Nazareth; il n'était pas même de la tribu de Juda : c'est la tradition juive concernant le Messie qui l'a fait descendre de David et naître à Bethléem.

7. Alors Hérode, ayant fait venir les Mages en particulier, s'enquit d'eux avec grand soin du temps auquel l'étoile leur était apparue ;

8. Et, les envoyant à Bethléem, il leur dit : Allez, informez-vous exactement de cet enfant ; et lorsque vous l'aurez trouvé, faites-le-moi savoir, afin que j'aille aussi moi-même l'adorer.

9. Ayant entendu ces paroles du roi, ils partirent. Et en même temps l'étoile, qu'ils avaient vue en Orient, allait devant eux (e), jusqu'à ce qu'étant arrivée sur le lieu où était l'enfant, elle s'y arrêta.

10. Lorsqu'ils virent l'étoile, ils furent transportés d'une extrême joie ;

11. Et entrant dans la maison, ils trouvèrent l'enfant avec Marie, sa mère ; et se prosternant *en terre*, ils l'adorèrent ; puis ouvrant leurs trésors, ils lui offrirent pour présents de l'or, de l'encens et de la myrrhe.

12. Et, ayant reçu, pendant qu'ils dormaient, un avertissement de ne point aller retrouver Hérode (f), ils s'en retournèrent dans leur pays par un autre chemin.

13. Après qu'ils furent partis, un ange du Seigneur apparut à Joseph, pendant qu'il dormait (f), et lui dit : Levez-vous, prenez l'enfant et sa mère, fuyez en Egypte, et demeurez-y jusqu'à ce que je vous dise *d'en revenir*, car Hérode cherchera l'enfant pour le faire mourir.

14. Joseph, s'étant levé, prit l'enfant et sa mère durant la nuit, et se retira en Egypte (g),

15. Où il demeura jusqu'à la mort d'Hérode : afin que cette parole que le Seigneur avait dite, par le prophète, fût accomplie : J'ai rappelé mon fils (h) de l'Egypte.

16. Alors Hérode, voyant que les Mages s'étaient moqués de lui, entra dans une grande colère, et il envoya tuer, dans Bethléem et dans tout le pays d'alentour, tous les enfants âgés de deux ans et au-dessous (i), selon le temps dont il s'était enquis exactement des Mages.

---

(e) Cette étoile qui marche à vue d'œil !... On a dit, il est vrai, que c'était un météore lumineux.

(f) Nouvelles visions.

(g) Fuite en Égypte : imitation d'Abraham, de Moïse, etc.

(h) Osée parle du peuple, qui était fils de Jéhovah.

(i) *Massacre des Innocents*. Histoire imitée de l'enfance de Joas, échappé aux fureurs d'Athalie, et encore des noya-

17. On vit alors s'accomplir ce qui avait été dit par le prophète Jérémie :

18. Un grand bruit a été entendu dans Rama ; *on y a entendu des plaintes et des cris lamentables* ; Rachel (*j*) pleurant ses enfants, et ne voulant point recevoir de consolations, parce qu'ils ne sont plus.

19. Hérode étant mort, un ange du Seigneur apparut à Joseph, en Egypte, pendant qu'il dormait (*f*).

20. Et lui dit : Levez-vous, prenez l'enfant et sa mère, et retournez dans le pays d'Israël ; car ceux qui cherchaient l'enfant, pour lui ôter la vie, sont morts.

21. Joseph, s'étant levé, prit l'enfant et sa mère, et il se mit en chemin, pour revenir dans le pays d'Israël.

22. Mais, ayant appris qu'Archélaüs régnait en Judée, en la place d'Hérode, son père, il appréhenda d'y aller ; et, ayant reçu, pendant qu'il dormait (*f*), un avertissement *du ciel*, il se retira dans la Galilée.

23. Et vint demeurer dans une ville appelée Nazareth, afin que cette prédiction des prophètes fût accomplie : Il sera appelé Nazaréen (*k*).

---

des ordonnées par Pharaon. Le fondement de cette histoire est double : d'abord, les inquiétudes très-réelles d'Hérode, causées par la croyance universelle du peuple juif à l'arrivée d'un Messie du sang de David (Hérode, Iduméen, était, quoique allié à la famille des Asmonéens, détesté des Hébreux) ; en second lieu, un fait attribué à la vie d'Hérode. On lit dans Macrobe (*Saturnal.*, lib. II, c. 4) : *Cum audisset (Augustus) inter pueros quos in Syriâ Herodes, rex Judæorum, infra bimatum jussit interfici, filium quoque occisum, ait : Melius est Herodis porcum esse quam filium.* Mais Macrobe vivait au cinquième siècle ; ne serait-ce pas la tradition ou légende chrétienne qui l'aurait inspiré ? — Les démêlés d'Hérode avec ses fils sont connus.

(*j*) Rachel est prise par Jérémie pour la nation de Samarie ou le peuple de Joseph, fils de cette Rachel. Dans le prophète, ce passage est relatif à la transportation d'Israël à Babylone.

(*k*) *Nazaræus*, insupportable jeu de mots. D'ailleurs cette prétendue prophétie n'existe pas. — Ceci prouve une fois de

## CHAPITRE III (*a*).

**Prédication de saint Jean-Baptiste. Reproche contre les Pharisiens.
Baptême de Jésus-Christ.**

1. En ce temps-là (*b*), Jean-Baptiste vint prêcher au désert de Judée,
2. En disant : Faites pénitence, car le royaume des cieux (*c*) est proche.
3. C'est lui qui a été marqué par le prophète Isaïe, lorsqu'il dit : La voix de celui qui crie dans le désert *est*. Préparez la voie du Seigneur ; rendez droits ses sentiers.
4. Or, Jean avait un vêtement de poil de chameau et une ceinture de cuir autour de ses reins (*d*) ; et sa nourriture était des sauterelles et du miel sauvage.
5. Alors la ville de Jérusalem, toute la Judée et tout le pays des environs du Jourdain, venaient à lui ;
6. Et, confessant leurs péchés, ils étaient baptisés par lui dans le Jourdain.

---

plus que Jésus est Galiléen et de la ville de Nazareth, c'est-à-dire, s'il faut en croire la géographie, de la tribu de Zabulon. (Cf. ci-dessous, IV, 13 ; et *Luc*, III.)

(*a*) *Mission de Jean le Baptiseur*. A cette époque, l'attente des Juifs en un Messie vainqueur et glorieux était universelle ; tout le monde l'implorait, et s'y préparait par la pénitence. Jean était un de ceux qui l'annonçaient au peuple à haute voix, et se disait envoyé *devant lui* ; il s'appliquait certains passages d'Isaïe et Malachie, prenant le costume et les allures d'Elie, et excitant partout les tièdes et les endurcis. — La légende de Jésus a appliqué au Nazaréen ce que Jean avait voulu faire pour le Messie temporel, objet de tant d'agitations, et qui ne parut jamais.

(*b*) *In diebus illis* : il s'est écoulé *trente ans* depuis la naissance du Christ, dit-on.

(*c*) *Regnum cœlorum*, le royaume du ciel pour Jean est bien la révolution messiaque.

(*d*) Jean porte le costume d'Élie.

7. (e) Mais voyant plusieurs des pharisiens et des sadducéens qui venaient à son baptême, il leur dit : Race de vipères, qui vous a appris à fuir la colère qui doit tomber sur vous?

8. Faites donc de dignes fruits de pénitence;

9. Et ne pensez pas dire en vous-mêmes: Nous avons Abraham pour père; puisque je vous déclare que Dieu peut faire naître de ces pierres mêmes des enfants à Abraham.

10. Car la cognée est déjà mise à la racine des arbres. Tout arbre donc qui ne produit pas de bon fruit sera coupé et jeté au feu.

11. Pour moi, je vous baptise dans l'eau pour *vous porter* à la pénitence; mais celui qui doit venir après moi est plus puissant que moi, et je ne suis pas digne de porter ses souliers. C'est lui qui vous baptisera dans le Saint-Esprit et dans le feu.

12. Il a son van en sa main, et il nettoyera parfaitement son aire; il amassera son blé dans le grenier, mais il brûlera la paille dans un feu qui ne s'éteindra point (*f*).

13. Alors Jésus vint, de la Galilée au Jourdain, trouver Jean, pour être baptisé par lui.

14. Mais Jean s'en défendait, en disant : C'est moi qui dois être baptisé par vous, et vous venez à moi !

15. Et Jésus lui répondit : Laissez-moi faire pour cette heure, car c'est ainsi que nous devons accomplir toute justice. Alors Jean ne lui résista plus (*g*).

---

(*e*) Versets 7 et suiv. — Réformateur âpre et fanatique, type de tous les marabouts.

(*f*) Versets 11-12. — A l'époque de la prédication de Jean, le Messie était généralement attendu, comme la fin du monde par les millénaires. Jean s'était mis dans l'esprit de prendre le devant et de l'annoncer. Jésus fit mieux : il se donna lui-même pour le Messie, et agit en conséquence. Seulement, comme il s'aperçut vite que le métier n'avait pas de chance avec les Romains, il se tira d'affaire en spiritualisant la tradition : *Mon* royaume n'est pas de ce monde, dit-il; je suis venu pour vous délivrer, non des Romains, mais du péché; la rançon que je payerai pour vous sera, non de l'or, mais ma vie. (Cf. *Luc*, II, 52, note *aa*.)

(*g*) Versets 13-15. — Jésus, plus avancé que Jean dans l'interprétation morale et spiritualiste des Écritures, adhère

16. Or, Jésus, ayant été baptisé, sortit aussitôt hors de l'eau, et en même temps les cieux lui furent ouverts; et il vit l'Esprit de Dieu qui descendit en forme de colombe, et qui vint *se reposer* sur lui.

17. Et, au même instant, une voix se fit entendre du ciel, qui disait : Celui-ci est mon fils bien-aimé, dans lequel j'ai mis toute mon affection (*h*).

## CHAPITRE IV (*a*).

Jeûne et tentation de Jésus-Christ. Il commence à prêcher. Vocation de Pierre et d'André, de Jacques et de Jean.

1. Alors Jésus fut conduit par l'Esprit dans le désert (*b*) pour y être tenté par le diable.

---

d'abord à son enseignement et reçoit son baptême; — puis il prêche à son tour *l'approche* (ci-dessous, IV, 17), mais, à ce que l'on peut croire, comme disciple de Jean; puis il s'en sépare et commence un nouvel enseignement, se fondant sur ce que Jean restait dans l'équivoque, admettait avec la multitude un Messie en chair et en os, et corrompait ainsi lui-même, par la superstition, ce qu'il y avait de plus élevé dans son enseignement. Tel me paraît avoir été le vrai rapport entre Jean et Jésus.

(*h*) Versets 16-17. — Cf. Genèse, *rouach elohim*, etc., et *alibi passim*, Dieu sous l'emblème d'un oiseau.

(*a*) Chapitres III et IV. — Jésus, avant d'aller trouver Jean, avait-il déjà une école? Renan incline à le croire, et je n'y vois pas de difficulté. Il n'est guère probable que le fait du baptême ait tout à coup révélé Jésus à lui-même. Jésus est donc allé solliciter une caution, la plus puissante de toutes, celle de Jean. Il lui emprunte même son baptême; il imite sa prédication, il se *socialise*, etc. C'est aussi postérieurement à cette visite qu'il se choisit à son tour des lieutenants (*apôtres*).

(*b*) Retraite de Jésus, imitée de celle de Moïse et autres.

2. Et ayant jeûné quarante jours et quarante nuits, il eut faim ensuite.

3. Et le tentateur, s'approchant de lui, lui dit : Si vous êtes le Fils de Dieu, dites que ces pierres deviennent des pains.

4. Mais Jésus lui répondit : Il est écrit : L'homme ne vit pas seulement de pain, mais de toute parole qui sort de la bouche de Dieu.

5. Le diable alors le transporta dans la ville sainte, et le mettant sur le haut du temple,

6. Il lui dit : Si vous êtes le Fils de Dieu, jetez-vous en bas ; car il est écrit qu'il a ordonné à ses anges *d'avoir soin* de vous, et qu'ils vous soutiendront de leurs mains, de peur que vous ne vous heurtiez le pied contre quelque pierre.

7. Jésus lui répondit : Il est écrit aussi : Vous ne tenterez *pas* le Seigneur votre Dieu.

8. Le diable le transporta encore sur une montagne fort haute, et, lui montrant tous les royaumes du monde, et *toute* la gloire qui les accompagne,

9. Il lui dit : Je vous donnerai toutes ces choses, si, en vous prosternant *devant moi*, vous m'adorez.

10. Mais Jésus lui répondit : Retire-toi, Satan, car il est écrit : Vous adorerez le Seigneur votre Dieu, et vous ne servirez que lui seul.

11. Alors le diable le laissa, et en même temps les anges s'approchèrent, et ils le servaient.

12. Or, Jésus, ayant ouï dire que Jean avait été mis en prison (*c*), se retira dans la Galilée (*d*).

---

(*c*) Suivant Matthieu, Jean est arrêté peu de temps après le baptême de Jésus, et avant que celui-ci fût revenu en Galilée. Cette arrestation, qui décida le prompt retour de Jésus, dut aussi le faire réfléchir et le rendre circonspect. C'était le motif apparent de sa réserve, dont la cause plus profonde était dans sa propre doctrine. Mais il ne pouvait garder longtemps cette mesure.

(*d*) On ne comprend pas cette conduite. La Galilée appartenait à Hérode; comment Jésus s'y réfugiait-il?... Il n'y a qu'une explication à cela : c'est que Jean était arrêté pour son messianisme, que la persécution sévissait sur le Jourdain, et que dans le fond de la Galilée, Jésus, qui d'ailleurs se séparait des messianistes, n'aurait rien à craindre. Les messia-

13. Et, quittant la ville de Nazareth, il vint demeurer à Capharnaüm, ville maritime sur les confins de Zabulon et Nephthali,

14. Afin que cette parole du prophète Isaïe fût accomplie:

15. Le pays de Zabulon, et le pays de Nephthali, qui est le chemin pour aller vers la mer au delà du Jourdain, la Galilée des nations;

16. Ce peuple, qui était assis dans les ténèbres, a vu une grande lumière, et la lumière s'est levée sur ceux qui étaient assis dans la région de l'ombre de la mort (e).

17. Depuis ce temps-là, Jésus commença à prêcher, en disant : Faites pénitence, parce que le royaume des cieux est proche (f).

18. Or, Jésus, marchant le long de la mer de Galilée, vit deux frères, Simon, appelé Pierre, et André, son frère, qui jetaient leurs filets dans la mer, car ils étaient pêcheurs;

19. Et il leur dit : Suivez-moi, et je vous ferai devenir pêcheurs d'hommes.

20. Aussitôt ils quittèrent leurs filets, et ils le suivirent.

21. De là s'avançant, il vit deux autres frères, Jacques, fils de Zébédée, et Jean, son frère, qui étaient dans une barque avec Zébédée, leur père, et qui raccommodaient leurs filets, et il les appela (g).

---

nistes, on le conçoit, n'avaient garde de se produire en Galilée; on aurait dit d'eux, comme de Jésus, qu'ils étaient Samaritains, possédés du diable. (Cf., ci-dessous, 15, 16.)

(e) VERSETS 15-16. — Rapprochement absurde, mais imaginé pour expliquer le lieu de la prédication de Jésus; comme le rapprochement du verset 23, chap. II, a été imaginé pour expliquer le séjour de Jésus à Nazareth.

(f) Comme Jean : *appropinquavit regnum cœlorum*, la venue du *Messie*, ou mieux la *révolution sociale*.

(g) VERSETS 18-21. — Apôtres galiléens comme leur maître ou *rabbi*, Jésus. De plus en plus l'origine galiléenne du Christ se décèle; Jésus est allé prendre le mot d'ordre auprès de Jean; il s'est fait donner, pour ainsi dire, par lui des lettres de créance; puis il remonte en Galilée pour sa propre prédication. On dirait qu'ils s'étaient partagé le pays : à l'un la Judée, à l'autre la Galilée. (Cf. ci-dessus, 12.)

22. En même temps, ils quittèrent leurs filets et leur père, et ils le suivirent.

23. Et Jésus allait par toute la Galilée (*h*), enseignant dans leurs synagogues, prêchant l'évangile du royaume, et guérissant toutes les langueurs et toutes les maladies parmi le peuple.

24. Sa réputation s'étant répandue par toute la Syrie (*i*), ils lui présentaient tous ceux qui étaient malades, et diversement affligés de maux et de douleurs, les possédés, les lunatiques, les paralytiques, et il les guérissait.

25. Et une grande multitude de peuple le suivit de Galilée, de la Décapole, de Jérusalem (*j*), de Judée, et de delà le Jourdain.

## CHAPITRE V (*a*).

### Sermon de Jésus-Christ.

1. Jésus, voyant tout ce peuple, monta sur une montagne, où, s'étant assis, ses disciples s'approchèrent de lui ;

---

(*h*) *Galilæam*, théâtre le plus ordinaire de la prédication de Jésus, aux environs du lac de Tibériade, dans un rayon de douze à quinze lieues de Capharnaüm.

(*i*) *Syriam*, cf. ci-dessus, versets 18, 21 et 23.

(*j*) *Jerosolymis*, c'est dit pour faire nombre ; il est possible cependant qu'il en vînt des curieux.

(*a*) L'Évangile de Matthieu est le plus riche en paraboles, allégories, discours de morale, etc. C'est là que se trouvent, comme des blocs entassés pêle-mêle, conservés sans ordre et probablement presque mot pour mot, la doctrine et les exhortations de Jésus. C'est de toute sa vie, de son apostolat, la partie qu'a le moins atteinte la légende.

Au reste, quand on examine attentivement les discours de Jésus, qu'on analyse ses pensées, sa morale, son style même, et qu'on se reporte au temps où il a vécu, on ne peut s'empêcher de reconnaître en lui un homme extraordinaire, un philosophe égal au moins à Socrate, je dirai même un grand écrivain ; son style est quelque chose de mi-partie entre la

2. Et, ouvrant sa bouche, il les enseignait, en disant :

---

prose et le vers, coulé en bronze, et parfois ciselé avec une délicatesse infinie ; cela est d'une *rhétorique* inconnue aux Grecs et aux Latins : ni chevilles, ni remplissages, ni phrases ; c'est l'idée pure, faite parole et image.

Au surplus, il ne faut point oublier que les discours de Jésus sont rapportés par l'évangéliste comme une collection de proverbes ou de courtes leçons amassés au hasard. On dirait une alluvion de préceptes, de formules, de paraboles, d'idées jaculatoires, arrachée par feuillets et lambeaux à la vie et aux écrits d'un homme, ou, pour mieux dire, d'une école.

Tout le chapitre v est d'un pur moraliste, d'un véritable sage, qui ne s'occupe ni de messianisme, ni de réformes théologiques, ni de politique, ni de propagande. Dans tout ceci, Jésus-Christ nous apparaît simplement comme un réformateur des mœurs ; les exemples qu'il paraît suivre sont ceux de Jérémie, d'Isaïe et des anciens prophètes.

Ainsi débute le Nazaréen ; il ne paraît pas avoir jamais aspiré à autre chose. Tout le surplus, la messianité, la formation d'une *Église*, la conversion des Gentils, l'abrogation du mosaïsme, la réprobation du peuple juif, l'opinion de la fin du monde, etc., etc., lui a été attribué après coup, sous la pression d'événements dont il était l'un des premiers termes, mais qu'il n'avait certes pas prévus. Jésus est le noyau de cette immense boule de neige qui, à force de rouler, est devenue ce que l'on sait aujourd'hui.

En deux mots, Jésus ne me paraît s'être arrogé ni une messianité temporelle, ni une spirituelle ; il interprétait allégoriquement la tradition messiaque, l'entendant d'une simple réforme morale et sociale, à la façon des anciens prophètes. La même indifférence qu'il professait pour le sabbat et les cérémonies, il la témoignait, quoique avec plus de réserve et pour ne pas froisser l'opinion, à l'égard de l'idée messiaque.

3. Bienheureux les pauvres d'esprit (*b*), parce que le royaume des cieux est à eux.
4. Bienheureux ceux qui sont doux, parce qu'ils posséderont la terre.
5. Bienheureux ceux qui pleurent, parce qu'ils seront consolés.
6. Bienheureux ceux qui sont affamés et altérés de la justice, parce qu'ils seront rassasiés.
7. Bienheureux ceux qui sont miséricordieux, parce qu'ils obtiendront eux-mêmes miséricorde.
8. Bienheureux ceux qui ont le cœur pur, parce qu'ils verront Dieu.
9. Bienheureux les pacifiques, parce qu'ils seront appelés enfants de Dieu.
10. Bienheureux ceux qui souffrent persécution pour la justice, parce que le royaume des cieux est à eux.
11. Vous êtes heureux, lorsque les hommes vous chargeront de malédictions, et qu'ils vous persécuteront, et qu'ils diront faussement toute sorte de mal contre vous, à cause de moi.
12. Réjouissez-vous *alors*, et tressaillez de joie, parce qu'une grande récompense vous est réservée dans les cieux. Car c'est ainsi qu'ils ont persécuté les prophètes qui ont été avant vous (*c*).

---

C'est de là que viennent ses réponses ambiguës et ses hésitations perpétuelles sur le propre rôle qu'il s'arrogeait. (Cf. *Luc*, II, 52, et *Jean*, I.)

(*b*) *Pauperes spiritu*, c'est-à-dire les *affligés dans l'âme*, superlatif de l'affliction. (Cf. *Eccles.*, *afflictio spiritûs*; *Jerem.*, *Lament.* III : *Ego vir videns paupertatem meam*, et (?) : *Ego sum pauper et dolens*.

(*c*) Versets 3-12. — Il s'en faut que les *béatitudes* soient aussi spiritualistes qu'on l'a cru; ce ne sont guère que des promesses relatives au temps présent, imitées de celles que Jéhovah, le Dieu positif par excellence, faisait à ses adorateurs. Le *royaume des cieux*, garanti par la première et la huitième béatitude, n'est autre chose que la réformation évangélique; la *possession de la terre* est une réminiscence des psaumes XXXVI, XXXVII; la *vision de Dieu* est une expression métaphorique, ou plutôt mythologique, par laquelle, sous forme de *visions*, on promet aux purs des délectations surnaturelles. Être appelé *Fils de Dieu*, c'est avoir la considéra-

13. Vous êtes le sel de la terre. Si le sel perd sa force, avec quoi salera-t-on? Il n'est plus bon à rien qu'à être jeté dehors, et à être foulé aux pieds par les hommes.

14. Vous êtes la lumière du monde. Une ville située sur une montagne ne peut être cachée ;

15. Et *on n'allume point* une lampe pour la mettre sous le boisseau ; mais on la met sur un chandelier, afin qu'elle éclaire tous ceux qui sont dans la maison.

16. Ainsi que votre lumière luise devant les hommes, afin qu'ils voient vos bonnes œuvres, et qu'ils glorifient votre Père, qui est dans les cieux.

17. Ne pensez pas que je sois venu détruire la loi ou les prophètes : je ne suis pas venu les détruire, mais les accomplir (*d*).

---

tion et l'amour des hommes. Quant aux trois autres béatitudes, elles ne sont pas autre chose que l'annonce des consolations et récompenses qui attendent, sous le régime évangélique, les malheureux de toute espèce.

Le verset 12 parle ensuite de la *récompense des cieux*; mais on ne sait pas si, par ce mot, il s'agit de la vie éternelle; ou bien seulement des biens que le ciel tient en réserve pour les distribuer à ses amis pendant qu'ils souffrent ici-bas.

(*d*) Jésus n'est point venu changer la loi, mais la perfectionner. Cela signifie-t-il qu'après lui il ne restera rien à perfectionner? Qui oserait le dire? Tout le monde sent aujourd'hui que l'Évangile, s'il n'a pas menti, n'a pas tout dit, et qu'il reste bien des points à éclaircir dans la loi. Il ne faut pas prendre le bien d'autrui, voilà ce qu'a dit Moïse ; Jésus-Christ ajoute qu'il faut aimer jusqu'à ses ennemis et vivre dans le détachement; mais enfin, il a laissé intactes, quant à la démonstration, toutes les grandes questions sociales; il reste à les résoudre scientifiquement. Jésus-Christ a affirmé ; il faut prouver maintenant et *vérifier* la légitimité de ses affirmations. Or une loi est-elle parfaite tant que sa philosophie n'existe pas? La raison, la morale ont-elles dit leur dernier mot? Non, assurément. Il reste donc à faire quelque chose après Jésus-Christ. Mais ce qui inquiète les théolo-

18. Car je vous dis, *en vérité*, que le ciel et la terre ne passeront point, que tout ce qui est dans la loi ne soit accompli parfaitement jusqu'à un seul iota et à un seul point.

19. Celui donc qui violera l'un de ces moindres commandements, et qui apprendra aux hommes à les violer, sera regardé dans le royaume des cieux comme le dernier ; mais celui qui fera et enseignera, sera grand dans le royaume des cieux.

20. Car je vous dis que si votre justice n'est pas plus abondante que celle des scribes et des pharisiens, vous n'entrerez point dans le royaume des cieux.

21. Vous avez appris qu'il a été dit aux anciens : Vous ne tuerez point ; et quiconque tuera, méritera d'être condamné par le jugement.

22. Mais moi, je vous dis que quiconque se mettra en colère contre son frère, méritera d'être condamné par le jugement. Que celui qui dira à son frère : Raca, méritera d'être condamné par le conseil ; et que celui qui lui dira : Vous êtes un fou, méritera d'être condamné au feu de l'enfer.

23. Si donc, lorsque vous présentez votre offrande à l'autel, vous vous souvenez que votre frère a quelque chose contre vous,

24. Laissez là votre don devant l'autel, et allez vous réconcilier auparavant avec votre frère, et puis vous reviendrez offrir votre don (*e*).

---

giens, c'est qu'il leur semble que la gloire du Christ en soit diminuée. Crainte injuste et mal fondée. On n'a jamais reproché au législateur des chrétiens de n'avoir pas enseigné la physique et la psychologie ; comment serait-il blâmable de n'avoir point exposé scientifiquement la morale ? *Mundum tradidit disputationi eorum* : Dieu, en créant le monde, l'a livré à notre spéculation ; en nous donnant des préceptes de morale par Moïse et Jésus-Christ, il nous a laissé le soin d'en pénétrer la raison. Dieu est grand, et ses envoyés doivent être infaillibles : voilà tout ce que la philosophie peut nous apprendre. Ainsi, loin de déchoir, Jésus ne peut qu'être glorifié de plus en plus, s'il ne s'est point trompé, par l'étude des sciences morales et politiques.

(*e*) Toute cette morale est empreinte de théologisme ; chaque maxime est comme une flèche trempée dans l'huile sainte. Ainsi, versets 23 et 24, Jésus recommande la *réconci-*

25. Accordez-vous au plus tôt avec votre adversaire, pendant que vous êtes en chemin avec lui, de peur que votre adversaire ne vous livre au juge, et que le juge ne vous livre au ministre *de la justice*, et que vous ne soyez mis en prison.

26. Je vous dis, *en vérité*, que vous ne sortirez point de là, que vous n'ayez payé jusqu'à la dernière obole.

27. Vous avez appris qu'il a été dit aux anciens: Vous ne commettrez point d'adultère.

28. Mais moi, je vous dis que quiconque aura regardé une femme avec un *mauvais* désir pour elle, a déjà commis l'adultère dans son cœur (*f*).

29. Si votre œil droit vous scandalise, arrachez-le et jetez-le loin de vous; car il vaut mieux pour vous qu'un des membres de votre corps périsse, que si tout votre corps était jeté dans l'enfer (*g*).

30. Et si votre main droite vous scandalise, coupez-la et la jetez loin de vous; car il vaut mieux pour vous qu'un des membres de votre corps périsse, que si tout votre corps était jeté dans l'enfer.

31. Il a été dit encore : Quiconque veut renvoyer sa femme, qu'il lui donne un écrit par lequel il déclare qu'il la répudie.

32. Et moi, je vous dis que quiconque aura renvoyé sa femme, si ce n'est en cas d'adultère, la fait devenir adultère, et que quiconque épouse celle que son mari aura renvoyée commet un adultère (*h*).

33. Vous avez encore appris qu'il a été dit aux anciens : Vous ne vous parjurerez point, mais vous vous acquitterez envers le Seigneur des serments que vous aurez faits.

34. Et moi, je vous dis que vous ne juriez en aucune sorte, ni par le ciel, parce que c'est le trône de Dieu;

35. Ni par la terre, parce qu'elle sert *comme* d'escabeau à ses pieds; ni par Jérusalem, parce que c'est la ville du grand Roi.

36. Vous ne jurerez pas aussi par votre tête, parce que vous ne pouvez en rendre un seul cheveu blanc ou noir.

37. Mais contentez-vous de dire : Cela est, cela est; ou : Cela

---

liation; mais quelle image! et combien le précepte serait froid en dehors de ce souvenir religieux!

(*f*) Versets 27-28. — Cf. ci-dessus, vers. 8 : *Beati mundo corde*, bienheureux ceux qui ont le cœur pur.

(*g*) Cf. xviii, 9.

(*h*) Cf. xix, 7.

n'est pas, cela n'est pas; car ce qui est de plus vient du mal (*i*).

38. Vous avez appris qu'il a été dit : Œil pour œil, et dent pour dent.

39. Et moi, je vous dis de ne point résister au mal *que l'on veut vous faire*; mais si quelqu'un vous a frappé sur la joue droite, présentez-lui encore l'autre.

40. Si quelqu'un veut plaider contre vous, pour vous prendre votre robe, abandonnez-lui encore votre manteau.

41. Et si quelqu'un veut vous contraindre à faire mille pas avec lui, faites-en encore deux mille.

42. Donnez à celui qui vous demande, et ne rejetez point celui qui veut emprunter de vous.

43. Vous avez appris qu'il a été dit : Vous aimerez votre prochain, et vous haïrez votre ennemi.

44. Et moi, je vous dis : Aimez vos ennemis, faites du bien à ceux qui vous haïssent; et priez pour ceux qui vous persécutent et qui vous calomnient;

45. Afin que vous soyez les enfants de votre Père, qui est dans les cieux, qui fait lever son soleil sur les bons et sur les méchants, et fait pleuvoir sur les justes et sur les injustes (*j* et *k*).

46. Car si vous n'aimez que ceux qui vous aiment, quelle récompense *en* aurez-vous? Les publicains ne le font-ils pas aussi?

47. Et si vous ne saluez que vos frères, que faites-vous en cela de plus *que les autres?* Les païens ne le font-ils pas aussi?

48. Soyez donc, vous autres, parfaits comme votre Père (*l*) céleste est parfait.

---

(*i*) Versets 33-37. — Être toujours vrai, ce qui rend le jurement inutile : idée supérieure du *respect*.

(*j*) Verset 45. — Exemple de *Dieu* ; c'est en effet le plus court parti à prendre. Et pourtant, il y a fort à dire à ce sujet.

(*k*) Versets 38-45. — Réclame religieuse. (Cf. ci-dessus, 4 et 9.)

(*l*) *Pater vester*, réclame religieuse, toujours.

## CHAPITRE VI (a).

#### Continuation du sermon de Jésus-Christ.

1. Prenez garde à ne pas faire vos bonnes œuvres devant les hommes, pour en être regardés; autrement vous n'en recevrez point la récompense de votre Père (b), qui est dans les cieux.
2. Lors donc que vous donnerez l'aumône, ne faites point sonner la trompette devant vous, comme font les hypocrites dans les synagogues et dans les rues, pour être honorés des hommes. Je vous dis, en vérité, qu'ils ont reçu leur récompense.

---

(a) En lisant attentivement les discours attribués à Jésus, il est facile de se convaincre que le rédacteur nous donne ici un résumé des idées de la secte : d'abord depuis Jésus jusqu'à lui, en descendant les temps; ensuite depuis Jésus jusqu'aux prophètes, en remontant les temps. Un fait qui explique cette imputation à un seul homme de toute cette masse de proverbes et de paraboles, c'est l'Évangile de Jean, qui n'a véritablement de commun avec les autres que le nom du personnage et son martyre.

Ce que je dis ici des discours, sentences et paraboles, il faut le dire du caractère de l'homme, de ses actions et de toute sa vie. C'est encore un composé fantastique, d'après l'idéal que s'en faisait la secte, avant et après Jésus-Christ. Et l'on trouve une preuve de ce nouveau fait dans le quatrième Évangile, dont le héros présente un caractère tout différent et sensiblement inférieur à celui qu'il a revêtu dans les Évangiles de Matthieu, de Luc et de Marc.

Lors donc que je parle de Jésus-Christ, de sa vie, de sa doctrine, etc., il est entendu qu'il s'agit, non-seulement du Galiléen quelconque qui a servi de base à la légende, mais de l'être agrandi, exhaussé, qu'a créé à son tour, sur cette base, la légende.

(b) *Le Père*, motif de religion.

3. Mais lorsque vous ferez l'aumône, que votre main gauche ne sache point ce que fait votre main droite;

4. Afin que votre aumône soit dans le secret; et votre Père (b), qui voit *ce qui se passe* dans le secret, vous en rendra la récompense.

5. De même, lorsque vous priez, ne ressemblez pas aux hypocrites, qui affectent de prier en se tenant debout dans les synagogues et aux coins des rues, pour être vus des hommes. Je vous dis, en vérité, qu'ils ont reçu leur récompense.

6. Mais vous, lorsque vous voudrez prier, entrez dans votre chambre, et, la porte en étant fermée, priez votre Père (b) dans le secret; et votre Père (b), qui *voit ce qui se passe* dans le secret, vous en rendra la récompense.

7. N'affectez pas de parler beaucoup dans vos prières, comme les païens qui s'imaginent que c'est par la multitude des paroles qu'ils méritent d'être exaucés.

8. Ne vous rendez donc pas semblables à eux, parce que votre Père sait de quoi vous avez besoin, avant que vous le lui demandiez.

9. (c) Vous prierez donc de cette manière : Notre Père, qui êtes dans les cieux, que votre nom soit sanctifié;

10. Que votre règne arrive; que votre volonté soit faite sur la terre comme au ciel.

11. Donnez-nous aujourd'hui notre pain de chaque jour.

12. Et remettez-nous nos dettes comme nous les remettons *à ceux* qui nous doivent;

13. Et ne nous abandonnez point à la tentation, mais délivrez-nous du mal. Ainsi soit-il.

14. Car si vous pardonnez aux hommes les fautes qu'ils font *contre vous*, votre Père (d) céleste vous pardonnera aussi vos péchés.

15. Mais si vous ne pardonnez point aux hommes, *lorsqu'ils vous ont offensé*, votre Père (d) ne vous pardonnera point non plus vos péchés.

---

(c) VERSETS 9 et suiv. — Certains critiques ont retrouvé toutes les propositions du *Pater* dans les eucologes de l'antiquité juive et païenne. — Voir mon interprétation du *Pater* au livre de la *Justice;* cette prière, au sens littéral, est tout à fait idéaliste.

(d) *Le Père*, toujours. Cette morale religieuse n'est pas aussi fière que celle que nous voulons aujourd'hui; mais n'est-ce pas beau et bien dit?

16. Lorsque vous jeûnez, ne soyez point tristes comme les hypocrites; car ils affectent de paraître avec un visage défiguré, afin que les hommes connaissent qu'ils jeûnent. Je vous dis, en vérité, qu'ils ont reçu leur récompense.

17. Mais vous, lorsque vous jeûnez, parfumez votre tête, et lavez votre visage;

18. Afin de ne pas faire paraître aux hommes que vous jeûnez, mais à votre Père (d), qui est présent à ce qu'il y a de plus secret; et votre Père (d), qui voit *ce qui se passe* dans le secret, vous en rendra la récompense.

19. Ne vous faites point de trésors dans la terre (e), où la rouille et les vers les mangent, et où les voleurs les déterrent et les dérobent.

20. Mais faites-vous des trésors dans le ciel (f), où ni la rouille ni les vers ne les mangent point, et où il n'y a point de voleurs qui les déterrent et qui les dérobent.

21. Car où est votre trésor, là aussi est votre cœur.

22. Votre œil est la lampe (g) de votre corps; si votre œil est simple, tout votre corps sera lumineux (h).

23. Mais, si votre œil est mauvais, tout votre corps sera ténébreux. Si donc la lumière qui est en vous *n'est que* ténèbres, combien seront grandes les ténèbres mêmes!

24. Nul ne peut servir deux maîtres; car, ou il haïra l'un, et aimera l'autre, ou il se soumettra à l'un, et méprisera l'autre. Vous ne pouvez servir Dieu et les richesses.

25. (i) C'est pourquoi je vous dis : Ne vous inquiétez point où vous trouverez de quoi manger pour *le soutien* de votre vie, ni d'où

---

(e) *In terrâ*... esprit de religion unie à la morale.

(f) *In cœlo, idem*.

(g) *Lucerna*, c'est la lumière céleste.

(h) *Lucidum*, etc., *idem*.

(i) Versets 25 et suiv.—C'est bien à tort qu'on a censuré ce passage, comme si Jésus avait condamné le travail et la prévoyance. Il veut dire : Faites votre devoir, remplissez votre office, accomplissez votre mandat, et ne vous occupez pas du reste, non plus que les oiseaux et les lis. C'est admirable! Combien cela dépasse la devise, d'ailleurs si belle : *Fais ce que dois, advienne que pourra*.

Idée de la ***Providence***; nous n'en voulons plus au sens de

vous aurez des vêtements pour couvrir votre corps : la vie n'est-elle pas plus que la nourriture, et le corps plus que le vêtement?

26. Considérez les oiseaux du ciel. Ils ne sèment point, ils ne moissonnent point, et ils n'amassent rien dans des greniers ; mais votre Père céleste les nourrit ; n'êtes-vous pas beaucoup plus qu'eux?

27. Et qui est celui d'entre vous qui puisse, avec tous ses soins, ajouter à sa taille la hauteur d'une coudée ?

28. Pourquoi aussi vous inquiétez-vous pour le vêtement? Considérez comment croissent les lis des champs ; ils ne travaillent point, et ils ne filent point ;

29. Et cependant je vous déclare que Salomon même, dans toute sa gloire, n'a jamais été vêtu comme l'un d'eux.

30. Si donc Dieu a soin de vêtir de cette sorte une herbe des champs, qui est aujourd'hui, et qui sera demain jetée dans le four, combien aura-t-il plus de soin de vous vêtir, ô hommes de peu de foi !

31. Ne vous inquiétez donc point en disant : Que mangerons-nous, ou que boirons-nous, ou de quoi nous vêtirons-nous ?

32. Comme font les païens qui recherchent toutes ces choses, car votre Père (*j*) sait que vous en avez besoin.

33. Cherchez donc premièrement le royaume de Dieu et sa justice (*j*); et toutes ces choses vous seront données par-dessus.

34. C'est pourquoi ne soyez point en inquiétude pour le lendemain ; car le lendemain aura soin de lui-même : à chaque jour suffit son mal.

---

Jésus. Mais c'est beau, touchant. Renan n'a vu en tout cela que le *style*, l'expression, l'image.

(*j*) La morale et la justice, voilà le tout de l'homme, *regnum Dei*. — *Pater*, Dieu humanisé : fusion complète de la religion et de la morale.

## CHAPITRE VII (a).

*Continuation et fin du sermon de Jésus-Christ.*

1. Ne jugez (b) point, afin que vous ne soyez point jugés;
2. Car vous serez jugés selon que vous aurez jugé les autres; et on se servira envers vous de la même mesure dont vous vous serez servis *envers eux.*
3. Pourquoi voyez-vous une paille dans l'œil de votre frère, vous qui ne voyez pas une poutre dans votre œil?
4. Ou comment dites-vous à votre frère : Laissez-moi tirer une paille de votre œil, vous qui avez une poutre dans le vôtre?
5. Hypocrite, ôtez premièrement la poutre de votre œil, et alors vous verrez comment vous pourrez tirer la paille de l'œil de votre frère.
6. Gardez-vous bien de donner les choses saintes aux chiens, et ne jetez point vos perles devant les pourceaux; de peur qu'ils

---

(a) Les chapitres v, vi et vii semblent contenir la doctrine propre de Jésus, celle qu'il a trouvée en lui-même, c'est-à-dire dans son atmosphère, dans son éducation, dans son expérience et ses méditations. C'est là qu'est surtout le titre de son originalité. C'est sur ces trois chapitres que Renan fonde ce qu'il appelle l'*idéalisme* de Jésus. C'est aussi par là qu'il faut commencer le recueil de ses discours et l'histoire de sa vie. On n'y trouve aucune parabole; c'est fort anodin; c'est plein de bon sens et de délicatesse; c'est le premier code de civilité religieuse et honnête. Ces choses, on le sent, ne viennent pas de Jean le Baptiseur; celui-ci avait bien d'autres visées. — Dans tout ceci, Jésus est pur moraliste; il est le disciple de Hillel; il réduit le *royaume des cieux* à la bonne conscience. Plus tard, Jésus s'élèvera davantage; il faut qu'il entre dans le mouvement; il ne peut pas rester à l'état de Céladon messianique.

(b) *Judicare,* c'est critiquer; à Dieu seul appartient le jugement.

ne les foulent sous leurs pieds, et que, se tournant *contre vous*, il ne vous déchirent (c).

7. Demandez (d), et on vous donnera; cherchez, et vous trouverez; frappez *à la porte*, et on vous ouvrira.

8. Car quiconque demande, reçoit; et qui cherche, trouve; et on ouvrira à celui qui frappe *à la porte*.

9. Aussi, qui est l'homme d'entre vous qui donne une pierre à son fils, lorsqu'il lui demande du pain?

10. Ou s'il lui demande un poisson, lui donnera-t-il un serpent?

11. Si donc étant méchants, comme vous êtes, vous savez donner de bonnes choses à vos enfants; à combien plus forte raison votre Père, qui est dans les cieux, donnera-t-il les *vrais* biens à ceux qui les lui demandent?

12. Faites donc aux hommes tout ce que vous voulez qu'ils vous fassent; car c'est là la loi et les prophètes (e).

13. Entrez par la porte étroite; parce que la porte de la perdition est large, et le chemin qui y mène est spacieux; et il y en a beaucoup qui y entrent.

14. Que la porte de la vie est petite, que la voie qui y mène est étroite, et qu'il y en a peu qui la trouvent!

15. Gardez-vous des faux prophètes, qui viennent à vous couverts de peaux de brebis, et qui au dedans sont des loups ravisseurs (f).

16. Vous les connaîtrez par leurs fruits : peut-on cueillir des raisins sur des épines, ou des figues sur des ronces?

17. Ainsi tout arbre qui est bon produit de bons fruits; et tout arbre qui est mauvais produit de mauvais fruits.

---

(c) Est-ce une défense de communiquer avec les impies? Je le pense. Ce verset signifie donc qu'il n'y a rien de bon à attendre des gens sans religion? Ici encore une distinction à faire.

(d) *Petite*, demandez, sous-entendu *à Deo*, à Dieu.

(e) Sans doute; mais cette maxime serait-elle donc de peu de vertu par elle-même, si elle ne recevait son efficace de l'esprit de religion?

(f) Les faux prophètes sont ceux qui n'ont pas la charité divine, ou piété envers Dieu et les hommes. *Pietas*, voilà le grand mot.

18. Un bon arbre ne peut produire de mauvais fruits, et un mauvais arbre ne peut en produire de bons.

19. Tout arbre qui ne produit point de bon fruit sera coupé et jeté au feu.

20. Vous les reconnaîtrez donc par leurs fruits.

21. Ceux qui me (*g*) disent : Seigneur, Seigneur, n'entreront pas tous dans le royaume des cieux ; mais celui-là *seulement* y entrera, qui fait la volonté de mon Père, qui est dans les cieux.

22. Plusieurs me diront en ce jour-là : Seigneur, Seigneur, n'avons-nous pas prophétisé en votre nom ? n'avons-nous pas chassé les démons en votre nom, et n'avons-nous pas fait plusieurs miracles en votre nom ?

23. Et alors je leur dirai hautement : Je ne vous ai jamais connus ; retirez-vous de moi, vous qui faites des œuvres d'iniquité.

24. Quiconque donc entend ces paroles que je dis, et les pratique, sera comparé à un homme sage, qui a bâti sa maison sur la pierre ;

25. Et *lorsque* la pluie est tombée, *que* les fleuves se sont débordés, *que* les vents ont soufflé, et sont venus fondre sur cette maison, elle n'est point tombée, parce qu'elle était fondée sur la pierre.

26. Mais quiconque entend ces paroles que je dis, et ne les pratique point, sera semblable à un homme insensé, qui a bâti sa maison sur le sable ;

27. Et *lorsque* la pluie est tombée, *que* les fleuves se sont débordés, *que* les vents ont soufflé, et sont venus fondre sur cette maison, elle a été renversée, et la ruine en a été grande.

28. Or Jésus ayant achevé (*h*) tous ces discours, les peuples étaient dans l'admiration de sa doctrine ;

29. Car il les instruisait comme ayant autorité (*i*), et non pas comme les scribes, ni *comme* les pharisiens.

---

(*g*) Jésus ici semble s'identifier avec Dieu, dont il est le médiateur.

(*h*) *Cum consummasset.* Là, en effet, paraît s'arrêter tout le rôle du véritable Jésus, essénien, imitateur des prophètes, devenu ensuite, par le flot des événements et le travail des esprits, Messie après sa mort, réformateur révolutionnaire, Dieu. — A partir d'ici, nous entrons dans les miracles, les anecdotes, les bons mots et les paraboles !...

(*i*) *Sicut potestatem habens.* Jésus a la foi ; il joint la re-

## CHAPITRE VIII.

Lépreux. Centenier. Belle-mère de saint Pierre. Suivre Jésus-Christ. Tempête apaisée. Démons chassés, pourceaux précipités.

1. Jésus étant descendu de la montagne, une grande foule de peuple le suivit;
2. Et en même temps un lépreux vint à lui, et l'adora, en lui disant: Seigneur, si vous voulez, vous pouvez (*a*) me guérir.
3. Jésus, étendant la main, le toucha, et lui dit: Je le veux; soyez guéri; et à l'instant sa lèpre fut guérie.
4. *Alors* Jésus lui dit: Gardez-vous bien de parler de ceci à personne (*b*); mais allez vous montrer au prêtre, et offrez le don prescrit par Moïse, afin que cela leur serve de témoignage.
5. Jésus étant entré dans Capharnaüm, un centenier vint le trouver, et lui fit *cette* prière:
6. Seigneur, mon serviteur est couché *et* malade de paralysie dans ma maison, et il souffre extrêmement.
7. Jésus lui dit: J'irai et je le guérirai.
8. Mais le centenier lui répondit: Seigneur, je ne suis pas digne que vous entriez dans ma maison; mais dites seulement une parole, et mon serviteur sera guéri.
9. Car quoique je ne sois moi-même qu'un homme soumis à la puissance *d'un autre*, ayant *néanmoins* des soldats sous moi, je dis à l'un: Allez *là*, et il *y* va; et à l'autre: Venez *ici*, et il *y* vient; et à mon serviteur: Faites cela, et il le fait.

---

ligion à la morale, la piété envers Dieu à la piété envers les hommes: c'est ce qui fait son *autorité*. Les scribes et les pharisiens, hypocrites, n'aimaient au fond ni Dieu ni les hommes.

(*a*) *Si vis, potes*: l'âme du peuple répond à la pensée de Jésus: Tu as la piété envers Dieu, dit le lépreux; aie aussi pitié envers moi, et je serai guéri.

(*b*) *Nemini dixeris*. Pourquoi? Afin, dit un critique, de prévenir la malice du prêtre, qui aurait déclaré la guérison de cet homme nulle, s'il avait su que Jésus-Christ en était l'auteur.

10. Jésus, entendant ces paroles, en fut dans l'admiration, et dit à ceux qui le suivaient : Je vous dis, en vérité, que je n'ai point trouvé une si grande foi (c) dans Israël (d) même.

11. Aussi je vous déclare que plusieurs viendront d'Orient et d'Occident, et auront place dans le royaume des cieux avec Abraham, Isaac et Jacob (e) :

12. Mais les enfants du royaume (f) seront jetés dans les ténèbres extérieures. Il y aura là des pleurs et des grincements de dents.

13. Alors Jésus dit au centenier : Allez, et qu'il vous soit fait selon que vous avez cru. Et son serviteur fut guéri à la même heure (g).

14. Jésus, étant venu dans la maison de Pierre, vit sa belle-mère qui était au lit, et qui avait la fièvre (h).

15. Et lui ayant touché la main, la fièvre la quitta ; elle se leva *aussitôt*, et elle les servait.

16. Sur le soir, on lui présenta plusieurs possédés ; et il en chassa les *malins* esprits par sa parole, et guérit tous ceux qui étaient malades ;

17. Afin que cette parole du prophète Isaïe fût accomplie : il a pris lui-même nos infirmités, et il s'est chargé (i) de nos maladies.

---

(c) *Fidem*, cf. plus loin, IX, 22.

(d) Ironie d'un Galiléen à l'adresse des Juifs.

(e) Annonce manifeste de la conversion des Gentils.

(f) *Filii regni*, ce sont les Juifs, les orthodoxes ; on les haïssait pour leur orgueil.

(g) Versets 5-13. — Cette anecdote du Centurion, qui rappelle celle de Corneille (*Act.*, VIII), est suspecte. Elle tend à justifier la vocation des Gentils et le rejet des Juifs : choses auxquelles Jésus ne dut penser point, ou avec une extrême circonspection, s'il était Juif, mais qui s'explique beaucoup mieux si lui-même est Galiléen.

(h) *Socrum... febricitantem*. Sur les guérisons des malades opérées par Jésus, voir *Luc*, X, 34, et XIII, 14 ; *Matth.*, IX, 35, et *Jacq.*, V, 14.

(i) *Portavit*, c'est-à-dire *sustulit*, il ôta. — Il y a une autre interprétation de ce passage d'Isaïe, et qui prévaut parmi

18. Or Jésus, se voyant environné d'une grande foule de peuple, ordonna *à ses disciples* de *le* passer à l'autre bord du lac.

19. Alors un scribe *ou docteur de la loi*, s'approchant, lui dit : Maître, je vous suivrai en quelque lieu que vous alliez.

20. Et Jésus lui répondit : Les renards ont des tanières, et les oiseaux du ciel ont des nids; mais le Fils de l'homme (*j*) n'a pas où reposer sa tête.

21. Un autre de ses disciples lui dit : Seigneur, permettez-moi d'aller ensevelir mon père, *avant que je vous suive*.

22. Mais Jésus lui dit : Suivez-moi, et laissez aux morts le soin d'ensevelir leurs morts (*k*).

23. Il entra *ensuite* dans la barque, accompagné de ses disciples.

24. Et aussitôt il s'éleva sur la mer une si grande tempête, que la barque était couverte de flots; et lui cependant dormait.

25. Alors ses disciples s'approchèrent de lui, et l'éveillèrent, en lui disant : Seigneur, sauvez-nous; nous périssons.

26. Jésus leur répondit : Pourquoi êtes-vous timides, hommes de peu de foi? et se levant en même temps, il commanda aux vents et à la mer, et il se fit un grand calme.

27. Alors ceux qui étaient présents furent dans l'admiration, et ils disaient : Quel est celui-ci, à qui les vents et la mer obéissent?

28. Jésus étant passé à l'autre bord, au pays des Géraséniens (*ou Gergéséniens, ou Gadaréniens*), deux possédés, qui étaient si furieux que personne n'osait passer par ce chemin-là, sortirent des sépulcres, et vinrent au-devant de lui.

29. Ils se mirent en même temps à crier, et à lui dire : Jésus,

---

les théologiens : c'est celle qui en fait une annonce de la rédemption. — Fausse interprétation.

(*j*) *Filius hominis* (cf., *Ezech.* II, 1), phrase ironique, où Jésus se moque de l'opinion messiaque et se pose en contradicteur; comme s'il disait : Peux-tu croire à un *Messie* plus pauvre qu'un renard et un tiercelet?... Hors de cette interprétation, le mot est sans sel et sans portée. (Cf. *Matth.*, XXVI, 64; cf. mes notes, *passim*, sur cette appellation, et cf. Strauss.)

(*k*) VERSETS 19-22. — Anecdotes et bons mots de Jésus. Cela a l'air plutôt d'être le produit de l'opinion sur la mission de Jésus.

Fils de Dieu, qu'y a-t-il entre vous et nous? êtes-vous venu ici pour nous tourmenter avant le temps?

30. Or il y avait, dans un lieu peu éloigné d'eux, un grand troupeau de pourceaux qui paissaient;

31. Et les démons le priaient, en lui disant : Si vous nous chassez d'ici, envoyez-nous dans ce troupeau de pourceaux.

32. Il leur répondit : Allez. Et, étant sortis, ils entrèrent dans ces pourceaux. En même temps tout ce troupeau courut avec impétuosité se précipiter dans la mer ; et ils moururent dans les eaux (*l*).

33. Alors ceux qui les gardaient s'enfuirent; et, étant venus à la ville, ils racontèrent tout ceci, et ce qui était arrivé aux possédés.

34. Aussitôt toute la ville sortit *pour aller* au-devant de Jésus; et, l'ayant vu, ils le supplièrent de se retirer de leur pays.

## CHAPITRE IX.

Paralytique. Vocation de saint Matthieu. Jeûne. La fille de Jaïre. Femme guérie d'une perte de sang. Deux aveugles guéris. Possédé muet. Blasphème des pharisiens. Brebis sans pasteurs. Moisson, ouvriers.

1. Jésus, étant monté dans une barque, repassa *le lac*, et vint dans sa ville.

2. Et comme on lui eut présenté un paralytique couché sur un lit, Jésus, voyant leur foi, dit à ce paralytique : *Mon* fils, ayez confiance (*a*); vos péchés vous sont remis.

3. Aussitôt quelques-uns des scribes dirent en eux-mêmes : Cet homme blasphème (*b*).

---

(*l*) Cette ridicule histoire n'a pas besoin d'explication. Elle vient probablement de quelque juif converti, mais demeuré fidèle à la distinction des viandes. Il a voulu prouver que Jésus était resté fidèle à la loi, et avait puni les infracteurs; c'est, en effet, l'opinion que Jésus donna d'abord de lui-même. (Cf. ci-dessus, v, 17.)

(*a*) *Confide*, cf. plus bas, 22.

(*b*) *Blasphemat*. Cela a trait à l'opinion des Juifs touchant

4. Mais Jésus, ayant connu ce qu'ils pensaient, leur dit : Pourquoi avez-vous de mauvaises pensées dans vos cœurs ?

5. Lequel est le plus aisé, ou de dire : Vos péchés vous sont remis ; ou de dire : Levez-vous, et marchez (c) ?

6. Or, afin que vous sachiez que le Fils de l'homme a le pouvoir (d) sur la terre de remettre les péchés, levez-vous, dit-il alors au paralytique ; emportez votre lit, et vous en allez dans votre maison (e).

7. Il se leva *aussitôt*, et s'en alla dans sa maison.

8. Et le peuple, voyant *ce miracle*, fut rempli de crainte, et rendit gloire à Dieu de ce qu'il avait donné une telle puissance aux hommes.

9. Jésus, sortant de là, vit un homme assis au bureau des impôts, nommé Matthieu, auquel il dit : Suivez-moi ; et lui aussitôt se leva et le suivit.

10. Et Jésus étant à table dans la maison *de cet homme*, il y vint beaucoup de publicains et de gens de mauvaise vie, qui se mirent à table avec Jésus et ses disciples.

11. Ce que les pharisiens ayant vu, ils dirent à ses disciples :

---

la peine temporelle du péché. D'après leur doctrine, qu'on retrouve tout entière dans Job, toute affliction qui arrivait était une répression du péché. C'est pour cela que les pharisiens interrogent quelque part Jésus et lui demandent si l'aveugle-né est puni *pour ses péchés*. *Remettre les péchés*, la maladie restant toujours, c'était donc affirmer que Dieu pouvait punir injustement ; ce qui était, en effet, un blasphème. Cette ironie de Jésus à l'adresse des Juifs prouve encore qu'il n'est pas lui-même Jérosolymitain ni Juif, mais de Samarie.

(c) En effet, l'un était la conséquence de l'autre dans l'opinion des scribes. (Cf. *Marc*, II, 7.)

(d) *Potestatem*, pouvoir de *déclarer* la remise des péchés, non de les *remettre* lui-même.

(e) Ce verset est sujet à doute. Est-ce bien Jésus qui l'a prononcé ? Il y a là une altération ; Jésus a dû dire : Pour vous montrer qu'en effet les péchés de cet homme lui sont remis, etc.

Pourquoi votre maître mange-t-il avec des publicains et des gens de mauvaise vie (*f*)?

12. Mais Jésus, les ayant entendus, leur dit : Ce ne sont pas ceux qui se portent bien, mais les malades, qui ont besoin de médecin.

13. C'est pourquoi, allez, et apprenez ce que veut dire *cette parole* : J'aime mieux la miséricorde que le sacrifice; car je ne suis pas venu appeler les justes, mais les pécheurs.

14. Alors les disciples de Jean vinrent le trouver, et lui dirent : Pourquoi les pharisiens et nous jeûnons-nous souvent, et que vos disciples ne jeûnent point?

15. Jésus leur répondit : Les amis de l'époux peuvent-ils être dans la tristesse *et* dans le deuil pendant que l'époux est avec eux? Mais il viendra un temps où l'époux leur sera ôté, et alors ils jeûneront.

16. Personne ne met une pièce de drap neuf à un vieux vêtement; autrement le neuf emporterait une partie du vieux, et le déchirerait encore davantage (*g*).

17. Et on ne met point non plus du vin nouveau dans de vieux vaisseaux; parce que, si on le fait, les vaisseaux se rompent, le vin se répand, et les vaisseaux sont perdus; mais on met le vin nouveau dans des vaisseaux neufs; et aussi le vin et les vaisseaux se conservent.

18. Lorsqu'il leur disait ceci, un chef *de synagogue* s'approcha

---

(*f*) *Peccatoribus*. Ce mot désigne les étrangers qui ne suivaient pas la loi de Moïse. Il est en opposition avec *justos*, qui sont les vrais Israélites. C'est une contre-partie ou corollaire de l'histoire du centurion, racontée plus haut, VIII, 5-13. — La morale élevée de Jésus le conduisait à la tolérance; de la tolérance à la vocation des Gentils, il n'y avait qu'un pas. Ce pas, je ne crois pas qu'il ait été entièrement et résolument franchi par Jésus. Remarquons avec quel soin, au lieu de rompre en visière aux pharisiens, il se prévaut de l'autorité du prophète Osée. (Cf. *alibi, passim.*)

(*g*) Une religion nouvelle ne peut s'accommoder de vieilles pratiques. Trait satirique dirigé contre l'ascétisme de Jean le Baptiseur. Plus on avance, plus on voit le Galiléen se mettre en opposition au judaïsme, tout en affirmant Moïse et les prophètes.

de lui, et l'adorait, en lui disant : Seigneur, ma fille est morte présentement ; mais venez lui imposer les mains, et elle vivra.

19. Alors Jésus, se levant, le suivit avec ses disciples.

20. En même temps, une femme, qui depuis douze ans était affligée d'une perte de sang, s'approcha *de lui* par derrière, et toucha la frange qui était au bas de son vêtement ;

21. Car elle disait en elle-même : Si je puis seulement toucher son vêtement, je serai guérie.

22. Jésus, se retournant alors, et la voyant, lui dit : Ma fille, ayez confiance, votre foi (*h*) vous a guérie. Et cette femme fut guérie à la même heure.

23. Lorsque Jésus fut arrivé dans la maison du chef *de synagogue*, voyant les joueurs de flûte, et une troupe de personnes qui faisait grand bruit, il leur dit :

24. Retirez-vous, car cette fille n'est pas morte ; mais elle n'est qu'endormie. Et ils se moquaient de lui.

25. Après donc qu'on eut fait sortir tout ce monde, il entra, et lui prit la main ; et cette petite fille se leva ;

---

(*h*) *Fides*. Ce mot est devenu sacramentel dans le christianisme. Qu'a voulu indiquer par là Jésus? Foi, c'est *bonne foi*, sincérité absolue ; — c'est *intime conviction* ; — c'est *fidélité* à la loi, au parti, à l'Église ; — c'est *confiance*. Toutes ces acceptions se rencontrent dans ce mot, et Jésus n'en exclut aucune. Le plus souvent, la *foi* s'entend de l'*adhésion à la réforme*, et conséquemment de la *réforme* elle-même, c'est-à-dire la JUSTICE. Dans le présent passage et dans beaucoup d'autres, on peut soupçonner, ce me semble, un travestissement des paroles et des pensées du Christ par ses disciples. Si nous avions des relations exactes, de vrais procès-verbaux, tous les doutes seraient levés. Mais en remontant à l'idée fondamentale de Jésus, on trouve le vrai sens de ces paroles : c'est que celui qui unira dans son cœur la piété envers le Père céleste et la piété envers les hommes obtiendra le pardon de ses péchés, et conséquemment la délivrance des peines qui en sont le châtiment. Or, que fait ici Jésus? Il ne remet pas, *de son autorité propre*, les péchés ; il dit : Aie confiance ; tes péchés te sont remis, parce qu'ils le sont à tout croyant honnête homme.

26. Et le bruit s'en répandit dans tout le pays.

27. Comme Jésus sortait de ce lieu, deux aveugles le suivirent, en criant et disant : Fils de David (*i*), ayez pitié de nous.

28. Et lorsqu'il fut venu dans la maison, ces aveugles s'approchèrent de lui. Et Jésus leur dit : Croyez-vous que je puisse faire ce *que vous me demandez?* Ils lui répondirent : Oui, Seigneur.

29. Alors il toucha leurs yeux, en disant : Qu'il vous soit fait selon votre foi.

30. Aussitôt leurs yeux furent ouverts. Et Jésus leur défendit fortement d'en parler (*j*), en *leur* disant : Prenez bien garde que qui que ce soit ne le sache.

---

(*i*) *Fili David* : Jésus était Galiléen ; sa filiation davidique est une invention de la légende, en réponse à une nécessité de l'époque. Ce qui est à remarquer, c'est que dans le récit même qui est fait pour constituer la messianité de Jésus, on aperçoit tout le travail de cette fabrication.

(*j*) Défense de publier le miracle, probablement parce que Jésus craignait la jalousie des pharisiens, qui se mêlaient aussi d'en faire. (Cf. plus bas, XI, 21.)

La répugnance de Jésus à se poser comme thaumaturge et comme Christ, bien qu'il crût lui-même aux miracles et qu'il *attendît le Messie*, éclate à chaque instant. D'abord, il semble douter qu'il soit le Christ, puis il se laisse gagner ; sa réputation l'éblouit lui-même ; les miracles qu'on lui fait faire malgré lui l'étonnent ; il finit par s'appliquer ce raisonnement, qu'il fait lui-même aux disciples de Jean : *Il faut bien que je sois le Christ, puisque les aveugles voient*, etc.

Ce qui fait douter Jésus, c'est d'abord qu'il est Galiléen, non descendant de David : inconvénient que la légende a voulu réparer en lui fabricant deux généalogies ; — c'est ensuite qu'il n'a pas de puissance temporelle : autre inconvénient capital, auquel la légende, d'après Jésus, a obvié par cette distinction métaphysique : *Mon* royaume n'est pas de ce monde. Au fond, Jésus, prenant le titre de Christ, fut un usurpateur. La ténacité juive trouvant alors un écoulement, le christianisme fut fondé.

31. Mais eux, s'en étant allés, répandirent sa réputation dans tout ce pays-là.

32. Après qu'ils furent sortis, on lui présenta un homme muet, possédé du démon.

33. Le démon ayant été chassé, le muet parla (k), et le peuple en fut dans l'admiration, et ils disaient : On n'a jamais rien vu de semblable dans Israël.

34. Mais les pharisiens disaient *au contraire* : Il chasse les démons par le prince des démons (l).

35. Or, Jésus, allant de tous côtés dans les villes et dans les villages, enseignait dans leurs synagogues, et prêchait l'évangile du royaume, guérissant (m) toutes sortes de langueurs, et toutes les maladies *parmi le peuple*.

36. Et voyant tous ces peuples, il en eut compassion, parce qu'ils étaient accablés de maux, et couchés *çà et là*, comme des brebis qui n'ont point de pasteur.

37. Alors il dit à ses disciples : La moisson est grande, mais il y a peu d'ouvriers.

38. Priez donc le maître de la moisson, qu'il envoie des ouvriers à sa moisson.

## CHAPITRE X.

Les douze apôtres appelés; instruction que Jésus-Christ leur donne; puissance; persécution qu'il leur annonce; récompense qu'il leur promet.

1. *Alors* Jésus, ayant appelé ses douze disciples, leur donna puissance sur les esprits impurs pour les chasser, et pour guérir toutes sortes de langueurs et de maladies.

2. Or voici les noms des douze apôtres (a) : Le premier, Simon, qui est appelé Pierre, et André, son frère;

---

(k) Cf. *Marc*, I.

(l) Cf. *Luc*, II, 52; *Jean*, I; *Matth.*, V, 17.

(m) *Curans*, soignant, et non pas guérissant.

(a) *Apostolorum*, par euphémisme et modestie, pour *angelorum*. Comme Jéhovah, le dieu des Juifs, a ses ministres ou envoyés, Jésus-Christ, *Fils de Dieu*, devait avoir les siens. Ils furent douze, par imitation des douze tribus. Mais

3. Jacques, *fils* de Zébédée, et Jean, son frère; Philippe et Barthélemi; Thomas et Matthieu, le publicain; Jacques, *fils* d'Alphée, et Thaddée;

4. Simon, le Chananéen, et Judas Iscariote, qui est celui qui le trahit.

5. Jésus envoya ces douze, après leur avoir donné les instructions suivantes : N'allez point vers les Gentils, et n'entrez point dans les villes des Samaritains;

6. Mais allez plutôt aux brebis perdues (*b* et *c*) de la maison d'Israël.

7. Et, *dans les lieux* où vous irez, prêchez, en disant que le royaume des cieux est proche.

8. Rendez la santé aux malades, ressuscitez les morts, guérissez les lépreux, chassez les démons; donnez gratuitement ce que vous avez reçu gratuitement (*d*).

9. Ne vous mettez point en peine d'avoir de l'or ou de l'argent, ou d'autre monnaie dans votre bourse.

---

on voit par l'histoire des *Actes* et de saint Paul que ce nombre ne fut pas sacramentel, et qu'il y en eut d'autres que les douze de l'Évangile, lesquels, au surplus, ne sont pour la plupart connus que de nom.

(*b*) *Ite potius ad oves... Israel.* Ici encore se reconnaît l'esprit juif, qui proteste contre la vocation des Gentils. Or, quoi qu'on ait rapporté par la suite des vues de Jésus à cet égard, il est certain qu'il se montre ici plus qu'hésitant : il est exclusivement juif. Il est loin de comprendre l'essence et la mission universelle du christianisme. Ou bien, il faut croire que le narrateur lui prête des sentiments plus charitables que ne le supposent les passages annotés plus haut... Peut-être encore avons-nous ici l'indice d'un parti parmi les apôtres. Peut-être enfin la recommandation de Jésus fut-elle toute de circonstance : à titre d'essai.

(*c*) *Quæ perierunt.* Ne serait-ce point que Jésus cherche à former un parti au sein du judaïsme?

(*d*) Ce verset doit être pris au sens spirituel, d'après ce que dit Jésus lui-même : il est venu guérir les *malades*, non les sains.

10. *Ne préparez* ni un sac pour le chemin, ni deux habits, ni souliers, ni bâtons; car celui qui travaille mérite qu'on le nourrisse.

11. En quelque ville ou en quelque village que vous entriez, informez-vous qui y est digne *de vous loger*, et demeurez chez lui jusqu'à ce que vous vous en alliez.

12. Entrant dans la maison, saluez-la, en disant : Que la paix soit dans cette maison.

13. Si cette maison en est digne, votre paix (*e*) viendra sur elle; et si elle n'en est pas digne, votre paix reviendra à vous.

14. Lorsque quelqu'un ne voudra pas vous recevoir, ni écouter vos paroles, secouez, en sortant de cette maison ou de cette ville, la poussière de vos pieds (*f* et *g*).

15. Je vous dis, en vérité, qu'au jour du jugement Sodome et Gomorrhe seront traitées moins rigoureusement que cette ville (*h*).

16. Je vous envoie comme des brebis au milieu des loups (*i*). Soyez donc prudents comme des serpents, et simples comme des colombes.

17. Mais donnez-vous de garde des hommes; car ils vous feront comparaître dans leurs assemblées, et ils vous feront fouetter dans leurs synagogues;

18. Et vous serez présentés, à cause de moi, aux gouverneurs et aux rois, pour leur servir de témoignage aussi bien qu'aux nations.

19. Lors donc qu'on vous livrera entre leurs mains, ne vous mettez point en peine comment vous leur parlerez, ni de ce que vous leur direz, car ce que vous devez leur dire vous sera donné à l'heure même (*j*);

---

(*e*) *Pax*, heb., *selâm*. En Orient, on ne donne le *selâm* qu'à des gens de la même communion. — Jésus dit à ses disciples : Ne craignez rien; saluez toujours; si votre hôte est indigne, votre *selâm* vous reviendra.

(*f*) Cela sort de la modération de Jésus, et sent le zélotisme des disciples de Paul.

(*g*) Versets 9-14. — Sublime pour des missionnaires de pauvreté. Cette scène doit être vraie.

(*h*) Allusion à la ruine de Jérusalem par Titus. (Cf. plus bas, chap. XI, 21.)

(*i*) Ici reparaît la haine du Galiléen pour le Juif.

*j*) Leçon de dialectique et d'éloquence. L'inspiration sou-

20. Puisque ce n'est pas vous qui parlez, mais que c'est l'Esprit de votre Père qui parle en vous.

21. Or, le frère livrera le frère à la mort, et le père le fils; les enfants se soulèveront contre leurs pères et leurs mères, et les feront mourir;

22. Et vous serez haïs de tous *les hommes*, à cause de mon nom; mais celui-là sera sauvé, qui persévérera jusqu'à la fin.

23. Lors donc qu'ils vous persécuteront dans une ville, fuyez dans une autre. Je vous dis, en vérité, que vous n'aurez pas achevé d'*instruire* toutes les villes d'Israël, avant que le Fils de l'homme vienne (*k*).

24. Le disciple n'est point au-dessus du maître, ni l'esclave au-dessus de son seigneur.

25. C'est assez au disciple d'être comme son maître, et à l'esclave d'être comme son seigneur. S'ils ont appelé le père de famille Beelzébub, combien plutôt traiteront-ils *de même* ses domestiques.

26. Ne les craignez donc point; car il n'y a rien de caché qui ne doive être découvert, ni rien de secret qui ne doive être connu.

27. Dites dans la lumière ce que je vous dis dans l'obscurité, et prêchez sur le haut des maisons ce qu'on vous dit à l'oreille (*l*).

---

daine d'une âme fortement émue et d'une conscience innocente est bien autrement persuasive que l'art étudié des avocats et des sophistes; voilà ce que veut dire Jésus-Christ : il ne s'agit point là d'une assistance surnaturelle de l'Esprit Saint. Au reste, on aurait tort d'en conclure que Jésus-Christ blâme la rhétorique et les lettres; il voulait seulement bannir les artifices humains de la prédication de son Évangile. En effet, les révolutions populaires et sociales ne se font guère avec de beaux discours.

(*k*) *Donec veniat.* — Ce verset constate une opinion des Juifs touchant l'arrivée prochaine du Messie, arrivée qui, avec le temps, devint synonyme de *fin du monde*. (Cf. plus haut, III, la mission de Jean.)

(*l*) Ce verset, s'il était authentique, serait peu honorable pour la bonne foi et le courage de Jésus; que signifie-t-il donc? Que les apôtres, annonçant à leur tour des *nouveautés*, prétendent que le maître les leur a dites en secret !...

28. Ne craignez point ceux qui tuent le corps, et qui ne peuvent tuer l'âme; mais craignez plutôt celui qui peut perdre et l'âme et le corps dans l'enfer.

29. N'est-il pas vrai que deux passereaux ne se vendent qu'une obole? et néanmoins il n'en tombe aucun sur la terre, sans *la volonté de* votre Père.

30. Mais, pour vous, les cheveux même de votre tête sont tous comptés.

31. Ainsi ne craignez point; vous valez beaucoup mieux qu'un grand nombre de passereaux.

32. Quiconque donc me confessera, *et* me reconnaîtra devant les hommes, je le reconnaîtrai aussi moi-même devant mon Père, qui est dans les cieux (*m*);

33. Et quiconque me renoncera devant les hommes, je le renoncerai aussi moi-même devant mon Père, qui est dans les cieux.

34. Ne pensez pas que je sois venu apporter la paix sur la terre : je ne suis pas venu apporter la paix, mais l'épée.

35. Car je suis venu séparer l'homme d'avec son père, la fille d'avec sa mère, et la belle-fille d'avec sa belle-mère (*n*);

36. Et l'homme aura pour ennemis ceux de sa propre maison.

37. Celui qui aime son père ou sa mère plus que moi, n'est pas digne de moi; et celui qui aime son fils ou sa fille plus que moi, n'est pas digne de moi.

38. Celui qui ne prend pas sa croix (*o*), et ne me suit pas, n'est pas digne de moi.

39. Celui qui conserve sa vie, la perdra; et celui qui aura perdu sa vie pour l'amour de moi, la retrouvera.

40. Celui qui vous reçoit, me reçoit; et celui qui me reçoit, reçoit celui qui m'a envoyé.

41. Celui qui reçoit un prophète, en qualité de prophète, recevra la récompense du prophète; et celui qui reçoit un juste, en qualité de juste, recevra la récompense du juste;

---

(*m*) Cf. *Luc*, ix, la note.

(*n*) Allusions aux divisions intestines causées par la nouvelle religion, notamment celles relatives aux chrétiens judaïsants.

(*o*) *Crucem.* Évidemment Jésus n'a pas dit cela : il ne l'aurait pu dire qu'après sa résurrection. C'est une forme de langage mystique qui est venue après lui.

42. Et quiconque aura donné seulement à boire un verre d'eau froide à l'un de ces plus petits, comme étant de mes disciples, je vous dis, en vérité, qu'il ne perdra point sa récompense (*p*).

## CHAPITRE XI (*a*).

Saint Jean envoie à Jésus-Christ. Éloge de saint Jean. Jésus-Christ et saint Jean rejetés. Villes impénitentes. Sages aveuglés. Simples éclairés. Douceur du joug de Jésus-Christ.

1. Jésus, ayant achevé (*b*) de donner ses instructions à ses douze disciples, partit de là pour s'en aller enseigner, et prêcher dans les villes d'*alentour*.
2. Or, Jean, ayant appris, dans sa prison, les œuvres *merveilleuses* de Jésus-Christ, envoya deux de ses disciples.
3. Lui dire : Êtes-vous celui qui doit venir, ou si nous devons en attendre un autre (*c*)?

---

(*p*)Versets 5-42. — Fondation de l'Église ; organisation de la propagande chrétienne ; premières instructions données aux apôtres sur leur conduite dans le monde. Ce chapitre x est plein de choses qui n'ont pu être dites par Jésus ; ce sont des allusions à des faits arrivés plus tard, comme par exemple la persécution de Saul, racontée *Actes* VIII et suiv., et qui fit fuir les disciples de Jérusalem à Samarie. (Cf. ci-dessus, verset 23.)

(*a*) Ce chapitre a pour objet de prouver que Jésus s'était donné comme Christ.

(*b*) *Consummasset*. Matthieu procède par catégories. Là se terminent les *instructions* aux apôtres. (Cf. plus haut, VII, 28.)

(*c*) Si Jean demande à Jésus s'il est le Messie, il n'a pas pu lui rendre le fameux témoignage qu'on a vu plus haut, chapitre III, versets 14 et suiv.; il y a là contradiction. Donc, on doit croire que Jésus a usé vis-à-vis de Jean d'une certaine dissimulation, ne fût-ce que celle qui consistait à lui taire ses vrais sentiments sur le Messie. Jean est ici dupe de l'équivoque et de la conduite tortueuse de Jésus.

SELON S. MATTHIEU. — CHAP. XI    49

4. Et Jésus leur répondit : Allez raconter à Jean ce que vous avez entendu et ce que vous avez vu.

5. Les aveugles voient, les boiteux marchent, les lépreux sont guéris, les sourds entendent, les morts ressuscitent, l'évangile est annoncé aux pauvres (*d*);

6. (*e*) Et heureux est celui qui ne prendra point de moi un sujet de scandale *et de chute*.

7. Lorsqu'ils s'en furent allés, Jésus commença à parler de Jean au peuple, *en cette sorte* : Qu'êtes-vous allé voir dans le désert ? Un roseau agité du vent ?

8. Qu'êtes-vous, *dis-je*, allé voir ? Un homme vêtu *avec luxe et avec mollesse* ? Vous savez que ceux qui s'habillent de cette sorte sont dans les maisons des rois.

9. Qu'êtes-vous donc allé voir ? Un prophète ? Oui, je vous le dis, et plus qu'un prophète.

10. Car c'est de lui qu'il a été écrit : J'envoie devant vous mon ange, qui vous préparera la voie où vous devez marcher.

11. Je vous dis, en vérité, qu'entre ceux qui sont nés des femmes, il n'y en a point eu de plus grand que Jean-Baptiste ; mais celui qui est le plus petit dans le royaume des cieux est plus grand que lui (*f*).

---

(*d*) VERSETS 4-5. — Miracles donnés pour preuve de sa mission par Jésus. (Cf. plus bas, XII, 39 : Jésus refuse de faire des miracles ; cf. *Luc*, VII, 22.)

(*e*) Jésus paraît se plaindre dans ce verset du doute de Jean-Baptiste ; aussi, après l'avoir beaucoup loué, le met-il, verset 11, au-dessous du plus petit des chrétiens. — Au reste, Jésus raisonne sur son propre compte comme tous les Juifs : Je fais des miracles, donc je suis le *Messie*. Singulière façon de raisonner ! Qu'on s'étonne, après cela, que les disciples, à l'exemple du maître, aient appliqué les prophètes et tout le Vieux Testament à la nouvelle secte, et aient fini par fabriquer à Jésus une histoire merveilleuse !... — La critique qui précède tombe sur l'historien, qui dénature à la fois la pensée et le caractère de Jésus ; elle ne touche pas celui-ci. (Cf. *Luc*, II, 52 ; *Jean*, I ; *Matthieu*, V, 17, et *alibi, passim*.)

(*f*) Jésus paraît ici visiblement contrarié du doute de Jean-Baptiste : il le ravale.

12. Or, depuis le temps de Jean-Baptiste jusqu'à présent (*g*), le royaume des cieux se prend par violence ; et *ce sont* les violents qui l'emportent.

13. Car jusqu'à Jean, tous les prophètes, aussi bien que la loi, ont prophétisé.

14. Et, si vous voulez comprendre ce que je vous dis, c'est lui-même qui est cet Élie qui doit venir.

15. Que celui-là entende, qui a des oreilles pour entendre (*h, i* et *j*).

16. Mais à qui dirai-je que ce peuple-ci est semblable ? Il est semblable à ces enfants qui sont assis dans la place, et qui crient à leurs compagnons,

17. Et leur disent : Nous avons chanté pour vous *réjouir*, et vous n'avez point dansé ; nous avons chanté des airs lugubres, et vous n'avez point témoigné de deuil.

18. Car Jean est venu, ne mangeant ni ne buvant, et ils disent : Il est possédé du démon.

19. Le Fils de l'homme est venu mangeant et buvant, et ils disent : Voilà un homme qui aime à faire bonne chère et à boire du vin ; il est ami des publicains et des gens de mauvaise vie ; mais la sagesse a été justifiée par ses enfants.

20. Alors il commença à faire des reproches aux villes dans

---

(*g*) La prédication de Jean-Baptiste avait inspiré un zèle puissant pour le règne du Messie ; toutes les imaginations étaient tendues de ce côté. — Concluons donc que le narrateur a voulu se faire une autorité du Baptiseur.

(*h*) Annonce à mots couverts de la fin du mosaïsme.

(*i*) Vers. 13-15. — Jésus indique ici que, le Messie venu, c'est fini de l'ancienne loi. — Mais je regarde ce texte comme une interpolation. Jésus ne fut point un abrogateur du mosaïsme ; en cela il différait des messianistes, qui disaient que le Messie venu changerait tout.

(*j*) Vers. 7-15. — Phrases incohérentes. Jésus exalte d'abord Jean, le présente comme prophète, dit que c'est Élie, le plus grand des hommes, le précurseur du Christ. Il s'en fait ainsi un instrument ; il se le subordonne, malgré qu'il en ait. Aussi, après l'avoir tant exalté, il le ravale ; il lui donne la dernière place dans le royaume des cieux. C'est juif.

lesquelles il avait fait beaucoup de miracles, de ce qu'elles n'avaient point fait pénitence (*k* et *l*).

21. Malheur à toi, Corozaïn; malheur à toi, Bethsaïde, parce que si les miracles qui ont été faits au milieu de vous avaient été faits dans Tyr et dans Sidon, il y a longtemps qu'elles auraient fait pénitence dans le sac et dans la cendre (*m*).

---

(*k*) On dirait l'apôtre Jean Journet qui, depuis dix ans, maudit le monde de ne pas croire à Fourier.

(*l*) Vers. 16-20. — Autre discours qui ne tient au précédent que par une certaine association d'idées. Le siècle est dur; comme qu'on s'y prenne avec lui, il n'écoute rien. Ni Jean, ni Jésus; ni *Cabet*, ni *Fourier*; ni rouge, ni blanc ! C'est toujours la même chose ! Du reste, ce discours est relatif à l'opposition entre la loi de Moïse et la nouvelle, opposition qui n'éclata qu'après la mort de Jésus.

(*m*) Reproche de n'avoir point cru aux miracles. On rencontre une contradiction perpétuelle, et aujourd'hui très-difficile à expliquer, dans la conduite de Jésus relativement à ses miracles. Tantôt il commande de les divulguer, tantôt il le défend. On dirait parfois un sage qui, après une guérison merveilleuse, mais très-probablement naturelle, opérée par ses soins, tantôt évite le bruit, de peur de faire crier au thaumaturge, tantôt cherche précisément à se faire passer pour tel. Quand il s'agit de faire un miracle, Jésus recule; c'est tout simple; quand le miracle est fait, mais encore frais, il défend d'en parler, il craint la vérification... c'est prudent; mais quand les miracles sont anciens, il en réclame le bénéfice; cela semble louche.—Le prédicateur convertisseur s'irrite; dans sa bonne foi religieuse, il maudit les incrédules et les endurcis; mais cela ne lui ôte pas tout à fait le jugement, et ne l'empêche pas de se comporter avec une singulière prudence. L'ironie ne lui manque pas surtout. Elle éclate à chaque instant. Capharnaüm, qui l'a vu naître, qui l'a vu travailler à son établi, refuse de croire; il s'écrie (verset 25) : Je te rends grâce, ô mon Père, d'avoir caché ces choses aux

22. C'est pourquoi je vous déclare qu'au jour du jugement, Tyr et Sidon seront traitées moins rigoureusement que vous.

23. Et toi, Capharnaüm, t'éléveras-tu *toujours* jusqu'au ciel? Tu seras abaissée jusqu'au fond de l'enfer; parce que si les miracles qui ont été faits au milieu de toi avaient été faits dans Sodome, elle subsisterait peut-être encore aujourd'hui.

24. C'est pourquoi je te déclare qu'au jour du jugement le pays de Sodome sera traité moins rigoureusement que toi.

25. Alors Jésus dit ces paroles: Je vous rends gloire, *mon Père*, Seigneur du ciel et de la terre, de ce que vous avez caché ces choses aux sages et aux prudents, et que vous les avez révélées aux simples et aux petits.

26. Oui, *mon Père*, *je vous en rends gloire*, parce qu'il vous a plu *que cela fût* ainsi.

27. Mon Père m'a mis toutes choses entre les mains, et nul ne connaît le Fils que le Père; comme nul ne connaît le Père que le Fils, et celui à qui le Fils aura voulu le révéler.

28. Venez à moi, vous tous qui êtes fatigués et qui êtes chargés, et je vous soulagerai.

29. Prenez mon joug (*n*) sur vous, et apprenez de moi que je suis doux et humble de cœur; et vous trouverez le repos de vos âmes;

30. Car mon joug (*n*) est doux, et mon fardeau est léger.

## CHAPITRE XII (*a*).

Épis rompus. Culte du sabbat. Main sèche. Douceur du Messie. Possédé aveugle et muet. Blasphèmes des pharisiens. Péché contre le Saint-Esprit. Signe de Jonas. Démon rentrant. Mère et frères de Jésus-Christ.

1. En ce temps-là, Jésus passait le long des blés un jour de sabbat; et ses disciples, ayant faim, se mirent à rompre des épis, et à en manger.

---

sages, et de les avoir révélées aux petits! C'est d'un homme résolu.

(*n*) **Jugum meum**. La réforme de Jésus était plus commode que la loi de Moïse. L'Église romaine a refait tout cela: Moïse a été dépassé par le pape. (Cf. ci-dessus, vers. 16-19.)

(*a*) Ce chapitre, comme les deux précédents, est tout polé-

2. Ce que les pharisiens voyant, ils lui dirent : Voilà vos disciples qui font ce qu'il n'est point permis de faire au jour du sabbat.

3. Mais il leur dit : N'avez-vous point lu ce que fit David, lorsque lui et ceux qui l'accompagnaient furent pressés de la faim;

4. Comme il entra dans la maison de Dieu, et mangea des pains de proposition, dont il n'était permis de manger ni à lui, ni à ceux qui étaient avec lui, mais aux prêtres seuls?

5. Ou n'avez-vous point lu dans la loi que les prêtres, au jour du sabbat, violent le sabbat dans le temple, et ne sont pas néanmoins coupables?

6. Or, je vous déclare qu'il y a ici quelqu'un plus grand que le temple.

7. Que si vous saviez bien ce que veut dire cette parole : J'aime mieux la miséricorde que le sacrifice (b), vous n'auriez jamais condamné des innocents.

8. Car le Fils de l'homme est maître du sabbat même.

---

mique. L'opposition au judaïsme y éclate à chaque pas; c'est cette opposition, peu naturelle chez un Juif, qui explique comment le christianisme a pu se réclamer lui-même de Moïse et des prophètes. Seulement la *messianité* de Jésus en devient plus absurde.

(b) Appel à l'autorité des prophètes, de tout temps peu scrupuleux en matière de cérémonies. Jésus, du reste, ne dogmatise point; il se conforme aux croyances de son temps, autant qu'il peut; il admet Moïse, les prophètes, Jéhovah, les anges, la résurrection, etc., tout en inclinant sans cesse à expliquer rationnellement ce qui est susceptible de l'être. Il tergiverse sur l'idée messiaque, et conséquemment sur le personnage qu'il se donne à lui-même, pour deux raisons : la première qu'il n'y avait ni sécurité ni possibilité de combattre trop directement l'opinion messiaque; la deuxième que, sentant lui-même l'équivoque qui allait se produire sur son compte, et ne pouvant néanmoins échapper à cette affirmation : — *Oui, je suis le Christ;* car quiconque prêche la réforme est Christ, — il sortait d'embarras du mieux qu'il pouvait, à force de prudence, de réserve et de savantes leçons.

9. Étant parti de là, il vint dans leur synagogue,

10. Où il se trouva un homme qui avait une main sèche; et ils lui demandèrent, pour *avoir un sujet* de l'accuser, s'il était permis de guérir aux jours du sabbat.

11. Mais il leur répondit : Qui sera l'homme d'entre vous qui, ayant une brebis qui vienne à tomber dans un fossé, le jour du sabbat, ne la prendra pas pour l'en retirer?

12. Or, combien un homme est-il plus excellent qu'une brebis? Il est donc permis de faire du bien le jour du sabbat.

13. Alors il dit à cet homme : Étendez votre main. Il l'étendit, et elle devint saine comme l'autre.

14. Mais les pharisiens, étant sortis, tinrent conseil ensemble, contre lui, sur les moyens qu'ils pourraient prendre pour le perdre.

15. Jésus, le sachant, se retira de ce lieu-là; et beaucoup de personnes l'ayant suivi, il les guérit toutes (c).

16. Et il leur commanda de ne point le découvrir;

17. Afin que cette parole du prophète Isaïe fût accomplie :

18. Voici mon serviteur que j'ai élu, mon bien-aimé, dans lequel j'ai mis toute mon affection; je ferai reposer sur lui mon Esprit, et il annoncera la justice aux nations.

19. (d) Il ne disputera point, il ne criera point, et personne n'entendra sa voix dans les places publiques,

20. Il ne brisera point le roseau cassé, et il n'achèvera point d'éteindre la mèche qui fume encore, jusqu'à ce qu'il fasse triompher la justice *de sa cause*;

21. Et les nations espèreront en son nom.

22. Alors on lui présenta un possédé, aveugle et muet; et il le guérit, en sorte qu'il commença à parler et à voir.

---

(c) Versets 1-15. — Satire mordante des tartufes juifs. Ce que Jésus dit (*Marc*, II, 27) est encore plus piquant : *Le sabbat est fait pour l'homme, non l'homme pour le sabbat.* (Cf. M. Droz : *Les produits sont faits pour les hommes, non les hommes pour les produits.*) — Ici encore, on retrouve l'hésitation de Jésus entre le mosaïsme traditionnel et la réforme.

(d) Accommodation tout à fait opportune. Je fais des miracles, mais je n'en fais pas de bruit. Excellent argument à l'adresse de ceux qui acceptaient l'autorité d'Isaïe et ne croyaient pas à Jésus.

23. Tout le peuple en fut rempli d'admiration; et ils disaient : N'est-ce point là le Fils de David (e)?

24. Mais les pharisiens, en entendant cela, disaient : Cet homme ne chasse les démons que par la vertu de Beelzébub, prince des démons.

25. Or, Jésus, connaissant leurs pensées, leur dit : Tout royaume divisé contre lui-même sera ruiné, et toute ville ou maison divisée contre elle-même ne pourra subsister.

26. Si Satan chasse Satan, il est divisé contre soi-même; comment donc son royaume subsistera-t-il (f)?

27. Et si c'est par Beelzébub que je chasse les démons, par qui vos enfants les chassent-ils? C'est pourquoi ils seront eux-mêmes vos juges.

28. Si je chasse les démons par l'Esprit de Dieu, le royaume de Dieu est donc parvenu jusqu'à vous (g).

29. Mais comment quelqu'un peut-il entrer dans la maison du fort, et piller ses armes et ce qu'il possède, si auparavant il ne lie le fort, pour pouvoir ensuite piller sa maison?

30. Celui qui n'est point avec moi, est contre moi; et celui qui n'amasse point avec moi, dissipe.

31. C'est pourquoi je vous déclare que tout péché et tout blasphème sera remis aux hommes; mais le blasphème contre le *Saint*-Esprit ne leur sera point remis (h).

32. Et quiconque aura parlé contre le Fils de l'homme, il lui sera remis; mais si quelqu'un a parlé contre le Saint-Esprit, il ne lui sera remis ni dans ce siècle, ni dans le siècle à venir.

33. Ou dites que l'arbre est bon, et que le fruit en est bon aussi; ou dites que l'arbre étant mauvais, le fruit aussi en est mauvais; car c'est par le fruit qu'on connaît l'arbre.

34. Race de vipères, comment pouvez-vous dire de bonnes choses, vous qui êtes méchants? car c'est de la plénitude du cœur que la bouche parle.

---

(*e*) Est-ce le Christ, fils de David? Question naïve et qui explique tout.

(*f*) Vers. 25-26. — Raisonnement peu juste. Le diable peut se mettre pour quelque temps au service d'un sorcier pour accomplir une plus grande sorcellerie : témoin le christianisme lui-même fondé par Jésus, œuvre diabolique.

(*g*) Vers. 22-28. — Répétition et embellissements de l'histoire racontée plus haut, ix, 34.

(*h*) Menaces dignes d'un illuminé.

35. L'homme qui est bon tire de bonnes choses de *son* bon trésor ; et l'homme qui est méchant tire de mauvaises choses de *son* mauvais trésor.

36. Or, je vous déclare que les hommes rendront compte, au jour du jugement, de toute parole inutile qu'ils auront dite.

37. Car vous serez justifié par vos paroles, et vous serez condamné par vos paroles.

38. Alors quelques-uns des scribes et des pharisiens lui dirent : Maître, nous voudrions bien que vous nous fissiez voir quelque prodige.

39. Mais il leur répondit : Cette race méchante et adultère demande un prodige, et on ne lui en donnera point d'autre que celui du prophète Jonas.

40. Car comme Jonas fut trois jours et trois nuits dans le ventre de la baleine, ainsi le Fils de l'homme sera trois jours et trois nuits dans le cœur de la terre (*i*).

41. Les Ninivites s'élèveront, au jour du jugement, contre cette race, et la condamneront ; parce qu'ils ont fait pénitence à la prédication de Jonas ; et cependant il y a ici plus que Jonas (*j*).

42. La reine du midi s'élèvera, au jour du jugement, contre

---

(*i*) Il est péremptoire, d'après cela, que la résurrection était surtout pour les incrédules : pourquoi les seuls témoins de ce fait ont-ils été des hommes *præordinati a Deo*, comme dit saint Pierre (*Actes*, x, 41). On a remarqué que Jésus faisait publiquement et sans crainte ses miracles en Galilée, tandis qu'en Judée et à Jérusalem il se cachait, ou refusait d'en faire. On a dit pour motif qu'il devait en agir de la sorte, à cause de la foi qu'on témoignait en sa doctrine. Ceci est par trop naïf. Ne serait-ce point que les miracles sont plus aisés à faire au milieu de gens disposés à y croire, que parmi des incrédules ? Mais le *signe de la résurrection* est une idée de la légende venue après coup. Par *signe de Jonas*, Jésus n'a entendu autre chose que sa prédication. Ici il appert que le narrateur est infidèle à son héros.

(*j*) Vers. 41-44. — Cela est clair : La prédication de Jonas a suffi aux Ninivites, comme la parole de Salomon à la reine de Saba, et ma parole ne vous suffit pas !... Évidemment le verset 40 est une interpolation du narrateur.

cette race, et la condamnera; parce qu'elle est venue des extrémités de la terre pour entendre la sagesse de Salomon; et cependant il y a ici plus que Salomon.

43. Lorsque l'esprit impur est sorti d'un homme, il va dans des lieux arides, cherchant du repos, et il n'y en trouve point.

44. Alors il dit : Je retournerai dans ma maison d'où je suis sorti; et, revenant, il la trouve vide, nettoyée et parée.

45. En même temps, il va prendre avec lui sept autres esprits plus méchants que lui; et, entrant *dans cette maison*, ils y demeurent; et le dernier état de cet homme devient pire que le premier. C'est ce qui arrivera à cette race criminelle (*k*).

46. Lorsqu'il parlait encore au peuple, sa mère et ses frères *étant arrivés* et se tenant dehors, demandaient à lui parler.

47. Et quelqu'un lui dit : Voilà votre mère et vos frères qui sont dehors et qui vous demandent.

48. Mais il répondit à celui qui lui dit cela : Qui est ma mère, et qui sont mes frères?

49. Et étendant sa main vers ses disciples : Voici, dit-il, ma mère et mes frères;

50. Car quiconque fait la volonté de mon Père, qui est dans les cieux, celui-là est mon frère, ma sœur et ma mère (*l*).

## CHAPITRE XIII (*a*).

Paraboles de la semence, de l'ivraie, du grain de sénevé, du levain, du trésor, de la perle, du filet. Jésus méprisé dans sa patrie.

1. Ce même jour, Jésus, étant sorti de la maison, s'assit auprès de la mer.

2. Et il s'assembla autour de lui une grande foule de peuple;

---

(*k*) VERS. 43-45. — Un peuple entier possédé du diable : voilà ce que promet Jésus en châtiment de l'incrédulité. C'est formidable.

(*l*) VERS. 46-50. — Réponse pleine d'à-propos. Tout sert d'argument à un esprit convaincu; tout lui est moyen de conviction. Il y a peut-être aussi une allusion à leur mauvais vouloir. Je n'ai plus de famille! dit-il.

(*a*) Les paraboles.

c'est pourquoi il monta dans une barque où il s'assit, tout le peuple se tenant sur le rivage ;

3. Et il leur disait beaucoup de choses en paraboles, leur parlant *de cette sorte* : Celui qui sème est sorti pour semer ;

4. Et pendant qu'il semait, quelque partie de la semence tomba le long du chemin, et les oiseaux du ciel, étant venus, la mangèrent.

5. Une autre tomba dans des lieux pierreux, où elle n'avait pas beaucoup de terre ; et elle leva aussitôt, parce que la terre où elle était n'avait pas de profondeur.

6. Mais le soleil s'étant levé ensuite, elle en fut brûlée ; et, comme elle n'avait point de racine, elle sécha.

7. Une autre tomba dans des épines ; et les épines, venant à croître, l'étouffèrent.

8. Une autre enfin tomba dans de bonne terre, et elle porta du fruit ; quelques grains rendant cent pour un, d'autres soixante, et d'autres trente (*b*).

9. Que celui-là entende, qui a des oreilles pour entendre.

10. Ses disciples, s'approchant, lui dirent : Pourquoi leur parlez-vous en paraboles ?

11. Et, leur répondant, il leur dit : C'est parce que, pour vous autres, il vous a été donné de connaître les mystères du royaume des cieux ; mais, pour eux, il ne leur a pas été donné.

12. Car quiconque a *déjà*, on lui donnera *encore*, et il sera dans l'abondance ; mais pour celui qui n'a point, on lui ôtera *même* ce qu'il a.

13. C'est pourquoi je leur parle en paraboles ; parce que (*c*) en voyant, ils ne voient point, et qu'en écoutant, ils n'entendent ni ne comprennent point.

---

(*b*) Vers. 3-8. — Épigramme mordante en forme de parabole contre les curieux qui écoutent sans croire. Ce sont des esprits secs, épineux, brûlés du soleil. Très-joli. Tout ce chapitre, au moins quant à l'application qu'il fait des paraboles, est d'un chrétien de la primitive Église, non du Christ.

(*c*) *Quia*, ailleurs *ut*, ce qui change la signification. Jésus parle par paraboles, non pour déguiser sa doctrine, mais pour railler ses ennemis : ce qui est le propre de l'apologue. Ce sont ces paraboles qui, trop bien comprises, irritaient si fort les pharisiens et les prêtres (Cf. la parabole du Samaritain.)

14. Et la prophétie d'Isaïe s'accomplit en eux, lorsqu'il dit : Vous écouterez de vos oreilles, et vous n'entendrez point ; vous regarderez de vos yeux, et vous ne verrez point;

15. Car le cœur de ce peuple s'est appesanti; leurs oreilles sont devenues sourdes, et ils ont fermé les yeux, de peur que leurs yeux ne voient, que leurs oreilles n'entendent, que leur cœur ne comprenne, et que, s'étant convertis, je ne les guérisse.

16. Mais, *pour vous*, vos yeux sont heureux de ce qu'ils voient, et vos oreilles de ce qu'elles entendent.

17. Car je vous dis, en vérité, que beaucoup de prophètes et de justes ont souhaité de voir ce que vous voyez, et ne l'ont pas vu; et d'entendre ce que vous entendez, et ne l'ont pas entendu.

18. Écoutez donc, vous autres, la parabole de celui qui sème.

19. Quiconque écoute la parole du royaume, et n'y fait point d'attention, *l'esprit* malin vient, et enlève ce qui avait été semé dans son cœur : c'est là celui qui a reçu la semence le long du chemin.

20. Celui qui reçoit la semence au milieu des pierres, c'est celui qui écoute la parole, et qui la reçoit à l'heure même avec joie;

21. Mais il n'a point en soi de racine, et il n'est que pour un temps; et lorsqu'il survient des traverses et des persécutions, à cause de la parole, il en prend aussitôt un sujet de scandale *et* de chute.

22. Celui qui reçoit la semence parmi les épines, c'est celui qui entend la parole; mais ensuite les sollicitudes de ce siècle et l'illusion des richesses étouffent *en lui cette* parole, et la rendent infructueuse.

23. Mais celui qui reçoit la semence dans une bonne terre, c'est celui qui écoute la parole, qui y fait attention, et qui porte du fruit, et rend cent, ou soixante, ou trente pour un (*d*).

24. Il leur proposa une autre parabole, en disant : Le royaume des cieux est semblable à un homme qui avait semé de bon grain dans son champ;

25. Mais, pendant que les hommes dormaient, son ennemi vint, et sema de l'ivraie au milieu du blé, et s'en alla.

---

(*d*) Vers. 18-23. — On souffre de voir ici Jésus expliquer ses propres paraboles. Cela a pu se faire sans doute, dans la conversation particulière : mais il est à croire que Jésus était compris de ses auditeurs sans commentaires. — Tout cela doit donc être considéré comme du cru du narrateur, qui ne suit pas son modèle, et déjà ne l'entend plus.

26. L'herbe ayant donc poussé, et étant montée en épi, l'ivraie commença aussi à paraître.

27. Alors les serviteurs du père de famille vinrent lui dire : Seigneur, n'avez-vous pas semé de bon grain dans votre champ ? D'où vient donc qu'il y a de l'ivraie ?

28. Il leur répondit : C'est un homme ennemi qui l'y a semé. Et ses serviteurs lui dirent : Voulez-vous que nous allions l'arracher ?

29. Non, leur répondit-il, de peur qu'en arrachant l'ivraie, vous ne déraciniez en même temps le bon grain.

30. Laissez croître l'un et l'autre jusqu'à la moisson ; et au temps de la moisson, je dirai aux moissonneurs : Arrachez premièrement l'ivraie, et liez-la en bottes, pour la brûler, mais amassez le blé, pour *le porter dans* mon grenier (*e*).

31. Il leur proposa une autre parabole (*f*), en leur disant : Le royaume des cieux est semblable à un grain de sénevé qu'un homme prend et sème dans son champ.

32. Ce grain est la plus petite de toutes les semences, mais lorsqu'il est crû, il est plus grand que tous les *autres* légumes, et

---

(*e*) VERS. 24-30. — Parabole dangereuse, qui tendait à créer une scission dans le peuple juif, et à rompre l'unité nationale. *Le temps de la moisson*, ou *le règne de Dieu*, est celui où il sera possible de punir et de se venger. Cela fut en partie réalisé au siége de Jérusalem, où les chrétiens se trouvèrent à l'abri de tout le désastre. Les juifs infidèles seuls y périrent. — Tout cela est interpolé et n'est pas de Jésus, au moins tel que le présente l'évangéliste.

(*f*) *Aliam parabolam.* Ces paraboles se suivent à peu près comme les fables de La Fontaine : on pourrait faire un chapitre de chacune d'elles, comme de toutes. Il est évident que le rédacteur a recueilli de toutes mains, sans pouvoir vérifier ce qui est de Jésus et ce qui n'en est pas. — La parabole du grain de moutarde, qui est une allusion à la rapidité de la propagande évangélique, ne me parut d'abord pas plus que la précédente, être de Jésus ; mais, en réfléchissant que les matières étaient prêtes de longue main, et qu'il n'y avait qu'à jeter l'étincelle pour allumer l'incendie, je suis revenu de cette opinion, au moins en partie.

il devient un arbre; de sorte que les oiseaux du ciel viennent se reposer sur ses branches (*g*).

33. Il leur dit encore une autre parabole. Le royaume des cieux est semblable au levain qu'une femme prend, et qu'elle mêle dans trois mesures de farine jusqu'à ce que la pâte soit toute levée.

34. Jésus dit toutes ces choses au peuple en paraboles; et il ne leur parlait point sans paraboles;

35. Afin que cette parole du prophète fût accomplie : J'ouvrirai ma bouche, *pour parler* en paraboles; je publierai des choses qui ont été cachées depuis la création du monde.

36. Alors Jésus, ayant renvoyé le peuple, vint dans la maison; et ses disciples, s'approchant de lui, lui dirent : Expliquez-nous la parabole de l'ivraie semée dans le champ.

37. Et, leur répondant, il leur dit : Celui qui sème le bon grain, c'est le Fils de l'homme.

38. Le champ est le monde; le bon grain, ce sont les enfants du royaume; et l'ivraie, ce sont les enfants d'iniquité.

39. L'ennemi qui l'a semée, c'est le diable; *le temps de* la moisson, c'est la fin du monde; les moissonneurs sont les anges.

40. Comme donc on arrache l'ivraie, et qu'on la brûle dans le feu; il en arrivera de même à la fin du monde.

41. Le Fils de l'homme enverra ses anges qui ramasseront et enlèveront hors de son royaume tous ceux qui sont des occasions de chute *et* de scandale, et ceux qui commettent l'iniquité;

42. Et il les précipiteront dans la fournaise du feu. *C'est* là *qu'*il y aura des pleurs et des grincements de dents.

43. Alors les justes brilleront comme le soleil, dans le royaume de leur Père. Que celui-là entende, qui a des oreilles pour entendre (*h*).

---

(*g*) Vers. 31-32. — Puissance de la propagande et de l'IDÉE. Semez des idées, elles croîtront et rempliront la terre. Ce n'était pas un homme ordinaire que celui qui, dans un pareil temps, émettait de pareilles idées.

(*h*) Vers. 37-43. — Interprétation spirituelle, causée par suite de la spiritualisation de tout le système messiaque. Ce qu'on ne pouvait plus entendre au propre, on l'explique au figuré. En sorte que nous avons ici interpolation sur interpolation : 1° une parabole qui ne peut pas être de Jésus; 2° une interprétation qui ne peut être ni de Jésus, ni de l'auteur de la parabole!

44. Le royaume des cieux est semblable à un trésor, caché dans un champ, qu'un homme trouve, et qu'il cache; et, dans la joie qu'il ressent, il va vendre tout ce qu'il a, et achète ce champ (*i*).

45. Le royaume des cieux est semblable encore à un homme qui est dans le trafic, et qui cherche de bonnes perles;

46. Et qui, en ayant trouvé une de grand prix, va vendre tout ce qu'il avait, et l'achète.

47. Le royaume des cieux est semblable encore à un filet jeté dans la mer, qui prend toutes sortes de poissons.

48. Et lorsqu'il est plein, *les pêcheurs* le tirent sur le bord, où, s'étant assis, ils mettent ensemble tous les bons dans des vaisseaux, et ils jettent dehors les mauvais.

49. C'est ce qui arrivera à la fin du monde : les anges viendront et sépareront les méchants du milieu des justes;

50. Et il les jetteront dans la fournaise du feu. *C'est là qu'il y aura des pleurs et des grincements de dents* (*j*).

51. Avez-vous bien compris tout ceci? Oui, Seigneur, répondirent-ils.

52. Et il ajouta : C'est pourquoi tout docteur, *qui est bien* instruit en ce qui regarde le royaume des cieux, est semblable à un père de famille, qui tire de son trésor des choses nouvelles et anciennes.

53. Lorsque Jésus eut achevé (*k*) ces paraboles, il partit de là,

---

(*i*) Cabet, le père Enfantin, Fourier raisonnent tout à fait de même : mettez vos biens en commun, faites-vous saint-simoniens: vous serez assez riches.

(*j*) Vers. 47-50. — Parabole analogue à celle de la zizanie. — On voit par cet exemple combien tous ces discours de Jésus dans les Évangiles sont incohérents. Ce serait un vrai bavardage si, par la pensée, le lecteur ne rétablissait l'ordre, le lieu, la circonstance, etc. Ici, comme plus haut, le faiseur de paraboles a en vue les Juifs, ennemis des chrétiens, et, parmi ces derniers eux-mêmes, les sectes hostiles qui se condamnaient les unes les autres.

(*k*) *Cum consummasset.* — Il semble que ce chapitre ait dû être le recueil des paraboles, de même que les chapitres x, xi, xii, sont surtout polémiques; et les chapitres v, vi, vii, surtout moraux. Cependant on retrouvera plus loin des paraboles et de la morale.

54. Et étant venu en son pays, il les instruisait dans leurs synagogues; de sorte qu'étant saisis d'étonnement, ils disaient : D'où est venue à celui-ci cette sagesse, et ces miracles ?

55. N'est-ce pas là le fils de ce charpentier ? sa mère ne s'appelle-t-elle pas Marie; et ses frères Jacques, Joseph, Simon et Jude (*l*) ?

56. Et ses sœurs ne sont-elles pas toutes parmi nous ? D'où viennent donc à celui-ci toutes ces choses (*m*) ?

57. Et ainsi ils prenaient de lui un sujet de scandale. Mais Jésus leur dit : Un prophète n'est sans honneur que dans son pays et dans sa maison (*n*).

58. Et il ne fit pas là beaucoup de miracles, à cause de leur incrédulité.

## CHAPITRE XIV.

Prison et mort de Jean-Baptiste. Miracle des cinq pains. Jésus et saint Pierre marchent sur les eaux. Tous les malades guéris par l'attouchement de la robe de Jésus-Christ.

1. En ce temps-là, Hérode, le tétrarque, apprit ce qui se publiait de Jésus;

2. Et il dit à ses officiers : C'est Jean-Baptiste qui est ressuscité d'entre les morts, et c'est pour cela qu'il se fait par lui tant de miracles (*a*).

3. Car Hérode, ayant fait prendre Jean, l'avait fait lier et mettre en prison, à cause d'Hérodiade, femme de son frère *Philippe*;

---

(*l*) Cf. *Marc*, VI, 3 : quatre frères.

(*m*) VERS. 54-56. — Évidemment, les compatriotes de Jésus ne se trompent pas sur sa naissance, et n'ont garde de le prendre pour *fils de David*. Dans tout cet Évangile, le vrai et le faux ne sont pas du tout fondus ensemble ; le mélange n'est pas fait; les pièces de rapport sont jetées l'une à côté de l'autre, de manière à ne pouvoir tromper que les aveugles.

(*n*) Mot profond, mais qui est la condamnation des révélateurs comme des charlatans !...

(*a*) Exclamation sardonique, prise au sérieux par le narrateur.

4. Parce que Jean lui disait : Il ne vous est point permis d'avoir cette femme (b).

5. Hérode voulait donc le faire mourir ; mais il appréhendait le peuple, parce que Jean était regardé comme un prophète.

6. Mais comme Hérode célébrait le jour de sa naissance, la fille d'Hérodiade dansa devant *tous les conviés* ; et elle plut de telle sorte à Hérode,

7. Qu'il lui promit, avec serment, de lui donner tout ce qu'elle lui demanderait.

8. Elle, ayant été instruite auparavant par sa mère, lui dit : Donnez-moi présentement, dans un bassin, la tête de Jean-Baptiste.

9. Le roi ressentit de la tristesse *de cette demande* ; néanmoins, à cause du serment *qu'il avait fait*, et de ceux qui étaient à table avec lui, il commanda qu'on la lui donnât.

10. Il envoya en même temps couper la tête à Jean, dans la prison.

11. Et sa tête fut apportée dans un bassin, et donnée à cette fille, qui la porta à sa mère (c).

12. Après cela, ses disciples vinrent prendre son corps, et l'ensevelirent ; et ils allèrent le dire à Jésus.

13. Jésus ayant donc appris *ce qu'Hérode disait de lui*, il partit de là dans une barque pour se retirer à l'écart dans un lieu désert (d) ; et le peuple, l'ayant su, le suivit à pied de *diverses* villes.

---

(b) Vers. 3-4. — Fausse raison. Hérode fit pour Jean-Baptiste ce que Pilate fit plus tard pour le Christ : il le fit arrêter, puis mettre à mort, comme perturbateur du repos public. Il se souciait bien, en vérité, de la critique de Jean ! — On a trouvé bon de faire plaider l'innocence de Jean par Hérode, comme le fit plus tard Pilate pour Jésus ; et l'on a attribué à une vengeance de femme ce qui fut le fait de la politique. Il est possible d'ailleurs que la vengeance et la politique aient ici trouvé toutes deux leur compte. Mais il est évident qu'on a voulu faire de Jean un *prédiseur du Messie*, dans un sens tout à fait chrétien, moral et spirituel, tandis que, selon toute probabilité, Jean était un messianiste au sens juif. Cela se voit par la députation qu'il envoie à Jésus.

(c) Vers. 5-11. — Exemple de préoccupations populaires.

(d) Ceci prouve que Jésus ne se trompait pas sur la cause

14. Lorsqu'il sortait *de la barque*, ayant vu une grande multitude de personnes, il en eut compassion, et il guérit leurs malades.

15. Le soir étant venu, ses disciples vinrent lui dire : Ce lieu est désert, et il est déjà bien tard; renvoyez le peuple, afin qu'ils s'en aillent dans les villages, acheter de quoi manger.

16. Mais Jésus leur dit : Il n'est pas nécessaire qu'ils y aillent; donnez-leur vous-mêmes à manger.

17. Ils lui répondirent : Nous n'avons ici que cinq pains et deux poissons.

18. Apportez-les-moi ici, leur dit-il.

19. Et après avoir commandé au peuple de s'asseoir sur l'herbe, il prit les cinq pains et les deux poissons; et levant les yeux au ciel, il *les* bénit; puis, rompant les pains, il les donna à ses disciples, et les disciples au peuple.

20. Ils en mangèrent tous, et furent rassasiés; et on emporta douze paniers, pleins des morceaux qui étaient restés.

21. Or, ceux qui mangèrent étaient au nombre de cinq mille hommes, sans compter les femmes et les petits enfants (*e*).

22. Aussitôt Jésus obligea ses disciples à monter dans la barque, et à passer à l'autre bord avant lui, pendant qu'il renverrait le peuple.

23. Après l'avoir renvoyé, il monta seul sur une montagne, pour prier; et le soir étant venu, il se trouva seul en ce lieu.

24. Cependant la barque était fort battue des flots au milieu de la mer, parce que le vent était contraire.

25. Mais à la quatrième veille de la nuit, Jésus vint à eux, marchant sur la mer (*f*).

26. Lorsqu'ils le virent marcher *ainsi* sur la mer, ils furent troublés, et ils disaient : C'est un fantôme; et ils s'écrièrent de frayeur.

27. Aussitôt Jésus leur parla, et leur dit : Rassurez-vous, c'est moi; ne craignez point.

---

du supplice de Jean; il savait que l'Hérode du temps, comme celui qui vivait avant sa naissance, ne souffrait pas volontiers les prédicants du messianisme.

(*e*) Vers. 18-21. — Imitation de Moïse, nourrissant le peuple dans le désert.

(*f*) Ceci est plus fort que Moïse : Moïse passait *dans la mer* Rouge; Jésus marche *dessus*.

28. Pierre lui répondit : Seigneur, si c'est vous, commandez que j'aille à vous, *en marchant* sur les eaux.

29. Jésus lui dit : Venez. Et Pierre, descendant de la barque, marchait sur l'eau, pour aller à Jésus.

30. Mais, voyant un grand vent, il eut peur; et il commençait à enfoncer, lorsqu'il s'écria : Seigneur, sauvez-moi.

31. Aussitôt Jésus lui tendit la main, le prit, et lui dit : Homme de peu de foi, pourquoi avez-vous douté (*g*)?

32. Et, étant montés dans la barque, le vent cessa.

33. Alors ceux qui étaient dans cette barque, s'approchant de lui, l'adorèrent, en lui disant : Vous êtes vraiment Fils de Dieu.

34. Ayant passé l'eau, ils vinrent au territoire de Génézareth.

35. Les hommes de ce lieu-là l'ayant connu, ils envoyèrent dans tout le pays d'alentour, et lui présentèrent tous les malades,

36. Le priant qu'il leur permît seulement de toucher la frange *qui était au bas* de son vêtement; et tous ceux qui la touchèrent furent guéris (*h*).

## CHAPITRE XV.

Mains non lavées. Tradition humaine. Scandales à mépriser. Guides aveugles. Vraie impureté. Chananéenne. Miracle des sept pains.

1. Alors des scribes et des pharisiens, qui étaient venus de Jérusalem, s'approchèrent de Jésus, et lui dirent :

2. Pourquoi vos disciples violent-ils la tradition des anciens? car ils ne lavent point leurs mains (*a*) lorsqu'ils prennent leur repas.

---

(*g*) Vers. 28-31.—Embellissement ridicule : scène comique ajoutée à une scène miraculeuse. On reconnaît ici le génie populaire, toujours intempérant, et qui passe avec la plus extrême facilité du sublime au grotesque.

(*h*) De plus fort en plus fort. Jésus ne se donne pas seulement la peine de faire des miracles : ils se font tout seuls à sa présence. Le malade n'a qu'à passer, il est guéri. On verra plus bas, aux *Actes des Apôtres*, l'*ombre* de Pierre guérir les malades.

(*a*) Les disciples de Jésus étaient des crasseux; ce n'étaient pas des malfaiteurs. Il en était autrement des pharisiens.

3. Il leur répondit : Pourquoi vous-mêmes violez-vous le commandement de Dieu, pour *suivre* votre tradition ? car Dieu a fait ce commandement :

4. Honorez votre père et votre mère; et cet autre : Que celui qui aura outragé de paroles son père ou sa mère soit puni de mort.

5. Mais, vous autres, vous dites : Quiconque aura dit à son père ou à sa mère : Tout don (*b*) que je fais à Dieu vous est utile, *satisfait à la loi* ;

6. Encore qu'après cela il n'honore et n'assiste pas son père ou sa mère, et ainsi vous avez rendu inutile le commandement de Dieu par votre tradition.

7. Hypocrites, Isaïe a bien prophétisé de vous, quand il a dit :

8. Ce peuple m'honore des lèvres; mais son cœur est loin de moi (*c*) ;

9. Et c'est en vain qu'ils m'honorent, enseignant des maximes et des ordonnances humaines.

10. Puis, ayant appelé le peuple, il leur dit : Écoutez, et comprenez *bien ceci*.

11. Ce n'est pas ce qui entre dans la bouche qui souille l'homme; mais c'est ce qui sort de la bouche de l'homme qui le souille.

12. Alors ses disciples, s'approchant, lui dirent : Savez-vous bien que les pharisiens, ayant entendu ce que vous venez de dire, s'en sont scandalisés (*d*) ?

13. Mais il répondit : Toute plante que mon Père céleste n'a point plantée sera arrachée.

14. Laissez-les : ce sont des aveugles qui conduisent des aveugles; si un aveugle conduit un autre aveugle, ils tombent tous deux dans la fosse.

15. Pierre, prenant la parole, lui dit : Expliquez-nous cette parabole.

16. Et Jésus lui répondit : Quoi ! êtes-vous encore vous-même sans intelligence ?

17. Ne comprenez-vous pas que tout ce qui entre dans la bouche descend dans le ventre, et est jeté ensuite au lieu secret;

---

(*b*) Vers. 5-6. — *Munus*... c'est-à-dire le *serment* de ne pas donner à manger à son père et à sa mère est obligatoire; celui qui l'a fait est tenu de ne pas honorer ses parents ! (Cf. ci-dessous, note *c*.)

(*c*) Le prophétisme prévaut après six siècles de silence et de mort.

(*d*) L'opposition continue.

18. Mais que ce qui sort de la bouche part du cœur, et que c'est ce qui rend l'homme impur ?

19. Car c'est du cœur que partent les mauvaises pensées, les meurtres, les adultères, les fornications, les larcins, les faux témoignages, les blasphèmes *et les médisances*;

20. Ce sont là les choses qui rendent l'homme impur ; mais de manger sans avoir lavé ses mains, ce n'est point ce qui rend un homme impur (*e*).

21. Jésus, étant parti de ce lieu, se retira du côté de Tyr et de Sidon ;

22. Et une femme chananéenne, qui était sortie de ce pays-là, s'écria, en lui disant : Seigneur, Fils de David, ayez pitié de moi ; ma fille est misérablement tourmentée par le démon.

23. Mais il ne lui répondit pas un *seul* mot ; et ses disciples, s'approchant de lui, le priaient, en lui disant : Accordez-lui ce qu'elle demande, afin qu'elle s'en aille, parce qu'elle crie après nous.

24. Il leur répondit : Je n'ai été envoyé qu'aux brebis de la maison d'Israël qui se sont perdues.

25. Mais elle s'approcha de lui et l'adora, en lui disant : Seigneur, assistez-moi.

26. Il lui répondit : Il n'est pas juste de prendre le pain des enfants, et de le donner aux chiens.

27. Elle répliqua : Il est vrai, Seigneur ; mais les petits chiens mangent *au moins* des miettes qui tombent de la table de leurs maîtres.

28. Alors Jésus, répondant, lui dit : O femme, votre foi est grande ; qu'il vous soit fait comme vous le désirez. Et sa fille fut guérie à l'instant même (*f*).

---

(*e*) Vers. 15-20. — Ce commentaire n'est pas de Jésus. La chose parlait d'elle-même ; mais pour des Grecs, pour la plèbe chrétienne de ce temps-là, l'interprétation était instructive.

(*f*) Vers. 21-28. — Historiette touchante, mais qui sert de pendant à celle du Centurion (cf. plus haut, VIII), et qui a le même objet, c'est-à-dire qui ne peut être vraie de Jésus resté Juif, parce qu'elle ne peut l'être que de la communauté qui admettait les Gentils, et qui démontre, par conséquent, que Jésus est Galiléen. L'idée messiaque étant commune aux deux peuples, chacun se crée un Messie à sa guise, plutôt que de recevoir le même.

29. Jésus, ayant quitté ce lieu, vint le long de la mer de Galilée, et étant monté sur une montagne, il s'y assit.

30. Alors de grandes troupes de peuple vinrent le trouver, ayant avec eux des muets, des aveugles, des boiteux, des estropiés et beaucoup d'autres *malades*, qu'ils mirent à ses pieds ; et il les guérit ;

31. De sorte que ces peuples étaient dans l'admiration, voyant que les muets parlaient, *que les estropiés étaient guéris*, que les boiteux marchaient, que les aveugles voyaient ; et ils rendaient gloire au Dieu d'Israël.

32. Or Jésus, ayant appelé ses disciples, leur dit : J'ai compassion de ce peuple, parce qu'il y a déjà trois jours qu'ils demeurent continuellement avec moi, et ils n'ont rien à manger ; et je ne veux pas les renvoyer qu'ils n'aient mangé, de peur qu'ils ne tombent en défaillance sur le chemin.

33. Ses disciples lui répondirent : Comment pourrons-nous trouver dans ce lieu désert assez de pain pour rassasier une si grande multitude de personnes ?

34. Et Jésus leur repartit : Combien avez-vous de pains ? Sept, lui dirent-ils, et quelques petits poissons.

35. Il commanda donc au peuple de s'asseoir sur la terre.

36. Et prenant les sept pains et les poissons, après avoir rendu grâces, il les rompit et les donna à ses disciples ; et ses disciples les donnèrent au peuple.

37. Tous en mangèrent, et furent rassasiés ; et on emporta sept corbeilles pleines des morceaux qui étaient restés.

38. Or ceux qui en mangèrent étaient au nombre de quatre mille hommes, sans compter les petits enfants et les femmes (*g*).

39. Jésus ayant ensuite renvoyé le peuple, il monta sur une barque, et passa au pays de Magédan.

## CHAPITRE XVI.

Prodige demandé et refusé. Levain des pharisiens. Confessions de saint Pierre, promesses qui lui sont faites. Passion prédite. Saint Pierre repris. Croix et renoncement à soi-même.

1. Alors les pharisiens et les sadducéens vinrent à lui pour le tenter, et le prièrent de leur faire voir quelque prodige dans le ciel.

---

(*g*) Vers. 32-38. — Répétition de ce qu'on a vu plus haut, XIV, 15-21.

2. Mais il leur répondit : Le soir vous dites : Il fera beau, parce que le ciel est rouge;

3. Et le matin *vous dites* : Il y aura aujourd'hui de l'orage, parce que le ciel est sombre et rougeâtre.

4. *Hypocrites*, vous savez donc reconnaître *ce que présagent* les diverses apparences du ciel, et vous ne savez point discerner les signes des temps *que Dieu a marqués ?* Cette nation corrompue et adultère demande un prodige, et il ne lui en sera point donné d'autre que celui du prophète Jonas (a) ; et, les laissant, il s'en alla (b).

5. Or ses disciples, étant passés au delà de l'eau, avaient oublié de prendre des pains.

6. Jésus leur dit : Ayez soin de vous garder du levain des pharisiens et des sadducéens.

7. Mais ils pensaient et disaient entre eux : *C'est* parce que nous n'avons point pris de pains.

8. Ce que Jésus connaissant, il leur dit : Hommes de peu de foi, pourquoi vous entretenez-vous ensemble de ce que vous n'avez point *pris* de pains ?

9. Ne comprenez-vous point encore, et ne vous souvient-il point que cinq pains ont suffi pour cinq mille hommes, et combien vous en avez rapporté de paniers ?

10. Et que sept pains ont suffi pour quatre mille hommes, et combien vous en avez remporté de corbeilles ?

11. Comment ne comprenez-vous point que ce n'est pas du pain *que je vous parlais*, lorsque je vous ai dit de vous garder du levain des pharisiens et des sadducéens ?

12. Alors ils comprirent qu'il ne leur avait pas dit de se garder du levain qu'on met dans le pain, mais de la doctrine des pharisiens et des sadducéens (c et d).

---

(*a*) Le signe de Jonas : cf. ci-dessus, xii, 39.

(*b*) Vers. 1-4. — Ce passage contient tout le secret des évangiles et du messianisme. — Lisez les prophètes, répond Jésus, et vous y verrez que le temps est venu et que le Messie va descendre.

(*c*) Explication faite pour des lecteurs qui n'étaient pas du pays.

(*d*) Vers. 8-12. — Ces explications interminables, causées par les *coq-à-l'âne* des apôtres, sont indignes de Jésus et de l'histoire.

13. Jésus, étant venu aux environs de Césarée de Philippe, interrogea ses disciples, et leur dit : Que disent les hommes, touchant le Fils de l'homme ? *qui disent-ils* (e) *que je suis?*

14. Ils lui répondirent : Les uns disent *que vous êtes* Jean-Baptiste, les autres Élie, les autres Jérémie, ou quelqu'un des prophètes.

15. Jésus leur dit : Et vous autres, qui dites-vous que je suis ?

16. Simon Pierre, prenant la parole, lui dit : Vous êtes le Christ, le Fils du Dieu vivant.

17. Jésus lui répondit : Vous êtes bienheureux, Simon, fils de Jean, parce que ce n'est pas la chair et le sang qui vous ont révélé *ceci*, mais mon Père, qui est dans les cieux.

18. Et moi aussi je vous dis que vous êtes Pierre, et que sur cette pierre je bâtirai mon église : et les portes de l'enfer ne prévaudront point contre elle.

19. Et je vous donnerai les clefs du royaume des cieux ; et tout ce que vous lierez sur la terre sera aussi lié dans les cieux ; et tout ce que vous délierez sur la terre sera aussi délié dans les cieux (f).

20. En même temps, il commanda à ses disciples de ne dire à personne qu'il fût Jésus le Christ (g).

---

(e) *Quem dicunt :* le grec porte : Τινα με λεγουσιν.

(f) Vers. 13-19. — Récit naïf, qui prouve tout à la fois et l'ignorance de Jésus sur son rôle, et la fabrication posthume de sa messianité...

(g) Défense de dire que Jésus est le Christ. Tout cela explique pourquoi Jésus, de son vivant, fut si peu connu : on a dit, pour lui, après sa disparition, qu'il l'avait défendu. Cela est commode, mais c'est une mauvaise raison. D'après les idées qu'on se fait d'un Messie, loin de se cacher, Jésus devait se donner hautement et publiquement pour ce qu'il était. Mais non ; il hésitait, il faisait des confidences aux amis et dissimulait avec le public ; tandis que les moindres prophètes ont toujours fait preuve d'une grande hardiesse. Séparons donc les explications tardives de l'écrivain de la vérité historique : Jésus ne se donna point pour Christ, ne fit point de miracles, bien qu'il ait pu opérer quelques guérisons ; ne crut point à la nécessité d'en faire ; se borna à prêcher la morale et la réforme, et disparut ou périt à la suite d'un

21. Dès lors, Jésus commença à découvrir à ses disciples qu'il fallait qu'il allât à Jérusalem; qu'il y souffrît beaucoup de la part des sénateurs, des scribes et des princes des prêtres; qu'il y fût mis à mort, et qu'il ressuscitât le troisième jour.

22. Et Pierre, le prenant à part, commença à le reprendre, en lui disant : A Dieu ne plaise, Seigneur; cela ne vous arrivera point.

23. Mais Jésus, se retournant, dit à Pierre : Retirez-vous de moi, Satan; vous m'êtes un sujet de scandale, parce que vous n'avez point de goût pour les choses de Dieu, mais pour celles des hommes.

24. Alors Jésus dit à ses disciples : Si quelqu'un veut venir après moi, qu'il renonce à soi-même, et qu'il se charge de sa croix (*h*), et qu'il me suive.

25. Car celui qui voudra sauver sa vie, la perdra; et celui qui perdra sa vie pour l'amour de moi, la retrouvera (*i*).

26. Et que servirait-il à un homme de gagner tout le monde, et

---

jugement sollicité par les pharisiens. (Cf. plus haut, v, note *a*, et *Luc*, ix, 21-22).

(*h*) *Tollat crucem suam*. Cela n'est pas de Jésus, mais d'un orateur messianique. (Cf. ci-dessus, x, 38 et note *o*).

(*i*) VERS. 21-25. — Toute cette confidence est évidemment de l'invention du narrateur. Ni personne du vivant de Jésus, ni Jésus lui-même, ne se fût mis dans l'esprit une pareille doctrine. On aurait regardé comme blasphémateur celui qui eût prétendu que le Messie, fils de David, devait périr sur la croix. Il a fallu un siècle de mysticisme pour faire trouver le mystère de la mort et de la résurrection du Christ; une fois l'interprétation posée, le reste est allé tout seul.

Mais ce dogme ténébreux ne passa point d'abord sans réserve. On crut que le Christ mort reviendrait *bientôt*, si tôt même, que plusieurs de ses disciples seraient témoins de ce retour. C'est ce qui résulte du verset 28, qui constitue une vraie transaction entre le Messie glorieux des Juifs et le Messie souffrant et humilié des chrétiens. — Plus tard, la descente du Christ a été ajournée à la fin du monde, aux calendes grecques!

de perdre son âme? ou par quel échange l'homme pourra-t-il racheter son âme, *après qu'il l'aura perdue?*

27. Car le Fils de l'homme doit venir dans la gloire de son Père, avec ses anges; et alors il rendra à chacun selon ses œuvres.

28. Je vous dis, en vérité, qu'il y en a quelques-uns, de ceux qui sont ici, qui n'éprouveront pas la mort, qu'ils n'aient vu le Fils de l'homme venir en son règne.

## CHAPITRE XVII.

Transfiguration. Avénement d'Élie. Lunatique. Puissance de la foi. Prière et jeûne. Passion prédite. Tribut payé.

1. Six jours après, Jésus ayant pris avec lui Pierre, Jacques et Jean, son frère, les mena à l'écart sur une haute montagne;

2. Et il fut transfiguré devant eux. Son visage devint brillant comme le soleil, et ses vêtements blancs comme la neige (*a*).

3. En même temps, ils virent paraître Moïse et Élie, qui s'entretenaient avec lui.

4. Alors Pierre, prenant la parole, dit à Jésus : Seigneur, nous sommes bien ici; faisons-y, s'il vous plaît, trois tentes : une pour vous, une pour Moïse et une pour Élie.

5. Lorsqu'il parlait encore, une nuée lumineuse les couvrit; et il sortit de cette nuée une voix qui fit entendre ces paroles : Celui-ci est mon Fils bien-aimé, dans lequel j'ai mis toute mon affection; écoutez-le.

6. Les disciples, les ayant entendues, tombèrent le visage contre terre, et furent saisis d'une grande crainte.

7. Mais Jésus, s'approchant, les toucha, et leur dit : Levez-vous, et ne craignez point.

8. Alors, levant les yeux, ils ne virent plus que Jésus seul.

9. Lorsqu'ils descendaient de la montagne, Jésus leur fit ce commandement, et leur dit : Ne parlez à personne de ce que vous avez vu, jusqu'à ce que le Fils de l'homme soit ressuscité d'entre les morts (*b*).

---

(*a*) Histoire renouvelée de Moïse sur le Sinaï, imitée jusque dans les détails. (Cf. *Exode*.)

(*b*) *Jusqu'à ce que je ressuscite des morts.* Cela est assez clair : comment admettre que les apôtres, après la mort de

10. Ses disciples l'interrogèrent alors, et lui dirent : Pourquoi donc les scribes disent-ils qu'il faut qu'Élie vienne auparavant?

11. Mais Jésus leur répondit : Il est vrai qu'Élie doit venir, et qu'il rétablira toutes choses.

12. Mais je vous déclare qu'Élie est déjà venu, et ils ne l'ont point connu; mais ils l'ont traité comme il leur a plu. C'est ainsi qu'ils feront souffrir le Fils de l'homme (c).

13. Alors ses disciples comprirent que c'était de Jean-Baptiste qu'il leur avait parlé.

14. Lorsqu'il fut venu vers le peuple, un homme s'approcha de lui, qui se jeta à genoux à ses pieds, et lui dit : Seigneur, ayez pitié de mon fils qui est lunatique et qui souffre beaucoup; car il tombe souvent dans le feu et souvent dans l'eau.

15. Je l'ai présenté à vos disciples; mais ils n'ont pu le guérir.

16. Et Jésus répondit, en disant : O race incrédule et dépravée! jusqu'à quand serai-je avec vous? jusqu'à quand vous souffrirai-je? Amenez-moi ici cet enfant.

17. Et Jésus ayant menacé le démon, il sortit de l'enfant, lequel fut guéri au même instant.

18. Alors les disciples vinrent trouver Jésus en particulier, et lui dirent : Pourquoi n'avons-nous pu, nous autres, chasser ce démon?

19. Jésus leur répondit : C'est à cause de votre incrédulité. Car je vous dis, en vérité, que si vous aviez de la foi (d) comme un grain de sénevé, vous diriez à cette montagne : Transporte-toi d'ici là; et elle s'y transporterait, et rien ne vous serait impossible.

20. Mais cette sorte *de démons* ne se chasse que par la prière et par le jeûne.

21. Lorsqu'ils étaient en Galilée, Jésus leur dit : Le Fils de l'homme doit être livré entre les mains des hommes;

---

Jésus-Christ, l'eussent oublié au point que dit saint Jean, XX, 9.

(c) Vers. 11-12. — Élie *viendra* ; Élie *est venu*. C'est une contradiction. — Et il en sera du *Fils de l'homme* comme d'*Élie* : on le mettra à mort ! — Qui ne voit ici que le narrateur prête son opinion à Jésus?

(d) *Si vous aviez la foi*, c'est-à-dire si vous étiez *fidèles* ou *saints*. On interprète ordinairement : Si vous croyiez fermement que la chose réussira. Mais l'homme ne magnétise pas les montagnes. (Cf. *Hébreux*, XI, 1, note, et *Luc*, XVII, 6.)

22. Et ils le feront mourir, et il ressuscitera le troisième jour. Ce qui les affligea extrêmement (e).

23. Étant venus à Capharnaüm, ceux qui recevaient le tribut de deux drachmes vinrent trouver Pierre, et lui dirent : Votre maître ne paye-t-il pas le tribut ?

24. Il leur répondit : Oui, *il le paye*. Et, étant entré dans le logis, Jésus le prévint, et lui dit : Simon, que vous en semble : de qui est-ce que les rois de la terre reçoivent les tributs et les impôts ? Est-ce de leurs propres enfants ou des étrangers (f) ?

25. Des étrangers, répondit Pierre. Jésus lui dit : Les enfants *en* sont donc exempts ?

26. Mais afin que nous ne les scandalisions point, allez-vous-en à la mer, et jetez votre ligne ; et le premier poisson que vous retirerez de l'eau, prenez-le et ouvrez-lui la bouche ; vous y trouverez une pièce *d'argent* de quatre drachmes, que vous prendrez, et que vous leur donnerez pour moi et pour vous.

## CHAPITRE XVIII.

S'humilier. Fuir le scandale. Brebis égarée. Correction fraternelle. Puissance donnée aux apôtres. Dieu dans l'union. Pardon des injures. Créanciers débiteurs.

1. En ce temps-là, les disciples s'approchèrent de Jésus, et lui dirent : Qui est le plus grand dans le royaume des cieux.

---

(e) Vers. 21-22. — Ces deux versets ressemblent à une interpolation : la scène passe subitement de Judée en Galilée, et revient à Capharnaüm ; tout cela sans liaison, pour dire que Jésus avait prophétisé qu'il ressusciterait.

(f) Vers. 23-24. — Jésus ne paraît pas avoir des notions fort exactes sur la nature de l'impôt. Voir le passage où il dit de rendre à César ce qui est à César, plus bas xxii, 15 et suiv.

Les anciens Orientaux ne conçurent jamais le tribut comme une cotisation civique, mais comme un prélèvement seigneurial, un droit du vainqueur sur le vaincu. Si Jésus est le Messie, ce n'est pas à lui de payer tribut, mais de le recevoir ! C'est ce que tout le monde pensait alors. Que dit Jésus pour son excuse ? Il s'en tire assez mal ; il allègue la nécessité de la paix, et finit par un miracle !...

2. Jésus, ayant appelé un petit enfant, le mit au milieu d'eux (*a*).
3. Et leur dit : Je vous dis, en vérité, que si vous ne vous convertissez, et si vous ne devenez comme de petits enfants, vous n'entrerez point dans le royaume des cieux.
4. Quiconque donc s'humiliera *et* se rendra petit comme cet enfant, celui-là sera le plus grand dans le royaume des cieux.
5. Et quiconque reçoit en mon nom un enfant tel *que je viens de dire*, c'est moi-même qu'il reçoit.
6. Si quelqu'un scandalise un de ces petits qui croient en moi, il vaudrait mieux pour lui qu'on lui pendît au cou une de ces meules qu'un âne tourne, et qu'on le jetât au fond de la mer.
7. Malheur au monde, à cause des scandales ; car il est nécessaire qu'il arrive des scandales ; mais malheur à l'homme par qui le scandale arrive.
8. Si votre main ou votre pied vous est un sujet de scandale (*b*), coupez-les, et les jetez loin de vous : il vaut bien mieux, pour vous, que vous entriez dans la vie, n'ayant qu'un pied ou qu'une main, que d'en avoir deux, et être jeté dans le feu éternel.
9. Et si votre œil vous est un sujet de scandale, arrachez-le, et le jetez loin de vous : il vaut mieux, pour vous, que vous entriez dans la vie, n'ayant qu'un œil, que d'en avoir deux, et être précipité dans le feu de l'enfer.

---

(*a*) Vers. 2 et suiv. — De la prédilection de Jésus pour l'*enfance* et les petits, cf. *Matthieu*, xviii, 2, 5, 10, 14 ; xix, 14 ; xxi, 15-16 ; *Luc*, iv, 46 ; x, 21 ; xvii, 2 ; xviii, 16, etc.

Ce n'est pas précisément l'humilité et la petitesse que Jésus prêche ; c'est l'état jeune, sain, de la conscience, telle qu'on la trouve chez les enfants. Jésus avait observé que l'homme, en ceci semblable au singe et au félin, très-gentils tant qu'ils sont jeunes, et qui deviennent méchants en vieillissant, n'avait de bon que ses premières années, et que la seconde moitié, ou plutôt les trois derniers quarts sont mauvais. *Redevenez jeunes* : voilà, disait-il, la vraie palingénésie, et quand vous aurez rajeuni, ne vieillissez plus.

(*b*) Cf. plus haut, v, 30, où le sens de ce verset est plus clair. — *Scandalizare*, du grec σκανδαλον, piége qu'on tend aux animaux pour les prendre, ou aux hommes pour les faire tomber. — Si ton œil, ta main, etc., est un *piége*, coupe-la. — Ne tendez pas de *piéges* aux enfants ; ne les induisez point à mal, ni par paroles, ni par exemples.

10. Prenez bien garde de mépriser aucun de ces petits : je vous déclare que dans le ciel leurs anges voient sans cesse la face de mon Père, qui est dans les cieux.

11. Car le Fils de l'homme est venu sauver ce qui était perdu.

12. Si un homme a cent brebis, et qu'une seule vienne à s'égarer, que pensez-vous qu'il fasse alors? ne laisse-t-il pas les quatre-vingt-dix-neuf autres sur les montagnes, pour aller chercher celle qui s'est égarée?

13. Et s'il arrive qu'il la trouve, je vous dis, en vérité, qu'elle lui cause plus de joie que les quatre-vingt-dix-neuf qui ne se sont point égarées.

14. Ainsi votre Père, qui est dans les cieux, ne veut pas qu'un seul de ces petits périsse.

15. Si votre frère a péché contre vous, allez lui représenter sa faute en particulier, entre vous et lui ; s'il vous écoute, vous aurez gagné votre frère.

16. Mais s'il ne vous écoute point, prenez encore avec vous une ou deux personnes, afin que tout soit confirmé par l'autorité de deux ou trois témoins.

17. S'il ne les écoute pas non plus, dites-le à l'église ; et s'il n'écoute pas l'église même, qu'il soit à votre égard comme un païen et un publicain (c).

---

(c) Origine de l'excommunication. Toute la théorie des peines se trouve dans cette question unique. La nécessité de punir se manifeste dans toute société. On l'a vu dans notre grande Révolution, lorsque les progrès des idées conduisaient chaque jour à des *épurations* nombreuses, et à la désignation des suspects. D'après ce passage et ceux qui lui correspondent, l'excommunication n'était point dans l'origine, comme elle est devenue par la suite, un droit particulier au clergé ; encore moins un moyen de proscription au bénéfice des prêtres et des évêques. Dès la fin du deuxième siècle, on voit le pape Victor exclure de la société chrétienne Polycrate, évêque d'Éphèse, et les chrétiens d'Asie qui n'avaient point voulu se conformer à une détermination prise par lui dans un concile de Rome relativement à la célébration de la Pâque. Mais cet acte arbitraire de Victor fut ouvertement désapprouvé par Irénée et les autres évêques romains, qui, dans un concile tenu à Lyon, lui écrivirent pour lui reprocher sa précipi-

18. Je vous dis, en vérité, tout ce que vous lierez sur la terre sera lié aussi dans le ciel ; et tout ce que vous délierez sur la terre sera aussi délié dans le ciel.

19. Je vous dis encore que si deux d'entre vous s'unissent ensemble sur la terre, quelque chose qu'ils demandent, elle leur sera accordée par mon Père, qui est dans les cieux.

20. Car en quelque lieu que se trouvent deux ou trois personnes assemblées en mon nom, je m'y trouve au milieu d'eux.

21. Alors Pierre, s'approchant, lui dit : Seigneur, combien de fois pardonnerai-je à mon frère, lorsqu'il aura péché contre moi ? *sera-ce* jusqu'à sept fois ?

22. Jésus lui répondit : Je ne vous dis pas jusqu'à sept fois, mais jusqu'à septante fois sept fois.

23. C'est pourquoi le royaume des cieux est comparé à un homme roi, qui voulut faire rendre compte à ses serviteurs ;

24. Et ayant commencé à le faire, on lui en présenta un qui lui devait dix mille talents.

25. Mais comme il n'avait pas le moyen de *les* lui rendre, son maître commanda qu'on le vendît, lui, sa femme et ses enfants, et tout ce qu'il avait, pour satisfaire à cette dette.

26. Ce serviteur, se jetant à ses pieds, le conjurait, en lui disant : *Seigneur*, ayez un peu de patience, et je vous rendrai tout.

27. Alors le maître serviteur, étant touché de compassion, le laissa aller, et lui remit sa dette.

28. Mais ce serviteur ne fut pas plutôt sorti, que trouvant un de ses compagnons qui lui devait cent deniers, il le prit *à la gorge*, et l'étouffait presque, en lui disant : Rends-moi ce que tu me dois.

29. Et son compagnon, se jetant à ses pieds, le conjurait, en lui disant : Ayez un peu de patience, et je vous rendrai tout.

30. Mais il ne voulut point *l'écouter* ; et il s'en alla, et le fit mettre en prison, *pour l'y tenir* jusqu'à ce qu'il lui rendît ce qu'il lui devait.

31. Les autres serviteurs, ses compagnons, voyant ce qui se passait, en furent extrêmement affligés, et avertirent leur maître de tout ce qui était arrivé.

32. Alors son maître, l'ayant fait venir, lui dit : Méchant serviteur, je vous avais remis tout ce que vous me deviez, parce que vous m'en aviez prié :

33. Ne fallait-il donc pas que vous eussiez aussi pitié de votre compagnon, comme j'avais eu pitié de vous ?

---

tation. (Cf. Kuhn, *Thèse sur l'excommunication* ; cf. *Luc*, XVII, 3.)

34. Et son maître, étant ému de colère, le livra entre les mains des bourreaux, jusqu'à ce qu'il payât tout ce qu'il lui devait.

35. C'est ainsi que mon Père, qui est dans le ciel, vous traitera, si chacun de vous ne pardonne, du fond de son cœur, à son frère, *les fautes qu'il aura commises contre lui.*

## CHAPITRE XIX.

Mariage indissoluble. Eunuques volontaires. Petits enfants. Conseils de perfection. Salut difficile des riches. Centuple promis à ceux qui quittent tout pour Jésus-Christ.

1. Jésus, ayant achevé (*a*) ces discours, partit de Galilée, et vint aux confins de la Judée, au delà du Jourdain,

2. Où de grandes troupes le suivirent; et il guérit *leurs malades* au même lieu.

3. Les pharisiens vinrent aussi à lui, pour le tenter, et lui dirent : Est-il permis à un homme de quitter sa femme pour quelque cause que ce soit (*b*)?

---

(*a*) *Consummasset*. On a remarqué déjà cette formule aux chapitres VII, 28, et XI, 1.

(*b*) VERS. 3 et suiv.— *Quâcumque ex causâ*. (Cf. plus haut, v, 31.) — Jésus enchérit sur Moïse; en quel sens? Il avait dit déjà : *Quiconque* RENVOIE, c'est-à-dire fait divorce avec son épouse, excepté pour cause d'adultère, la rend prostituée, etc. Moïse, ou le *Deutéronome*, XXIV, 1, permettait en effet au mari de renvoyer la femme qui lui déplaisait par *quelque défaut*, afin qu'elle pût se remarier à un autre. C'était une loi en faveur des femmes; il ne voulait pas qu'une femme épousée pût tomber dans le mépris, et rester privée de mariage. (Cf. *Malach.*, II, 14, 15, note). Jésus va plus loin : il n'admet plus qu'une cause de répudiation, l'adultère. Et pourquoi encore cette cause? Pourquoi ne pousse-t-il pas l'absolutisme plus loin, comme depuis a fait l'Église? C'est que Jésus considère que par la fornication, le mariage est pollué et dissous de fait; que par conséquent, si l'époux est maître de garder sa femme adultère, par charité et grandeur d'âme, cepen-

4. Il leur répondit : N'avez-vous point lu que celui qui créa l'homme, dès le commencement, les créa mâle et femelle? et qu'il *est* dit :

5. Pour cette raison, l'homme quittera son père et sa mère, et il s'attachera à sa femme ; et ils ne seront tous deux qu'une seule chair?

6. Ainsi ils ne sont plus deux, mais une seule chair. Que l'homme donc ne sépare pas ce que Dieu a joint.

7. Mais pourquoi donc, lui dirent-ils, Moïse a-t-il ordonné qu'on donne à sa femme un écrit de séparation, et qu'on la renvoie?

8. Il leur répondit : C'est à cause de la dureté de votre cœur que Moïse vous a permis de quitter vos femmes; mais cela n'a pas été ainsi dès le commencement.

9. Aussi je vous déclare que quiconque quitte sa femme, si ce n'est en cas d'adultère, et en épouse une autre, commet un adultère; et que celui qui épouse celle qu'un autre a quittée commet aussi un adultère.

10. Ses disciples lui dirent : Si la condition d'un homme est telle à l'égard de sa femme, il n'est pas avantageux de se marier.

11. Il leur dit : Tous ne sont pas capables de cette résolution, mais ceux-*là seulement* à qui il a été donné *d'en haut*.

12. Car il y a des eunuques qui sont nés tels dès le ventre de leur mère ; il y en a que les hommes ont faits eunuques; et il y en a qui se sont rendus eunuques eux-mêmes, pour *gagner* le royaume des cieux (c). Qui peut comprendre ceci, le comprenne (d).

---

dant ce sacrifice ne peut lui être imposé de droit, et qu'alors le divorce n'est plus de sa part que la déclaration du fait accompli.

(c) *Se faire eunuque pour le royaume des cieux*, c'est-à-dire pratiquer la continence par motif de vertu, et d'après une loi plus élevée du droit et de la morale. Or, ce degré de vertu est propre à la nouvelle loi. Voilà ce que dit le Christ. — Suivant Renan, il veut dire que, attendu que le *temps est proche*, il ne vaut pas la peine de se marier.

(d) Vers. 3-12. — Jésus, dans ce passage, me paraît affirmer à la fois la monogamie et son indissolubilité; plus, condamner la fornication. — *Sunt... qui seipsos castraverunt...* Ceci semble donné comme une perfection et une loi mystérieuse peu à la portée des profanes, à qui le commerce charnel est un *besoin* (cf. *Paul* à ce sujet). Jésus est sobre et ré-

13. On lui présenta alors de petits enfants, afin qu'il leur imposât les mains, et qu'il priât *pour eux*; et comme ses disciples les repoussaient avec des paroles rudes.

14. Jésus leur dit : Laissez là ces enfants, et ne les empêchez pas de venir à moi; car le royaume du ciel est pour ceux qui leur ressemblent.

15. Et leur ayant imposé les mains, il partit de là.

16. Alors un *jeune* homme s'approcha, et lui dit : Bon maître, quel bien faut-il que je fasse pour acquérir la vie éternelle?

17. Jésus lui répondit : Pourquoi m'appelez-vous bon? Il n'y a que Dieu seul qui soit bon. Si vous voulez entrer dans la vie, gardez les commandements.

18. Quels commandements? lui dit-il. Jésus lui dit : Vous ne tuerez point; Vous ne commettrez point d'adultère; Vous ne déroberez point; Vous ne direz point de faux témoignage.

19. Honorez votre père et votre mère; et aimez votre prochain comme vous-même.

20. Ce jeune homme lui répondit : J'ai gardé tous ces commandements dès ma jeunesse; que me manque-t-il encore?

21. Jésus lui dit : Si vous voulez être parfait, allez, vendez ce que vous avez, et le donnez aux pauvres, et vous aurez un trésor dans le ciel; puis venez, et me suivez (*e*).

22. Ce jeune homme, entendant ces paroles, s'en alla tout triste, parce qu'il avait de grands biens.

23. Et Jésus dit à ses disciples : Je vous dis, en vérité, qu'un riche entrera difficilement dans le royaume des cieux.

24. Je vous le dis encore une fois : Il est plus aisé qu'un chameau passe par le trou d'une aiguille, qu'il ne l'est qu'un riche entre dans le royaume des cieux.

25. Ses disciples, entendant ces paroles, en furent fort étonnés, et ils disaient : Qui pourra donc être sauvé?

26. Jésus, les regardant, leur dit : Cela est impossible aux hommes; mais tout est possible à Dieu.

27. Alors Pierre, prenant la parole, lui dit : Pour nous autres, vous voyez que nous avons tout quitté, et que nous vous avons suivi; quelle sera donc la récompense que nous en recevrons?

28. Et Jésus leur dit : Je vous dis, en vérité, que, pour vous qui m'avez suivi, lorsqu'au temps de la régénération, le Fils de

---

servé, selon la bienséance orientale; mais il n'est pas difficile de tirer les conséquences de ses propositions. Les chrétiens resteront bien au-dessous de lui.

(*e*) Cf. *Luc*, XII, 33.

l'homme sera assis sur le trône de sa gloire, vous serez aussi assis sur douze trônes, et vous jugerez les douze tribus d'Israël.

29. Et quiconque aura quitté pour mon nom sa maison, ou ses frères, ou ses sœurs, ou son père, ou sa mère, ou sa femme, ou ses enfants, ou ses terres, en recevra le centuple, et aura pour héritage la vie éternelle.

30. Mais plusieurs *qui avaient été* les premiers seront les derniers; et *plusieurs qui avaient été* les derniers seront les premiers (*f*).

## CHAPITRE XX.

Parabole des ouvriers envoyés à la vigne. Passion prédite. Demande des enfants de Zébédée. Domination interdite. Aveugle de Jéricho.

1. (*a*) Le royaume des cieux est semblable à un homme, père de famille, qui sortit dès le grand matin, afin de louer des ouvriers pour *travailler* à sa vigne;

2. Et étant convenu avec les ouvriers qu'ils auraient un denier pour leur journée, il les envoya à sa vigne.

3. Il sortit encore sur la troisième heure *du jour*; et en ayant vu d'autres, qui se tenaient dans la place sans rien faire,

4. Il leur dit : Allez-vous-en aussi, vous autres, à ma vigne, et je vous donnerai ce qui sera raisonnable;

5. Et ils s'en allèrent. Il sortit encore sur la sixième et sur la neuvième heure *du jour*, et fit la même chose.

6. Enfin, étant sorti sur la onzième heure, il en trouva d'autres qui étaient là *sans rien faire*, auxquels il dit : Pourquoi demeurez-vous là tout le long du jour sans travailler?

7. Parce que, lui dirent-ils, personne ne nous a loués. Et il leur dit : Allez-vous-en aussi, vous autres, à ma vigne.

8. Le soir étant venu, le maître de la vigne dit à celui qui avait le soin de ses affaires : Appelez les ouvriers, et payez-les, en commençant depuis les derniers jusqu'aux premiers.

9. Ceux donc qui n'étaient venus *à la vigne* que vers la onzième heure, s'étant approchés, reçurent chacun un denier.

---

(*f*) Vers. 1-30. — Conversation pendant le voyage que fait Jésus de la Galilée à Jérusalem, en suivant la rive gauche du Jourdain.

(*a*) Vers. 1 et suiv. — Cette parabole est une mise en scène de la morale fraternelle et communautaire.

10. Ceux qui avaient été loués les premiers, venant à leur tour, crurent qu'on leur donnerait davantage, mais ils ne reçurent non plus qu'un denier chacun;

11. Et, en le recevant, ils murmuraient contre le père de famille,

12. En disant : Ces derniers n'ont travaillé qu'une heure, et vous les rendez égaux à nous, qui avons porté le poids du jour et de la chaleur.

13. Mais pour réponse, il dit à l'un d'eux : Mon ami, je ne vous fais point de tort : n'êtes-vous pas convenu avec moi d'un denier *pour votre journée* ?

14. Prenez ce qui vous appartient, et vous en allez; pour moi, je veux donner à ce dernier autant qu'à vous.

15. Ne m'est-il donc pas permis de faire ce que je veux ? et votre œil est-il mauvais, parce que je suis bon ?

16. Ainsi les derniers seront les premiers, et les premiers seront les derniers; parce qu'il y en a beaucoup d'appelés, mais peu d'élus.

17. Or Jésus, s'en allant à Jérusalem, prit à part ses douze disciples, et leur dit :

18. (*b*) Nous allons à Jérusalem, et le Fils de l'homme sera

---

(*b*) VERS. 18 et suiv. — Suivant ce passage et une foule d'autres des quatre Évangiles, Jésus a prédit sa passion et sa mort. Je ne vois aucune raison de le nier. Il était en contradiction formelle avec les espérances judaïques; il se mettait en hostilité avec les classes puissantes, rigides observatrices de la lettre moïsiaque; tous les jours, il se voyait l'objet de dénonciations, de menaces et de violences; il savait, et il en faisait aux Juifs un amer reproche, que la fin de tous les prophètes avait été on ne peut plus malheureuse, depuis *Abel* jusqu'à lui; il était décidé, d'ailleurs, à tout braver pour affranchir le peuple des jongleries sacerdotales, des hypocrisies pharisaïques, et de l'engouement si redoutable du Messie. Quoi de plus naturel donc que Jésus ait prévu sa mort, qu'il en ait parlé mainte et mainte fois ?... Mais de là à prétendre, comme le fait Strauss, que Jésus a eu l'idée d'un Messie souffrant, mourant pour le salut de tous, victime expiatoire pour la rémission des péchés, il y a l'infini. L'idée du Messie souffrant est de beaucoup postérieure

livré aux princes des prêtres et aux scribes, qui le condamneront à mort ;

19. Et le livreront aux gentils, afin qu'ils le traitent avec moquerie, et qu'ils le fouettent et le crucifient ; et il ressuscitera le troisième jour.

20. Alors la mère des enfants de Zébédée s'approcha de lui, avec ses *deux* fils, et l'adora, en témoignant qu'elle voulait lui demander quelque chose.

21. Il lui dit : Que voulez-vous ? Ordonnez, lui dit-elle, que mes deux fils, que voici, soient assis dans votre royaume, l'un à votre droite, et l'autre à votre gauche.

22. Mais Jésus *leur* répondit : Vous ne savez ce que vous demandez. Pouvez-vous boire le calice que je dois boire ? Ils lui dirent : Nous le pouvons.

23. Il leur repartit : Il est vrai que vous boirez le calice que je boirai ; mais pour ce qui est d'être assis à ma droite ou à ma gauche, il ne dépend pas de moi de vous le donner ; mais *cela sera donné* à ceux à qui mon Père l'a préparé.

24. Les dix autres *apôtres*, ayant entendu ceci, en conçurent de l'indignation contre les deux frères.

25. Et Jésus, les ayant appelés à lui, leur dit : Vous savez que les princes des nations les dominent, et que les grands les traitent avec empire (*c*).

26. Il n'en doit pas être de même parmi vous ; mais que celui qui voudra devenir plus grand parmi vous soit votre serviteur ;

27. Et que celui qui voudra être le premier d'entre vous soit votre esclave ;

28. Comme le Fils de l'homme n'est pas venu pour être servi, mais pour servir et donner sa vie, pour la rédemption de plusieurs.

29. Lorsqu'ils sortaient de Jéricho, il fut suivi d'une grande troupe de peuple ;

30. Et deux aveugles, qui étaient assis le long du chemin, ayant

---

à Jésus ; il a fallu, pour en venir là, d'abord reconnaître qu'il ne pouvait plus y avoir de Messie tel que le voulaient les Juifs, passer de là à un autre système, et enfin personnifier l'idée de Jésus, et faire de lui un Christ d'une autre espèce.

(*c*) On n'est jamais plus démocrate que lorsqu'on a perdu sa nationalité. *Sic* les Polonais depuis le partage de leur pays ; de même les Hébreux sous les rois d'Assyrie, les Hérodes et les Romains.

entendu dire que Jésus passait, commencèrent à crier, en disant : Seigneur, Fils de David, ayez pitié de nous.

31. Et le peuple les reprenait pour les faire taire ; mais ils se mirent à crier encore plus haut, en disant : Seigneur, Fils de David, ayez pitié de nous.

32. Alors Jésus s'arrêta ; et les ayant appelés, il leur dit : Que voulez-vous que je vous fasse?

33. Seigneur, lui dirent-ils, que nos yeux soient ouverts.

34. Jésus, étant donc ému de compassion à leur égard, leur toucha les yeux ; et, au même moment, ils recouvrèrent la vue, et le suivirent.

## CHAPITRE XXI (*a*).

**Entrée de Jésus-Christ dans Jérusalem. Vendeurs chassés du Temple. Figuier séché. Autorité de Jésus-Christ. Paraboles des deux fils, des vignerons homicides et de la pierre angulaire.**

1. Lorsqu'ils approchèrent de Jérusalem, étant arrivés à Bethphagé, près de la montagne des Oliviers, Jésus envoya deux de ses disciples,

---

(*a*) Que va faire Jésus à Jérusalem, puisqu'il sait le danger qui le menace? C'est que la Pâque approche, et que lui, rabbin ou prophète, ne peut pas, sans se déshonorer, s'abstenir d'y assister, quelque péril qu'il y ait. Il va donc; nous touchons au dénoûment.

En suivant attentivement le récit de Matthieu, on découvre un lien chronologique, assez bien suivi, qui répand un grand jour sur la courte mission de Jésus, et que n'a pas aperçu Strauss.

On y trouve de plus la preuve, déjà rendue probable par Jean (cf. II, 23 ; V, 2, etc.), que le ministère de Jésus ne dura pas plus d'une année.

*Mathieu* : III, 13, 17. Baptême de Jésus.

IV, 17. Jésus se fait prophète, en collaboration ou remplacement de Jean.

*Ibid.* Il se retire à Capharnaüm après l'arrestation de Jean.

2. Et leur dit : Allez à ce village, qui est devant vous, et vous y trouverez en arrivant une ânesse liée, et son ânon auprès d'elle ; déliez-la, et me l'amenez.

3. Si quelqu'un vous dit quelque chose, dites-lui que le Seigneur en a besoin ; et aussitôt il les laissera emmener.

4. Or tout ceci s'est fait, afin que cette parole du prophète fût accomplie :

5. Dites à la fille de Sion : Voici votre roi qui vient à vous, plein de douceur, monté sur une ânesse et sur l'ânon (*b*) de celle qui est sous le joug (*b*).

---

V-VII. Il parcourt les bourgades de Galilée, et prêche en plein air, sur les bords du lac.

VIII, 16, 18. Il traverse le lac, à cause de la foule et de l'éclat qu'il produit.

IX, 1. Il repasse le lac et rentre à Capharnaüm.

X, XI. Les pharisiens prennent de l'ombrage ; Jean-Baptiste s'inquiète : en quoi diffèrent ces deux hommes.

XIII. Prédication aux bords du lac ; les paraboles.

XIV. Mort de Jean-Baptiste. C'est un exemple à l'adresse de Jésus, qui se cache.

XV. Jésus s'en va du côté de Génézar, confins de Phénicie, poursuivi par la députation des pharisiens.

XVI, 13. Jésus dans la Césarée, toujours fuyant.

XVII, 21. Retour en Galilée vers le temps de la perception des impôts.

XIX. Jésus quitte la Galilée, passe le Jourdain, et en suit le cours, du côté oriental, attiré par une force fatale à Jérusalem. (Cf. plus bas, 4-5).

(*b*) D'après la règle du parallélisme hébreu, les mots *super asinam* et *super pullum asinæ* ne signifient pas que le roi de Sion devait venir *sur une ânesse et sur un ânon* ; ils expriment seulement, en se servant tour à tour et du mot propre et de la périphrase, qu'il viendrait sur un âne, mâle ou femelle. Ce texte, mal compris par le rédacteur évangélique, lui a suggéré l'idée d'une ânesse et d'un ânon : idée risible et qui montre combien peu les auteurs du Nouveau Testament entendaient l'Ancien. L'auteur du quatrième Évangile (XII, 15)

6. Les disciples s'en allèrent donc, et firent ce que Jésus leur avait commandé.

7. Et ayant amené l'ânesse et l'ânon, ils les couvrirent de leurs vêtements, et le firent monter dessus.

8. Une grande multitude de peuple étendit aussi ses vêtements le long du chemin; les autres coupaient des branches d'arbres, et les jetaient par où il passait;

9. Et tous ensemble, tant ceux qui allaient devant lui que ceux qui le suivaient, criaient : Hosanna, *salut et gloire* au Fils de David! béni soit celui qui vient au nom du Seigneur! Hosanna, *salut et gloire lui soit* au plus haut des cieux!

10. Lorsqu'il fut entré dans Jérusalem, toute la ville en fut émue, et chacun demandait : Qui est celui-ci (*d*)?

11. Mais ces peuples, *qui l'accompagnaient*, disaient : C'est Jésus, le prophète, qui est de Nazareth, en Galilée (*e*).

---

n'est pas tombé dans cette faute; il ne met qu'un âne au lieu de deux. Mais en revanche, chapitre XIX, 23-24, il s'embrouille dans le partage des vêtements de la même manière que Matthieu le fait ici à propos de l'âne.

(*c*) Vers. 4-5. — Voilà le dire des évangélistes; ils trouvent toujours leurs motifs dans les prophètes. Mais, outre la raison de piété qui poussait Jésus, il y avait encore pour lui la nécessité d'en finir et de tirer au clair sa position. Il ne pouvait inquiéter les Romains, et il était sûr de ne pouvoir être mis en jugement sans leur autorisation. Il pouvait donc, jusqu'à certain point, braver la colère des prêtres; et s'il réussissait, si sa mission était comprise du peuple, si, en entraînant les masses, il neutralisait le mauvais vouloir des pharisiens, qui, devenus impopulaires, ne lui pourraient rien, son enseignement passait, et tout était dit. Ces calculs furent déjoués par l'intrigue sacerdotale.

(*d*) Détail précieux que rien n'empêche de croire authentique et qui infirme la prétention du narrateur, de faire de cette entrée de Jésus une ovation messianique. On ne le connaît pas!

(*e*) Voilà tout : Jésus est prophète, le prophète de Nazareth, en Galilée: rien de plus, rien de moins.

12. Jésus, étant entré dans le temple de Dieu, chassa tous ceux qui vendaient et qui achetaient dans le temple; il renversa les tables des changeurs, et les siéges de ceux qui y vendaient des colombes (*f*),

13. Et leur dit : Il est écrit : Ma maison sera appelée la maison de la prière; et vous autres, vous en avez fait une caverne de voleurs.

14. Alors des aveugles et des boiteux vinrent à lui dans le temple, et il les guérit.

15. Mais les princes des prêtres et les scribes, voyant les merveilles qu'il avait faites, et les enfants qui criaient dans le temple, et qui disaient : Hosanna, *salut et gloire* au Fils de David! en conçurent de l'indignation,

16. Et lui dirent : Entendez-vous bien ce qu'ils disent? Oui, leur dit Jésus. Mais n'avez-vous jamais lu *cette parole* : Vous avez tiré la louange la plus parfaite de la bouche des petits enfants, et de ceux qui sont à la mamelle (*g*)?

17. Et les ayant laissés là, il sortit de la ville, et s'en alla à Béthanie, où il demeura *pendant la nuit.*

18. Le matin, lorsqu'il revenait à la ville, il eut faim;

19. Et voyant un figuier sur le chemin, il s'en approcha; mais n'y ayant trouvé que des feuilles, il lui dit : Qu'à jamais il ne naisse de toi aucun fruit; et au même moment le figuier sécha.

20. Ce que les disciples ayant vu, ils furent saisis d'étonnement, et se dirent *l'un à l'autre* : Comment ce figuier s'est-il séché en un instant?

21. Alors Jésus leur dit : Je vous dis, en vérité, que si vous avez de la foi, et que vous n'hésitiez point *dans votre cœur*, non-seulement vous ferez *ce que vous venez de voir* en ce figuier; mais quand même vous diriez à cette montagne : Ote-toi de là, et te jette dans la mer, cela se fera;

22. Et quoi que ce soit que vous demandiez dans la prière, avec foi, vous l'obtiendrez.

23. Étant arrivé dans le temple, les princes des prêtres et les sénateurs du peuple *juif* vinrent le trouver comme il enseignait, et lui dirent : Par quelle autorité faites-vous ces choses, et qui vous a donné ce pouvoir (*h*)?

---

(*f*) Cet acte de rigueur dut sembler naïf autant qu'insolite aux yeux de la ville.

(*g*) Jésus ne veut nullement dire par là qu'il est *fils de David*, mais que les enfants approuvent sa conduite en lui donnant ce titre.

24. Jésus leur répondit : J'ai aussi une demande à vous faire; et si vous m'y répondez, je vous dirai par quelle autorité je fais ces choses.

25. D'où était le baptême de Jean? du ciel ou des hommes? Mais eux raisonnaient *ainsi* en eux-mêmes :

26. Si nous répondons *qu'il était* du ciel, il nous dira : Pourquoi donc n'y avez-vous pas cru? et si nous répondons *qu'il était* des hommes, nous avons à craindre le peuple : car Jean passait pour un prophète dans l'estime de tout le monde.

27. Ils répondirent donc à Jésus : Nous ne savons. Et il leur répondit aussi : Je ne vous dirai point non plus par quelle autorité je fais ces choses.

28. Mais que vous semble *de ce que je vais vous dire?* Un homme avait deux fils; et s'adressant au premier, il lui dit : Mon fils, allez-vous-en aujourd'hui travailler à ma vigne.

29. Son fils lui répondit : Je ne veux pas y aller; mais après, étant touché de repentir, il y alla.

30. Il vint ensuite trouver l'autre, et lui fit le même commandement; mais, quoiqu'il lui répondît : J'y vais, seigneur; il n'y alla point.

31. Lequel des deux a fait la volonté de son père? Le premier, lui dirent-ils. Et Jésus ajouta : Je vous dis, en vérité, que les publicains et les femmes prostituées vous devanceront dans le royaume de Dieu.

32. Car Jean est venu à vous dans la voie de la justice, et vous ne l'avez point cru; les publicains, au contraire, et les femmes prostituées l'ont cru; et vous, après même avoir vu *leur exemple*, vous n'avez point été touchés de repentir, ni portés à le croire.

33. Écoutez une autre parabole. Il y avait un père de famille qui, ayant planté une vigne, l'enferma d'une haie; et creusant dans la terre, il y fit un pressoir, et y bâtit une tour; puis, l'ayant louée à des vignerons, il s'en alla dans un pays éloigné.

34. Or, le temps des fruits étant proche, il envoya ses serviteurs aux vignerons, pour recueillir le fruit de sa vigne.

35. Mais les vignerons, s'étant saisis de ses serviteurs, battirent l'un, tuèrent l'autre, et en lapidèrent un autre.

36. Il leur envoya encore d'autres serviteurs en plus grand nombre que les premiers, et ils les traitèrent de même.

37. Enfin il leur envoya son *propre* fils, disant *en lui-même* : Ils auront quelque respect pour mon fils.

38. Mais les vignerons, voyant le fils, dirent entre eux : Voici

---

(*h*) (Le conflit se prépare. Jésus reconnaît bien le même Dieu que ceux de Jérusalem, mais il nie leur vicariat.

l'héritier; venez, tuons-le, et nous serons maîtres de son héritage.

39. Ainsi, s'étant saisis de lui, ils le jetèrent hors de la vigne et le tuèrent.

40. Lors donc que le seigneur de la vigne sera venu, comment traitera-t-il ces vignerons?

41. Ils lui répondirent : Il fera périr misérablement ces méchants, et il louera sa vigne à d'autres vignerons, qui lui en rendront les fruits en leur saison.

42. (i) Jésus ajouta : N'avez-vous jamais lu *cette parole* dans les Écritures : La pierre qui a été rejetée par ceux qui bâtissaient, est devenue la principale pierre de l'angle? C'est le Seigneur qui l'a fait; et nos yeux le voient avec admiration.

43. C'est pourquoi je vous déclare que le royaume de Dieu vous sera ôté, et qu'il sera donné à un peuple qui en produira les fruits.

44. Celui qui se laissera tomber sur cette pierre s'y brisera; et elle écrasera celui sur qui elle tombera.

45. Les princes des prêtres et les pharisiens, ayant entendu ces paraboles de Jésus, connurent que c'était d'eux qu'il parlait.

46. Et voulant se saisir de lui, ils appréhendèrent le peuple, parce qu'ils le regardaient comme un prophète.

## CHAPITRE XXII.

Festin des noces. Robe nuptiale. Dieu et César. Résurrection. Amour de Dieu et du prochain. Le Messie, Fils et Seigneur de David.

1. Jésus, parlant encore en paraboles, leur dit :
2. (a) Le royaume des cieux est semblable à un roi, qui, voulant faire les noces de son fils,

---

(i) Vers. 42 et suiv. — Discours supposé. La rédaction de l'Évangile de saint Matthieu fut postérieure à la prédication aux Gentils. Au reste, Jésus-Christ put prévoir que sa doctrine, rejetée par les Juifs, réussirait mieux auprès des païens. (Cf. la note, *Luc*, xx, 16.)

(a) Voir, pour les variantes, *Luc*, xiv. — Cette parabole tombe ici à plomb sur les pharisiens, prêtres, etc., appelés par le

3. Envoya ses serviteurs pour appeler aux noces ceux qui étaient conviés; mais ils refusèrent d'y venir.

4. Il envoya encore d'autres serviteurs avec ordre de dire *de sa part* aux conviés : J'ai préparé mon dîner; j'ai fait tuer mes bœufs et tout ce que j'avais fait engraisser; tout est prêt; venez aux noces.

5. Mais eux, ne s'en mettant point en peine, s'en allèrent, l'un à sa maison de campagne, et l'autre à son négoce;

6. Les autres se saisirent de ses serviteurs, et les tuèrent, après leur avoir fait plusieurs outrages.

7. Le roi, l'ayant appris, en fut ému de colère; et, ayant envoyé ses armées, il extermina ces meurtriers, et brûla leur ville.

8. Alors il dit à ses serviteurs : Le festin des noces est tout prêt; mais ceux qui y avaient été appelés n'en ont pas été dignes.

9. Allez donc dans les carrefours, et appelez aux noces tous ceux que vous trouverez.

10. Ses serviteurs, s'en allant alors par les rues, assemblèrent tous ceux qu'ils trouvèrent, bons et mauvais; et la salle des noces fut remplie de personnes qui se mirent à table.

11. Le roi entra ensuite, pour voir ceux qui étaient à table; et y ayant aperçu un homme qui n'était point revêtu de la robe nuptiale,

12. Il lui dit : Mon ami, comment êtes-vous entré ici sans avoir la robe nuptiale? Et cet homme demeura muet.

13. Alors le roi dit à ses gens : Liez-lui les mains et les pieds, et jetez-le dans les ténèbres extérieures; c'est là qu'il y aura des pleurs et des grincements de dents.

14. Car il y en a beaucoup d'appelés, mais peu d'élus.

15. Alors les pharisiens, s'étant retirés, firent dessein entre eux de le surprendre dans ses paroles.

16. Ils lui envoyèrent donc leurs disciples, avec les hérodiens, lui dire : Maître, nous savons que vous êtes véritable, et que vous

---

Seigneur et ses prophètes, et dont les derniers du peuple viennent prendre la place.

C'est en effet la grande originalité de la prédication de Jésus, qu'elle s'adresse aux *petits*, aux *pauvres*, voire même aux *pécheurs*. Il y revient fréquemment (cf. plus haut, XI, 25). Socrate lui-même instruisait les bons bourgeois d'Athènes; il ne s'adressait point à la canaille ni aux esclaves. Plus tard, les Pauliniens ont fait de cette parabole une attaque contre les Juifs, auxquels est préférée la gentilité.

enseignez la voie de Dieu dans la vérité, sans avoir égard à qui que ce soit; parce que vous ne considérez point la personne dans les hommes.

17. Dites-nous donc votre avis sur ceci : *Nous est-il libre de payer le tribut à César, ou de ne pas le payer?*

18. Mais Jésus, connaissant leur malice, leur dit : Hypocrites, pourquoi me tentez-vous?

19. Montrez-moi la pièce d'argent qu'on donne pour le tribut. Et eux lui ayant présenté un denier,

20. Jésus leur dit : De qui est cette image et cette inscription?

21. De César, lui dirent-ils. Alors Jésus leur répondit : Rendez donc à César ce qui est à César, et à Dieu ce qui est à Dieu (b).

---

(b) Vers. 15-21. — La question était en effet scabreuse : il s'agissait de savoir si un Juif, un vrai Israélite, pouvait reconnaître la domination romaine. Jésus se tire d'affaire en rétorquant l'argument. *De qui est votre monnaie?* demande-t-il. — De César. — Donc, si vous acceptez vous-mêmes la monnaie de César, acceptez César. A fripon, fripon et demi.

Mais, comme dit l'école, *retorsio non est responsio*. La question reste entière. En acceptant la monnaie de César, nous cédons à la nécessité, comme en nous soumettant à son pouvoir, nous cédons à la force. Or, si nous étions les plus forts, que ferions-nous? C'est à cela que Jésus ne répond pas; car il est évident que lui-même, s'il était le plus fort, il userait de la force. (Voir la parabole de la zizanie, plus haut, xiii, 24-30.)

La réponse que fait ici Jésus rentre dans celle que nous lui verrons plus bas faire à Pilate : *Mon royaume n'est pas de ce monde*; là, comme ici, il ne fait que céder à la force; là commence cette séparation du spirituel et du temporel, développée par saint Paul (*Rom.*, xiii, 1 et suiv.), et qui aboutit à la méconnaissance de toute tyrannie, à la théorie du droit divin. Dès lors, en effet, que le royaume de Jésus n'est pas de ce monde, que c'est celui de l'esprit, tandis que le royaume de César est celui de la force, auquel tout chrétien doit se soumettre comme à une chose établie de Dieu, il n'y a plus de raison pour le fidèle de s'occuper de la chose pu-

22. L'ayant entendu parler de la sorte, ils admirèrent sa réponse ; et, le laissant, ils se retirèrent.

23. Ce jour-là (c), les saducéens, qui nient la résurrection (d), vinrent le trouver, et lui proposer une question,

24. En lui disant : Maître, Moïse a ordonné que si quelqu'un mourait sans enfants, son frère épousât sa femme, et qu'il suscitât des enfants à son frère *mort*.

25. Or il y avait parmi nous sept frères, dont le premier, ayant épousé une femme, est mort ; *et*, n'ayant point eu d'enfants, il a laissé sa femme à son frère.

26. La même chose arriva au second et au troisième, *et à tous les autres*, jusqu'au septième.

27. Enfin cette femme est morte aussi après eux tous.

28. Lors donc que la résurrection arrivera, duquel de ces sept sera-t-elle femme, puisqu'ils l'ont tous eue ?

29. Jésus leur répondit : Vous êtes dans l'erreur, ne comprenant pas les écritures ni la puissance de Dieu.

30. Car après la résurrection, les hommes n'auront point de femmes, ni les femmes de maris (e) ; mais ils seront comme les anges de Dieu dans le ciel.

31. Et, pour ce qui est de la résurrection des morts, n'avez-vous pas lu ces paroles que Dieu vous a dites :

32. Je suis le Dieu d'Abraham, le Dieu d'Isaac, et le Dieu de Jacob ? Or Dieu n'est point le Dieu des morts, mais des vivants (f).

---

blique ; il doit l'obéissance. La théorie du droit d'insurrection est anti-chrétienne, de même que le principe de la souveraineté du peuple. Jésus par là se coupe en deux et se réduit à néant.

(c) Autre histoire cousue au discours précédent par ces mots : *In illo die.*

(d) *Resurrectionem.* Comment Jésus, adversaire des pharisiens autant que des sadducéens, admet-il la résurrection ? Je soupçonne ce morceau d'être interpolé. La résurrection fut introduite dans le christianisme, selon moi, par Paul. (Cf. *Luc*, xx, sur ce passage, et les notes.)

(e) L'objection était grossière, la solution est sublime. Il n'y a pas de sexe dans l'autre monde. En effet, ce monde se recrute, non par génération, mais par immigration.

(f) Du reste, si la réplique est heureuse, l'argument prin-

33. Et le peuple, entendant ceci, était dans l'admiration de sa doctrine.

34. Mais les pharisiens, ayant appris qu'il avait imposé silence aux sadducéens, s'assemblèrent ;

35. Et l'un d'eux, qui était docteur de la loi, vint lui faire cette question pour le tenter :

36. Maître, quel est le grand commandement de la loi ?

37. Jésus lui répondit : Vous aimerez le Seigneur votre Dieu de tout votre cœur, de toute votre âme et de tout votre esprit.

38. C'est là le plus grand et le premier commandement.

39. Et voici le second, qui est semblable à celui-là : Vous aimerez votre prochain comme vous-même.

40. Toute la loi et les prophètes sont renfermés dans ces deux commandements.

41. Or, les pharisiens étant assemblés, Jésus leur fit cette demande,

42. Et leur dit : Que vous semble du Christ ? De qui est-il fils ? Ils lui répondirent : De David.

43. Et comment donc, leur dit-il, David l'appelle-t-il en esprit *son* Seigneur, par ces paroles :

44. Le Seigneur a dit à mon Seigneur : Asseyez-vous à ma droite, jusqu'à ce que je réduise vos ennemis à vous servir de marchepied (*g*) ?

---

cipal qui vient après n'est pas décisif. *Jéhovah*, dans le passage cité de l'*Exode*, a voulu dire que les générations passent devant lui tour à tour, et que lui, leur Dieu, ne passe pas.

Il est vrai qu'en admettant un sens plus profond encore, on peut dire que pour Dieu l'humanité est toujours vivante, nonseulement dans sa collectivité actuelle, mais dans l'ensemble de ses générations ; conséquemment que la mort n'est relative qu'à nous, et que nous sommes immortels.

(*g*) Argument *ad hominem*. Jésus-Christ ne dit pas qu'il admet cette interprétation ; il l'objecte aux Juifs qui la recevaient. Les catholiques répondent à l'argument en disant : Le Messie est fils de David selon la chair, il est son seigneur selon la divinité. — On peut dire, avec plus de raison peut-être : Dans ce chapitre, où Jésus-Christ est sans cesse mis à l'épreuve sur les Écritures par les pharisiens, il les embarrasse lui-même à son tour, en leur proposant une énigme

45. Si donc David l'appelle son Seigneur, comment est-il son fils?

46. Personne ne put rien lui répondre; et depuis ce jour-là, nul n'osa plus lui faire de question.

## CHAPITRE XXIII.

Chaire de Moïse. Maîtres superbes: Docteur unique. Humbles élevés. Docteurs hypocrites. Conducteurs aveugles. Sépulcres blanchis. Mesure comblée. Ruine de Jérusalem.

1. Alors Jésus parla au peuple et à ses disciples,
2. En leur disant: Les scribes et les pharisiens sont assis sur la chaire de Moïse;
3. Observez donc, et faites tout ce qu'ils vous disent; mais ne faites pas ce qu'ils font: car ils disent *ce qu'il faut faire*, et ne *le* font pas.
4. Ils lient des fardeaux pesants et insupportables, et les mettent sur les épaules des hommes; et ils ne veulent pas les remuer du bout du doigt.
5. Ils font toutes leurs actions, afin d'être vus des hommes; c'est pourquoi ils portent *les paroles de la loi*, *écrites* sur des bandes de parchemin plus larges que les autres, et ont aussi des franges plus longues *à leurs robes*.
6. Ils aiment les premières places dans les festins, et les premières chaires dans les synagogues.
7. *Ils aiment* qu'on les salue dans les places publiques, et que les hommes les appellent maîtres.

---

tirée de leur tradition. « Vous dites que le psaume CIX est de David, et qu'il a rapport au Messie: expliquez-moi donc le premier verset. » (Voyez au livre des *Psaumes*, CIX, le sens vrai de ce psaume.)

Peut-être aussi, Jésus, qui commençait à se donner pour *Messie* (cf. *Luc*, II, 52), et qui n'était pas de la race de David, soulevait-il cette difficulté en sa faveur. Comme s'il eût dit: Il y a contradiction entre votre tradition et vos prophéties au sujet du Christ: conséquemment, vous ne pouvez vous prévaloir contre moi de ce que je ne suis point de race davidique.

8. Mais, pour vous, ne désirez point qu'on vous appelle maîtres, parce que vous n'avez qu'un seul maître, et que vous êtes tous frères.

9. N'appelez aussi personne sur la terre votre père; parce que vous n'avez qu'un Père (*a*), qui est dans les cieux.

10. Et qu'on ne vous appelle point docteurs; parce que vous n'avez qu'un docteur *et* qu'un maître, qui est le Christ.

11. Celui qui est le plus grand parmi vous sera votre serviteur.

12. Car quiconque s'élèvera, sera abaissé; et quiconque s'abaissera, sera élevé (*b*).

13. Mais malheur à vous, scribes et pharisiens hypocrites, parce que vous fermez aux hommes le royaume des cieux (*c*); car vous n'y entrez point vous-mêmes, et vous n'en permettez point l'entrée à ceux qui désirent d'y entrer.

14. Malheur à vous, scribes et pharisiens hypocrites, parce que, sous prétexte de vos longues prières, vous dévorez les maisons des veuves. C'est pour cela que vous recevrez un jugement plus rigoureux.

15. Malheur à vous, scribes et pharisiens hypocrites, parce que vous courrez la mer et la terre pour faire un prosélyte (*d*); et, après qu'il l'est devenu, vous le rendez digne de l'enfer deux fois plus que vous.

16. Malheur à vous, conducteurs aveugles, qui dites : Si un homme jure par le temple, cela n'est rien; mais s'il jure par l'or du temple, il est obligé à son serment (*e*).

17. Insensés et aveugles que vous êtes ! lequel doit-on le plus estimer, ou l'or, ou le temple qui sanctifie l'or?

18. Et si un homme, *dites-vous*, jure par l'autel, cela n'est rien; mais quiconque jure par le don, qui est sur l'autel, est obligé à son serment.

19. Aveugles que vous êtes ! lequel doit-on plus estimer, ou le don, ou l'autel qui sanctifie le don?

20. Celui donc qui jure par l'autel, jure par l'autel et par tout ce qui est dessus.

---

(*a*) *Patrem*, titre d'honneur.

(*b*) Versets 2-12. — Satire mordante et spirituelle.

(*c*) C'est l'histoire de tous les pédants, de tous les routiniers, de tous les privilégiés à brevet.

(*d*) On dirait que Jésus a connu les missionnaires anglais, les Pritchard, etc.

(*e*) Admirable ! Tous les casuistes en sont là.

21. Et quiconque jure par le temple, jure par le temple et par celui qui y habite.

22. Et celui qui jure par le ciel, jure par le trône de Dieu et par celui qui y est assis (*f*).

23. Malheur à vous, scribes et pharisiens hypocrites, qui payez la dîme de la menthe, de l'aneth et du cumin, et qui avez abandonné ce qu'il y a de plus important dans la loi, *savoir* : la justice, la miséricorde et la foi. C'étaient là les choses qu'il fallait pratiquer, sans néanmoins omettre les autres.

24. Conducteurs aveugles, qui avez grand soin de passer *ce que vous buvez, de peur d'avaler* un moucheron, et qui avalez un chameau (*g*).

25. Malheur à vous, scribes et pharisiens hypocrites, parce que vous nettoyez le dehors de la coupe et du plat, et que vous êtes au dedans pleins de rapine et d'impureté.

26. Pharisien aveugle, nettoyez premièrement le dedans de la coupe et du plat, afin que le dehors en soit net *aussi*.

27. Malheur à vous, scribes et pharisiens hypocrites, parce que vous êtes semblables à des sépulcres blanchis (*h*), qui au dehors paraissent beaux aux yeux des hommes, mais au dedans sont pleins d'ossements de morts et de toute sorte de pourriture.

28. Ainsi au dehors vous paraissez justes aux yeux des hommes ; mais au dedans vous êtes pleins d'hypocrisie et d'iniquité.

29. Malheur à vous, scribes et pharisiens hypocrites, qui bâtissez des tombeaux aux prophètes, et ornez les monuments des justes,

30. Et qui dites : Si nous eussions été du temps de nos pères, nous ne nous fussions pas joints à eux pour répandre le sang des prophètes.

31. Ainsi vous vous rendez témoignage à vous-mêmes que vous êtes les enfants de ceux qui ont tué les prophètes.

32. Achevez donc aussi de combler la mesure de vos pères (*i*).

33. Serpents, race de vipères, comment pourrez-vous éviter d'être condamnés au feu de l'enfer ?

---

(*f*) Versets 20-22. — Très-bien généralisé.

(*g*) Parfait. Des hommes qui écorchent un pou, et qui avalent un chameau tout rond.

(*h*) On blanchissait les sépulcres à la chaux, afin d'avertir de n'en pas approcher, parce que leur contact rendait impur.

(*i*) Vers. 25-32. — Tout cela est d'une raison, d'une force, d'une perfection de style incomparables.

34. C'est pourquoi je vais vous envoyer des prophètes, des sages et des scribes, et vous tuerez les uns, vous crucifierez les autres, vous en fouetterez d'autres dans vos synagogues, et vous les persécuterez de ville en ville.

35. Afin que tout le sang innocent qui a été répandu sur la terre, retombe sur vous, depuis le sang d'Abel, le juste, jusqu'au sang de Zacharie, fils de Barachie, que vous avez tué entre le temple et l'autel.

36. Je vous dis, en vérité, que tout cela viendra *fondre* sur cette race qui est aujourd'hui.

37. Jérusalem, Jérusalem, qui tues les prophètes, et qui lapides ceux qui sont envoyés vers toi, combien de fois ai-je voulu (*j*) rassembler tes enfants (*k*), comme une poule rassemble ses petits sous ses ailes, et tu ne l'as pas voulu ?

38. Le temps s'approche où votre maison demeurera déserte.

39. Car je vous déclare que vous ne me verrez plus désormais, jusqu'à ce que vous disiez : Béni soit celui qui vient au nom du Seigneur (*l*).

---

(*j*) *Quoties volui.* On tire de là une probabilité que Jésus était venu plusieurs fois à Jérusalem prêcher sa doctrine ; mais c'est une assertion gratuite.

(*k*) *Filios tuos*, ce sont les Juifs ; ce n'est pas Jérusalem. C'est ce qui est plus apparent encore d'après *Luc*, XIII, 34.

(*l*) Vers. 34-39. — Ici le narrateur a mêlé le souvenir de faits subséquents aux paroles de Jésus. *Zacharie*, fils de *Barachie* ; il y eut, suivant l'historien Josèphe, un Zacharie, fils de Barachie, qui fut assassiné par les *zélateurs*, dans le temple, l'an 68 de l'ère chrétienne. Jésus aurait donc parlé de ce fait trente-quatre ans au moins avant qu'il arrivât, c'est-à-dire d'un fait qui devait se passer trente-quatre ans après sa propre mort ! — Quant à l'interprétation qui veut corriger le mot *Barachiæ* par celui de *Joiadæ* et ramener le sens au Zacharie mis à mort par le roi Joas, elle ne convient pas, puisqu'elle laisserait en dehors tous les faits accomplis depuis Joas jusqu'à Jésus et ses apôtres. Il faut donc, bon gré mal gré, admettre ici une interpolation. Quel en est l'objet ? De justifier le prophétisme chrétien. (Cf. *Act.*, VIII, IX, X, XI).

## CHAPITRE XXIV (a).

*Prédiction de la ruine du temple. Signes qui précèdent la ruine de Jérusalem et le dernier avénement de Jésus-Christ.*

1. Lorsque Jésus sortait du temple, pour s'en aller, ses disciples s'approchèrent de lui, pour lui faire remarquer la structure et la grandeur de cet édifice.

2. Mais il leur dit : Voyez-vous tous ces bâtiments? Je vous le dis, en vérité, ils seront tellement détruits, qu'il n'y demeurera pas pierre sur pierre (b).

3. Et, lorsqu'il était assis (c) sur la montagne des Oliviers, ses disciples s'approchèrent de lui en particulier, et lui dirent : Dites-nous quand ces choses arriveront, et quel signe il y aura de votre avénement et de la consommation du siècle.

4. Et Jésus leur répondit : Prenez garde que quelqu'un ne vous séduise;

5. Parce que plusieurs viendront (d), sous mon nom, disant : Je suis le Christ; et ils en séduiront plusieurs.

---

(a) Tout ce chapitre me semble être une interpolation d'un bout à l'autre.

(b) Blasphème de Jésus, cause de sa mort. Ce ne fut peut-être qu'un mot satirique. Jésus ne fondait pas sa réforme sur des murs.

(c) *Sedente.* Voilà une mise en scène. Le narrateur veut prémunir ses lecteurs contre la folie des Messies, qui causa la révolte de Judée; il place son discours dans la bouche de Jésus. Ce discours fut probablement distribué à part aux fidèles, au temps de la guerre, ainsi que d'autres compositions de moindre étendue encore; et de tous ces fragments, les uns historiques, authentiques, les autres supposés, on aura formé plus tard les quatre compilations appelées Évangiles.

(d) *Multi venient* : voilà l'affaire du jour, la grande séduction.

6. Vous entendrez aussi parler de guerres et de bruit de guerres ; mais gardez-vous bien de vous troubler : car il faut que ces choses arrivent ; mais ce ne sera pas encore la fin.

7. Car on verra se soulever peuple contre peuple, et royaume contre royaume ; et il y aura des pestes, des famines et des tremblements de terre en divers lieux (*e*).

8. Et toutes ces choses *ne* seront *que* le commencement des douleurs.

9. Alors on vous livrera aux *magistrats* pour être tourmentés, et on vous fera mourir (*f*) ; et vous serez haïs de toutes les nations, à cause de mon nom.

10. En ce même temps, plusieurs trouveront des occasions de scandale *et* de chute ; ils se trahiront, et se haïront les uns les autres.

11. (*g*) Il s'élèvera plusieurs faux prophètes, qui séduiront beaucoup de personnes.

12. Et, parce que l'iniquité abondera, la charité de plusieurs se refroidira.

13. Mais celui-là sera sauvé, qui persévérera jusqu'à la fin.

14. (*h*) Et cet évangile du royaume sera prêché dans toute la

---

(*e*) Fin de Néron.

(*f*) Persécution néronienne.

(*g*) Vers. 11 et suiv. —(Cf. *Marc*, xiii. 14, note *c*.)

(*h*) Vers. 14 et suivants.—Ce verset, et toute la prophétie qui suit sur la ruine de Jérusalem et du temple, est une preuve non équivoque que l'Évangile de Matthieu, ainsi que ceux de Marc et de Luc, est postérieur à la guerre des Juifs, 70 ans après Jésus-Christ ; ainsi nous comptons déjà plus de 36 ans entre la passion et la première rédaction des Évangiles, laps suffisant, à une pareille époque, pour expliquer la transformation de l'idée révolutionnaire de Jésus en une pensée mystique et surnaturelle.

Du reste, que Jésus ait prévu que la politique et le fanatisme des Juifs tourneraient à mal, il n'y a rien que de vraisemblable. Les historiens de sa prédication, sous ce rapport, n'imposent pas. Mais ils ont embelli la prophétie après coup ; et, insistant sur les recommandations de Jésus à l'égard des soi-

terre (*i*), pour *servir de* témoignage à toutes les nations ; et c'est alors que la fin arrivera.

15. Quand donc vous verrez que l'abomination de la désolation qui a été prédite par le prophète Daniel, sera dans le lieu saint ; que celui qui lit entende bien ce qu'il lit (*j*).

16. Alors que ceux qui seront dans la Judée s'enfuient sur les montagnes.

17. Que celui qui sera au haut du toit n'en descende point, pour emporter quelque chose de sa maison.

18. Et que celui qui sera dans le champ ne retourne point, pour prendre sa robe.

19. Mais malheur aux femmes qui seront grosses ou nourrices en ce jour-là.

20. Priez donc *Dieu* que votre fuite n'arrive point durant l'hiver, ni au jour du sabbat.

21. Car l'affliction de ce temps-là sera si grande, qu'il n'y en a point eu de pareille depuis le commencement du monde, et qu'il n'y en aura jamais.

22. Et, si ces jours n'avaient été abrégés, nul homme n'aurait été sauvé ; mais ces jours seront abrégés en faveur des élus (*k*).

23. Alors si quelqu'un vous dit : Le Christ est ici, ou il est là, ne le croyez point (*l*) ;

24. Parce qu'il s'élèvera de faux Christs et de faux prophètes qui feront de grands prodiges et des choses étonnantes, jusqu'à séduire même, s'il était possible, les élus.

25. J'ai voulu vous en avertir auparavant.

26. Si donc on vous dit : Le voici dans le désert, ne sortez point pour y aller. *Si on vous dit* : Le voici dans le lieu le plus retiré de la maison, ne le croyez point (*m*).

---

disant Messies, ils ont rattaché le tout à la venue du Fils de l'homme et à la fin prochaine du monde.

(*i*) A la date de 70, le christianisme avait pénétré partout.

(*j*) *Qui legit intelligat*. Ces mots, qui sollicitent l'attention du *lecteur*, indiquent que ce n'est pas Jésus qui parle, mais l'historien ; de plus ils supposent que l'événement était assez récent pour que l'on s'intéressât à la prophétie.

(*k*) *Electos*, cf. *Marc*, XIII, 20.

(*l*) Allusion à Simon le Mage, etc.

(*m*) Vers. 23-26. — Annonce de *faux Christs*. Il est évident

27. Car comme un éclair, qui sort de l'orient, paraît *tout d'un coup* jusqu'à l'occident, ainsi sera l'avènement du Fils de l'homme.

28. Partout où le corps se trouvera, là les aigles (*n*) s'assembleront.

29. Aussitôt après ces jours d'affliction, le soleil s'obscurcira, et la lune ne donnera plus sa lumière ; les étoiles tomberont du ciel, et les puissances des cieux seront ébranlées.

30. Alors le signe du Fils de l'homme paraîtra dans le ciel, et tous les peuples de la terre seront dans les pleurs et dans les gémissements ; et ils verront le Fils de l'homme, qui viendra sur les nuées du ciel avec une grande puissance et une grande majesté (*o*).

31. Et il enverra ses anges, qui feront entendre la voix éclatante de leurs trompettes, et qui rassembleront ses élus des quatre coins du monde, depuis une extrémité du ciel jusqu'à l'autre.

32. Apprenez une comparaison prise du figuier : Quand ses branches sont déjà tendres, et qu'il pousse des feuilles, vous savez que l'été s'approche ;

33. De même, lorsque vous verrez toutes ces choses, sachez que *le Fils de l'homme* est proche, et *qu'il est comme* à la porte.

34. Je vous dis, en vérité, cette race ne passera point, que toutes ces choses ne soient accomplies (*p*).

---

que Jésus lui-même, et tout le premier, fut traité de *faux Christ* : il fut mis à mort pour ce fait. (Cf. *Marc*, XIV et XV, et *Jean*.)

Les chrétiens renvoient l'épithète à leurs adversaires avec d'autant plus de raison, qu'au fond ils n'admettaient aucune espèce de Messie, Jésus n'étant pour eux que le chef de la réforme, personnifiée allégoriquement par le Messie.

L'annonce des faux Christs indique encore que l'Évangile de Matthieu est publié à une époque où l'on en voyait ; le sens est donc que ces Christs sont tous faux ; qu'ils ne peuvent être vrais, attendu que le vrai Christ a paru quarante ou cinquante ans auparavant.

(*n*) *Aquilæ, corvi, vultures.*

(*o*) La venue de Jésus annoncée *après* la chute de Jérusalem. (Cf. les *Épîtres* de Paul et de Pierre.)

(*p*) VERS. 30-34. — Le *millénarisme*. Cette opinion est plu-

35. Le ciel et la terre passeront, mais mes paroles ne passeront point.

36. Quant à ce jour et à cette heure-là, personne n'en a connaissance, non pas même les anges du ciel, mais seulement *mon* Père.

37. Et il arrivera à l'avénement du Fils de l'homme ce qui arriva au temps de Noé.

38. Car, comme dans les derniers jours avant le déluge, les hommes mangeaient et buvaient, se mariaient et mariaient leurs enfants, jusqu'au jour où Noé entra dans l'arche;

39. Et qu'ils ne connurent *le moment du* déluge que lorsqu'il survint, et emporta tout le monde ; il en sera de même à l'avénement du Fils de l'homme.

40. Alors, de deux hommes qui seront dans un champ, l'un sera pris et l'autre laissé.

41. De deux femmes qui moudront à un moulin, l'une sera prise et l'autre laissée.

42. Veillez donc, parce que vous ne savez pas à quelle heure votre Seigneur doit venir.

---

tôt persane, ou chaldéenne, ou même étrusque, que juive. Jésus, qui suivait les prophètes, y est resté probablement étranger.

L'Église a distingué dans cette prophétie l'annonce de deux faits distincts, qui devaient s'accomplir à deux époques séparées par un long intervalle, la ruine de Jérusalem et la fin du monde avec le jugement dernier.

Mais cette interprétation de l'Église est venue après coup, lorsqu'on vit que le monde ne finissait pas. Dans l'opinion de l'auteur et de ses lecteurs contemporains, verset 34, la fin d'Israël et la fin de l'univers coïncidaient en un seul et même événement, ou du moins étaient consécutives. La première était le signe de l'approche de l'autre : à partir du jour où l'État israélite et le royaume messianique étaient détruits, la durée ne comptait plus; il fallait se préparer à la mort et au jugement. C'était l'opinion de Paul et celle de l'auteur de l'Apocalypse. Avec le temps, la fin du monde se trouva indéfiniment reculée : aujourd'hui on n'en parle plus. (Cf. *Marc*, XIII, *passim.*)

43. Car sachez que si le père de famille savait à quelle heure *de la nuit* le voleur doit venir, il est sans doute qu'il veillerait, et qu'il ne laisserait pas percer sa maison.

44. Tenez-vous donc aussi, vous autres, toujours prêts, parce que le Fils de l'homme viendra à l'heure que vous ne pensez pas (*q*).

45. Qui est le serviteur fidèle et prudent que son maître a établi sur tous ses serviteurs, pour leur distribuer dans le temps leur nourriture?

46. Heureux ce serviteur, si son maître, à son arrivée, le trouve agissant de la sorte.

47. Je vous dis, en vérité, qu'il l'établira sur tous ses biens.

48. Mais si ce serviteur est méchant, et que, disant en son cœur : Mon maître n'est pas près de venir,

49. Il se mette à battre ses compagnons, à manger et à boire avec des ivrognes;

50. Le maître de ce serviteur viendra au jour où il ne s'y attend pas, et à l'heure qu'il ne sait pas;

51. Il le séparera, et lui donnera *pour* partage *d'être puni* avec les hypocrites. C'est là qu'il y aura des pleurs et des grincements de dents (*r*).

---

(*q*) Tout cela me semble évidemment interpolé et du même âge que l'Apocalypse, c'est-à-dire vers les temps qui suivirent la ruine de Jérusalem.

Tout milite ici pour n'accorder qu'une très-courte durée au ministère de Jésus : six mois à peu près, un an au plus, et presque toujours dans la Galilée, autour du lac. Il n'a pas été plus de huit ou quinze jours à Jérusalem.

Si l'on doit admettre que lors de la publication de l'Évangile de Matthieu, la prophétie contenue dans ce chapitre en faisait partie, on ne saurait en reculer la date beaucoup après l'an 70. Mais qui sait si cette publication n'a pas été postérieure à celle de la prophétie?

(*r*) Ce discours ne me semble pas être de la manière de Jésus.

## CHAPITRE XXV (a).

Parabole des dix vierges. Parabole des talents. Prédiction du dernier jugement.

1. Alors le royaume des cieux sera semblable à dix vierges qui, ayant pris leurs lampes, s'en allèrent au-devant de l'époux et de l'épouse.
2. Il y en avait cinq d'entre elles *qui étaient* folles, et cinq *qui étaient* sages.
3. Les cinq *qui étaient* folles, ayant pris leurs lampes, ne prirent point d'huile avec elles.
4. Les sages, au contraire, prirent de l'huile dans leurs vases avec leurs lampes.
5. Et, l'époux tardant à venir, elles s'assoupirent toutes, et s'endormirent.
6. Mais sur le minuit on entendit un grand cri : Voici l'époux qui vient; allez au-devant de lui.
7. Aussitôt toutes ces vierges se levèrent, et préparèrent leurs lampes.
8. Mais les folles dirent aux sages : Donnez-nous de votre huile, parce que nos lampes s'éteignent.
9. Les sages leur répondirent : De peur que ce que nous en avons ne suffise pas pour nous et pour vous, allez plutôt à ceux qui en vendent, et achetez-en ce qu'il vous en faut.
10. Mais, pendant qu'elles allaient en acheter, l'époux vint; et

---

(a) Les lettres de Paul sont toutes pleines de ce sentiment de la nécessité de se tenir prêt pour l'arrivée du Fils de l'homme. Mais déjà, chez ce pharisien mal converti, l'élément moral faiblit, et la superstition prédomine.
La leçon de Jésus n'est autre que ceci : Soyez en tout temps prêts à rendre vos comptes à Dieu; et ne croyez pas que les *bonnes œuvres* des autres vous tiendront lieu de suffrages. *Pourvoyez-vous d'huile* vous-même, c'est-à-dire ne comptez ni sur les mérites du Christ, ni sur ceux de vos saints, ni de personne. C'est un apologue contre ce que la théologie appelle la *réversion expiatoire*.

celles qui étaient prêtes entrèrent avec lui aux noces, et la porte fut fermée.

11. Enfin, les autres vierges vinrent aussi, et lui dirent : Seigneur, seigneur, ouvrez-nous.

12. Mais il leur répondit : Je vous dis, en vérité, que je ne vous connais point.

13. Veillez donc (*b*), parce que vous ne savez ni le jour ni l'heure.

14. Car *le Seigneur* agit comme un homme qui, devant faire un long voyage hors de son pays, appela ses serviteurs et leur mit son bien entre les mains (*c*).

15. Et ayant donné cinq talents à l'un, deux à l'autre, et un à l'autre, selon la capacité différente de chacun d'eux, il partit aussitôt.

16. Celui donc qui avait reçu cinq talents s'en alla ; il trafiqua avec cet argent, et il en gagna cinq autres.

17. Celui qui en avait reçu deux en gagna de même encore deux autres.

18. Mais celui qui n'en avait reçu qu'un, alla creuser dans la terre, et y cacha l'argent de son maître.

19. Longtemps après, le maître de ces serviteurs, étant revenu, leur fit rendre compte.

20. Et celui qui avait reçu cinq talents vint lui en présenter cinq autres, en lui disant : Seigneur, vous m'aviez mis cinq talents entre les mains, en voici, outre ceux-là, cinq autres que j'ai gagnés.

21. Son maître lui répondit : O bon et fidèle serviteur, parce que vous avez été fidèle en peu de chose, je vous établirai sur beaucoup *d'autres* ; entrez dans la joie de votre Seigneur.

---

(*b*) *Vigilate itaque.* Cette conclusion restreint le sens de la parabole au point de vue millénaire, qui n'était pas celui de Jésus.

(*c*) Parabole des talents. Il faut bien prendre garde ici que Jésus n'entend pas approuver l'usure ou l'agiotage, pas même encourager la commandite : il se sert de tout cela comme d'une comparaison. Il veut dire, à l'encontre des pharisiens qui se croyaient *élus* et *prédestinés* par cela seul qu'ils étaient Juifs, que la récompense appartiendra à celui-là seul qui aura fait *valoir* son fonds, nullement à celui qui n'aura fait que le garder en dépôt. C'est, je le répète, de l'*anti-prédestinatianisme*.

22. Celui qui avait reçu deux talents vint aussi se présenter à lui, et lui dit : Seigneur, vous m'aviez mis deux talents entre les mains, en voici, outre ceux-là, deux autres que j'ai gagnés.

23. Son maître lui répondit : O bon et fidèle serviteur, parce que vous avez été fidèle en peu de chose, je vous établirai sur beaucoup *d'autres*; entrez dans la joie de votre Seigneur.

24. Celui qui n'avait reçu qu'un talent vint ensuite, et *lui* dit : Seigneur, je sais que vous êtes un homme dur, que vous moissonnez où vous n'avez point semé, et que vous recueillez où vous n'avez rien mis;

25. C'est pourquoi, comme je vous appréhendais, j'ai été cacher votre talent dans la terre; le voici, je vous rends ce qui est à vous.

26. Mais son maître lui répondit : Serviteur méchant et paresseux, vous saviez que je moissonne où je n'ai point semé, et que je recueille où je n'ai rien mis;

27. Vous deviez donc mettre mon argent entre les mains des banquiers, afin qu'à mon retour je retirasse avec usure ce qui est à moi.

28. Qu'on lui ôte donc le talent qu'il a, et qu'on le donne à celui qui a dix talents.

29. Car on donnera à tous ceux qui ont *déjà*, et ils seront comblés de biens; mais pour celui qui n'a point, on lui ôtera même ce qu'il semble avoir.

30. Et qu'on jette ce serviteur inutile dans les ténèbres extérieures. C'est là qu'il y aura des pleurs et des grincements de dents.

31. Or, quand le Fils de l'homme viendra dans sa Majesté, accompagné de tous les anges, il s'assiéra sur le trône de sa gloire.

32. Et, toutes les nations étant assemblées devant lui, il séparera les uns d'avec les autres, comme un berger sépare les brebis d'avec les boucs;

33. Et il placera les brebis à sa droite, et les boucs à sa gauche.

34. (d) Alors le Roi (e) dira à ceux qui seront à sa droite : Venez,

---

(d) Versets 34 et suiv. — Parabole splendide. Identification du Messie avec l'humanité pauvre et souffrante.

(e) *Rex*. Le Fils de l'homme est appelé ici *roi*, en hébreu et syriaque מלך, ce qui signifie aussi *ange* (מלאך). L'opinion que le Christ était un *ange incarné* est aussi ancienne que le christianisme lui-même; elle l'est même davantage, puisqu'elle dérive de la doctrine des *Eons* (voir *Jean*, I, 1). D'après ce

vous qui avez été bénis par mon Père; possédez le royaume qui vous a été préparé dès le commencement du monde.

35. Car j'ai eu faim, et vous m'avez donné à manger; j'ai eu soif, et vous m'avez donné à boire; j'ai eu besoin de logement, et vous m'avez logé;

36. J'ai été nu, et vous m'avez revêtu; j'ai été malade, et vous m'avez visité; j'ai été en prison, et vous êtes venus me visiter.

37. Alors les justes lui répondront : Seigneur, quand est-ce que nous vous avons vu avoir faim, et que nous vous avons donné à manger; ou avoir soif, et que nous vous avons donné à boire?

38. Quand est-ce que nous vous avons vu sans logement, et que nous vous avons logé; ou nu, et que nous vous avons revêtu?

39. Et quand est-ce que nous vous avons vu malade, ou en prison, et que nous sommes venus vous visiter?

40. Et le Roi leur répondra : Je vous dis, en vérité, autant de fois que vous l'avez fait à l'égard de l'un de ces plus petits de mes frères, *c'est* à moi-même *que* vous l'avez fait.

41. Il dira ensuite à ceux qui seront à sa gauche : Retirez-vous de moi, maudits; *allez* au feu éternel, qui a été préparé pour le diable et pour ses anges.

42. Car j'ai eu faim, et vous ne m'avez pas donné à manger; j'ai eu soif, et vous ne m'avez pas donné à boire;

43. J'ai eu besoin de logement, et vous ne m'avez pas logé; j'ai été sans habits, et vous ne m'avez pas revêtu; j'ai été malade et en prison, et vous ne m'avez pas visité.

44. Alors ils lui répondront aussi : Seigneur, quand est-ce que nous vous avons vu avoir faim, ou avoir soif, ou sans logement, ou sans habits, ou malade, ou dans la prison, et que nous avons manqué à vous assister?

45. Mais il leur répondra : Je vous dis, en vérité, qu'autant de fois que vous avez manqué à rendre ces assistances à l'un de ces plus petits, vous avez manqué à me les rendre à moi-même.

46. Et *alors* ceux-ci iront dans le supplice éternel, et les justes dans la vie éternelle (*f*).

---

passage de saint Matthieu, on pourrait penser avec quelque fondement que cette croyance a été celle des premiers chrétiens.

(*f*) Vers. 31-46. — Il est inconcevable que l'on n'ait jamais su comprendre le sens de cette admirable parabole. Jésus s'empare de toutes les opinions qui avaient cours sur le Messie, et les tourne à son sens moral et social. On croyait

## CHAPITRE XXVI (a).

Conspiration des Juifs. Parfum sur la tête de Jésus-Christ. Trahison de Judas. Cène pascale. Eucharistie. Renoncement prédit de saint Pierre. Tristesse de Jésus-Christ. Baiser de Judas. Fuite des disciples. Jésus-Christ est mené à Caïphe. Renoncement et pénitence de saint Pierre.

1. Jésus, ayant achevé tous ces discours, dit à ses disciples :
2. Vous savez que la pâque se fera dans deux jours (b), et que le Fils de l'homme sera livré pour être crucifié.
3. Au même temps, les princes des prêtres et les anciens du peuple s'assemblèrent dans la salle du grand-prêtre, appelé Caïphe,
4. Et tinrent conseil ensemble, pour trouver moyen de se saisir adroitement de Jésus, et de le faire mourir.
5. Et ils disaient : Il ne faut point que ce soit pendant la fête (c), de peur qu'il ne s'excite quelque tumulte parmi le peuple.

---

que le Messie viendrait du ciel régner sur la terre, combler de gloire et de richesse les fidèles sectateurs du culte moïsaique. Mais lui : Non, non, voici ce que viendra faire le *Fils de l'homme*, dit-il : il vous punira, vous, mauvais riches, etc.

Autant le chapitre précédent laisse voir l'interpolation, la supposition, autant l'âme puissante, la conscience vigoureuse de Jésus se retrouvent dans celui-ci.

(a) Nous voici au dénoûment. C'est maintenant qu'il s'agit de savoir si, oui ou non, Jésus s'est donné pour le Messie. Les trois premiers Évangiles l'affirment. Jésus (plus bas, 63-64) le déclare sous la foi du serment. Le quatrième, au contraire, supprime cette interrogation : si bien qu'enfin nous ne saurions à quoi nous en tenir au juste sur la cause du supplice de Jésus, si nous n'avions pour nous renseigner que la *lettre* des historiens.

(b) Avant-veille de Pâques, conseil des prêtres.

(c) *Non in die festo.* Le projet était de remettre l'arrestation après la fête. Le fait qui suit en décida autrement.

6. Or, Jésus étant à Béthanie, dans la maison de Simon le lépreux,

7. Une femme vint à lui avec un vase d'albâtre, plein d'une huile de parfum de grand prix, qu'elle lui répandit sur la tête (*d*), lorsqu'il était à table.

8. Ce que ses disciples voyant, ils s'en fâchèrent, et dirent : A quoi bon cette perte?

9. Car on aurait pu vendre ce parfum bien cher, et en donner l'argent aux pauvres.

10. Mais Jésus, sachant *ce qu'ils disaient*, leur dit : Pourquoi faites-vous de la peine à cette femme? Ce qu'elle vient de faire envers moi est une bonne œuvre.

11. Car vous aurez toujours des pauvres parmi vous; mais, pour moi, vous ne m'aurez pas toujours.

12. Et lorsqu'elle a répandu ce parfum sur mon corps, elle l'a fait pour m'ensevelir *par avance* (*e*).

---

(*d*) *Super caput*. D'après Jean (XII, 3), c'est *sur les pieds* de Jésus que cette huile est versée : ce qui dérange l'économie de l'histoire et est un pur mensonge. (Cf. *Jean, loco citato*, et *Marc*, XIV, 3, note.)

(*e*) Cf. *Marc*, XIV, 3-8, et notes *b* et *d*.

Il est curieux de voir Jésus, comme Jules César, obligé de dissimuler et de repousser le titre de Messie, que des exagérés et des imprudents lui décernaient. On sait que Marc-Antoine ayant essayé de placer un diadème sur la tête de César, à la tribune aux harangues, les murmures du peuple avertirent César du danger, et qu'il fut forcé de décliner bien haut l'idée de royauté qu'on lui prêtait. C'est de ce jour que Brutus, Cassius et leurs amis, qui jusqu'alors s'étaient ralliés à César, conspirèrent contre lui. On acceptait César pour dictateur, comme Jésus pour prophète; on n'en voulait pas pour roi. Il est donc prouvé, par cette histoire, qu'avant la Passion, les apôtres de Jésus ne le reconnurent pas pour Messie, mais bien pour *Rabbi*. Le reconnurent-ils plus tard? c'est une question. — En tout cas, il me semble voir ici le motif de la défection de Judas, qui fut seul chargé du crime de tous. Ce n'est que peu à peu, — les Évangiles le répètent à satiété, —

13. Je vous dis en vérité, partout où sera prêché cet évangile, *c'est-à-dire* dans tout le monde, on racontera à la louange de cette femme ce qu'elle vient de faire.

14. Alors un des douze, appelé Judas Iscariote, alla trouver les princes des prêtres,

15. Et leur dit : Que voulez-vous me donner, et je vous le livrerai? Et ils convinrent *de lui donner* trente pièces d'argent (*f*).

16. Depuis ce temps-là, il cherchait une occasion favorable de le livrer.

17. Or, le premier jour des azymes, les disciples vinrent trouver Jésus, et lui dirent : Où voulez-vous que nous vous préparions ce qu'il faut pour manger la pâque ?

18. Jésus leur répondit : Allez dans la ville, chez un tel (*g*), et lui dites : Le maître vous envoie dire : Mon temps est proche ; je viens faire la pâque chez vous avec mes disciples.

19. Les disciples firent ce que Jésus leur avait commandé, et préparèrent *ce qu'il fallait pour* la pâque.

20. Le soir (*h*) étant donc venu, il se mit à table avec ses douze disciples.

---

que les apôtres en vinrent, après la mort de leur maître, à le croire Messie. Sur ce point, la populace les avait devancés.

(*f*) Jésus, traité en perturbateur, décrété d'arrestation, et forcé de se cacher, avait échappé maintes fois aux Juifs. A la fin, dénoncé par Judas, il fut arrêté dans sa retraite au moment même où il venait avec eux de célébrer la Pâque. — Sur le motif de la trahison de Judas, que n'a pas deviné Strauss, voir *Marc*, XIV, 18, note; cf. Strauss sur la trahison de Judas. — *Triginta argenteos*, circonstance empruntée de Zacharie, XI, 12. (Cf. plus bas, XXVII, 9-11.)

(*g*) *Ad quemdam* : cf. *Marc*, XIV. Jésus use à Jérusalem de l'hospitalité orientale.

(*h*) *Vespere*. C'est le soir du 14 au 15 nisân, au contraire de ce que dit Jean, XIX, 14, qui fait crucifier Jésus le jour même de la manducation. (Cf. à ce sujet Strauss.) La fête de Pâques durait plusieurs jours ; le premier et le dernier étaient les plus solennels. Ces jours-là, il était défendu d'exécuter les criminels. Il faut donc admettre, d'après Matthieu, que Jésus-Christ fut crucifié le 15 nisân, le lendemain de la

21. Et lorsqu'ils mangeaient, il leur dit : Je vous dis, en vérité, que l'un de vous me trahira.

22. Ces paroles leur ayant causé une grande tristesse, chacun d'eux commença à lui dire : Serait-ce moi, Seigneur?

23. Il leur répondit : Celui qui met la main avec moi dans le plat, est celui qui me trahira.

24. Pour ce qui est du Fils de l'homme, il s'en va selon ce qui a été écrit de lui ; mais malheur à l'homme par qui le Fils de l'homme a été trahi ; il vaudrait mieux pour lui qu'il ne fût jamais né.

25. Judas, qui fut celui qui le trahit, prenant la parole, lui dit : Maître, est-ce moi? Il lui répondit : Vous l'avez dit ; *c'est vous-même.*

26. Or, pendant qu'ils soupaient, Jésus prit du pain ; et, l'ayant béni, il le rompit, et le donna à ses disciples, en disant : Prenez, et mangez ; ceci est mon corps.

27. Et, prenant le calice, il rendit grâces, et il le leur donna, en disant : Buvez-en tous ;

28. Car ceci est mon sang, *le sang* de la nouvelle alliance, qui sera répandu pour plusieurs, pour la rémission des péchés (*i* et *j*).

---

première fête de Pâques ; et cependant on voit par toutes les circonstances de la résurrection qu'il a dû être crucifié la veille.

(*i*) *In remissionem peccatorum,* εις αφεσιν αμαρτιων. Un critique a remarqué que ces mots ne se retrouvent pas dans les autres passages parallèles, et que Jésus, qui a parlé souvent de sa mort, ne l'a jamais présentée comme un sacrifice de propitiation pour les autres hommes. En conséquence, il prétend qu'il faut rapporter ces paroles aux opinions qui avaient cours dans l'époque des apôtres.

(*j*) Vers. 26-28. — Substitution du sacrifice de Melchisédech aux sacrifices sanglants de Moïse : voilà tout le mystère de la fameuse Cène. (Cf. *Marc,* xiv, 17 et suiv.) — *Hoc est corpus meum,* ou, suivant d'autres, voilà ma chair, c'est-à-dire *voilà ma victime,* la victime de mon sacrifice, la victime que l'on offrira dans ma religion.

La cérémonie du calice est plus claire : *Voici le sang qui sera répandu dans la nouvelle alliance pour les expiations*

29. Or, je vous dis que je ne boirai plus désormais de ce fruit de la vigne, jusqu'à ce jour auquel je le boirai de nouveau avec vous dans le royaume de mon Père (*k*).

30. Et, ayant chanté le cantique *d'actions de grâces*, ils allèrent à la montagne des Oliviers.

31. Alors Jésus leur dit : Je vous serai à tous cette nuit une occasion de scandale; car il est écrit : Je frapperai le pasteur, et les brebis du troupeau seront dispersées.

32. Mais, après que je serai ressuscité, j'irai avant vous en Galilée.

33. Pierre lui répondit : Quand vous seriez pour tous les autres un sujet de scandale, vous ne le serez jamais pour moi.

34. Jésus lui répartit : Je vous dis, en vérité, que dans cette même nuit, avant que le coq chante, vous me renoncerez trois fois.

35. Mais Pierre lui dit : Quand il me faudrait mourir avec vous,

---

*de tous*. Celui qui n'est pas frappé de l'allusion qui se trouve entre l'institution de la Cène et l'institution du sacrifice de Moïse (*Exod.*, XXIV, 8), *hic est sanguis fœderis quod pepigit Dominus*, paroles que Jésus-Christ emploie à son tour presque textuellement, celui-là ferme les yeux à la lumière. « Moïse vous a donné la chair des victimes; ma chair, ma victime à moi, la voilà (montrant le pain); Moïse vous a donné le sang pour l'expiation ; voilà le sang de ma nouvelle religion (le vin). *Faites cela à mon exemple;* offrez comme moi ce sacrifice. »

Il faut remarquer qu'en hébreu, en syriaque, le même mot בשר peut se traduire *caro, corpus* et *victima*.

Il y a lieu de croire que les premiers chrétiens n'ont pas entendu différemment l'Eucharistie; et il serait curieux de rechercher comment, peu à peu s'est formé le monstrueux dogme de la transsubstantiation, tel qu'il a été chanté par saint Thomas et que l'enseigne aujourd'hui l'Église romaine.

(*k*) Annonce de l'arrivée prochaine du Messie. Elle prouve que l'auteur de l'Évangile le croyait ressuscité, et espérait en conséquence le revoir bientôt, boire et manger avec lui !...

je ne vous renoncerai point. Et tous les autres disciples dirent aussi la même chose.

36. Alors Jésus arriva avec eux dans un lieu appelé Gethsémani ; et il dit à ses disciples : Asseyez-vous ici pendant que je m'en irai là, pour prier.

37. Et, ayant pris avec lui Pierre et les deux fils de Zébédée, il commença à s'attrister et à être dans une grande affliction (*l*).

38. Alors il leur dit : Mon âme est triste jusqu'à la mort ; demeurez ici, et veillez avec moi.

39. Et, s'en allant un peu plus loin, il se prosterna le visage contre terre, priant et disant : Mon Père, s'il est possible, *faites* que ce calice s'éloigne de moi ; néanmoins, *qu'il en soit*, non comme je le veux, mais comme vous le voulez.

40. Il vint ensuite vers ses disciples ; et, les ayant trouvés endormis, il dit à Pierre : Quoi ! vous n'avez pu veiller une heure avec moi ?

41. Veillez et priez, afin que vous ne tombiez point dans la tentation ; l'esprit est prompt, mais la chair est faible (*m*).

42. Il s'en alla encore prier une seconde fois, en disant : Mon Père, si ce calice ne peut passer sans que je le boive, que votre volonté soit faite.

43. Il retourna ensuite vers eux, et les trouva encore endormis, parce que leurs yeux étaient appesantis *par le sommeil*.

44. Et, les quittant, il s'en alla encore prier pour la troisième fois, disant les mêmes paroles (*n*).

45. Ensuite il vint trouver ses disciples, et leur dit : Dormez maintenant, et vous reposez : voici l'heure qui est proche, et le Fils de l'homme va être livré entre les mains des pécheurs.

46. Levez-vous, allons ; celui qui doit me trahir est près d'ici (*o*).

---

(*l*) Scène de l'agonie. Il faut qu'elle ait été vraie et que les apôtres l'aient racontée maintes fois, pour qu'on l'ait retenue, alors qu'il importait à la nouvelle secte d'élever si haut le sacrifice volontaire de Jésus.

(*m*) L'esprit est vif, mais la chair est faible ; Jésus a dû dire cela de lui-même pour expliquer que sa volonté était immuable, mais que la nature en lui succombait. (Cf. *Luc* et *Jean*.)

(*n*) Vers 39-44. — *Trois* prières, nombre cabalistique.

(*o*) Vers. 45-46. — Jésus va être arrêté ; il le sait ; il va audevant des soldats. Il importait à l'évangéliste de présenter

47. Il n'avait pas encore achevé ces mots, lorsque Judas, un des douze, arriva, et avec lui une grande troupe de gens armés d'épées et de bâtons, qui avaient été envoyés par les princes des prêtres et par les anciens du peuple.

48. Or, celui qui le trahissait leur avait donné un signal *pour le connaître*, en leur disant : Celui que je baiserai, c'est celui-là même *que vous cherchez*; saisissez-vous de lui.

49. Aussitôt donc il s'approcha de Jésus, et il lui dit : Maître, je vous salue. Et il le baisa.

50. Jésus lui répondit : *Mon* ami, qu'êtes-vous venu faire ici? Et en même temps, tous les autres, s'avançant, se jetèrent sur Jésus et se saisirent de lui.

51. Alors un de ceux qui étaient avec Jésus, portant la main à son épée (p) et la tirant, en frappa un des serviteurs du grand-prêtre, et lui coupa une oreille.

52. Mais Jésus lui dit : Remettez votre épée dans son lieu ; car tous ceux qui prendront l'épée périront par l'épée (q).

53. Croyez-vous que je ne puisse pas prier mon Père, et qu'il ne m'enverrait pas ici, en même temps, plus de douze légions d'anges (r)?

54. Comment donc s'accompliront les Écritures, *qui déclarent* que cela doit se faire ainsi?

55. En même temps, Jésus, s'adressant à cette troupe, leur dit : Vous êtes venus ici armés d'épées et de bâtons pour me prendre, comme si j'étais un voleur ; j'étais tous les jours assis au milieu de vous, enseignant dans le temple, et vous ne m'avez point arrêté.

56. Mais tout cela s'est fait, afin que ce que les prophètes ont écrit fût accompli. Alors les disciples, l'abandonnant, s'enfuirent tous.

57. Ces gens, s'étant donc saisis de Jésus, l'emmenèrent chez

---

cette arrestation comme volontaire. Jean, sur ce point, est encore plus explicite.

(p) Comment! les disciples du Nazaréen portaient des épées!...

(q) Condamnation de la guerre.

(r) Il ne tient qu'à Jésus de fuir ; il a des légions d'anges à son service, en vrai Messie qu'il est ; mais il faut accomplir les Écritures!... Tout cela est d'un absurde qui n'a pu se produire qu'une fois.

Caïphe, qui était grand-prêtre, où les scribes et les anciens étaient assemblés.

58. Or, Pierre le suivait de loin jusqu'à la cour *de la maison* du grand-prêtre ; et, étant entré, il s'assit avec les gens, pour voir la fin *de tout ceci*.

59. Cependant les princes des prêtres et tout le conseil cherchaient un faux témoignage contre Jésus pour le faire mourir ;

60. Et ils n'en trouvèrent point *qui fût suffisant*, quoique plusieurs faux témoins se fussent présentés. Enfin, il vint deux faux témoins.

61. Qui dirent : Celui-ci a dit : Je puis détruire le temple de Dieu, et le rebâtir en trois jours (*s*).

62. Alors le grand-prêtre, se levant, lui dit : Vous ne répondez rien à ce qu'ils déposent contre vous ?

63. Mais Jésus demeurait dans le silence. Et le grand-prêtre lui dit : Je vous commande, par le Dieu vivant, de nous dire si vous êtes le Christ, le Fils de Dieu.

64. Jésus lui répondit : Vous l'avez dit (*t*) ; *je le suis* ; mais

---

(*s*) Vers. 59-61. — Absurde. Il était vrai (d'après le récit évangélique) que Jésus avait annoncé la ruine de Jérusalem et du temple ; il était vrai qu'ils'était flatté de le rebâtir en trois jours ; il était vrai qu'il s'était vanté d'être le Christ : chose ridicule, sacrilége aux yeux des Juifs, crime de rébellion aux yeux des Romains.

(*t*) Jésus convient de ce qu'on lui reproche ; il s'affirme sous la foi du serment comme Messie. Il ajoute à cette affirmation l'annonce de sa prochaine arrivée glorieuse et surnaturelle. De trois choses l'une : ou il était fou, comme le crut Hérode ; ou il mentait, et dans ce cas il méritait la mort ; ou bien enfin il disait vrai, et alors il n'y avait plus qu'à applaudir et se prosterner. — Le conseil des prêtres trouva que Jésus n'était point un insensé, et je suis de cet avis ; il jugea ensuite que sa messianité n'était qu'une tentative ambitieuse, charlatanesque et pleine de périls, de tout point incroyable, et c'est aussi mon opinion. Restait donc que Jésus-Christ fût condamné comme séditieux et agitateur : à quoi je défie le sens commun de contrevenir.

Voilà ce qui résulte du récit de Matthieu, mais qui ne suffit

je vous déclare que vous verrez dans la suite le Fils de l'homme (*u*), assis à la droite de la majesté de Dieu, venir sur les nuées du ciel.

65. Alors le grand-prêtre déchira ses vêtements, en disant : Il a blasphémé ; qu'avons-nous plus besoin de témoins ? Vous venez vous-mêmes de l'entendre blasphémer.

66. Que vous en semble ? Ils répondirent : Il a mérité la mort.

---

point à la critique ; car il est évident ici que les auteurs de cette narration ont eu tout intérêt à ce que Jésus *s'affirmât* comme Messie, sous la foi du serment, et fût condamné comme tel. Cet intérêt est si grand, si manifeste, qu'il suffit pour révoquer en doute toute l'histoire de la passion, comme toutes celles des miracles, légendes, etc., que la critique relève à chaque pas dans les Évangiles.

Pourquoi donc a été crucifié Jésus ?... Je crois ne pas sortir de la vérité et du naturel en disant qu'il fut mis à mort, comme tant d'autres avant lui, traités de *faux prophètes* de leur vivant, parce qu'ils attaquaient les puissances du jour, et honorés comme *véritables* après leur mort. (Cf. *Marc*, XIV et XV.)

(*u*) *Filium hominis* : allusion évidente à Daniel (VII, 13 et suivants), où il est parlé d'un personnage mystérieux *quasi filius hominis*, qui vient avec les nuées, et qui comparaît devant l'*Ancien des jours*. La tradition juive interprétait ce passage de leur Messie futur, roi glorieux et immortel : en sorte que l'expression devint parmi eux synonyme de Messie. C'est ainsi qu'elle est prise par Jésus, ou plutôt appliquée par les Évangélistes à Jésus. (Cf. *Jean*, XII, 34 ; *Matthieu*, VIII, 20 et *passim*.)

Dans ce passage, il est fait aussi allusion au psaume CIX, 1 : *Sede à dextris meis*. Je ne crois pas en conséquence à l'authenticité de cette réponse de Jésus ; elle est de l'invention des messianistes. La vérité est que Jésus *se tut*. (Cf. 63, et plus bas, XXVII, 12 ; *Marc*, XIV, 61, et XV, 5 ; *Luc*, XXIII, 9 ; *Jean*, XIX, 9).

67. Alors ils lui crachèrent au visage, et ils le frappèrent à coups de poing; et d'autres lui donnèrent des soufflets (*v*),

68. En disant : Christ, prophétise-nous, *et dis* qui est celui qui t'a frappé?

69. Pierre cependant était au dehors, assis dans la cour; et une servante, s'approchant, lui dit : Vous étiez aussi avec Jésus de Galilée.

70. Mais il le nia devant tout le monde, en disant : Je ne sais ce que vous dites.

71. Et lorsqu'il sortait hors la porte, *pour entrer dans le vestibule*, une autre servante, l'ayant vu, dit à ceux qui se trouvèrent là : Celui-ci était aussi avec Jésus de Nazareth.

72. Pierre le nia une seconde fois, en disant, avec serment : Je ne connais point cet homme.

73. Peu après, ceux qui étaient là, s'avançant, dirent à Pierre : Certainement vous êtes aussi de ces gens-là; car votre langage vous fait assez connaître.

74. Il se mit alors à faire des serments exécrables, et à dire, en jurant, qu'il n'avait aucune connaissance de cet homme; et aussitôt le coq chanta.

75. Et Pierre se ressouvint de la parole que Jésus lui avait dite : Avant que le coq chante, vous me renoncerez trois fois. Étant donc sorti, il pleura amèrement.

## CHAPITRE XXVII.

Désespoir et mort de Judas. Jésus devant Pilate. Barabbas préféré. Flagellation. Portement de la croix. Crucifiement. Ténèbres. Mort de Jésus-Christ. Sa sépulture.

1. Le matin étant venu, tous les princes des prêtres et les sénateurs du peuple *juif* tinrent conseil contre Jésus, pour le faire mourir;

2. Et l'ayant lié, ils l'emmenèrent et le mirent entre les mains de Ponce-Pilate, leur gouverneur.

---

(*v*) Scène de violence imitée d'Isaïe.

Quel est le reproche que l'on peut adresser à Jésus? Selon moi, c'est d'avoir équivoqué sur le mot de *Messie*. Ce serait bien pis pour lui, s'il était vrai qu'il se fût présenté comme Messie, entendu à la façon des Juifs.

3. Cependant Judas, qui l'avait trahi, voyant qu'il était condamné (a), se repentit *de ce qu'il avait fait*; et, reportant les trente pièces d'argent aux princes des prêtres et aux sénateurs,

4. Il leur dit : J'ai péché en trahissant le sang innocent. Ils lui répondirent : Que nous importe ? c'est votre affaire.

5. Alors il jeta cet argent dans le temple (b); et, s'étant retiré, il alla se pendre (c).

6. Mais les princes des prêtres, ayant pris l'argent, dirent : Il ne nous est pas permis de le mettre dans le trésor, parce que c'est le prix du sang.

7. Et ayant délibéré là-dessus, ils en achetèrent le champ d'un potier (d), pour la sépulture des étrangers.

8. C'est pour cela que ce champ est appelé encore aujourd'hui Haceldama (e), c'est-à-dire le Champ du sang.

9. Ainsi fut accomplie cette parole du prophète Jérémie : Ils ont reçu les trente pièces d'argent, qui étaient le prix de celui qui a été mis à prix, et dont ils avaient fait le marché avec les enfants d'Israël ;

10. Et ils les ont données pour *en acheter* le champ d'un potier, comme le Seigneur me l'a ordonné (f).

11. Or, Jésus fut présenté devant le gouverneur, et le gouver-

---

(a) Il semble que l'intention de Judas, en livrant Jésus, n'était pas qu'il fût condamné. Il agit par peur et défaut d'âme ; caractère lâche, égoïste.

(b) *Projectis... in templo* : copié de Zacharie, xi, 13.

(c) *Se suspendit* : imité de la mort d'Achitophel, II *Rois*, xvii, 23.

(d) *Agrum figuli* : tiré de Zacharie, xi, 13, d'après la traduction des Septante. Ainsi le repentir et le suicide de Judas avec toutes leurs circonstances sont imaginés, fabriqués à l'aide de textes de l'Ancien Testament pour détruire le mauvais effet de la trahison de Judas, et glorifier la messianité de Jésus. (Cf. plus bas, 19.)

(e) *Hakeldama*, cf. *Act*. i, 19.

(f) Vers. 3-10.—Cf. *Act.*, i, 18, où les faits sont racontés d'une manière toute différente. — *Triginta, trente :* Matthieu seul fixe cette somme ; Jean n'en parle pas.

neur l'interrogea en ces termes : Êtes-vous le Roi des Juifs? Jésus lui répondit : Vous le dites (*g*); *je le suis* (*h*).

12. Et, étant accusé par les princes des prêtres et les sénateurs, il ne répondit rien (*i*).

13. Alors Pilate lui dit : N'entendez-vous pas de combien de choses ces personnes vous accusent?

14. Mais il ne répondit rien à tout ce qu'il put lui dire; de sorte que le gouverneur en était étonné.

15. Or, le gouverneur avait accoutumé, au jour de la fête *de Pâques*, de délivrer celui des prisonniers que le peuple lui demandait;

16. Et il y en avait alors un insigne, nommé Barabbas.

17. Lorsqu'ils étaient donc tous assemblés, Pilate leur dit : Lequel voulez-vous que je vous délivre, de Barabbas ou de Jésus, qui est appelé Christ?

18. Car il savait bien que c'était par envie qu'ils l'avaient livré *entre ses mains.*

19. Cependant, lorsqu'il était assis dans son siége, sa femme (*j*)

---

(*g*) *Tu dicis* : c'est toi qui le dis! Ce n'est pas moi, donc ce n'est pas vrai.

(*h*) Répétition devant le gouverneur romain de la scène jouée devant le grand-prêtre. Ces *bis repetita*, qui fourmillent dans la Bible, plaisent surtout aux écrivains hébreux. (Cf. *Jean.* XVIII.)

(*i*) *Nihil respondit.* — Pourquoi Jésus s'écarte-t-il de ce silence? On le voit : c'est que quarante ans après sa mort, on le transforme tout à coup en Messie.

(*j*) Voici la femme de Pilate, et bientôt Pilate lui-même, qui rendent témoignage au Messie Jésus. C'est ainsi que Tertullien, *Apolog.* 21, prétendra que Tibère lui-même proposa au sénat romain de faire l'apothéose du réformateur juif. Il arrive mal à tous ceux qui ont calomnié ou desservi Jésus, si même ils ne se sont rétractés!

De pareils détails portent en eux-mêmes la preuve que la biographie de Jésus a été écrite longtemps après les événements (quarante ans au moins, et peut-être cent), et ils sont de nature à faire rejeter parfois la totalité même de certaines histoires.

lui envoya dire : Ne vous embarrassez point dans l'affaire de ce juste; car j'ai été aujourd'hui étrangement tourmentée dans un songe, à cause de lui.

20. Mais les princes des prêtres et les sénateurs persuadèrent au peuple de demander Barabbas, et de faire périr Jésus.

21. Le gouverneur leur ayant donc dit : Lequel des deux voulez-vous que je vous délivre? Ils lui répondirent : Barabbas.

22. Pilate leur dit : Que ferai-je donc de Jésus, qui est appelé Christ (*k*)?

23. Ils répondirent tous : Qu'il soit crucifié. Le gouverneur leur dit : Mais quel mal a-t-il fait? Et ils se mirent à crier encore plus fort, en disant : Qu'il soit crucifié.

24. Pilate, voyant qu'il n'y gagnait rien, mais que le tumulte s'excitait toujours de plus en plus, se fit apporter de l'eau, et se lavant les mains devant le peuple, il leur dit : Je suis innocent du sang de ce juste : ce sera à vous à en répondre.

25. Et tout le peuple lui répondit : Que son sang retombe sur nous et sur nos enfants!

---

(*k*) *Qui dicitur Christus?* Cette parole de Pilate, deux fois rapportée (ci-dessus, 17), prouve, si elle est authentique, que Jésus, précisément à cause de sa façon d'interpréter ou d'affirmer le messianisme, fut pris lui-même pour Messie et appelé de ce nom. C'est cette éternelle équivoque qui fait le nœud plus que gordien de l'histoire évangélique, et qui a produit toute l'obscurité dont elle est pleine. (Cf. *Luc*, II, 52; *Marc*, XIV et XV; *Jean*, *ubique*, et XII, 44.)

Je ne saurais trop le redire, Jésus nie la réalité du Messie. Le Messie pour lui est un mythe qui indique une chose, la régénération, non un homme.

Sa doctrine, par conséquent, est le *vrai* messianisme; et lui, en ce sens qu'il la prêche au nom de Dieu, est le *Messie*; mais il est clair que cette messianité est toute négative.

Avec le temps, Jésus, qui d'abord ne fut pas cru, fut reconnu pour avoir dit vrai; il devint donc le plus grand des prophètes. Avec le temps encore, son système d'interprétation messianique prit une valeur positive, en transportant dans le monde céleste ce que les Juifs attendaient dans le monde visible; et Jésus, Messie négatif, devint un Messie surnaturel et transcendantal.

26. Alors il leur délivra Barabbas; et ayant fait fouetter Jésus, il le remit entre leurs mains pour être crucifié.

27. Les soldats du gouverneur menèrent ensuite Jésus dans le prétoire; et là, ayant assemblé autour de lui toute la compagnie,

28. Ils lui ôtèrent ses habits, et le revêtirent d'un manteau d'écarlate;

29. Puis, ayant fait une couronne d'épines entrelacées, ils la lui mirent sur la tête, avec un roseau dans la main droite; et, se mettant à genoux devant lui, ils se moquaient de lui, en disant : Salut au Roi des Juifs.

30. Et lui crachant au visage, ils prenaient le roseau *qu'il tenait*, et lui en frappaient la tête.

31. Après s'être *ainsi* joués de lui, ils lui ôtèrent ce manteau *d'écarlate*, et lui ayant remis ses habits, ils l'emmenèrent pour le crucifier.

32. Lorsqu'ils sortaient, ils rencontrèrent un homme de Cyrène, nommé Simon, qu'ils contraignirent à porter la croix de Jésus.

33. Et, étant arrivés au lieu appelé Golgotha, c'est-à-dire le lieu du Calvaire,

34. Ils lui donnèrent à boire du vin, mêlé de fiel; mais, en ayant goûté, il ne voulut point en boire.

35. Après qu'ils l'eurent crucifié, ils partagèrent entre eux ses vêtements, les jetant au sort; afin que cette parole du prophète fût accomplie : Ils ont partagé entre eux mes vêtements, et ont jeté ma robe au sort (*l*).

36. Et s'étant assis, ils le gardaient.

37. Ils mirent aussi au-dessus de sa tête le sujet de sa condamnation, écrit *en ces termes* : C'est Jésus, le Roi des Juifs (*m*).

---

(*l*) Cf. *Jean*, xix, 23, pour la parfaite intelligence de ce verset.

(*m*) Cette inscription, avec le couronnement d'épines, la scène des soufflets donnés *au roi des Juifs*, les questions de Pilate (22, 17 et 11), toutes ces insistances, d'un assez mauvais goût, sur la messianité de Jésus, viennent de la même source que le serment prêté devant le grand-prêtre : c'est de la fabrique chrétienne, posthume et légendaire.

Il n'est pas une circonstance de cette passion qui, par les allusions qu'elle contient à des passages prophétiques, par l'intention messianique, sérieuse ou dérisoire, ne trahisse une narration faite à plaisir, composée tout exprès *pour le*

38. En même temps, on crucifia avec lui deux voleurs; l'un à sa droite, et l'autre à sa gauche.

39. Et ceux qui passaient par là le blasphémaient, en branlant la tête,

40. Et lui disant : Toi qui détruis le temple de Dieu, et qui le rebâtis en trois jours, que ne te sauves-tu toi-même? Si tu es le Fils de Dieu, descends de la croix.

41. Les princes des prêtres se moquaient de lui, avec les scribes et les sénateurs, en disant :

42. Il a sauvé les autres, et il ne peut se sauver lui-même. S'il est le Roi d'Israël, qu'il descende présentement de la croix, et nous croirons en lui.

43. Il met sa confiance en Dieu ; si donc Dieu l'aime, qu'il le délivre maintenant, puisqu'il a dit : Je suis le Fils de Dieu.

44. Les voleurs, qui étaient crucifiés avec lui, lui faisaient aussi les mêmes reproches.

45. Or, depuis la sixième heure du jour jusqu'à la neuvième, toute la terre fut couverte de ténèbres.

46. Et, sur la neuvième heure, Jésus jeta un grand cri, en disant : Éli, Éli, lamma sabacthani? c'est-à-dire : Mon Dieu, mon Dieu, pourquoi m'avez-vous abandonné (*n*)?

47. Quelques-uns de ceux qui étaient présents, l'ayant entendu *crier de la sorte*, disaient : Il appelle Élie.

48. Et aussitôt l'un d'eux courut emplir de vinaigre une éponge; et, l'ayant mise au bout d'un roseau, il lui présenta à boire.

49. Les autres disaient : Attendez, voyons si Élie viendra le délivrer.

50. Mais Jésus, jetant un grand cri, rendit l'esprit.

51. En même temps, le voile du temple se déchira en deux, depuis le haut jusqu'en bas; la terre trembla; les pierres se fendirent (*o*);

---

*besoin de la cause*. Tertullien lui-même a dénoncé tout le secret de cette fabrication en avouant que le psaume XXI est un véritable programme de la passion : ce qui signifie que, ce psaume ayant été pris pour programme, le travail des historiens n'a plus consisté qu'à le remplir.

(*n*) Vers. 45-46. — Il y a des variantes assez considérables sur les heures dans les quatre évangélistes.

(*o*) Cf. *Hébr.*, VI, 19 et suivants, IX, 6-12, et X, 19 et suiv., sur la signification et l'origine de ce mythe.

52. Les sépulcres s'ouvrirent, et plusieurs corps des saints, qui étaient dans le sommeil *de la mort*, ressuscitèrent;

53. Et, sortant de leurs tombeaux, après sa résurrection, ils vinrent dans la ville sainte, et furent vus de plusieurs personnes.

54. Le centenier et ceux qui étaient avec lui pour garder Jésus, ayant vu le tremblement de terre et tout ce qui se passait, furent saisis d'une extrême crainte, et dirent : Cet homme était vraiment Fils de Dieu.

55. Il y avait là aussi plusieurs femmes *qui regardaient* de loin, et qui avaient suivi Jésus depuis la Galilée, ayant soin de l'assister,

56. Entre lesquelles étaient Marie-Madeleine, Marie, mère de Jacques et de Joseph, et la mère des fils de Zébédée.

57. Sur le soir, un homme riche de la ville d'Arimathie, nommé Joseph, qui était aussi disciple de Jésus,

58. Vint trouver Pilate ; et lui ayant demandé le corps de Jésus, Pilate commanda qu'on le lui donnât (*p*).

59. Joseph, ayant donc pris le corps, l'enveloppa dans un linceul blanc,

60. Le mit dans son sépulcre, qui n'avait point encore servi, et qu'il avait fait tailler dans le roc; et, après avoir roulé une grande pierre à l'entrée du sépulcre, il se retira.

61. Marie-Madeleine et l'autre Marie étaient là, se tenant assises auprès du sépulcre.

62. Le lendemain, qui était le jour d'après *celui qui est appelé* la préparation *du sabbat*, les princes des prêtres et les pharisiens, s'étant assemblés, vinrent trouver Pilate.

63. Et lui dirent : Seigneur, nous nous sommes souvenus que cet imposteur a dit, lorsqu'il était encore en vie : Je ressusciterai trois jours après *ma mort*.

64. Commandez donc que le sépulcre soit gardé jusqu'au troisième jour, de peur que ses disciples ne viennent dérober son corps, et ne disent au peuple : Il est ressuscité d'entre les morts; et ainsi la dernière erreur serait pire que la première.

65. Pilate leur répondit : Vous avez des gardes; allez, faites-le garder comme vous l'entendrez.

66. Et ils s'en allèrent donc, et pour s'assurer du sépulcre, ils en scellèrent la pierre, et y mirent des gardes (*q*).

---

(*p*) Il est prouvé, de l'aveu des Évangiles, que le corps de Jésus fut livré à ses disciples.

(*q*) Vers. 62-66. — Cette histoire est en contradiction avec la remise du corps, et a pour but de prévenir les conséquences

## CHAPITRE XXVIII (a).

Résurrection de Jésus-Christ. Ses apparitions. Mission des apôtres.

1. Mais, cette semaine étant passée, le premier jour de la suivante commençait à peine à luire, lorsque Marie-Madeleine et l'autre Marie vinrent pour voir le sépulcre.
2. Et tout d'un coup il se fit un grand tremblement de terre; car un ange du Seigneur descendit du ciel, et vint renverser la pierre *qui fermait le sépulcre*, et s'assit dessus (b).
3. Son visage était *brillant* comme un éclair, et ses vêtements *blancs* comme la neige.
4. Les gardes en furent tellement saisis de frayeur, qu'ils devinrent comme morts.
5. Mais l'ange, s'adressant aux femmes, leur dit: Pour vous, ne

---

qu'on en pourrait tirer. Elle a été faite après coup pour affirmer d'autant mieux la résurrection.

(*a*) Origine de la foi à la résurrection. (Cf. *psaume* xv, 10, cité par les *Actes*, II, 27.)

(*b*) Résurrection. On peut dire que les vrais et premiers auteurs de cette histoire sont les pharisiens. Le dogme de la *résurrection* des cadavres ayant été inventé par eux, et la foi à l'*immortalité* du Messie, d'Élie, etc., étant répandue, les choses s'ensuivaient logiquement et nécessairement. Jésus, comme prophète et comme Messie, ou ne devait pas périr, ou, s'il était mis à mort, devait ressusciter. Comment s'opérerait cette résurrection? Question insondable, mais qui avec le temps trouva une solution. Le temps, en effet, fit croire à des *apparitions* de Jésus après sa mort; de ces apparitions de Jésus, *pur esprit*, à sa résurrection, il n'y avait pas loin. Le prodige fut donc accompli dans le cours du premier siècle. (Cf. I *Cor.*, xv, 5 et suiv.; *Act.*, IX, XXII, 3 et suiv., et XXVI, 12, la christophanie arrivée à saint Paul.)

craignez point; car je sais que vous cherchez Jésus, qui a été crucifié.

6. Il n'est point ici; car il est ressuscité comme il l'avait dit. Venez, et voyez le lieu où le Seigneur avait été mis;

7. Et hâtez-vous d'aller dire à ses disciples qu'il est ressuscité. Il ira avant vous en Galilée (c). C'est là que vous le verrez; je vous en avertis auparavant.

8. Ces femmes sortirent aussitôt du sépulcre avec crainte et avec beaucoup de joie; et elles coururent annoncer ceci aux disciples.

9. En même temps Jésus se présenta devant elles, et leur dit: Le salut vous soit donné. Et elles, s'approchant, lui embrassèrent les pieds, et l'adorèrent.

10. Alors Jésus leur dit: Ne craignez point. Allez dire à mes frères qu'ils aillent en Galilée; c'est là qu'ils me verront (d).

11. Pendant qu'elles y allaient, quelques-uns des gardiens vinrent à la ville, et rapportèrent tout ce qui s'était passé aux princes des prêtres,

12. Qui, s'étant assemblés avec les sénateurs, et ayant délibéré ensemble, donnèrent une grande somme d'argent aux soldats,

---

(c) *In Galilæam :* cf. plus haut, XXVI, 32; Jésus, pendant la Cène, annonce qu'après sa résurrection, on le verra *en Galilée.*

Cela met sur la trace.

Il ressuscite sans témoins.

Le corps a disparu.

Il se montre à quelques rares fidèles, non point à Jérusalem, sur le lieu de son supplice, mais en Galilée.

D'un côté, il se passe des visions ou apparitions du Christ mort; de l'autre son cadavre ne paraît plus : que croire de tout cela?

La nation est anéantie en l'an 70; alors plus de doute : le Messie temporel, le Messie roi est impossible; le vrai Messie, le Messie spirituel, est le seul sur qui on puisse compter encore; ce Messie, c'est Jésus!...

(d) VERS. 9-10. — L'apparition de Jésus rend inutile la commission des anges (5-7), et *vice versâ.* Mais, dit Strauss, ces anges sont un ornement de la résurrection, à moins qu'on ne préfère y voir les *agents secrets* de la résurrection.

13. En leur disant : Dites que ses disciples sont venus la nuit, et l'ont enlevé pendant que vous dormiez.

14. Et si le gouverneur vient à le savoir, nous l'apaiserons, et nous vous mettrons en sûreté.

15. Les soldats, ayant reçu cet argent, firent ce qu'on leur avait dit; et ce bruit, qu'ils répandirent, dure encore aujourd'hui (*e*), parmi les Juifs (*f*).

16. Or, les onze disciples s'en allèrent en Galilée, sur la montagne où Jésus leur avait commandé de se trouver.

17. Et le voyant là, ils l'adorèrent; quelques-uns néanmoins furent en doute (*g*).

---

(*e*) *Usque in hodiernum diem.* Cela suppose un temps assez long, plus de *quelques années*. Trois ans après, quatre ans, dix ans même, les faits eussent été encore tout frais, et l'auteur eût pu invoquer le témoignage des témoins oculaires encore vivants. Mais il n'en est rien : on cite l'opinion qui avait cours parmi les Juifs comme une *tradition :* ce qui exclut l'idée que le rédacteur avait vu les faits et parlait à des contemporains.

(*f*) Vers. 11-15. — Ceci est raconté d'un air à faire croire que la vérité est précisément du côté où l'on prétend qu'elle n'est pas. L'Évangile est plein de ces naïvetés. On dirait un enfant terrible! — Papa, tu voudrais bien que je dise que c'est moi qui ai fait telle chose! mais c'est pas vrai!...

(*g*) Vers. 7, 10, 16, 17. — L'ordre de se retirer en Galilée est précis; il est confirmé par Marc; et quoique Jean ne le répète pas, son vingt-unième chapitre en est une espèce d'accomplissement.

Mais ce même ordre est démenti par Luc (*Act.* i, 4), qui fait *défendre positivement* par Jésus aux disciples de s'écarter de Jérusalem, et qui, dans son Évangile, raconte les apparitions aux apôtres en conséquence. Jean est incertain. Jésus se montre, suivant lui, aux apôtres à Jérusalem, et aux mêmes en Galilée! La contradiction est flagrante et inextricable. Il faut prendre un parti. Pour moi, je préfère la leçon des deux premiers, qui, en toute occasion, sont plus d'accord avec

18. Mais Jésus, s'approchant, leur parla ainsi : Toute puissance m'a été donnée dans le ciel et sur la terre.

19. Allez donc, et instruisez tous les peuples, les baptisant au nom du Père, du Fils et du Saint-Esprit,

20. Et leur apprenant à observer toutes les choses que je vous ai commandées. Et assurez-vous que je serai toujours avec vous jusqu'à la consommation des siècles (*h*).

---

eux-mêmes et dignes de plus de foi. Je dis en conséquence que Jésus-Christ *ne s'est pas fait voir à Jérusalem* dans les cinquante jours qui suivirent sa passion ; que ses disciples n'y demeurèrent point ; qu'ils s'en retournèrent dans la Galilée à leurs filets ; que pendant qu'ils y étaient, le bruit courait *à Jérusalem* que Jésus était apparu en Galilée ; que dans le même temps on disait à ceux de *Galilée* qu'il était apparu à Jérusalem ; et qu'ainsi fut fabriquée, en vertu de la croyance à la résurrection des corps et de celle que le Messie ne pouvait mourir, l'histoire de la résurrection de Jésus. Quant au matérialisme qui le fait ressusciter *avec son même corps*, on voit par Paul que c'est une fable ridicule (contraire à la vraie théorie de la résurrection).

Mais Jésus était-il bien mort?... (Cf. *Marc*, xv, 44, et *Luc*, xxiv, 44.)

(*h*) L'évangéliste s'arrête tout court ; il ne parle pas de l'*ascension* de Jésus ; il ne dit pas ce que depuis sa résurrection il est devenu. Il croyait simplement de lui, comme on croyait d'Élie, qu'il n'était pas mort et qu'il était quelque part, soit au ciel ou ailleurs, toujours prêt à paraître pour la défense de l'Église.

L'histoire de la résurrection du Christ montre combien matérialiste encore était chez les Juifs le dogme de l'immortalité. La mort de Jésus n'eût point embarrassé les chrétiens du moyen âge. Qu'est-ce que le corps? Une enveloppe, rien. L'âme, c'est tout. Non-seulement Jésus, mais aucun homme ne peut être anéanti ; et toujours par la permission divine, il peut y avoir communication entre les *vivants* et les *morts*.

Mais pour des Juifs, c'était autre chose. A la mort, tout

finissait !... Seul, le *Christ*, le Messie, ne pouvait mourir. (Cf. *Jean*, xii, 34.) — Or, s'il ne pouvait mourir, c'est-à-dire s'il devait *rester éternellement*, comment expliquer sa crucifixion ? De là la nécessité d'avoir le cadavre pour le ressusciter et même pour arriver à son ascension ; de là l'opinion que si le *corps* de Jésus ne retournait pas à la vie, c'en était fait de lui, il était PERDU à tout jamais.

Il faut remarquer l'extrême discrétion de Matthieu sur le fait de la *résurrection* de Jésus. Il y croit bien certainement, et dans le sens le plus matériel du mot, bien différent en cela de Marc, de Luc et de Paul, qui expliquent la résurrection, dont ils n'ont pas été témoins, par la théorie pharisaïque de la réviviscence : ce qui est, du moins au sens vulgairement suivi, la négation même de la résurrection ! Aussi, chose que je n'ai encore vu relever par personne, sommes nous ici en présence de deux ordres de témoignages diamétralement contraires : les uns qui, comme Matthieu, Pierre, Jean, etc., croient à une résurrection de Jésus tout à fait pareille à celle de Lazare ; les autres qui n'admettent que la résurrection pharisaïque, doctrinale, telle qu'elle résulte de la notion d'immortalité. Seulement, tandis que tous les hommes attendent leur résurrection à la fin des siècles, Jésus, par le privilége de sa divinité, les aurait précédés dans cette voie. (Cf. *Marc*, xvi, et *Luc*, xiv.)

D'après Matthieu, Jésus ne se montre qu'*une fois* à Jérusalem, aux femmes, pour leur dire d'avertir ses disciples ; et *une fois* en Galilée, à ses disciples, pour leur donner ses instructions. Depuis on ne l'a plus revu.

# ÉVANGILE

### SELON

# SAINT MARC

---

Écrit selon moi, et d'après l'ensemble de mes observations sur la vie, le caractère, la doctrine et le plan de Jésus, ainsi que sur l'opinion que s'en formèrent, après coup et peu à peu, ses disciples, après l'Evangile de Matthieu, mais avant celui de Jean.

L'Évangile de Marc, le disciple, n'est guère qu'un *compendium* de celui de Matthieu le publicain.

Suivant l'école de Tubingue, Marc est un juste-milieu qui évite de se prononcer entre le parti de Pierre et celui de Paul.

Strauss le regarde comme une deuxième formation du travail légendaire : il en trouve la preuve dans une foule de petites circonstances et de détails accessoires qui, au premier coup d'œil, donnant plus de précision, d'actualité, de réalité au récit, semblent provenir du fait d'un témoin oculaire, mais qui en réalité ne sont que des embellissements auxquels le rédacteur a été conduit après coup, et souvent à la suite de ses propres raisonnements.

La vie et les discours de Jésus ont été d'abord répandus par la prédication et conservés par la tradition orale. Le besoin de la propagande a fait naître ensuite le besoin de les écrire. Les récits qui en ont été faits, d'abord fort nombreux, — on a compté près de cinquante évangiles, — ont été écrits par les soins des diverses Églises ou communautés religieuses, et plus tard réduits à quatre principaux, réputés authentiques.

Suivant des critiques plus modernes encore que Strauss, l'Évangile de Marc, au lieu d'être un *abrégé* de celui de Matthieu, serait au contraire le premier noyau sur lequel auraient été fabriqués ensuite le premier et le troisième. En fait, le deuxième Évangile contient seize chapitres; le premier vingt-huit et le troisième vingt-quatre. Il importe d'en recueillir, à l'aide d'une critique désormais rationnelle, les traits généraux; de voir si tous les points de doctrine controversés durant tout le premier siècle sont décidés par Marc dans le même sens que par Matthieu, etc.

# CHAPITRE I.

*Prédication de saint Jean-Baptiste. Baptême et tentation de Jésus-Christ. Sa prédication. Vocation de saint Pierre. André, Jacques et Jean. Pouvoir de Jésus-Christ sur les démons. Belle-mère de saint Pierre. Lépreux.*

1. Commencement de l'Évangile de Jésus-Christ, Fils de Dieu.
2. Comme il est écrit dans le prophète Isaïe : J'envoie mon ange devant votre face, qui, *marchant* devant vous, vous préparera le chemin ;
3. Voici la voix de celui qui crie dans le désert : Préparez la voie du Seigneur, rendez droits ses sentiers.
4. Jean était dans le désert, baptisant et prêchant le baptême de pénitence, pour la rémission des péchés.
5. Tout le pays de la Judée et tous ceux de Jérusalem venaient à lui ; et, confessant leurs péchés, ils étaient baptisés par lui dans le fleuve du Jourdain.
6. Or Jean était vêtu de poil de chameau ; il avait une ceinture de cuir autour de ses reins, et vivait de sauterelles et de miel sauvage. Il prêchait, en disant :
7. Il en vient après moi un autre qui est plus puissant que moi ; et je ne suis pas digne de délier le cordon de ses souliers, en me prosternant *devant lui*.
8. *Pour* moi, je vous ai baptisés dans l'eau ; mais, pour lui, il vous baptisera dans le Saint-Esprit.
9. En ce même temps Jésus vint de Nazareth, *qui est* en Galilée, et fut baptisé par Jean dans le Jourdain.
10. Et, aussitôt qu'il fut sorti de l'eau, il vit les cieux s'ouvrir, et l'Esprit, en forme de colombe, descendre et demeurer sur lui.
11. Et une voix se fit entendre du ciel : Vous êtes mon Fils bien-aimé ; c'est en vous que j'ai mis toute mon affection.
12. Aussitôt après l'Esprit le poussa dans le désert,
13. Où il demeura quarante jours et quarante nuits. Il y fut tenté par Satan ; et il était parmi les bêtes sauvages, et les anges le servaient.
14. Mais, après que Jean eut été mis en prison, Jésus vint dans la Galilée, prêchant l'évangile du royaume de Dieu (*a*),

---

(*a*) Ce verset confirme ce que dit Matthieu (IV, 12), que Jean fut arrêté après le baptême de Jésus.

15. Et disant : Le temps est accompli, et le royaume de Dieu est proche ; faites pénitence (*b*) et croyez à l'évangile.

16. Or comme il passait le long de la mer de Galilée, il vit Simon et André, son frère, qui jetaient leurs filets dans la mer, car ils étaient pêcheurs.

17. Et Jésus leur dit : Suivez-moi, et je vous ferai devenir pêcheurs d'hommes.

18. En même temps ils quittèrent leurs filets, et le suivirent.

19. De là, s'étant un peu avancé, il vit Jacques, fils de Zébédée, et Jean, son frère, qui étaient aussi dans une barque, où ils raccommodaient leurs filets ;

20. Il les appela à l'heure même ; et ils le suivirent, ayant laissé dans la barque Zébédée, leur père, avec ceux qui travaillaient pour lui (*c*).

21. Ils vinrent ensuite à Capharnaüm ; et Jésus entrant d'abord le jour du sabbat dans la synagogue, il les instruisait (*d*) ;

---

(*b*) Jésus prêche la pénitence, comme Jean, et l'amendement des mœurs. Mais tandis que Jean en fait une préparation au messianisme, Jésus dit : C'est cela même qui est le messianisme.

Il est à remarquer que Marc ne donne pas, comme Matthieu (v, vi, vii), la substance de la doctrine propre de Jésus.

(*c*) Les vingt premiers versets de cet Évangile ne semblent pas à M. Renan être de la même main que le reste ; il n'y verrait qu'une addition, un abrégé des faits d'après Luc et Matthieu.

(*d*) Vers. 1-21. — Le récit marche avec rapidité, plus vite que dans Matthieu. On y voit que Jean le Baptiseur, organe de l'attente populaire, invite le peuple à se préparer à l'arrivée prochaine du Messie, dont il annonce le baptême dans le Saint-Esprit ; que Jésus le remplace aussitôt après son arrestation, et continue le même rôle, et avec tant de succès, qu'il parvient, s'il en faut croire les récits évangéliques, à l'effacer.

Cette consécution est exploitée par le narrateur au profit de Jésus. Jean se donnait pour le précurseur du Messie national. A ce titre il fut très-populaire. Jésus reprit cette

22. Et ils étaient étonnés de sa doctrine, parce qu'il les instruisait comme ayant autorité, et non pas comme les scribes.

23. Or, il se trouva dans leur synagogue un homme possédé (e) de l'esprit impur, qui s'écria,

24. Disant : Qu'y a-t-il entre vous et nous, Jésus de Nazareth? Etes-vous venu pour nous perdre? Je sais qui vous êtes : *vous êtes* le saint de Dieu.

25. Mais Jésus, lui parlant avec menaces, lui dit : Tais-toi, et sors de cet homme.

26. Alors l'esprit impur, l'agitant avec de violentes convulsions, et jetant un grand cri, sortit de lui.

27. Tous en furent dans un si grand étonnement, qu'ils se demandaient les uns aux autres : Qu'est-ce que ceci, et quelle est cette nouvelle doctrine? Il commande avec empire même aux esprits impurs, et ils lui obéissent.

28. Sa réputation se répandit en même temps dans toute la Galilée.

29. Aussitôt qu'ils furent sortis de la synagogue, ils vinrent avec Jacques et Jean en la maison de Simon et d'André.

30. Or la belle-mère de Simon était au lit, ayant la fièvre; ils lui parlèrent aussitôt d'elle;

31. Et lui, s'approchant, la prit par la main, et la fit lever. Au même instant la fièvre la quitta, et elle les servit.

32. Sur le soir, le soleil étant couché, ils lui amenèrent tous les malades et les possédés;

33. Et toute la ville était assemblée devant la porte.

34. Il guérit plusieurs personnes de diverses maladies, et il chassa plusieurs démons; mais il ne leur permettait pas de dire qu'ils le connaissaient (f).

---

mission en sous-œuvre, et, chose étrange, devint lui-même, avec le temps, et moins par son fait que par celui de ses disciples, le vrai Christ!... (Cf. *Matthieu*, III.)

(e) Sur les possessions, cf. Strauss. Il est remarquable que Jean ne fait mention d'*aucune*.

(f) Jésus ne permet point au démon de parler de lui. Ceci est extraordinaire. Veut-on dire qu'il recommandait le silence aux personnes délivrées de leurs démons, ou bien aux démons eux-mêmes? Mais comment les démons, une fois chassés des corps qu'ils occupaient, auraient-ils pu parler? et, si cela eût été possible, quel plus grand témoignage Jésus pouvait-il donner de lui? Il faut donc se rapporter au premier

35. Le lendemain, s'étant levé de fort grand matin, il sortit, et s'en alla dans un lieu désert, où il priait.
36. Simon et ceux qui étaient avec lui l'y suivirent;
37. Et, l'ayant trouvé, ils lui dirent : Tout le monde vous cherche.
38. Il leur répondit : Allons aux villages et aux villes d'ici alentour, afin que j'y prêche aussi; car c'est pour cela que je suis venu.

---

sens, conforme d'ailleurs à ce que les évangélistes racontent en d'autres endroits sur le secret recommandé par Jésus. — Plus on réfléchit sur tout cela, plus on se convainc que le prétendu Christ fut un sermonnaire homme de bien, faisant un peu de médecine, agissant plus qu'il ne parlait, et ne songeant point au rôle qu'on lui a fait jouer depuis.

Cette dernière réflexion est peu juste. — Jésus, comme Jean-Baptiste, fut un véritable enthousiaste, mystique, illuminé, doué d'une pénétration, d'une originalité, d'une profondeur remarquables. C'est aux traditions juives, dont il était plein, qu'il dut la première pensée de son messianisme : comment en vint-il à se prendre lui-même pour le Messie attendu de sa nation? C'est là un mystère de psychologie insondable. Mais ce qui est certain, c'est que Jésus, avec un génie extraordinaire, jugeant *les temps*, comme il dit, comprit tout d'abord ces deux choses capitales : 1° que c'était fait du mosaïsme; 2° que le rôle de Messie ne pouvait plus avoir rien de politique, mais restait purement social et humanitaire. Là est le témoignage le plus irrécusable de la haute portée d'esprit de cet homme. Toute sa prédication, tous ses discours, ses actes, sa discipline, son institution, procèdent de là. Les événements ont prouvé depuis qu'il avait sainement apprécié la situation, non-seulement de son peuple, mais du monde. La ruine du peuple juif sous Titus et Adrien a ruiné les espérances de Messie politique, comme la conversion de l'empire romain a justifié l'entreprise de celui que les nations se sont accordées à prendre pour leur Christ, *Christus gentium*.

Après de nouvelles études, j'hésite entre les deux opinions.

39. Il prêchait donc dans leurs synagogues et par toute la Galilée, et il chassait les démons.

40. Il vint à lui un lépreux, qui, le priant, et se jetant à genoux, lui dit : Si vous voulez, vous pouvez me guérir.

41. Jésus eut pitié de lui; et, étendant la main, il le toucha, et lui dit : Je le veux ; soyez guéri.

42. Dès qu'il eut dit cette parole, la lèpre quitta cet homme, et il se trouva guéri.

43. Jésus le renvoya aussitôt, après lui avoir défendu fortement *d'en parler*.

44. En lui disant : Gardez-vous bien de rien dire de ceci à personne; mais allez vous montrer au prince des prêtres, et offrez pour votre guérison ce que Moïse a ordonné, afin que cela leur serve de témoignage.

45. Mais cet homme, l'ayant quitté, commença à parler de sa guérison, et à la publier partout ; de sorte que Jésus ne pouvait plus paraître dans la ville ; mais il se tenait dehors, dans les lieux déserts, et on venait à lui de tous côtés.

## CHAPITRE II.

### Paralytique. Vocation de saint Matthieu. Jeûne. Épis rompus. Culte du sabbat.

1. Quelque temps après il revint à Capharnaüm.

2. Aussitôt qu'on eut entendu dire qu'il était dans la maison, il s'y assembla un si grand nombre de personnes que *ni le dedans du logis*, ni tout l'espace qui était devant la porte, ne pouvait les contenir; et il leur prêchait la parole *de Dieu*.

3. Alors *quelques-uns* vinrent lui amener un paralytique, qui était porté par quatre hommes.

4. Mais comme ils ne pouvaient le lui présenter, à cause de la foule, ils découvrirent le toit *de la maison* où il était, et y ayant fait une ouverture, ils descendirent le lit où le paralytique était couché.

5. Jésus, voyant leur foi, dit au paralytique : Mon fils, vos péchés vous sont remis.

6. Or il y avait là quelques scribes assis, qui s'entretenaient de ces pensées dans leur cœur :

7. Que veut dire cet homme ? Il blasphème; qui peut remettre les péchés que Dieu seul (*a*) ?

---

(*a*) Matthieu (ix) ne donne pas la raison qui fait, selon les

8. Jésus, connaissant aussitôt par son esprit ce qu'ils pensaient en eux-mêmes, leur dit : Pourquoi vous entretenez-vous de ces pensées dans vos cœurs ?

9. Lequel est le plus aisé de dire à ce paralytique : Vos péchés vous sont remis ; ou de *lui* dire : Levez-vous, emportez votre lit, et marchez ?

10. Or afin que vous sachiez que le Fils de l'homme a sur la terre le pouvoir de remettre les péchés :

11. Levez-vous, dit-il au paralytique, je vous le commande ; emportez votre lit, et allez-vous-en dans votre maison (*b*).

12. Il se leva au même instant, emporta son lit, et s'en alla devant tout le monde ; de sorte qu'ils furent tous saisis d'étonnement ; et, rendant gloire à Dieu, ils disaient : Jamais nous n'avons vu rien de semblable.

13. Jésus étant sorti une autre fois du côté de la mer, tout le peuple venait à lui, et il les enseignait.

14. Et lorsqu'il passait, il vit Lévi, *fils* d'Alphée, assis au bureau des impôts, et il lui dit : Suivez-moi. Il se leva *aussitôt*, et le suivit.

---

Juifs, que Jésus blasphème ; elle ne me paraît avoir été trouvée que par Marc, et n'être point dans la pensée des scribes (cf. *Matthieu*, IX, 3, note *b*) ; outre la raison que j'en ai donnée, cette interprétation de Marc ne concorde point avec la réplique de Jésus. Voici, en effet, comment raisonne le thaumaturge : Vous ne niez pas le pouvoir qu'ont les prophètes de faire des miracles ; donc également ils ont le pouvoir de remettre les péchés, puisqu'ils peuvent en annuler le châtiment, et l'un implique l'autre. Autrement le miracle lui-même serait un blasphème.

On aurait donc ici un indice fort léger de la postériorité de Marc : c'est que le vrai sens, de Matthieu à lui, se serait perdu !

(*b*) Quelle liaison entre le pouvoir de remettre les péchés et celui de guérir les malades ? Voilà ce que le verset 7, avec son interprétation, ne laisse pas voir. Il en résulte que Jésus, Fils de l'homme, partageant, selon Marc, la prérogative de Dieu de remettre les péchés, est plus qu'un thaumaturge ordinaire ; il a rang au-dessus des prophètes anciens ; il y a progrès dans la notion du Christ de Matthieu à Marc.

15. Et Jésus étant assis à table dans la maison de cet homme, beaucoup de publicains et de gens de mauvaise vie y étaient assis avec lui et avec ses disciples; car il y en avait même plusieurs qui le suivaient.

16. Les scribes et les pharisiens, voyant qu'il mangeait avec les publicains et avec les gens de mauvaise vie, dirent à ses disciples : Pourquoi votre maître mange-t-il et boit-il avec des publicains et des gens de mauvaise vie?

17. Ce que Jésus ayant entendu, il leur dit : Ce ne sont pas les sains, mais les malades qui ont besoin de médecin. Je ne suis pas venu appeler les justes, mais les pécheurs.

18. Or les disciples de Jean et ceux des pharisiens jeûnaient *souvent*; et, étant venus le trouver, ils lui dirent : Pourquoi les disciples de Jean et ceux des pharisiens jeûnent-ils, et que vos disciples ne jeûnent pas?

19. Jésus leur répondit : Les amis de l'époux peuvent-ils jeûner pendant que l'époux est avec eux? *Non, sans doute*, ils ne peuvent pas jeûner pendant qu'ils ont l'époux avec eux.

20. Mais il viendra un temps où l'époux leur sera ôté, et ce sera alors qu'ils jeûneront.

21. Personne ne coud une pièce de drap neuf à un vieux vêtement; autrement la pièce neuve emporterait encore une partie du vieux, et la rupture en deviendrait plus grande.

22. Et nul ne met non plus du vin nouveau dans de vieux vaisseaux; parce que le vin nouveau romprait les vaisseaux, le vin se répandrait, et les vaisseaux se perdraient; mais il faut mettre le vin nouveau dans des vaisseaux neufs.

23. Il arriva encore que, le Seigneur passant le long des blés un jour de sabbat, ses disciples, en marchant, commencèrent à rompre des épis.

24. Sur quoi les pharisiens lui dirent : Pourquoi *vos disciples* font-ils, le jour du sabbat, ce qu'il n'est point permis de faire?

25. Il leur répondit : N'avez-vous jamais lu ce que fit David dans le besoin où il se trouva, lorsque lui et ceux qui l'accompagnaient furent pressés de la faim?

26. Comment il entra dans la maison de Dieu, du temps du grand prêtre Abiathar, et mangea les pains de proposition, et en donna à ceux qui étaient avec lui, quoiqu'il n'y eût que les prêtres à qui il fût permis d'en manger?

27. Il leur dit encore : Le sabbat a été fait pour l'homme, et non pas l'homme pour le sabbat (c).

---

(c) Cela est d'un homme qui se moque du sabbat. Jésus ne se fût pas permis un tel sarcasme. Il y a donc ici addition à

28. C'est pourquoi le Fils de l'homme est maître du sabbat même (d).

## CHAPITRE III.

Main sèche. Concours de peuple. Confession des démons. Élection des apôtres. Blasphème des pharisiens. Péché contre le Saint-Esprit. Mère et frères de Jésus-Christ.

1. Jésus entra une autre fois dans la synagogue, où il se trouva un homme qui avait une main sèche.
2. Et ils l'observaient *pour voir* s'il le guérirait un jour de sabbat, afin *d'en prendre sujet* de l'accuser.
3. Alors il dit à cet homme, qui avait une main sèche : Levez-vous, *tenez-vous-là* au milieu.
4. Puis il leur dit : Est-il permis au jour du sabbat de faire du bien ou du mal? de sauver la vie ou de l'ôter? et ils demeurèrent dans le silence.
5. Mais lui, les regardant avec colère, affligé de l'aveuglement de leur cœur, il dit à cet homme : Etendez votre main. Il l'étendit, et elle devint saine.
6. Aussitôt les pharisiens, étant sortis, tinrent conseil contre lui avec les hérodiens (*a*), sur les moyens de le perdre.

---

ce qui est rapporté par saint Matthieu, et un pas en avant dans la réprobation du judaïsme. D'où il suit qu'à l'époque où parut l'Évangile de Matthieu, les chrétiens hésitaient encore sur ce qu'ils devaient conserver du mosaïsme; tandis qu'au temps de Marc, commencement du deuxième siècle, la tendance était prononcée vers une rupture absolue et définitive.

(*d*) Vers. 17-28. — L'opposition entre le mosaïsme et le christianisme est plus tranchée en Marc qu'en Matthieu. Dans le premier évangéliste, Jésus hésite encore, il emploie des ménagements, il transige; dans Marc, il est incisif, décidé, raide.

(*a*) Hérodiens, partisans de la dynastie d'Hérode. Le tétrarque de Galilée était Hérode Antipas. Mais en Galilée,

7. Mais Jésus se retira avec ses disciples vers la mer, où une grande multitude de peuple le suivit de Galilée et de Judée,

8. De Jérusalem, de l'Idumée, et de delà le Jourdain; et ceux des environs de Tyr et de Sidon, ayant entendu parler des choses qu'il faisait, vinrent en grand nombre le trouver (*b*).

9. Et il dit à ses disciples qu'ils lui tinssent là une barque, afin qu'elle lui servît à ne pas être accablé par la foule du peuple.

10. Car, comme il en guérissait beaucoup, tous ceux qui étaient affligés de quelque mal se jetaient sur lui pour le toucher.

11. Et quand les esprits impurs le voyaient, ils se prosternaient devant lui, en criant :

12. Vous êtes le fils de Dieu (*c*); mais il leur défendait avec de grandes menaces de le découvrir.

13. Il monta ensuite sur une montagne, et il appela à lui ceux que lui-même voulut; et ils vinrent à lui.

14. Il en établit douze pour être avec lui et pour les envoyer prêcher (*d*);

---

Jésus-Christ est en sûreté; les machinations ne l'atteignent pas. Que ne s'y tenait-il!

(*b*) Vers. 7-8. — S'il n'y a pas d'exagération, ceci prouve que Jésus n'avait pas besoin de s'éloigner : la réforme le venait trouver.

(*c*) *Tu es Filius Dei* : cf. ci-dessus, I, 24. Il y a progrès aussi dans Marc vers l'affirmation de la messianité de Jésus, c'est-à-dire qu'elle est plus énergique que dans Matthieu. Toutefois, on y voit toujours les précautions prises, et la peine qu'eurent les chrétiens d'établir cette opinion. (Cf. *Act.*, XI, 26.)

(*d*) Excellente pensée : se donner des collaborateurs; les envoyer en mission; leur recommander la prudence; agir selon les circonstances; la conduite de Jésus était tracée. Plus j'y pense, plus il me semble que le christianisme aurait pu suivre tranquillement sa destinée, de l'an 28 à l'an 68 ou 75, sans persécution, sans crucifiement et sous la direction constante du maître. — Jésus a commis deux grandes fautes : 1° en laissant planer l'équivoque sur son *messianisme*; 2° en allant à Jérusalem.

15. Et il leur donna la puissance de guérir les maladies et de chasser les démons :

16. Savoir, Simon, à qui il donna le nom de Pierre;

17. Puis Jacques, *fils* de Zébédée, et Jean, frère de Jacques, qu'il nomma Boanergès, c'est-à-dire enfants du tonnerre;

18. André, Philippe, Barthélemi, Matthieu, Thomas, Jacques, *fils* d'Alphée, Thaddée, Simon le Chananéen;

19. Et Judas Iscariote, qui fut celui qui le trahit.

20. Et étant venus dans la maison, il s'y assembla une si grande foule *de peuple* qu'ils ne pouvaient pas même prendre leur repas.

21. Ce que ses proches ayant appris, ils vinrent pour se saisir de lui ; car ils disaient qu'il avait perdu l'esprit (*e*).

22. Les scribes qui étaient venus de Jérusalem, disaient : Il est possédé de Beelzébub; et il chasse les démons par le prince des démons.

23. Mais Jésus, les ayant appelés auprès de lui, leur disait en parabole : Comment Satan peut-il chasser Satan ?

24. Si un royaume est divisé contre lui-même, il est impossible que ce royaume subsiste;

25. Et si une maison est divisée contre elle-même, il est impossible que cette maison subsiste.

26. Si donc Satan se soulève contre lui-même, le voilà divisé; il est impossible qu'il subsiste; mais il faut que *sa puissance* prenne fin.

27. Nul ne peut entrer dans la maison du fort *armé* et piller ses armes, si auparavant il ne le lie, pour pouvoir ensuite piller sa maison.

28. Je vous dis, en vérité, que tous les péchés que les enfants des hommes auront commis et tous les blasphèmes qu'ils auront proférés leur seront remis;

29. Mais si quelqu'un blasphème contre le Saint-Esprit, il n'en

---

(*e*) Cf. ci-dessous, 31. La mère et les frères de Jésus le croient fou. Ce trait naïf prouve que Jésus n'était pas de la race de David. Mais comment expliquer dans ce cas la suppression par Marc de la généalogie de Jésus ? Y aurait-il ici l'indice de deux écoles messianiques : l'une qui tenait encore à la tradition juive et s'en rapprochait du plus près qu'elle pouvait; l'autre qui, rompant tout à fait avec elle, n'avait pas même besoin pour son Messie d'une filiation si glorieuse ?... Dans Matthieu, Jésus est appelé *Fils de David*, qualité qui ne lui est pas donnée dans Marc.

recevra jamais le pardon, et il sera coupable d'un péché éternel.

30. *Il leur dit ceci* sur ce qu'ils l'accusaient d'être possédé de 'esprit impur.

31. Cependant sa mère et ses frères étant venus, et se tenant dehors, envoyèrent l'appeler.

32. Or le peuple était assis autour de lui, et on lui dit : Votre mère et vos frères sont là-dehors qui vous demandent.

33. Mais il leur répondit : Qui est ma mère et qui sont mes frères ?

34. Et regardant ceux qui étaient assis autour de lui : Voici, dit-il, ma mère et mes frères ;

35. Car quiconque fait la volonté de Dieu, celui-là est mon frère, ma sœur et ma mère.

## CHAPITRE IV.

Parabole de la semence. Lampe sur le chandelier. Semence jetée en terre. Grain de sénevé. Tempête apaisée.

1. Il se mit de nouveau à enseigner auprès de la mer ; et une si grande multitude de personnes s'assembla autour de lui qu'il monta sur la mer dans une barque, et s'y assit, tout le peuple se tenant sur le rivage ;

2. Et il leur enseignait beaucoup de choses en paraboles, et leur disait en sa manière d'instruire :

3. Ecoutez : Celui qui sème s'en alla semer (*a*) ;

4. Et lorsqu'il semait, une partie de la semence tomba le long du chemin ; et les oiseaux du ciel, étant venus, la mangèrent.

5. Une autre tomba dans des endroits pierreux, où elle n'avait pas beaucoup de terre ; et elle leva aussitôt, parce que la terre où elle était avait peu de profondeur :

---

(*a*) En comparant la manière dont cette parabole est rapportée dans le premier et dans le deuxième évangile, il me semble que chez Marc la tendance au mysticisme est plus prononcée que chez Matthieu. Il n'y a pas l'à-propos sarcastique à l'adresse des pharisiens. Jésus, dans Matthieu, se considère davantage comme un prophète ; il se réfère souvent aux anciens, et ce qu'il dit de lui-même s'applique à eux également. Dans Marc, il s'agit déjà d'une doctrine *nouvelle!*...

6. Le soleil s'étant levé ensuite, elle en fut brûlée, et comme elle n'avait point de racine, elle sécha.

7. Il en tomba une autre partie dans des épines; et les épines, étant venues à croître, l'étouffèrent, et elle ne porta point de fruit.

8. Une autre enfin tomba dans une bonne terre; et elle porta son fruit, qui poussa et crut *jusqu'à la maturité*; quelques grains rapportant trente *pour un*, d'autres soixante et d'autres cent.

9. Et il leur disait : Que celui-là entende qui a des oreilles pour entendre.

10. Lorsqu'il fut en particulier, les douze qui le suivaient lui demandèrent *le sens de* cette parabole;

11. Et il leur dit : Pour vous, il vous est donné de connaître le mystère du royaume de Dieu; mais pour ceux qui sont dehors, tout se passe en paraboles;

12. Afin que voyant, ils voient et ne voient pas; et qu'écoutant, ils écoutent et n'entendent pas, de peur qu'ils ne viennent à se convertir, et que leurs péchés ne leur soient point pardonnés.

13. Eh quoi! leur dit-il encore, n'entendez-vous pas cette parabole? Comment donc pourrez-vous les entendre toutes?

14. Celui qui sème, sème la parole (*b*).

15. Ceux qui sont *marqués par* ce qui est le long du chemin, où la parole est semée, sont ceux qui ne l'ont pas plus tôt entendue que Satan vient et enlève cette parole qui avait été semée dans leurs cœurs.

16. De même que ceux qui sont *marqués par* ce qui est semé dans des endroits pierreux sont ceux qui, écoutant la parole, la reçoivent aussitôt avec joie;

17. Mais, n'ayant point en eux-mêmes de racine, ils ne sont que pour un temps; et lorsqu'il survient des traverses et des persécutions, à cause de la parole, ils en prennent aussitôt un sujet de scandale.

18. Les autres, qui sont *marqués par* ce qui est semé parmi les épines, sont ceux qui écoutent la parole;

19. Mais les sollicitudes de ce siècle, l'illusion des richesses et les autres passions, s'emparant *de leurs esprits*, y étouffent la parole et font qu'elle demeure sans fruit.

20. Enfin ceux qui sont *marqués par* ce qui est semé dans la bonne terre, sont ceux qui écoutent la parole, qui la reçoivent et qui portent du fruit, l'un trente *pour un*, l'autre soixante et l'autre cent.

21. Il leur disait aussi : Fait-on apporter la lampe pour la mettre

---

(*b*) Cf. *Matthieu*, XIII. — La raison des paraboles est donnée autrement.

sous le boisseau ou sous le lit? N'est-ce pas pour la mettre sur le chandelier (c)?

22. Car il n'y a rien de caché qui ne doive être découvert, ni rien de secret qui ne doive paraître en public.

23. Si quelqu'un a des oreilles pour entendre, qu'il entende.

24. Il leur dit encore : Prenez bien garde à ce que vous entendez; car on se servira envers vous de la même mesure dont vous vous serez servis envers les autres, et il vous sera donné encore davantage;

25. Car on donnera à celui qui a déjà; et pour celui qui n'a point, on lui ôtera même ce qu'il a.

26. Il disait aussi : Le royaume de Dieu est semblable à ce qui arrive lorsqu'un homme a jeté de la semence en terre :

27. Soit qu'il dorme ou qu'il se lève durant la nuit et durant le jour, la semence germe et croît sans qu'il sache comment;

28. Car la terre produit d'elle-même, premièrement l'herbe, ensuite l'épi, puis le blé tout formé qui remplit l'épi.

29. Et lorsque le fruit est dans sa maturité, on y met aussitôt la faucille, parce que le temps de la moisson est venu.

30. Il dit encore : A quoi comparerons-nous le royaume de Dieu et par quelle parabole le représenterons-nous?

31. Il est semblable à un grain de sénevé, qui, étant la plus petite de toutes les semences qui sont dans la terre, lorsqu'on l'y sème,

32. Monte, quand il est semé, jusqu'à devenir plus grand que tous les légumes, et pousse de si grandes branches, que les oiseaux du ciel peuvent se reposer sous son ombre.

33. Il leur parlait ainsi sous diverses paraboles, selon qu'ils étaient capables de l'entendre;

34. Et il ne leur parlait point sans parabole; mais, étant en particulier, il expliquait tout à ses disciples (d).

---

(c) Dans Matthieu, ceci est relatif aux apôtres, *lumières du monde*. Dans Marc, tout cela tombe des nues.

(d) Ce prétendu ésotérisme est une absurdité, d'après Matthieu, XIII, 15. Les paraboles s'entendaient très-bien : elles faisaient le piquant et l'originalité de la polémique de Jésus; elles étaient toutes d'à-propos. Dans la suite, au temps, par exemple, où écrivait Marc, on voulait y trouver un sens plus général; de là vint l'interprétation mystique. Ce que Matthieu entendait de la *propagande* évangélique, Marc l'entend de la *parole* sacrée, profonde et féconde. Cela se touche,

35. Ce même jour, sur le soir, il leur dit : Passons à l'autre bord.
36. Et après qu'ils eurent renvoyé le peuple, ils l'emmenèrent avec eux dans la barque où il était; et il y avait encore d'autres barques qui le suivirent.
37. Alors un grand tourbillon de vent s'éleva, et les vagues entraient dans la barque, de manière qu'elle s'emplissait *déjà d'eau*.
38. Jésus cependant était sur la poupe, où il dormait sur un oreiller; et ils le réveillèrent, en lui disant : Maître, ne vous mettez-vous point en peine de ce que nous périssons?
39. Étant éveillé, il parla au vent avec menaces, et dit à la mer : Tais-toi, calme-toi. Et le vent cessa, et il se fit un grand calme.
40. Alors il leur dit : Pourquoi êtes-vous *ainsi* timides? *Comment!* n'avez-vous pas encore de foi? Ils furent saisis d'une extrême crainte; et ils se disaient l'un à l'autre : Quel est donc celui-ci, à qui les vents et la mer obéissent?

## CHAPITRE V

Démons chassés. Pourceaux précipités. Femme guérie d'une perte de sang. Fille de Jaïre.

1. Ayant passé la mer, ils vinrent au pays des Géranésiens.
2. Et Jésus ne fut pas plutôt descendu de la barque qu'un homme (a), possédé de l'esprit impur, vint à lui, sortant des sépulcres,
3. Où il faisait sa demeure ordinaire; et personne ne pouvait plus le lier, même avec des chaînes;
4. Car souvent, ayant été lié de chaînes et ayant eu les fers aux pieds, il avait rompu ses chaînes et brisé ses fers, et nul homme ne pouvait le dompter.
5. Il demeurait jour et nuit sur les montagnes et dans les sépulcres, criant et se meurtrissant lui-même avec des pierres (b).

---

mais n'est pas la même chose. Le sentiment de Strauss, sur la formation de l'évangile de Marc, paraît donc le plus vraisemblable.

(*a*) Dans Matthieu, il y a deux possédés au lieu d'un.

(*b*) Versets 3-5. — Toute cette description littéraire manque dans Matthieu.

6. Ayant donc vu Jésus de loin, il courut à lui, et l'adora ;

7. Et jetant un grand cri, il lui dit : Qu'y a-t-il entre vous et moi, Jésus, Fils du Dieu très-haut? Je vous conjure, par *le nom de* Dieu, de ne point me tourmenter ;

8. Car Jésus lui disait : Esprit impur, sors de cet homme.

9. Et il lui demanda : Comment t'appelles-tu? A quoi il répondit : Je m'appelle Légion (*c*), parce que nous sommes plusieurs :

10. Et il le priait avec instance de ne point les chasser hors de ce pays-là.

11. Or il y avait là un grand troupeau de pourceaux qui paissaient le long des montagnes ;

12. Et ces démons le suppliaient en lui disant : Envoyez-nous dans ces pourceaux, afin que nous y entrions.

13. Jésus le leur permit aussitôt ; et ces esprits impurs, sortant *du possédé*, entrèrent dans les pourceaux ; et tout le troupeau, qui était environ de deux mille (*d*), courut avec impétuosité se précipiter dans la mer, où ils furent *tous* noyés.

14. Ceux qui menaient paître les pourceaux s'enfuirent et allèrent porter cette nouvelle dans la ville et dans les champs, *ce qui fit que plusieurs* sortirent pour voir ce qui était arrivé.

15. Et étant venus à Jésus, ils virent celui qui avait été tourmenté par le démon, assis, habillé et dans son bon sens, ce qui les remplit de crainte.

16. Et ceux qui avaient été présents, leur ayant rapporté tout ce qui était arrivé au possédé et aux pourceaux,

17. Ils commencèrent à le prier de sortir de leur pays (*e*).

18. Comme il rentrait dans la barque, celui qui avait été tourmenté par le démon le supplia qu'il lui permît d'aller avec lui ;

19. Mais Jésus le lui refusa, et lui dit : Allez vous-en chez vous trouver vos proches, et leur annoncez les grandes grâces que vous avez reçues du Seigneur, et la miséricorde qu'il vous a faite.

20. Cet homme, s'en étant allé, commença à publier, dans la

---

(*c*) *Legio* : ce détail comique ne se trouve pas dans Matthieu.

(*d*) *Ad duo millia* : autre embellissement de l'imagination de Marc.

(*e*) Tout ce récit, augmenté et embelli par Marc, n'est que cocasse. Dans Matthieu, vu l'esprit général de cet évangéliste, c'est une répression de la violation de la loi moïsaïque.

Décapole, les grandes grâces qu'il avait reçues de Jésus; et tout le monde était dans l'admiration (*f*).

21. Jésus étant encore repassé dans la barque à l'autre bord, lorsqu'il était auprès de la mer, une grande multitude de peuple s'amassa autour de lui.

22. Et un chef de synagogue, nommé Jaïre, vint le trouver; et, le voyant, il se jeta à ses pieds;

23. Et il le suppliait avec grande instance en lui disant : J'ai une fille qui est à l'extrémité; venez lui imposer les mains pour la guérir et lui sauver la vie.

24. Jésus s'en alla avec lui; et il était suivi d'une grande foule de peuple qui le pressait.

25. Alors une femme, malade d'une perte de sang depuis douze ans,

26. Qui avait beaucoup souffert entre les mains de plusieurs médecins, et qui, ayant dépensé tout son bien, n'en avait reçu aucun soulagement, mais s'en était *toujours* trouvée plus mal,

27. Ayant entendu parler de Jésus, vint dans la foule par derrière, et toucha son vêtement;

28. Car elle disait : Si je puis seulement toucher son vêtement, je serai guérie.

29. Au même instant la source du sang *qu'elle perdait* fut séchée, et elle sentit dans son corps qu'elle était guérie de cette maladie.

30. Aussitôt Jésus, connaissant en soi-même la vertu qui était sortie de lui (*g*), se retourna au milieu de la foule, et dit : Qui est-ce qui a touché mes vêtements?

31. Ses disciples lui dirent : Vous voyez que la foule vous presse *de tous côtés*, et vous demandez qui vous a touché?

32. Et il regardait tout autour de lui pour voir celle qui l'avait touché.

33. Mais cette femme, qui savait ce qui s'était passé en elle, étant saisie de crainte et de frayeur, vint se jeter à ses pieds, et lui déclara toute la vérité.

34. Et Jésus lui dit : Ma fille, votre foi vous a sauvée; allez en paix, et soyez guérie de votre maladie (*h*).

---

(*f*) Versets 18-20. — Ce détail manque aussi dans le premier Évangile.

(*g*) *Virtutem quæ exierat*. Ceci accuse un mysticisme raffiné, que n'a point Matthieu, et qui ne serait pas venu aux anciens prophètes.

(*h*) Versets 25-34. — Historiette enjolivée par Marc, et qui ne tient que trois versets dans Matthieu.

35. Lorsqu'il parlait encore, il vint des gens du chef de la synagogue, qui lui dirent : Votre fille est morte; pourquoi voulez-vous donner au Maître la peine d'aller plus loin?

36. Mais Jésus, ayant entendu cette parole, dit au chef de la synagogue : Ne craignez point, croyez seulement.

37. Et il ne permit à personne de le suivre, sinon à Pierre, à Jacques, et à Jean, frère de Jacques (*i*).

38. Etant arrivé dans la maison de ce chef de synagogue, il y vit une troupe confuse de personnes qui pleuraient, et qui jetaient de grands cris;

39. Et en entrant il leur dit : Pourquoi faites-vous tant de bruit, et pourquoi pleurez-vous? cette fille n'est pas morte; elle n'est qu'endormie.

40. Et ils se moquaient de lui. Alors, ayant fait sortir tout le monde, il prit le père et la mère de l'enfant, et ceux qui étaient *venus* avec lui, et il entra au lieu où la fille était couchée (*j*).

41. Il la prit par la main, et lui dit : Talitha koumi : c'est-à-dire, *Ma* fille, levez-vous; je vous le commande.

42. Au même instant la fille se leva, et se mit à marcher; car elle avait déjà douze ans; et ils furent merveilleusement étonnés.

43. Mais il leur commanda très-expressément *de prendre garde* que personne ne le sût; et il leur dit qu'on lui donnât à manger.

## CHAPITRE VI.

Jésus méprisé dans sa patrie. Mission et puissance des apôtres. Prison et mort de Jean-Baptiste. Miracle des cinq pains. Jésus marche sur les eaux.

1. Jésus, étant sorti de ce lieu, vint dans son pays, où ses disciples le suivirent.

2. Le jour du sabbat étant venu, il commença à enseigner dans la synagogue; et plusieurs *de ceux* qui l'écoutaient, étant extraordinairement étonnés de l'entendre ainsi parler, disaient : D'où sont

---

(*i*) Un coup de théâtre se prépare. Jésus écarte les témoins. Ce détail manque dans Matthieu.

(*j*) VERSETS 39-40. — Ici encore une foule d'embellissements et de détails plus ou moins puérils, qui manquent dans Matthieu.

venues à celui-ci toutes ces choses ? quelle est cette sagesse qui lui a été donnée ? et *d'où vient* que tant de merveilles se font par ses mains ?

3. N'est-ce pas là ce charpentier, ce fils de Marie, frère de Jacques, de Joseph, de Judé et de Simon ? et ses sœurs ne sont-elles pas ici parmi nous ? Et ils se scandalisaient à son sujet (*a*).

4. Mais Jésus leur dit : Un prophète n'est sans honneur que dans son pays, dans sa maison et parmi ses parents.

5. Et il ne put faire là aucun miracle (*b*), sinon qu'il y guérit un petit nombre de malades, en leur imposant les mains;

6. De sorte qu'il admirait leur incrédulité ; il allait cependant enseigner de tous côtés dans les villages d'alentour.

7. Or Jésus ayant appelé les douze, il commença à les envoyer deux à deux ; et il leur donna puissance sur les esprits impurs.

---

(*a*) Marc semble insister à dessein sur la naissance vulgaire de Jésus ; ce qui n'était pas dans les idées de Matthieu (cf. ci-dessus, III, 21 et 31-32); aussi Matthieu, rapportant le même trait, dit : *Nonne mater ejus* DICITUR *Maria*? Il laisse entendre que c'était une fausse opinion. *Faber*, gr. τεκτῶν. Suivant une variante, admise par Origène, il faut lire : ὁ τέκτονος υἱος, *filius fabri*. Origène repoussait l'idée que Jésus eût exercé le métier de son père, autant que d'autres Pères y ont tenu. Il me semble que Jésus, suivant l'exemple des anciens prophètes, qu'il imite volontiers, a fait comme Amos, qui dit de lui-même : *Je ne suis ni prophète, ni fils de prophète, je pique des sycomores.* Saint Paul s'est conformé à cet esprit : il fabriquait des tentes ; Pierre était pêcheur, Matthieu receveur de contributions, etc. — Strauss n'a point relevé ces circonstances, qui marquent une rupture complète avec les scribes de profession et les docteurs. Il observe seulement que les chrétiens *rougissaient* de la pauvreté de leur Dieu : ce que Jésus lui-même paraît avoir prévu. (Cf. *Matthieu* et *Luc*.)

L'Évangile apocryphe de l'*Enfance* va jusqu'à dire que Joseph n'était pas *fort habile* dans son métier, comme il arriverait à un prince déchu.

(*b*) *Non poterat.* C'est naïf !...

8. Il leur commanda de s'en aller avec leur bâton seulement, et de ne rien préparer pour le chemin, ni sac, ni pain, ni argent dans leur bourse;

9. Mais de ne prendre que leurs souliers, et de ne point se pourvoir de deux habits.

10. Et il leur dit : En quelque maison que vous entriez, demeurez-y jusqu'à ce que vous sortiez de ce lieu-là;

11. Et lorsqu'il se trouvera des personnes qui ne voudront ni vous recevoir, ni vous écouter, secouez, en vous retirant, la poussière de vos pieds, afin que ce soit un témoignage contre eux.

12. Etant donc partis, ils prêchaient *aux peuples* qu'ils fissent pénitence;

13. Ils chassaient beaucoup de démons; ils oignaient d'huile plusieurs malades, et les guérissaient.

14. Or la réputation de Jésus s'étant beaucoup répandue, le roi Hérode entendit *parler de lui*, ce qui lui faisait dire : Jean-Baptiste est ressuscité d'entre les morts, et c'est pour cela qu'il se fait par lui tant de miracles.

15. D'autres disaient : C'est Élie. Mais d'autres disaient : C'est un prophète, égal à l'un des *anciens* prophètes.

16. Hérode, entendant ces bruits différents, disait : Cet homme est Jean, à qui j'ai fait trancher la tête, et qui est ressuscité d'entre les morts.

17. Car Hérode ayant épousé Hérodiade, quoiqu'elle fût femme de Philippe, son frère, avait envoyé prendre Jean, l'avait fait lier et mettre en prison, à cause d'elle (c);

18. Parce que Jean disait à Hérode : Il ne vous est pas permis d'avoir pour femme celle de votre frère.

---

(c) Marc, abréviateur ordinaire de Luc, a embelli cette histoire de la mort de Jean-Baptiste, des circonstances de la danseuse et de la tête apportée dans un bassin. — Selon Josèphe, Jean fut mis à mort à Machærus, place éloignée de Tibériade, où résidait Hérode, d'environ une journée de chemin. Le motif de cette exécution fut tout politique. Hérode craignait ou feignait de redouter le parti de Jean-Baptiste. Au surplus, la cause signalée par le Nouveau Testament peut très-bien avoir coexisté avec le motif politique : l'adultère d'Hérode pouvant devenir un prétexte de soulèvement, s'il était dévoilé et exploité par un prédicant du caractère de Jean-Baptiste. (Cf. *Matthieu*, XIV, 1-12.)

19. Depuis cela, Hérodiade avait toujours cherché l'occasion de le faire mourir; mais elle n'avait pu y parvenir;

20. Parce qu'Hérode, sachant que c'était un homme juste et saint, le craignait, avait du respect pour lui, faisait beaucoup de choses selon ses avis, et était bien aise de l'entendre.

21. Mais enfin il arriva un jour favorable *au dessein d'Hérodiade*, qui fut le jour de la naissance d'Hérode, auquel il fit un festin aux grands de sa cour, aux premiers officiers de ses troupes, et aux principaux de la Galilée,

22. Car la fille d'Hérodiade y étant entrée, et ayant dansé devant Hérode, elle lui plut tellement et à ceux qui étaient à table avec lui, qu'il lui dit : Demandez-moi ce que vous voudrez, et je vous le donnerai;

23. Et il ajouta avec serment : Oui, je vous donnerai tout ce que vous me demanderez, quand ce serait la moitié de mon royaume.

24. Elle, étant sortie, dit à sa mère : Que demanderai-je? Sa mère lui répondit : La tête de Jean-Baptiste.

25. Et étant rentrée aussitôt en grande hâte, où était le roi, elle fit sa demande, en disant : Je désire que vous me donniez tout présentement, dans un bassin, la tête de Jean-Baptiste.

26. Le roi en fut fort fâché; néanmoins, à cause du serment qu'il avait fait et de ceux qui étaient à table avec lui, il ne voulut pas la refuser;

27. Ainsi il envoya un de ses gardes (*d*), avec ordre d'apporter la tête *de Jean* dans un bassin, et *ce garde*, étant allé dans la prison, lui coupa la tête,

28. L'apporta dans un bassin, et la donna à la fille, et la fille la donna à sa mère.

29. Ses disciples, l'ayant su, vinrent prendre son corps, et le mirent dans un tombeau.

30. Or les apôtres, s'étant rassemblés près de Jésus, lui rendirent compte de tout ce qu'ils avaient fait, et de tout ce qu'ils avaient enseigné.

31. Et il leur dit : Venez vous retirer en particulier dans quelque lieu solitaire, et vous reposer un peu : car comme il y avait plusieurs personnes qui venaient vers lui, les unes après les autres, ils n'avaient pas seulement le temps de manger.

32. Ils entrèrent donc dans une barque, pour se retirer à l'écart dans un lieu désert;

33. Mais le peuple, les ayant vus partir, et plusieurs *autres* en

---

(*d*) Ailleurs : *speculatore*, un garde.

ayant eu connaissance, ils y accoururent à pied de toutes les villes *voisines*, et ils y arrivèrent avant eux.

34. Jésus, sortant *de la barque*, vit une grande multitude de peuple, et il en eut compassion, parce qu'ils étaient comme des brebis qui n'ont point de pasteur; et il se mit à leur dire beaucoup de choses pour leur instruction.

35. Mais le jour étant déjà fort avancé, ses disciples vinrent à lui, et lui dirent : Ce lieu est désert, et il est déjà tard;

36. Renvoyez-les, afin qu'ils s'en aillent dans les villages et les bourgs d'ici autour acheter de quoi manger.

37. Il leur répondit : Donnez-leur vous-mêmes à manger. Ils lui répartirent : Irons-nous donc acheter pour deux cents deniers de pain, afin de leur donner à manger?

38. Jésus leur dit : Combien avez-vous de pains? allez voir. Et, ayant regardé, ils lui dirent : Nous en avons cinq, et deux poissons.

39. Alors il leur commanda de les faire tous asseoir, en diverses troupes, sur l'herbe verte;

40. Et ils s'assirent en divers rangs, les uns de cent personnes, et les autres de cinquante.

41. Jésus prit donc les cinq pains et les deux poissons, et, levant les yeux au ciel, il *les* bénit; et, ayant rompu les pains, il les donna à ses disciples, afin qu'ils les présentassent au peuple; et il partagea à tous les deux poissons.

42. Tous en mangèrent, et furent rassasiés.

43. Et *les disciples* remportèrent douze paniers pleins des morceaux qui étaient restés des pains et des poissons;

44. Quoique ceux qui avaient mangé de ces pains fussent au nombre de cinq mille hommes.

45. Il obligea aussitôt ses disciples à monter dans la barque, et à passer avant lui à l'autre bord, vers Bethsaïde, pendant qu'il renverrait le peuple.

46. Et après qu'il l'eut renvoyé, il s'en alla sur la montagne, pour prier.

47. Le soir étant venu, la barque était au milieu de la mer, et Jésus était seul à terre;

48. Et, voyant que *ses disciples* avaient grande peine à ramer, parce que le vent leur était contraire; vers la quatrième veille de la nuit, il vint à eux, marchant sur la mer, et il voulait les devancer.

49. Mais eux, le voyant marcher *ainsi* sur la mer, crurent que c'était un fantôme, et ils jetèrent un grand cri;

50. Car ils l'aperçurent tous, et en furent épouvantés. Mais aussitôt il leur parla, et leur dit : Rassurez-vous : c'est moi; ne craignez point.

51. Il monta *ensuite* avec eux dans la barque, et le vent cessa; ce qui augmenta encore beaucoup l'étonnement où ils étaient;

52. Car ils n'avaient pas fait *assez* d'attention au *miracle* des pains, parce que leur cœur était aveuglé (*e*).

53. Ayant passé l'eau, ils vinrent au territoire de Génésareth, et y abordèrent.

54. Et dès qu'ils furent sortis de la barque, les gens du pays reconnurent Jésus;

55. Et, parcourant toute la contrée, ils commencèrent à lui apporter de tous côtés les malades dans des lits, partout où ils entendaient dire qu'il était.

56. Et dans quelque bourg, ville ou village qu'il entrât, on mettait les malades dans les places publiques, et on le priait de permettre qu'ils pussent seulement toucher le bord de son vêtement; et tous ceux qui le touchaient étaient guéris.

## CHAPITRE VII.

Mains non lavées. Traditions humaines. Vraie impureté. Chananéenne. Sourd et muet.

1. Les pharisiens et quelques-uns des scribes, qui étaient venus de Jérusalem, s'assemblèrent auprès de Jésus.

2. Et ayant vu quelques-uns de ses disciples prendre leur repas avec des mains impures, c'est-à-dire qui n'avaient pas été lavées, ils les en blâmèrent;

3. Car les pharisiens, et tous ses Juifs, ne mangent point

---

(*e*) Cette inintelligence obstinée des disciples, de même que l'incrédulité des pharisiens et des Juifs, ne prouve qu'une chose, à savoir la nature à la fois légendaire et posthume du récit. Comme l'a dit un critique, les miracles de Jésus laissent dans l'incrédulité ceux qui les voient et convertissent ceux qui les lisent. Donc ils ont été inventés pour les lecteurs; ils n'ont pas été faits pour les spectateurs!... Et quant à la *messianité* de Jésus, elle est aussi le produit de la tradition, non un fait *posé hautement* par le maître. Ni les contemporains ni Jésus n'y peuvent croire, parce qu'ils attendent autre chose du Messie; mais après l'an 72, on commence à y avoir foi, parce qu'on n'attend plus rien d'un autre!...

sans avoir souvent lavé leurs mains, gardant *en cela* la tradition des anciens ;

4. Et lorsqu'ils reviennent du marché, ils ne mangent point non plus, sans s'être lavés. Ils ont encore beaucoup d'autres observations qu'ils ont reçues, et qu'ils gardent : comme de laver les coupes, les pots, les vaisseaux d'airain et les *bois de* lit.

5. C'est pourquoi les pharisiens et les scribes lui dirent : D'où vient que vos disciples n'observent point la tradition des anciens, mais qu'ils prennent leur repas sans avoir lavé leurs mains?

6. Il leur répondit : C'est avec grande raison qu'Isaïe a fait, de vous autres hypocrites, cette prophétie qui se lit dans l'Ecriture : Ce peuple m'honore des lèvres ; mais leur cœur est bien éloigné de moi ;

7. Et c'est en vain qu'ils m'honorent, en publiant des maximes et des ordonnances humaines ;

8. Car, laissant là le commandement de Dieu, vous observez avec soin la tradition des hommes, lavant les pots et les coupes, et faisant encore beaucoup d'autres choses semblables.

9. N'êtes-vous donc pas, leur disait-il, des gens bien religieux, de détruire le commandement de Dieu, pour garder votre tradition?

10. Car Moïse a dit : Honorez votre père et votre mère ; et que celui qui outragera de paroles son père ou sa mère, soit puni de mort.

11. Mais vous dites, vous autres : Si un homme dit à son père ou à sa mère : Corban, c'est-à-dire tout don que je fais à Dieu vous est utile ; *il satisfait à la loi (a)* ;

12. Et vous ne lui permettez pas de rien faire davantage pour son père ou pour sa mère,

13. Rendant ainsi inutile le commandement de Dieu par votre tradition, que vous-mêmes avez établie ; et vous faites encore beaucoup d'autres choses semblables (*b*).

---

(*a*) Cf. *Matthieu*, xv, 5, note *b*. — A l'interprétation tout à fait littérale que je propose de ce verset, au passage cité de saint Matthieu, je ne sais s'il ne vaudrait pas mieux préférer la suivante : Jésus fait allusion aux hypocrites qui, pour se dispenser de subvenir aux besoins de leurs parents, feignaient d'avoir donné tout leur disponible au temple ; ressemblant en cela à nos vieilles dévotes qui déshéritent leurs familles et croient faire assez pour elles en donnant leur bien à l'Église. (Cf. le Tartufe, dans *Molière*.)

14. Alors, ayant appelé de nouveau le peuple, il leur dit : Écoutez-moi tous, et comprenez bien ceci :

15. Rien d'extérieur, qui entre dans *le corps de* l'homme, n'est capable de le souiller; mais ce qui sort de l'homme est ce qui le souille.

16. Si quelqu'un a des oreilles pour entendre, qu'il entende.

17. Après qu'il eut quitté le peuple, et qu'il fut entré dans la maison, ses disciples lui demandèrent ce que voulait dire cette parabole.

18. Et il leur dit : Quoi! vous avez encore vous-mêmes si peu d'intelligence? Ne comprenez-vous pas que tout ce qui du dehors entre dans *le corps de* l'homme ne peut le souiller;

19. Parce que cela ne va pas dans son cœur, mais dans son ventre, d'où ce qui était impur dans tous les aliments est séparé et jeté dans le lieu secret?

20. Mais ce qui souille l'homme, leur disait-il, c'est ce qui sort de l'homme même.

21. Car c'est du dedans du cœur des hommes que sortent les mauvaises pensées, les adultères, les fornications, les homicides,

22. Les larcins, l'avarice, les méchancetés, la fourberie, la dissolution, l'œil malin *et* envieux, les médisances, l'orgueil, la folie *et* le dérèglement de l'esprit.

23. Tous ces maux sortent du dedans, et souillent l'homme.

24. Il partit ensuite de ce lieu-là, et s'en alla sur les confins de Tyr et de Sidon; et, étant entré dans une maison, il désirait que personne ne le sût; mais il ne put être caché;

25. Car une femme, dont la fille était possédée d'un esprit impur, ayant entendu dire qu'il était là, vint aussitôt se jeter à ses pieds.

26. Elle était païenne, et Syrophénicienne de nation; et elle le suppliait de chasser le démon *du corps* de sa fille.

27. Mais Jésus lui dit : Laissez premièrement rassasier les enfants; car il n'est pas bon de prendre le pain des enfants pour le jeter aux chiens.

28. Elle lui répondit : Il est vrai, Seigneur; mais les petits chiens mangent au moins sous la table des miettes *du pain* des enfants.

29. Alors il lui dit, à cause de cette parole : Allez; le démon est sorti de votre fille.

---

(*b*) Vers. 1-13. — Tout ceci est encore amplifié de Matthieu et n'a plus le même sel, la même vivacité. (Cf. *Matthieu*, xv et suivants.)

30. Et, étant retournée en sa maison, elle trouva que le démon était sorti de sa fille, et qu'elle était couchée sur son lit.

31. Jésus quitta les confins de Tyr, et vint encore, par Sidon, vers la mer de Galilée, passant au milieu du pays de la Décapole.

32. Et quelques-uns, lui ayant présenté un homme qui était sourd et muet, le suppliaient de lui imposer les mains.

33. Alors Jésus, le tirant de la foule et le prenant à part, lui mit ses doigts dans les oreilles et de la salive sur la langue;

34. Et, levant les yeux au ciel, il jeta un soupir, et lui dit : Éphphetha (c); c'est-à-dire : Ouvrez-vous.

35. Aussitôt ses oreilles furent ouvertes, sa langue fut déliée, et il parlait fort distinctement.

36. Il leur défendit de le dire à personne; mais plus il le leur défendait, plus ils le publiaient;

37. Et ils disaient dans l'admiration extraordinaire où ils étaient : Il a bien fait toutes choses; il a fait entendre les sourds, et parler les muets.

## CHAPITRE VIII.

Miracle des sept pains. Prodige refusé. Levain des pharisiens. Aveugle guéri. Passion prédite. Saint Pierre repris. Croix et renoncement à soi-même.

1. En ce temps-là, le peuple s'étant trouvé encore une fois en fort grand nombre *auprès de Jésus*, et n'ayant point de quoi manger, il appela ses disciples, et leur dit :

2. J'ai compassion de ce peuple; parce qu'il y a trois jours qu'ils demeurent continuellement avec moi; et ils n'ont rien à manger;

3. Et si je les renvoie en leurs maisons, sans avoir mangé, les forces leur manqueront en chemin, parce que quelques-uns d'eux sont venus de loin.

---

(c) Marc cite volontiers les mots syriaques dont se servait Jésus. Grande édification pour les fidèles grecs et latins, qui se donnaient le plaisir de répéter des mots inconnus d'eux, qui avaient passé par la propre bouche du Christ. (Cf. ci-dessus, 11, *corban;* v, 41, *talitha koumi,* et ci-dessous, xv, 34; *Éloï, Éloï,* etc.)

4. Ses disciples lui répondirent : Comment pourrait-on trouver dans ce désert assez de pain pour les rassasier ?

5. Il leur demanda : Combien avez-vous de pains ? Sept, lui dirent-ils.

6. Alors il commanda au peuple de s'asseoir sur la terre ; il prit les sept pains, et, rendant grâces, les rompit, les donna à ses disciples pour les distribuer, et ils les distribuèrent au peuple.

7. Ils avaient encore quelques petits poissons, qu'il bénit aussi ; et il commanda qu'on les leur distribuât de même.

8. Ils mangèrent donc, et furent rassasiés ; et on remporta sept corbeilles pleines des morceaux qui étaient restés.

9. Or ceux qui mangèrent étaient environ quatre mille, et Jésus les renvoya.

10. Aussitôt étant entré dans une barque avec ses disciples, il vint dans le pays de Dalmanutha,

11. Où les pharisiens étant venus le trouver, ils commencèrent à disputer avec lui, et lui demandèrent, pour le tenter, qu'il *leur fit voir* quelque prodige dans le ciel.

12. Mais Jésus, jetant un soupir du fond du cœur, leur dit : Pourquoi ces gens-là demandent-ils un prodige ? Je vous dis, en vérité, qu'il ne sera point donné de prodige à ces gens-là.

13. Et, les ayant quittés, il remonta dans la barque, et passa à l'autre bord.

14. Or les disciples avaient oublié de prendre des pains, et ils n'avaient qu'un seul pain dans leur barque.

15. Jésus leur donna ce précepte : Ayez soin de vous bien garder du levain des pharisiens, et du levain d'Hérode.

16. Sur quoi ils pensaient, et se disaient l'un à l'autre : En effet, nous n'avons point pris de pain.

17. Ce que Jésus connaissant, il leur dit : Pourquoi vous entretenez-vous de cette pensée, que vous n'avez point de pain ? n'avez-vous point encore de sens, ni d'intelligence ? et votre cœur est-il encore dans l'aveuglement ?

18. Aurez-vous *toujours* des yeux sans voir, et des oreilles sans entendre ? Et avez-vous perdu la mémoire ?

19. Lorsque je rompis les cinq pains pour cinq mille hommes, combien remportâtes-vous de paniers pleins de morceaux ? Douze, lui dirent-ils.

20. Et lorsque je rompis les sept pains pour quatre mille hommes, combien remportâtes-vous de corbeilles pleines de morceaux ? Sept, lui dirent-ils.

21. Et il ajouta : Comment *donc* ne comprenez-vous pas encore *ce que je vous dis ?*

22. Étant arrivé à Bethsaïde, on lui amena un aveugle, qu'on le pria de toucher.

23. Et prenant l'aveugle par la main, il le mena hors du bourg ;

il lui mit de la salive sur les yeux ; et, lui ayant imposé les mains, il lui demanda s'il voyait quelque chose.

24. Cet homme, regardant, lui dit : Je vois marcher des hommes, *qui me paraissent* comme des arbres (*a*).

25. Jésus lui mit encore une fois les mains sur les yeux, et il commença à *mieux* voir ; et il fut tellement guéri, qu'il voyait distinctement toutes choses.

26. Il le renvoya ensuite dans sa maison, et lui dit : Allez vous-en dans votre maison ; et si vous entrez dans le bourg, n'y dites à personne (*b*) *ce qui vous est arrivé*.

27. Jésus partit de là avec ses disciples, pour s'en aller dans les villages *qui sont aux environs* de Césarée de Philippe ; et il leur fit en chemin cette question : Qui dit-on que je suis ?

28. Ils lui répondirent : Les uns *disent que vous êtes* Jean-Baptiste ; les autres, Elie ; les autres, *que vous êtes* égal à l'un des *anciens* prophètes.

29. Mais vous, leur dit-il, qui dites-vous que je suis ? Pierre lui répondit : Vous êtes le Christ.

30. Et il leur défendit, avec menaces, de le dire à personne (*c*).

31. Il commença en même temps à leur déclarer qu'il fallait que le Fils de l'homme souffrît beaucoup, qu'il fût rejeté par les sénateurs, par les princes des prêtres et par les scribes ; qu'il fût mis à mort, et qu'il ressuscitât trois jours après (*d*) ;

---

(*a*) Absurdité écrite par un écolier, et que la critique a eu raison de relever ! Ici, comme dans tous les passages plus haut annotés, on surprend l'écrivain qui vise au style, à l'élégance, aux effets oratoires et qui souvent manquent de goût.

(*b*) *Nemini dixeris.* La défense de parler des miracles opérés par Jésus revient dans Marc avec plus d'affectation que dans Matthieu, et encore moins de raison.

(*c*) Cf. *Matthieu*, XVI, 20, note *g*.

(*d*) Voilà le mystère ! Jésus, prophète, thaumaturge, guérisseur, chasseur de démons, n'avait pas prévu son supplice ; et on en fit longtemps à Jérusalem de cruelles plaisanteries. A quoi les sectaires répondent, mais seulement au bout de soixante ou quatre-vingt-dix ans : Point du tout, Jésus a su parfaitement qu'il devait mourir, il l'a révélé à ses disciples ; c'était sa mission !... A preuve, verset 33, ce qu'il dit à Pierre, quand celui-ci veut le détourner de s'exposer à la mort : *Tu*

32. Et il en parlait tout ouvertement. Alors Pierre commença à le reprendre.

33. Mais lui, se retournant, et regardant ses disciples, reprit rudement Pierre, et lui dit : Retirez-vous de moi, Satan ; parce que vous n'avez point de goût pour les choses de Dieu, mais seulement pour les choses de la terre.

34. Et appelant à soi le peuple avec ses disciples, il leur dit : Si quelqu'un veut venir après moi, qu'il renonce à soi-même, et qu'il se charge de sa croix, et me suive.

35. Car celui qui voudra se sauver soi-même, se perdra ; et celui qui se perdra pour l'amour de moi et de l'évangile, se sauvera (*e*).

36. Car que servirait à un homme de gagner tout le monde, et de se perdre soi-même ?

37. *Et s'étant perdu une fois*, par quel échange pourra-t-il se racheter (*f*) ?

38. Car si quelqu'un rougit de moi et de mes paroles, parmi cette race adultère et pécheresse, le Fils de l'homme rougira aussi de lui, lorsqu'il viendra, accompagné des saints anges, dans la gloire de son Père.

---

*ne connais pas, malheureux, le secret de Dieu !* Ce secret, on l'avait trouvé au deuxième siècle ; mais personne ne l'eût compris au premier : c'est qu'il fallait que le Christ fût mis à mort pour le salut de tous.

(*e*) Vers. 34-35. — Ces deux versets montrent en quel sens Jésus a pu prévoir la persécution qui frapperait sa doctrine, et dont ses apôtres et lui-même pourraient bien être victimes. Le sort des prophètes, ses modèles, et la haine croissante des pharisiens ne pouvaient le laisser aveugle sur ce point. Il a pu même aller jusqu'à faire le sacrifice volontaire de sa vie, en ce sens qu'il s'est résigné d'avance à tout pour la vérité qu'il affirmait. Il n'y a rien en tout cela que de rationnel et de conforme à la nature et à la raison. Mais une prophétie circonstanciée de sa mort, mais des jeux de mots sur le genre de supplice qui l'attendait, comme *oportet exaltari Filium hominis*, cela est improbable, indigne de foi.

(*f*) Vers. 34-37. — Théorie de la prééminence des biens de l'âme sur ceux du corps.

39. Et il ajouta : Je vous dis, en vérité, qu'il y en a quelques-uns de ceux qui sont ici qui ne mourront point, qu'ils n'aient vu arriver le règne de Dieu dans sa puissance (*g*).

## CHAPITRE IX.

Transfiguration. Avénement d'Élie. Lunatique. Puissance de la Foi. Prière et jeûne. Passion prédite. S'humilier. Fuir le scandale.

1. Six jours après, Jésus, ayant pris Pierre, Jacques et Jean, les mena seuls *avec lui* sur une haute montagne, à l'écart ; et il fut transfiguré devant eux.
2. Ses vêtements devinrent tout brillants de lumière, et blancs comme la neige ; et d'une blancheur que nul foulon sur la terre ne pourrait jamais égaler.
3. Et ils virent paraître Moïse et Élie, qui s'entretenaient avec Jésus.
4. Alors Pierre dit à Jésus : Maître (*a*), nous sommes bien ici, faisons-y trois tentes : une pour vous, une pour Moïse, et une pour Élie.
5. Car il ne savait ce qu'il disait, tant ils étaient effrayés.
6. En même temps il parut une nuée qui les couvrit ; et il sortit de cette nuée une voix, qui fit entendre ces mots : Celui-ci est mon fils bien-aimé ! écoutez-le.
7. Aussitôt, regardant de tous côtés, ils ne virent plus personne que Jésus, qui était demeuré seul avec eux.
8. Lorsqu'ils descendaient de la montagne, il leur commanda de ne parler à personne de ce qu'ils avaient vu, jusqu'à ce que le Fils de l'homme fût ressuscité d'entre les morts.
9. Et ils tinrent la chose secrète, s'entre-demandant ce qu'il voulait dire par ce mot : Jusqu'à ce que le Fils de l'homme fût ressuscité d'entre les morts.

---

(*g*) C'est ce qu'on croyait à la fin du premier siècle, mais qui n'est pas arrivé.

(*a*) *Rabbi*. Jésus est appelé par le peuple et par ses disciples, dans les Évangiles, *rabbin*. Il faut prendre au sérieux cette appellation, et dire de lui : Voilà tout ce que fut Jésus, et qu'il voulut être.

10. Alors ils lui demandèrent : Pourquoi les pharisiens et les scribes disent-ils qu'il faut qu'Élie vienne auparavant ?

11. Il leur répondit : Il est vrai qu'auparavant Élie doit venir, et rétablir toutes choses ; et qu'il souffrira beaucoup, et sera rejeté avec le même mépris qu'il a été écrit que le Fils de l'homme doit l'être.

12. Mais je vous dis qu'Élie même est déjà venu, et qu'ils l'ont traité comme il leur a plu, selon ce qui en avait été écrit.

13. Lorsqu'il fut venu au lieu où étaient ses *autres* disciples, il vit une grande multitude de personnes autour d'eux, et des scribes qui disputaient avec eux.

14. Aussitôt tout le peuple, ayant aperçu Jésus, fut saisi d'étonnement et de frayeur ; et, étant accourus, ils le saluèrent.

15. Alors il leur demanda : De quoi disputez-vous ensemble ?

16. Et un homme d'entre le peuple, prenant la parole, *lui* dit : Maître, je vous ai amené mon fils, qui est possédé d'un esprit muet ;

17. Et toutes les fois qu'il se saisit de lui, il le jette contre terre, et l'enfant écume, grince des dents, et devient tout sec. J'ai prié vos disciples de le chasser ; mais ils ne l'ont pu.

18. Jésus leur répondit : O gens incrédules ! jusqu'à quand serai-je avec vous ? jusqu'à quand vous souffrirai-je ? Amenez-le-moi.

19. Ils le lui amenèrent ; et il n'eut pas plutôt vu Jésus, que l'esprit commença à l'agiter avec violence ; et il tomba par terre, où il se roulait en écumant.

20. Jésus demanda au père de l'enfant : Combien y a-t-il que cela lui arrive ? Dès son enfance, dit le père ;

21. Et l'*esprit* l'a souvent jeté, tantôt dans le feu, et tantôt dans l'eau, pour le faire périr ; mais si vous pouvez quelque chose, ayez compassion de nous, et nous secourez.

22. Jésus lui répondit : Si vous pouvez croire, toutes choses sont possibles à celui qui croit.

23. Aussitôt le père de l'enfant s'écriant, lui dit avec larmes : Seigneur, je crois ; aidez-*moi dans* mon incrédulité.

24. Jésus, voyant que le peuple accourait en foule, parla avec menaces à l'esprit impur, et lui dit : Esprit sourd et muet, sors de cet enfant, je te le commande, et n'y rentre plus.

25. Alors *cet esprit*, ayant jeté un grand cri, et l'ayant agité par de violentes convulsions, sortit, et l'enfant demeura comme mort ; de sorte que plusieurs disaient qu'il était mort.

26. Mais Jésus l'ayant pris par la main, et le soulevant, il se leva.

27. Lorsque Jésus fut entré dans la maison, ses disciples lui dirent en particulier : D'où vient que nous n'avons pu chasser ce démon ?

28. Il leur répondit : Ces sortes *de démons* ne peuvent être

chassés par aucun autre moyen que par la prière et par le jeûne.

29. Au sortir de ce lieu, ils traversèrent la Galilée, et il voulait que personne ne le sût.

30. Cependant il instruisait ses disciples, et leur disait : Le Fils de l'homme sera livré entre les mains des hommes, et ils le feront mourir ; et il ressuscitera le troisième jour après sa mort.

31. Mais ils n'entendaient rien à ce discours, et ils craignaient de lui en demander l'éclaircissement.

32. Ils vinrent ensuite à Capharnaüm ; et, lorsqu'ils furent à la maison, il leur demanda : De quoi disputiez-vous *ensemble* dans le chemin ?

33. Mais ils demeurèrent dans le silence ; parce qu'ils avaient disputé entre eux dans le chemin, qui d'entre eux était le plus grand.

34. Et, s'étant assis, il appela les douze, et leur dit : Si quelqu'un veut être le premier, il sera le dernier de tous et le serviteur de tous.

35. Puis il prit un petit enfant, qu'il mit au milieu d'eux ; et, l'ayant embrassé, il leur dit :

36. Quiconque reçoit, en mon nom, un petit enfant comme celui-ci, me reçoit ; et quiconque me reçoit, ne me reçoit pas, mais *il reçoit* celui qui m'a envoyé.

37. Alors Jean, prenant la parole, lui dit : Maître, nous avons vu un certain homme qui chasse les démons en votre nom, quoiqu'il ne nous suive pas, et nous l'en avons empêché.

38. Mais Jésus lui répondit : Ne l'en empêchez pas ; car il n'y a personne qui, ayant fait un miracle en mon nom, puisse aussitôt après parler mal de moi.

39. Qui n'est pas contre vous, est pour vous ;

40. Et quiconque vous donnera à boire *seulement* un verre d'eau en mon nom, parce que vous appartenez au Christ, je vous dis, en vérité, qu'il ne perdra point sa récompense.

41. Mais si quelqu'un est un sujet de scandale à l'un de ces petits qui croient en moi, il vaudrait mieux pour lui qu'on lui attachât une de ces meules qu'un âne tourne, et qu'on le jetât dans la mer.

42. Et si votre main vous est un sujet de scandale, coupez-la : il vaut mieux pour vous que vous entriez dans la vie, n'ayant qu'une main, que d'en avoir deux, et d'aller en enfer, dans ce feu qui brûle éternellement ;

43. Où le ver qui les ronge ne meurt point, et où le feu ne s'éteint jamais.

44. Et si votre pied vous est un sujet de scandale, coupez-le : il vaut mieux pour vous que, n'ayant qu'un pied, vous entriez dans la vie éternelle, que d'en avoir deux et d'être précipité dans l'enfer, dans ce feu qui brûle éternellement ;

45. Où le ver qui les ronge ne meurt point, et où le feu ne s'éteint jamais.

46. Et si votre œil vous est un sujet de scandale, arrachez-le : il vaut mieux pour vous que, n'ayant qu'un œil, vous entriez dans le royaume de Dieu, que d'en avoir deux et d'être précipité dans le feu de l'enfer;

47. Où le ver qui les ronge ne meurt point, et où le feu ne s'éteint jamais.

48. Car ils doivent tous être salés par le feu, comme toute victime doit être salée par le sel.

49. Le sel est bon; mais si le sel devient fade, avec quoi assaisonnerez-vous? Ayez du sel en vous, et conservez la paix entre vous.

## CHAPITRE X

Mariage indissoluble. Petits enfants bénis. Conseils de perfection. Salut difficile des riches. Centuple promis. Passion prédite. Demande des enfants de Zébédée. Domination interdite. Aveugle de Jéricho.

1. Jésus, étant parti de ce lieu, vint aux confins de la Judée, *par le pays qui est* au delà du Jourdain; et le peuple s'étant encore assemblé auprès de lui, il recommença aussi à les instruire, selon sa coutume.

2. Les pharisiens, y étant venus, lui demandèrent pour le tenter : Est-il permis à un homme de renvoyer sa femme?

3. Mais il leur répondit : Que vous a ordonné Moïse?

4. Ils lui repartirent : Moïse a permis de renvoyer sa femme, en lui donnant un écrit par lequel on déclare qu'on la répudie.

5. Jésus leur dit : C'est à cause de la dureté de votre cœur qu'il vous a fait cette ordonnance.

6. Mais, dès le commencement du monde, Dieu forma un homme et une femme.

7. C'est pourquoi l'homme quittera son père et sa mère et s'attachera à sa femme;

8. Et ils ne seront tous deux qu'une seule chair. Ainsi ils ne sont plus deux, mais une seule chair.

9. Que l'homme donc ne sépare point ce que Dieu a joint.

10. Etant dans la maison, ses disciples l'interrogèrent encore sur le même sujet;

11. Et leur dit : Si un homme quitte sa femme et en épouse une autre, il commet un adultère à l'égard de celle *qu'il a renvoyée;*

12. Et si une femme quitte son mari et en épouse un autre, elle commet un adultère.

13. Alors on lui présenta de petits enfants, afin qu'il les touchât;

et comme ses disciples repoussaient avec des paroles rudes ceux qui les lui présentaient,

14. Jésus, le voyant, s'en fâcha, et leur dit : Laissez venir à moi les petits enfants et ne les *en* empêchez point ; car le royaume de Dieu est pour ceux qui leur ressemblent.

15. Je vous dis, en vérité, que quiconque ne recevra point le royaume de Dieu comme un enfant, n'y entrera point.

16. Et les ayant embrassés, il les bénit, en leur imposant les mains.

17. Comme il sortait pour se mettre en chemin, un jeune homme accourut, et, se mettant à genoux devant lui, lui dit : Bon Maître, que dois-je faire pour acquérir la vie éternelle ?

18. Jésus lui répondit : Pourquoi m'appelez-vous bon ? Il n'y a que Dieu seul qui soit bon.

19. Vous savez les commandements : Vous ne commettrez point d'adultère ; Vous ne tuerez point ; Vous ne déroberez point ; Vous ne porterez point de faux témoignage ; Vous ne ferez tort à personne ; Honorez votre père et votre mère.

20. Il lui répondit : Maître, j'ai observé toutes ces choses dès ma jeunesse.

21. Et Jésus, jetant la vue sur lui, l'aima, et lui dit : Il vous manque encore une chose : allez, vendez tout ce que vous avez, donnez-le aux pauvres, et vous aurez un trésor dans le ciel ; puis venez et me suivez.

22. Mais cet homme, affligé de ces paroles, s'en alla tout triste, parce qu'il avait de grands biens.

23. Alors Jésus, regardant autour de lui, dit à ses disciples : Qu'il est difficile que ceux qui ont des richesses entrent dans le royaume de Dieu !

24. Et, comme les disciples étaient *tout* étonnés de ce discours, Jésus ajouta : Mes enfants, qu'il est difficile que ceux qui mettent leur confiance dans les richesses entrent dans le royaume de Dieu !

25. Il est plus aisé qu'un chameau passe par le trou d'une aiguille qu'il ne l'est qu'un riche entre dans le royaume de Dieu.

26. Ils furent remplis d'un étonnement beaucoup plus grand, et ils se disaient l'un à l'autre : Et qui peut donc être sauvé ?

27. Mais Jésus, les regardant, *leur* dit : Cela est impossible aux hommes, mais non pas à Dieu ; car tout est possible à Dieu.

28. Alors Pierre, prenant la parole, lui dit : Pour nous, vous voyez que nous avons tout quitté, et que nous vous avons suivi.

29. Jésus répondit : Je vous dis, en vérité, que personne ne quittera, pour moi et pour l'Évangile, sa maison, ou ses frères, ou ses sœurs, ou son père, ou sa mère, *ou sa femme*, ou ses enfants, ou ses terres,

30. Que présentement, dans ce siècle même, il ne reçoive cent fois autant de maisons, de frères, de sœurs, de mères, d'enfants et de terres, avec des persécutions, et, dans le siècle à venir, la vie éternelle.

31. Mais plusieurs, qui auront été les premiers, seront les derniers ; *et plusieurs, qui auront été* les derniers, *seront* les premiers.

32. Lorsqu'ils étaient en chemin pour aller à Jérusalem, Jésus marchait devant eux, et ils étaient tout étonnés, et le suivaient, saisis de crainte. Et Jésus, prenant à part de nouveau les douze *disciples*, commença à leur dire ce qui devait lui arriver.

33. Nous allons, comme vous voyez, à Jérusalem ; et le Fils de l'homme sera livré aux princes des prêtres, aux scribes et aux sénateurs ; ils le condamneront à la mort, et ils le livreront aux gentils ;

34. Ils l'insulteront, lui cracheront au visage, le fouetteront, le feront mourir, et il ressuscitera le troisième jour.

35. Alors Jacques et Jean, fils de Zébédée, vinrent à lui et lui dirent : Maître, nous voudrions bien que vous fissiez pour nous tout ce que nous vous demanderons.

36. Il leur répondit : Que voulez-vous que je fasse pour vous ?

37. Accordez-nous, lui dirent-ils, que dans votre gloire nous soyons assis, l'un à votre droite, et l'autre à votre gauche.

38. Mais Jésus leur répondit : Vous ne savez ce que vous demandez. Pouvez-vous boire le calice que je dois boire et être baptisés du baptême dont je dois être baptisé ?

39. Ils lui dirent : Nous le pouvons. Et Jésus repartit : Vous boirez en effet le calice que je dois boire, et vous serez baptisés du baptême dont je dois être baptisé ;

40. Mais pour ce qui est d'être assis à ma droite ou à ma gauche, ce n'est point à moi à vous le donner ; mais *ce sera* pour ceux à qui il a été préparé.

41. Les dix *autres*, ayant entendu ceci, en conçurent de l'indignation contre Jacques et Jean.

42. Mais Jésus, les appelant à lui, leur dit : Vous savez que ceux qui ont l'autorité de commander aux peuples (a) les dominent, et que leurs princes les traitent avec empire.

43. Il n'en doit pas être de même parmi vous ; mais si quelqu'un veut y devenir le plus grand, il faut qu'il soit prêt à vous servir ;

44. Et quiconque voudra être le premier d'entre vous, doit être le serviteur de tous.

45. Car le Fils de l'homme même n'est pas venu pour être servi, mais pour servir, et donner sa vie pour la rédemption de plusieurs.

46. Après cela, ils vinrent à Jéricho ; et comme il sortait de Jéricho avec ses disciples, suivi d'une grande troupe de peuple, un aveugle, nommé Bartimée, fils de Timée, qui était assis sur le chemin, pour demander l'aumône,

---

(a) *Gentibus* doit ici s'entendre de tous les peuples.

47. Ayant appris que c'était Jésus de Nazareth, se mit à crier: Jésus, fils de David, ayez pitié de moi.

48. Et plusieurs le reprenaient durement, et lui disaient qu'il se tût; mais il criait encore beaucoup plus haut: Fils de David, ayez pitié de moi.

49. Alors Jésus, s'étant arrêté, commanda qu'on l'appelât. Et quelques-uns appelèrent l'aveugle, en lui disant: Ayez bonne espérance, levez-vous, il vous appelle.

50. Aussitôt il jeta son manteau, et, se levant, il vint à Jésus.

51. Et Jésus lui dit: Que voulez-vous que je vous fasse? L'aveugle lui répondit: Maître, *faites* que je voie.

52. Allez, lui dit Jésus, votre foi vous a sauvé. Et il vit au même instant, et il suivait Jésus dans le chemin.

## CHAPITRE XI.

Entrée de Jésus-Christ dans Jérusalem. Figuier maudit. Vendeurs chassés du temple. Autorité de Jésus-Christ.

1. Lorsqu'ils approchaient de Jérusalem, étant près de Béthanie, vers la montagne des Oliviers, il envoya deux de ses disciples,

2. Et leur dit: Allez à ce village, qui est devant vous, et aussitôt que vous y serez entrés, vous trouverez un ânon lié, sur lequel nul homme n'a encore monté; déliez-le et me l'amenez.

3. Et si quelqu'un vous demande: Pourquoi faites-vous cela? dites-lui: C'est que le Seigneur en a besoin; et aussitôt il le laissera amener ici.

4. Y étant allés, ils trouvèrent l'ânon, qui était attaché dehors auprès d'une porte entre deux chemins, et ils le délièrent.

5. Quelques-uns de ceux qui étaient là leur dirent: Que faites-vous? pourquoi déliez-vous cet ânon?

6. Ils leur répondirent comme Jésus le leur avait ordonné; et ils le leur laissèrent emmener.

7. Ainsi ayant amené l'ânon à Jésus, ils le couvrirent de leurs vêtements, et il monta dessus.

8. Plusieurs aussi étendirent leurs vêtements le long du chemin, d'autres coupaient des branches d'arbres et les jetaient par où il passait.

9. Et tant ceux qui marchaient devant que ceux qui suivaient, criaient: Hosanna, *salut et gloire*:

10. Béni soit celui qui vient au nom du Seigneur; béni soit le règne de notre père David, que nous voyons arriver; Hosanna, *salut et gloire*, au plus haut des cieux.

11. Jésus, étant ainsi entré dans Jérusalem, *alla* au temple; et,

après avoir tout regardé, comme il était déjà tard, il s'en alla à Béthanie, avec les douze *apôtres*.

12. Le lendemain, lorsqu'ils sortaient de Béthanie, il eut faim ;

13. Et voyant de loin un figuier qui avait des feuilles, il y alla pour voir s'il pourrait y trouver quelque chose ; et, s'en étant approché, il n'y trouva que des feuilles ; car ce n'était pas le temps des figues.

14. Alors Jésus dit au figuier : Que jamais nul ne mange plus de toi aucun fruit : ce que ses disciples entendirent.

15. Étant revenu à Jérusalem, *Jésus* entra dans le temple, d'où il chassa ceux qui y vendaient et qui y achetaient ; et il renversa les tables des changeurs et les bancs de ceux qui vendaient des colombes ;

16. Et il ne permettait pas que personne transportât aucun ustensile par le temple.

17. Il les instruisait aussi en leur disant : N'est-il pas écrit : Ma maison sera appelée la maison de prière pour toutes les nations ? Et cependant vous en avez fait une caverne de voleurs.

18. Ce que les princes des prêtres et les scribes ayant entendu, ils cherchaient un moyen de le perdre ; car ils le craignaient, parce que tout le peuple était ravi en admiration de sa doctrine.

19. Quand le soir fut venu, il sortit de la ville.

20. Le lendemain matin, ils virent en passant le figuier, qui était devenu sec jusqu'à la racine.

21. Et Pierre, se souvenant *de la parole de Jésus-Christ*, lui dit : Maître, voyez comme le figuier que vous avez maudit est devenu sec.

22. Jésus, prenant la parole, leur dit : Ayez de la foi en Dieu.

23. Je vous dis, en vérité, que quiconque dira à cette montagne : Ote-toi de là, et te jette dans la mer, et cela sans hésiter dans son cœur, mais croyant fermement que tout ce qu'il aura dit arrivera, il le verra en effet arriver.

24. C'est pourquoi je vous le dis : Quoi que ce soit que vous demandiez dans la prière, croyez que vous l'obtiendrez, et il vous sera accordé.

25. Mais lorsque vous vous présenterez pour prier, si vous avez quelque chose contre quelqu'un, pardonnez-lui, afin que votre Père, qui est dans les cieux, vous pardonne aussi vos péchés.

26. Si vous ne pardonnez point, votre Père, qui est dans les cieux, ne vous pardonnera point non plus vos péchés.

27. Ils retournèrent encore à Jérusalem. Et Jésus se promenant dans le temple, les princes des prêtres, les scribes et les sénateurs vinrent le trouver,

28. Et lui dirent : Par quelle autorité faites-vous ceci ? et qui vous a donné l'autorité de faire ce que vous faites ?

29. Jésus leur répondit : J'ai aussi une demande à vous faire ;

et après que vous m'y aurez répondu, je vous dirai par quelle autorité je fais ces choses.

30. Le baptême de Jean était-il du ciel ou des hommes? répondez-moi.

31. Mais ils raisonnaient *ainsi* en eux-mêmes : Si nous répondons *qu'il était* du ciel, il nous dira : Pourquoi donc ne l'avez-vous pas cru?

32. Si nous disons, *qu'il était* des hommes, nous avons à craindre le peuple; parce que tout le monde considérait Jean comme ayant été véritablement prophète.

33. Ainsi ils répondirent à Jésus : Nous ne savons. Et Jésus leur dit : Je ne vous dirai point non plus par quelle autorité je fais ceci.

## CHAPITRE XII.

Vignerons homicides. Pierre angulaire. Dieu et César. Résurrection. Amour de Dieu et du prochain. Le Messie, Fils et Seigneur de David. Se garder des scribes. Aumône de la veuve.

1. Jésus commença ensuite à leur parler en paraboles : Un homme, *dit-il*, planta une vigne, l'entoura d'une haie, et, creusant *dans la terre*, y fit un pressoir, y bâtit une tour; et, l'ayant louée à des vignerons, il s'en alla en pays éloigné.

2. La saison étant venue, il envoya un de ses serviteurs aux vignerons, pour recevoir *ce qu'ils lui devaient* du fruit de sa vigne.

3. Mais, l'ayant pris, ils le battirent, et le renvoyèrent, sans lui rien donner.

4. Il leur envoya encore un autre serviteur, et ils le blessèrent à la tête, et lui firent *toutes sortes* d'outrages.

5. Il leur en envoya encore un, qu'ils tuèrent; et de plusieurs *qu'il leur envoya ensuite*, ils battirent les uns, et tuèrent les autres.

6. Enfin, ayant un fils unique, qu'il aimait tendrement, il le leur envoya encore après tous les autres, en disant : Ils auront quelque respect pour mon fils.

7. Mais ces vignerons dirent entre eux : Voici l'héritier, allons, tuons-le, et l'héritage sera à nous.

8. Ainsi, s'étant saisis de lui, ils le tuèrent, et le jetèrent hors de la vigne.

9. Que fera donc le seigneur de cette vigne? Il viendra lui-même, il exterminera ces vignerons, et il donnera sa vigne à d'autres.

10. N'avez-vous point lu cette parole de l'Ecriture : La pierre

qui avait été rejetée par ceux qui bâtissaient est devenue la principale pierre de l'angle.

11. C'est le Seigneur qui l'a fait, et nos yeux le voient avec admiration.

12. Alors ils cherchaient les moyens de l'arrêter; car ils virent bien que c'était d'eux qu'il voulait parler dans cette parabole; mais ils craignirent le peuple; et, le laissant là, ils se retirèrent.

13. Voulant ensuite le surprendre dans ses paroles, ils lui envoyèrent quelques-uns des pharisiens et des hérodiens;

14. Qui vinrent lui dire : Maître, nous savons que vous êtes sincère et véritable, et que vous n'avez égard à qui que ce soit; car vous ne considérez point la qualité des personnes; mais vous enseignez la voie de Dieu dans la vérité. Est-il permis, *ou non*, de payer le tribut à César? *le payerons-nous?* ou ne le payerons-nous pas?

15. Mais Jésus, connaissant leur hypocrisie, leur dit : Pourquoi me tentez-vous? Apportez-moi un denier, que je le voie.

16. Ils lui en apportèrent un; et il leur demanda : De qui est cette image et cette inscription? De César, lui dirent-ils.

17. Jésus leur répondit : Rendez donc à César ce qui est à César, et à Dieu ce qui est à Dieu (*a*). Et ils admirèrent sa réponse.

18. Après cela, les sadducéens, qui nient la résurrection (*b*), vinrent le trouver, et ils lui proposèrent cette question :

19. Maître, Moïse nous a laissé par écrit : Que si un homme en mourant laisse sa femme sans enfants, son frère doit épouser sa femme, pour susciter des enfants à son frère *mort*.

20. Or, il y avait sept frères, dont le premier ayant pris une femme, mourut sans laisser d'enfants.

21. Le second l'ayant épousée ensuite, mourut aussi sans enfants, et le troisième de même;

22. Et tous les sept l'ont ainsi eue *pour femme*, sans qu'aucun

---

(*a*) Puisque vous-mêmes ne craignez pas de faire usage de la monnaie de César, vous reconnaissez donc César. Donc reconnaissez-le jusqu'à la fin. Cet argument peut se retourner de mille manières contre les puritains inconséquents de tous les partis, toujours prêts à calomnier.

(*b*) Les sadducéens niaient la résurrection, c'est-à-dire l'immortalité de l'âme, qu'admettait Jésus. On peut juger, par la nature de leur objection, de l'état des idées philosophiques en Judée.

d'eux ait laissé d'enfants; et enfin cette femme est morte elle-même la dernière.

23. Lors donc qu'ils ressusciteront dans la résurrection *générale*, duquel d'entre eux sera-t-elle femme, puisqu'elle l'a été de tous les sept?

24. Et Jésus leur répondit : Ne voyez-vous pas que vous êtes dans l'erreur, parce que vous ne comprenez ni les Ecritures, ni la puissance de Dieu?

25. Car lorsque les morts seront ressuscités, les hommes n'auront point de femmes, ni les femmes de maris; mais ils seront comme les anges (c), *qui sont* dans les cieux.

26. Et quant à la résurrection des morts : n'avez-vous point lu dans le livre de Moïse ce que Dieu lui dit dans le buisson : Je suis le Dieu d'Abraham, le Dieu d'Isaac et le Dieu de Jacob.

27. Or, il n'est point le Dieu des morts, mais des vivants; et ainsi vous êtes dans une grande erreur (d).

28. Alors un des scribes, qui avait entendu cette dispute, voyant que Jésus avait si bien répondu aux sadducéens, s'approcha de lui, et lui demanda quel était le premier de tous les commandements.

29. Et Jésus lui répondit : Le premier de tous les commande-

---

(c) *Sicut angeli*, c'est-à-dire comme de purs esprits. Jésus interprète la résurrection charnelle des pharisiens au sens psychologique. Comment, après cela, l'Église a-t-elle fait un dogme de la résurrection des corps?

(d) L'interprétation peut paraître un peu tirée de loin; la phrase de l'Exode signifie en effet : *Je suis le Dieu qu'ont adoré Abraham, Isaac, Jacob.* On peut dire que si Abraham est rentré dans le néant, le pacte que Jéhovah a juré avec lui est rompu; donc, nécessité, pour la perfection et la stabilité du pacte, qu'Abraham soit toujours vivant. A cela on réplique : Jéhovah a juré à *Abraham* et à sa *postérité* : c'est cette postérité héritière d'Abraham qui oblige Jéhovah. Donc, le texte de l'Exode ne prouve rien. L'argument tiré des Écritures est donc insignifiant, *sensu obvio*. Ce n'est que dans une métaphysique profonde que Jésus peut avoir raison. Là on démontre que, Dieu étant éternel, ses attributs sont éternels comme lui; la création, son domaine, éternelle; et que ceux qu'il protége, qui sont à lui, ne peuvent disparaître.

ments *est celui-ci* : Écoutez, Israël ; le Seigneur votre Dieu est le seul Dieu.

30. Vous aimerez le Seigneur votre Dieu de tout votre cœur, de toute votre âme, de tout votre esprit et de toutes vos forces. C'est là le premier commandement.

31. Et voici le second, qui est semblable au premier : Vous aimerez votre prochain, comme vous-même. Il n'y a point d'autre commandement plus grand que ceux-ci.

32. Le scribe lui répondit : Maître, ce que vous avez dit est très-véritable, qu'il n'y a qu'un seul Dieu, et qu'il n'y en a point d'autre que lui ;

33. Et que de l'aimer de tout son cœur, de tout son esprit, de toute son âme et de toutes ses forces, et son prochain comme soi-même, est *quelque chose* de plus grand que tous les holocaustes et tous les sacrifices.

34. Jésus, voyant qu'il avait répondu sagement, lui dit : Vous n'êtes pas loin (*e*) du royaume de Dieu. Et, depuis ce temps-là, personne n'osait plus lui faire de questions.

35. Mais Jésus, enseignant dans le temple, leur dit : Comment les scribes disent-ils que le Christ est Fils de David,

36. Puisque David lui-même a dit par le Saint-Esprit : Le Seigneur a dit à mon Seigneur : Asseyez-vous à ma droite, jusqu'à ce que j'aie réduit vos ennemis à vous servir de marchepied ?

37. Puis donc que David l'appelle lui-même son Seigneur, comment est-il son fils ? Une grande partie du peuple prenait plaisir à l'écouter (*f*).

38. Et il leur disait en sa manière d'instruire : Gardez-vous des scribes, qui aiment à se promener avec de longues robes, et à être salués dans les places publiques ;

39. A occuper les premières chaires dans les synagogues, et à avoir les premières places dans les festins ;

40. Qui dévorent les maisons des veuves, sous prétexte qu'ils font de longues prières. Ces personnes en recevront une condamnation plus rigoureuse.

41. Jésus, étant assis vis-à-vis du tronc, prenait garde de quelle manière le peuple y jetait de l'argent ; et que plusieurs gens riches y en mettaient beaucoup.

42. Il vint aussi une pauvre veuve, qui y mit seulement deux petites pièces de la valeur d'un quart de sou.

---

(*e*) *Non es longè à regno Dei.* Cela arrive tous les jours entre hommes de partis différents : on se touche toujours par quelques points ; on s'éloigne sur d'autres.

(*f*) Versets 35-37. — Cf. *Matth.*, XXII, 44, note *g*.

43. Alors Jésus, ayant appelé ses disciples, leur dit : Je vous dis, en vérité, que cette pauvre veuve a plus donné que tous ceux qui ont mis dans le tronc (g);

44. Car tous les autres ont donné de leur abondance; mais celle-ci a donné de son indigence même tout ce qu'elle avait, et tout ce qui lui restait pour vivre.

## CHAPITRE XIII.

Prédiction de la ruine du temple. Signes qui précéderont la ruine de Jérusalem et le dernier avénement de Jésus-Christ.

1. Lorsqu'il sortait du temple, un de ses disciples lui dit : Maître, regardez quelles pierres et quels bâtiments.

2. Mais Jésus lui répondit : Voyez-vous tous ces grands bâtiments; ils seront tellement détruits, qu'il n'y demeurera pas pierre sur pierre.

3. Et lorsqu'il était assis sur la montagne des Oliviers, vis-à-vis du temple, Pierre, Jacques, Jean et André lui demandèrent en particulier :

4. Dites-nous quand ceci arrivera, et quel signe il y aura quand toutes ces choses seront prêtes à être accomplies?

5. Et Jésus leur répondit : Prenez garde que personne ne vous séduise (a);

6. Car plusieurs viendront sous mon nom, qui diront : C'est moi *qui suis le Christ*, et ils en séduiront plusieurs.

7. Lorsque vous entendrez parler de guerres et de bruits de guerre, ne craignez point, parce qu'il faut que cela arrive; mais ce ne sera pas encore la fin.

8. On verra se soulever peuple contre peuple, et royaume contre royaume : il y aura des tremblements de terre en divers lieux, et

---

(g) Voilà un de ces traits de morale qui arrachent des pleurs d'attendrissement. De pareils traits ne s'inventent pas, surtout par des écrivains comme un Marc, un Jean, un Luc ou un Matthieu.

(a) VERSETS 5 et suiv. — Annonce des *faux Christs*, de la guerre juive et des persécutions. Ces prédictions reportent donc nécessairement la date de composition du livre après celle des événements, 70 de Jésus-Christ.

des famines ; et ce *ne* sera là *que* le commencement des douleurs.

9. Pour vous autres, prenez bien garde à vous. Car on vous fera comparaître dans les assemblées des juges ; on vous fera fouetter dans les synagogues, et vous serez présentés, à cause de moi, aux gouverneurs et aux rois, afin que vous me rendiez témoignage devant eux.

10. Il faut aussi auparavant que l'évangile soit prêché à toutes les nations (*b*).

11. Lors donc qu'on vous mènera pour vous livrer entre leurs mains, ne préméditez point ce que vous devez leur dire ; mais dites ce qui vous sera inspiré à l'heure même : car ce ne sera pas vous qui parlerez, mais le Saint-Esprit.

12. Alors le frère livrera le frère à la mort, et le père le fils ; les enfants s'élèveront contre leurs pères et leurs mères, et les feront mourir.

13. Et vous serez haïs de tout le monde, à cause de mon nom ; mais celui qui persévérera jusqu'à la fin sera sauvé.

14. Or quand vous verrez l'abomination établie au lieu où elle ne doit pas être (que celui qui lit entende *ce qu'il lit*) ; alors que ceux qui seront dans la Judée s'enfuient sur les montagnes (*c*) ;

15. Que celui qui sera sur le toit ne descende point dans sa maison, et n'y entre point, pour en emporter quelque chose ;

16. Et que celui qui sera dans le champ ne revienne point sur ses pas, pour prendre son vêtement.

---

(*b*) Annonce de la prédication de l'Évangile *par toute la terre*. Cette idée fut une déduction de la doctrine de Jésus ; il n'est pas sûr qu'elle soit de lui.

(*c*) Cette prédiction de la ruine de Jérusalem a cela surtout d'important qu'elle implique la ruine des espérances messianiques des Juifs. Là est la question principale pour Jésus, qui niait le Messie, et plus tard pour son Église, qui avait transformé cette négation en affirmation d'un nouveau Christ, d'un Christ spirituel, qui était Jésus.

J'ai fait remarquer ailleurs que la prise de Jérusalem avait été l'événement décisif qui avait justifié l'enseignement de Jésus le Galiléen, réfuté la tradition judaïque, et rendu possible l'établissement du christianisme. Ce côté si important de la prophétie de Jésus a été complétement méconnu par l'Église et les exégètes. (Cf. *Matth.*, XXIV, 14.)

17. Mais malheur aux femmes qui seront grosses ou nourrices en ces jours-là.

18. Priez *Dieu* que ces choses n'arrivent point durant l'hiver.

19. Car l'affliction de ce temps-là sera si grande, que depuis le premier moment où Dieu créa toutes choses, jusqu'à présent, il n'y en eut jamais de pareille, et il n'y en aura jamais.

20. Et, si le Seigneur n'avait abrégé ces jours, nul homme n'aurait été sauvé ; mais il les a abrégés, à cause des élus (*d*) qu'il a choisis.

21. Si quelqu'un vous dit alors : Le Christ est ici, ou Il est là ; ne le croyez point :

22. Car il s'élèvera de faux Christs et de faux prophètes, qui feront des prodiges et des choses étonnantes, pour séduire, s'il était possible, les élus mêmes.

23. Prenez donc garde à vous ; vous voyez que je vous ai tout prédit.

24. Mais dans ces jours-là, et après cette affliction, le soleil s'obscurcira, et la lune ne donnera plus sa lumière ;

25. Les étoiles tomberont du ciel, et les puissances, qui sont dans les cieux, seront ébranlées.

26. Alors on verra le Fils de l'homme, qui viendra sur les nuées avec une grande puissance et une grande gloire.

27. Et il enverra ses anges pour rassembler ses élus des quatre coins du monde, depuis l'extrémité de la terre jusqu'à l'extrémité du ciel (*e*).

28. Apprenez *sur ceci* une comparaison, tirée du figuier ; Lorsque ses branches sont déjà tendres, et qu'il pousse ses feuilles, vous savez que l'été est proche.

29. De même, lorsque vous verrez toutes ces choses arriver, sachez que *le Fils de l'homme* est proche, et qu'il est déjà à la porte.

30. Je vous dis, en vérité, que cette génération ne passera point que toutes ces choses ne soient accomplies.

31. Le ciel et la terre passeront ; mais mes paroles ne passeront point.

---

(*d*) **Propter electos.** Les Juifs accusaient les chrétiens d'être la cause de tous leurs maux. Il est certain que les opinions de Jésus, en ruinant la foi au Messie, opérèrent une diversion puissante en faveur des Romains. L'évangéliste leur répond : Point du tout ; la guerre eût été plus terrible encore sans les *élus!* — Ce sont des récriminations, non des preuves.

(*e*) Versets 26-27. — Cf. *Matth.*, XXIV, 29 et suiv.

32. Quant à ce jour ou à cette heure-là, nul ne le sait, ni les anges qui sont dans le ciel, ni le Fils, mais le Père seul.

33. Prenez garde à vous; veillez et priez, parce que vous ne savez quand ce temps viendra.

34. *Car il en sera* comme d'un homme qui, s'en allant faire un voyage, laisse sa maison sous la conduite de ses serviteurs, *marquant* à chacun ce qu'il doit faire, et recommande au portier qu'il soit vigilant.

35. Veillez donc *de même*, puisque vous ne savez pas quand le maître de la maison doit venir; si ce sera le soir, ou à minuit, ou au chant du coq, ou au matin;

36. De peur que, survenant tout d'un coup, il ne vous trouve endormis.

37. Or ce que je vous dis, je le dis à tous : Veillez.

## CHAPITRE XIV (*a*).

Conspiration des Juifs. Parfum sur la tête de Jésus-Christ. Trahison de Judas. Cène pascale. Eucharistie. Renoncement prédit de saint Pierre. Tristesse de Jésus-Christ. Baiser de Judas. Fuite des disciples. Jésus-Christ mené à Caïphe. Renoncement et pénitence de saint Pierre.

1. La Pâque, où l'on commençait à manger des pains sans levain, devait être deux jours après; et les princes des prêtres et les scribes cherchaient un moyen de se saisir adroitement de Jésus, et de le faire mourir.

2. Mais ils disaient : Il ne faut pas que ce soit le jour de la fête, de peur qu'il ne s'excite quelque tumulte parmi le peuple.

3. Jésus étant à Béthanie, dans la maison de Simon le lépreux, une femme, qui portait un vase d'albâtre, plein d'un parfum de nard d'épi, de grand prix, entra lorsqu'il était à table, et, ayant rompu le vase, lui répandit le parfum sur la tête (*b*).

4. Quelques-uns en conçurent de l'indignation en eux-mêmes, et ils disaient : A quoi bon perdre ainsi ce parfum ?

---

(*a*) Tout le récit de la Passion, d'après Marc, est regardé par plusieurs comme apocryphe et d'une autre main que ce qui précède. — A lire avec attention.

(*b*) Voilà l'onction messiaque imitée de celle de Saül, de David, de Jéroboam, Jéhu, etc., etc. — *Super caput* : Jean dissimule cette circonstance; il dit : *Super pedes*.

5. Car on pouvait le vendre plus de trois cents deniers, et le donner aux pauvres; et ils murmuraient fort contre elle (c).

6. Mais Jésus leur dit : Laissez là cette femme; pourquoi lui faites-vous de la peine? Ce qu'elle vient de me faire est une bonne œuvre;

7. Car vous avez toujours des pauvres parmi vous, et vous pouvez leur faire du bien quand vous voulez; mais pour moi, vous ne m'aurez pas toujours.

8. Elle a fait ce qui était en son pouvoir; elle a répandu ces parfums sur mon corps, pour me rendre par avance les devoirs de la sépulture (d).

9. Je vous dis, en vérité, que partout où sera prêché cet évangile, *c'est-à-dire* dans tout le monde, on racontera à la louange de cette femme ce qu'elle vient de faire.

10. Alors Judas Iscariote, l'un des douze, s'en alla trouver les princes des prêtres, pour leur livrer Jésus (e).

---

(c) VERS. 4-5. — Cette critique est attribuée par Jean au seul Judas Iscariote; Luc ne fait aucune mention de l'incident. Quoi qu'il en soit, les disciples, qui ne croient point à la messianité de Jésus, trouvent cette scène mal fondée, dangereuse, et en fin de compte n'y voient qu'une exagération en pure perte.

(d) Pour échapper au ridicule, Jésus, ou plutôt le narrateur qui le fait parler, détourne la signification vraie de cette onction et l'applique à sa prochaine sépulture. Le fait devient alors prophétique et merveilleux, et un argument en faveur de la cause. Mais la diversion ainsi obtenue tombe à faux, puisque Jésus fut embaumé par Joseph d'Arimathie, et que son corps reçut tous les honneurs. (Cf. *Matth.*, XXVI, 12, note *e*.)

(e) Le fait de la scission de Judas, rapporté immédiatement à la suite de l'onction messianique, confirme ce qui est dit plus haut, 4-5, note *c*, et plus bas, 18, note *g*. Cette circonstance paraît avoir mis le comble à l'indignation de Judas. Comment! Jésus n'est pas Christ, il n'est pas du sang de David; il renverse par son enseignement toutes les conditions du judaïsme et du règne messiaque, et il se fait oindre!..... C'est un anti-christ.

11. Après qu'ils l'eurent écouté, ils en eurent beaucoup de joie, et ils lui promirent de lui donner de l'argent; et, dès lors, il chercha une occasion favorable pour le livrer *entre leurs mains*.

12. Le premier jour des azymes, où l'on immolait l'agneau pascal, ses disciples lui dirent : Où voulez-vous que nous vous allions préparer ce qu'il faut pour manger la pâque?

13. Il envoya donc deux de ses disciples, et leur dit : Allez-vous-en à la ville; vous rencontrerez un homme qui portera une cruche d'eau; suivez-le;

14. Et, en quelque lieu qu'il entra, dites au maître de la maison: Le Maître vous envoie dire : Où est le lieu où je dois manger la pâque avec mes disciples?

15. Il vous montrera une grande chambre haute, toute meublée; préparez-nous là *ce qu'il faut* (*f*).

16. Ses disciples, s'en étant allés, vinrent dans la ville, et trouvèrent *tout* ce qu'il leur avait dit; et ils préparèrent ce *qu'il fallait* pour la pâque.

17. Le soir étant venu, il se rendit avec les douze.

18. Et, étant à table, et mangeant, Jésus leur dit : Je vous dis, en vérité, que l'un de vous, qui mange avec moi, me trahira (*g*).

---

(*f*) Vers. 13-15. — Strauss et les Allemands font ici une longue dissertation à propos de différences peu importantes qu'on remarque dans les récits des trois Synoptiques; ils se livrent à des spéculations incroyables. Un peu d'habitude de la vie des partis et des conspirateurs ou révolutionnaires, qui se savent surveillés, leur aurait appris que Jésus devait avoir des intelligences en ville, avec qui il correspondait par des moyens détournés, des signes de convention, de peur d'être surpris, employant des tiers qui ne savent à qui ils parlent, etc. — On a ici une scène de la vie des proscrits, forcés de se cacher, d'agir souterrainement, et d'échapper aux recherches de la police.

(*g*) Un des disciples de Jésus le trahit, probablement parce que sa foi judaïque était scandalisée des opinions de Jésus touchant le Messie, témoignage terrible contre les chrétiens. (Cf. ci-dessus, 3-10.) Jésus le savait; il l'a souffert, il l'a voulu. (Cf. le psaume LIV, versets 14-15 : *Tu vero homo unanimis*, qui semble avoir donné lieu à cette scène.) Jean en-

19. Ils commencèrent à s'affliger, et chacun d'eux lui demandait : Est-ce moi ?

20. Il leur répondit : C'est l'un des douze, qui met la main avec moi dans le plat (*h*).

21. Pour ce qui est du Fils de l'homme, il s'en va, selon ce qui a été écrit de lui ; mais malheur à l'homme par qui le Fils de l'homme sera trahi ; il vaudrait mieux pour cet homme que jamais il ne fût né (*i*).

22. Pendant qu'ils mangeaient, Jésus prit du pain ; et, l'ayant béni, il le rompit, et le leur donna, en disant : Prenez ; ceci est mon corps.

23. Et ayant pris le calice, après avoir rendu grâces, il le leur donna, et ils en burent tous ;

24. Et il leur dit : Ceci est mon sang, *le sang* de la nouvelle alliance, qui sera répandu pour plusieurs (*j*).

---

chérit encore sur Marc : il dit que Jésus savait la chose longtemps d'avance. (Cf. *Jean*, VI, 65, 71.)

(*h*) VERSETS 18-20. — Cf. *Luc* et *Jean*, notes.

(*i*) VERS. 18-21. — Le soin que prennent les évangélistes de dire que la prévision de Jésus datait de loin, et de relever les symptômes de la défection de Judas, par exemple son mécontentement de l'onction de Jésus par Marie, tout cela prouve que Judas, à force de suivre et d'écouter Jésus, en était venu à le regarder comme un charlatan, un perturbateur, un *anti-Messie*, un ennemi de la nation. De pareils mécomptes attendent tous les novateurs, et j'en sais quelque chose. Au premier moment, les zélés de la vieille école vous admirent ; mais quand ils s'aperçoivent que vous ne marchez pas dans leur voie, ils vous quittent, et finissent par concevoir contre vous autant de haine qu'ils avaient éprouvé d'enthousiasme. Judas fut un de ces hommes, vrai Israélite, un zélote infatué de messianisme, et qui crut que Jésus était un ennemi du judaïsme ; ce qui à la fin se trouva vrai. (Cf. *Matth.*, XXVI, 16-18, et *Act.*, I).

(*j*) VERS. 22-24. — Cf. *Matth.*, XXVI, 26, note *j*. — Le quatrième Évangile explique tout cela en un sens purement métaphorique : de telle sorte qu'à vrai dire, il y a deux opinions dans le Nouveau Testament, deux exégèses sur l'Eucharistie.

25. Je vous dis, en vérité, que je ne boirai plus désormais de ce fruit de la vigne, jusqu'à ce jour où je le boirai nouveau dans le royaume de Dieu.

26. Et ayant chanté le cantique *d'actions de grâces*, ils s'en allèrent sur la montagne des Oliviers.

27. Alors Jésus leur dit : Je vous serai à tous, cette nuit, une occasion de scandale ; car il est écrit : Je frapperai le pasteur, et les brebis seront dispersées (*k*).

28. Mais, après que je serai ressuscité, j'irai devant vous en Galilée.

29. Pierre lui dit : Quand vous seriez pour tous les autres un sujet de scandale, vous ne le serez pas pour moi.

30. Et Jésus lui repartit : Je vous dis, en vérité, que vous-même, aujourd'hui, dès cette nuit, avant que le coq ait chanté deux fois, vous me renoncerez trois fois.

31. Mais Pierre insistait encore davantage : Quand il me faudrait mourir avec vous, je ne vous renoncerai point. Et tous les autres en dire autant (*l*).

---

(*k*) Notez avec quel soin les évangélistes courent au-devant du scandale dont ils font parler Jésus ! — Ce qui était scandaleux, en effet, c'était que leur Christ fût mort, qu'il eût été crucifié, qu'il se fût laissé prendre, etc. De telles choses étaient incompatibles avec la notion du Christ, ou Messie juif, dont le nom, la mission étaient synonymes de gloire, triomphe, toute-puissance, etc. Un Christ pauvre, persécuté, vaincu, mis à mort, couvert d'opprobre, était chose aussi contradictoire qu'un soleil sans rayons et ténébreux. Toute l'affaire est donc, en racontant la Passion, de relever la dignité du Messie spirituel, et d'arranger les choses de manière qu'elles prennent une apparence mystiquement rationnelle.

(*l*) Vers. 29-31. — Reniement de Pierre. Autre circonstance défavorable à la messianité de Jésus, et qui se travestit en un argument de cette même messianité. Pierre et les douze voyant Jésus pris, eux qui n'avaient jamais été bien sûrs qu'il fût le Messie, d'autant plus que Jésus lui-même s'en défendait, Pierre nie qu'il ait jamais regardé son maître comme un personnage messianique. Quels que soient les termes de ce reniement, au fond ce n'est pas autre chose. On objectait

32. Ils allèrent ensuite dans un lieu appelé Gethsémani, où il dit à ses disciples : Asseyez-vous ici jusqu'à ce que j'aie fait ma prière.

33. Et, ayant pris avec lui Pierre, Jacques et Jean, il commença à être saisi de frayeur, et pénétré d'une extrême affliction.

34. Alors il leur dit : Mon âme est triste jusqu'à la mort ; demeurez ici, et veillez.

35. Et, s'en allant un peu plus loin, il se prosterna contre terre, priant que, s'il était possible, cette heure s'éloignât de lui ;

36. Et il disait : Mon Père toutes choses vous sont possibles ; transportez ce calice loin de moi ; mais néanmoins que votre volonté s'accomplisse, et non pas la mienne.

37. Il revint ensuite *vers ses disciples* ; et, les ayant trouvés endormis, il dit à Pierre : Simon, vous dormez ? Quoi ! n'avez-vous pu seulement veiller une heure ?

38. Veillez et priez, afin que vous n'entriez point en tentation : l'esprit est prompt, mais la chair est faible.

39. Il s'en alla pour la seconde fois, et fit sa prière dans les mêmes termes.

40. Et, étant retourné *vers eux*, il les trouva encore endormis ; car leurs yeux étaient appesantis *par le sommeil*, et ils ne savaient que lui répondre.

41. Il revint encore pour la troisième fois, et il leur dit : Dormez maintenant, et vous reposez ; c'est assez : l'heure est venue ; le Fils de l'homme va être livré entre les mains des pécheurs (*m*).

---

cette conduite de Pierre aux néo-messianistes. Eh quoi ! répond Marc, après Matthieu et Luc, vous citez le reniement de Pierre ! Jésus l'avait prédit ! Mais Jean ne parle pas de cette prédiction : après avoir montré Pierre comme un brave qui défend son maître l'épée à la main, il met son reniement tout entier sur le compte de sa frayeur.

(*m*) Vers. 33-41. — Cette longue scène de l'agonie, qui scandalisait les païens, et que les chrétiens se sont évertués à expliquer d'une façon honorable, est, à mon avis, une imitation des passages analogues des psaumes et des prophètes, où les envoyés de Jéhovah se plaignent amèrement de leur pénible et lamentable existence. A force de calquer les anciennes Écritures et d'y conformer leur héros, les évangélistes ne se sont pas aperçus non-seulement qu'ils se met-

42. Levez-vous, allons ; celui qui doit me trahir est bien près d'ici.

43. Il parlait encore, lorsque Judas Iscariote, l'un des douze, parut, suivi d'une grande troupe de gens, armés d'épées et de bâtons, qui avaient été envoyés par les grands-prêtres, par les scribes et les sénateurs.

44. Or Judas, qui le trahissait, leur avait donné ce signal, et leur avait dit : Celui que je baiserai, c'est celui que vous cherchez ; saisissez-vous de lui, et l'emmenez sûrement.

---

taient en contradiction perpétuelle les uns avec les autres, mais qu'ils choquaient toutes les notions de convenance et même de vertu. Pour eux, ils n'ont voulu peindre qu'un prophète, le plus grand et tout à la fois le plus opprimé des prophètes. Autant ils exagèrent sa doctrine et ses miracles, autant ils hyperbolisent ses lamentations. Il a prévu et prédit sa mort, sans doute, et il l'a acceptée. Mais cela n'empêche pas qu'elle le fait frissonner, qu'elle l'ennuie et l'épouvante, qu'il voudrait éloigner ce calice, etc., etc. (Cf., entre autres, le *psaume* XXI, cité plus bas par Marc ; le cantique de Jonas dans le ventre de la baleine, le puits de Jérémie, les impatiences d'Élie, les lamentations de David, *psaume* LIV et LXIX, et *alibi passim*.).

Outre cette explication *biblique*, on peut dire encore que Jésus dut éprouver une angoisse et un délaissement tout particuliers, non-seulement de ce qu'il se sentait perdu, mais de ce qu'il prévoyait douloureusement qu'il ne serait compris de personne, et que par conséquent il se serait sacrifié en vain. Ni ses disciples ne l'entendent, ni le peuple ne le comprend ; tout conspire contre lui, tout le monde l'abandonne. La trahison se glisse jusque dans son intimité ; l'ignorance, la barbarie, la lâcheté, la superstition et l'indifférence l'environnent. Au moins Élie, Élisée, Jérémie, etc., avaient toujours un parti pour eux. Ils succombaient, mais ils avaient la consolation d'être entendus ; ils n'étaient pas seuls. Lui, il n'a en perspective que le désespoir. Devant cette explication, toutes les difficultés disparaissent. Comment Strauss ne l'a-t-il pas trouvée ?

45. Aussitôt donc qu'il fut arrivé, il s'approcha de Jésus, et lui dit : Maître, je vous salue ; et il le baisa.

46. Ensuite ils mirent la main sur Jésus, et se saisirent de lui.

47. Un de ceux qui étaient présents, tirant son épée, en frappa un des gens du grand-prêtre, et lui coupa une oreille.

48. Et Jésus leur dit : Vous êtes venus, pour me prendre, armés d'épées et de bâtons, comme si j'étais un voleur.

49. J'étais tous les jours au milieu de vous, enseignant dans le temple, et vous ne m'avez point pris ; mais il faut que les écritures soient accomplies.

50. Alors ses disciples l'abandonnèrent, et s'enfuirent tous.

51. Or il y avait un jeune homme qui le suivait, couvert seulement d'un linceul ; et comme on voulait se saisir de lui,

52. Il laissa aller son linceul, et s'enfuit tout nu des mains de ceux qui le tenaient (n).

53. Ils amenèrent ensuite Jésus au grand-prêtre, chez qui s'assemblèrent tous les princes des prêtres, les scribes et les sénateurs.

54. Pierre le suivit de loin jusque dans la cour du grand-prêtre, où, s'étant assis auprès du feu avec les gens, il se chauffait.

55. Cependant les princes des prêtres et tout le conseil cherchaient des dépositions contre Jésus, pour le faire mourir ; et ils n'en trouvaient point.

56. Car plusieurs déposaient faussement contre lui ; mais leurs dépositions ne s'accordaient pas.

57. Quelques-uns se levèrent, et portèrent un faux témoignage contre lui, en ces termes :

58. Nous lui avons entendu dire : Je détruirai ce temple, bâti par la main *des hommes*, et j'en rebâtirai un autre en trois jours, qui ne sera point fait par la main *des hommes* ;

59. Mais ce témoignage-là même n'était pas encore suffisant.

60. Alors le grand-prêtre, se levant au milieu de l'assemblée, interrogea Jésus, et lui dit : Vous ne répondez rien à ce que ceux-ci déposent contre vous ?

61. Mais Jésus demeurait dans le silence, et il ne répondit rien. Le grand-prêtre l'interrogea encore, et lui dit : Êtes-vous le Christ, le Fils du Dieu béni à *jamais?*

62. Jésus lui répondit : Je le suis ; et vous verrez *un jour* le Fils de l'homme assis à la droite de la majesté divine, et venant sur les nuées du ciel.

---

(n) Vers. 51-52. — Trait naïf de la panique qui s'était emparée des apôtres.

63. Aussitôt le grand-prêtre, déchirant ses vêtements, *leur* dit : Pourquoi cherchons-nous encore des témoins?

64. Vous venez d'entendre le blasphème *qu'il a proféré*. Que vous en semble? Tous le condamnèrent comme ayant mérité la mort (*o*).

65. Alors quelques-uns commencèrent à lui cracher au visage; et, lui ayant bandé les yeux, ils lui donnaient des coups de poing, en lui disant : Prophétise *qui t'a frappé*, et les valets lui donnaient des soufflets.

66. Cependant Pierre étant en bas dans la cour, une des servantes du grand-prêtre y vint;

67. Et l'ayant vu qui se chauffait, après l'avoir considéré, elle lui dit : Vous étiez aussi avec Jésus de Nazareth.

68. Mais il le nia, en disant : Je ne le connais point, et je ne sais ce que vous dites. Et, étant sorti dehors *pour entrer* dans le vestibule, le coq chanta.

69. Et une servante, l'ayant encore vu, commença à dire à ceux qui étaient présents : Celui-ci est de ces gens-là.

70. Mais il le nia pour la seconde fois. Et, peu de temps après, ceux qui étaient présents dirent encore à Pierre : Assurément vous êtes de ces gens-là; car vous êtes aussi de Galilée.

71. Il se mit alors à faire des serments exécrables, et à dire en jurant : Je ne connais point cet homme dont vous me parlez.

---

(*o*) Vers. 61-64. — D'après les notes sur la messianité de Jésus (*Luc*, II, 52, *Jean*, I, etc.), il est possible de répandre un nouveau jour sur l'accusation du grand-prêtre et de pénétrer au delà de la narration évangélique. Le grand crime de Jésus, en effet, c'était qu'il niait le Messie, et qu'il interprétait blasphématoirement, et contre les tendances nationales, les traditions prophétiques touchant ce personnage. Le narrateur me semble donc avoir probablement dénaturé, à force de concision, la vraie pensée de Jésus, pensée qui était débordée au temps où Marc écrivait, en lui faisant dire simplement : *Oui, je suis le Messie*, tandis qu'il entendait que le Messie n'était pas un homme, mais une réforme. — C'est cette réforme, dont l'effet était d'anéantir à la fois et le sacerdoce aaronique et les espérances juives, qui irritait au plus haut degré les chefs des prêtres, et qui amena l'étrange imbroglio entre eux et Pilate, et dont Jésus fut victime.

72. Aussitôt le coq chanta pour la seconde fois. Et Pierre se ressouvint de la parole que Jésus lui avait dite : Avant que le coq ait chanté deux fois, vous me renoncerez trois fois. Et il se mit à pleurer.

## CHAPITRE XV.

*Jésus devant Pilate. Barabbas préféré. Flagellation. Portement de la croix. Crucifiement. Ténèbres. Mort de Jésus-Christ. Sa sépulture.*

1. Aussitôt que le matin fut venu, les princes des prêtres, avec les sénateurs, les scribes et tout le conseil, ayant délibéré ensemble, lièrent Jésus, l'emmenèrent et le livrèrent à Pilate.
2. Pilate l'interrogea, *en lui disant* : Êtes-vous le Roi des Juifs ? Jésus lui répondit : Vous le dites; *je le suis*.
3. Or *comme* les princes des prêtres formaient diverses accusations contre lui (*a*),
4. Pilate, l'interrogeant de nouveau, lui dit : Vous ne répondez rien ? Voyez de combien de choses ils vous accusent.
5. Mais Jésus ne répondit plus rien; de sorte que Pilate en était tout étonné.
6. Or il avait accoutumé de délivrer, à la fête *de pâque*, celui des prisonniers que le peuple demandait.
7. Et il y en avait un alors nommé Barabbas, qui avait été mis en prison avec *d'autres* séditieux, parce qu'il avait commis un meurtre dans une sédition.
8. Le peuple, étant donc venu *devant le prétoire*, lui demanda *la grâce* qu'il avait toujours accoutumé de leur faire.
9. Pilate leur répondit : Voulez-vous que je vous délivre le Roi des Juifs ?
10. (Car il savait que c'était par envie que les princes des prêtres le lui avaient mis entre les mains.)
11. Mais les princes des prêtres excitèrent le peuple *à demander* qu'il leur délivrât plutôt Barabbas.
12. Pilate leur dit encore : Que voulez-vous donc que je fasse du Roi des Juifs ?
13. Mais ils crièrent de nouveau, *et lui dirent* : Crucifiez-le.

---

(*a*) Ils l'accusaient d'une *foule de choses*, hormis de la vérité, qui était la négation du messianisme israélite.

14. Pilate leur dit : Mais quel mal a-t-il fait ? Et eux criaient encore plus fort : Crucifiez-le (*b*).

15. Enfin Pilate, voulant satisfaire le peuple, leur délivra Barabbas ; et ayant fait fouetter Jésus, il le livra pour être crucifié.

16. Alors les soldats, l'ayant emmené dans la cour du prétoire, assemblèrent toute la compagnie.

17. Et, l'ayant revêtu d'un manteau de pourpre, ils lui mirent *sur la tête* une couronne d'épines entrelacées.

18. Puis ils commencèrent à le saluer, *en lui disant :* Salut au Roi des Juifs.

19. Ils lui frappaient la tête avec un roseau, et lui crachant *au visage* ; et, se mettant à genoux *devant lui*, ils l'adoraient.

20. Après s'être ainsi joués de lui, ils lui ôtèrent le *manteau de pourpre* ; et, lui ayant remis ses habits, ils l'emmenèrent pour le crucifier.

21. Et un certain homme de Cyrène, nommé Simon, père d'Alexandre et de Rufus, qui venait d'une maison de campagne,

---

(*b*) Vers. 10-14. — Pilate sait que les prêtres accusent Jésus par envie, et il demande : Quel crime a-t-il commis ? Or, s'il était vrai que Jésus se donnât pour Messie, comme le veut le narrateur, la réponse de Pilate était dénuée de sens, et les prêtres avaient raison de lui dire : *Tu n'es pas ami de César !* En effet, si quelque chose était à redouter pour les Romains, comme la suite le prouva, c'étaient les idées messiaques, toujours prêtes à se traduire en révolte. Mais Pilate était convaincu de l'innocuité de la mission de Jésus ; il savait que ce messianisme nouveau, qui détruisait l'ancien, ne pouvait causer d'ombrage aux Romains, et que même il eût fallu l'entretenir plutôt que de le réprimer. Pilate résistait donc à une condamnation à mort ; mais comme, en dernière analyse, Jésus était *condamné* par le grand conseil et pour cause d'IRRÉLIGION, crime grave aux yeux des Romains, la politique, à défaut de la conviction, faisait à Pilate une nécessité de l'abandonner. En cela il ne manquait pas à sa conscience, comme on l'a dit : il obéissait à ses attributions de représentant des Romains. Ce qui était innocent pour lui ne l'était pas pour les prêtres, et dans sa position entre les prêtres et Jésus, il ne pouvait hésiter. (Cf. *Jean*, XVIII, 36.)

passant par là, ils le contraignirent à porter la croix de Jésus.

22. Et ensuite, l'ayant conduit jusqu'au lieu appelé Golgotha, c'est-à-dire le lieu du Calvaire,

23. Ils lui donnèrent à boire du vin mêlé avec de la myrrhe; mais il n'en prit point (c).

24. Et, après l'avoir crucifié, ils partagèrent ses vêtements, jetant au sort pour savoir ce que chacun en aurait (d).

25. Il était la troisième heure du jour quand ils le crucifièrent.

26. Et la cause de sa condamnation était marquée par cette inscription : LE ROI DES JUIFS.

27. Ils crucifièrent aussi avec lui deux voleurs, l'un à sa droite, et l'autre à sa gauche.

28. Ainsi cette parole de l'écriture fut accomplie : Il a été mis au rang des méchants.

29. Ceux qui passaient par là le blasphémaient en branlant la tête, et lui disant : Toi qui détruis le temple de Dieu, et qui le rebâtis en trois jours,

30. Sauve-toi toi-même, et descends de la croix.

31. Les princes des prêtres avec les scribes, se moquant aussi de lui entre eux, disaient : Il en a sauvé d'autres, et il ne peut se sauver lui-même.

32. Que le Christ, le Roi d'Israël, descende maintenant de la croix, afin que nous voyions et que nous croyions. Et ceux qui avaient été crucifiés avec lui l'outrageaient aussi de paroles.

33. A la sixième heure du jour, les ténèbres couvrirent toute la terre jusqu'à la neuvième.

34. Et à la neuvième heure, Jésus jeta un grand cri, en disant :

---

(c) Imité du psaume LXIX, 22, d'après la traduction des Septante. — (Cf. *Jean.*, XIX, 29, 30.) Suivant celui-ci, au contraire, Jésus prit le breuvage et dit : *C'est fini*. Pour comprendre ce mot, le dernier de Jésus, selon Jean, il faut savoir, circonstance bien grave, que ce vin *myrrhé* était une boisson stupéfiante et chloroformisante que l'on donnait aux condamnés pour émousser en eux le sentiment de la douleur : en sorte que celui qui avait bu pouvait se regarder comme déjà mort, fini! Mais Marc, qui veut que Jésus soit mort, et *mort volontairement*, lui fait *refuser ce vin*, refus auquel Jean supplée par le fameux coup de lance.

(d) Imité du psaume XXI, 19.

Éloi, Éloi, lamma sabachthani? c'est-à-dire : Mon Dieu, mon Dieu, pourquoi m'avez-vous abandonné (e)?

35. Quelques-uns de ceux qui étaient présents, l'ayant entendu, s'entre-disaient : Le voilà qui appelle Élie.

36. Et l'un d'eux courut emplir une éponge de vinaigre, et l'ayant mise au bout d'un roseau, il la lui présenta pour boire, en disant : Laissez, voyons si Élie viendra le détacher *de la croix*.

37. Alors Jésus, ayant jeté un grand cri, rendit l'esprit.

38. *En même temps*, le voile du temple se déchira en deux, depuis le haut jusqu'en bas.

39. Et le centenier, qui était là présent vis-à-vis de lui, voyant qu'il avait expiré en jetant ce grand cri, dit : Cet homme était vraiment Fils de Dieu.

40. Il y avait aussi là des femmes qui regardaient de loin, entre lesquelles étaient Marie-Madelaine, Marie, mère de Jacques le jeune et de Joseph, et Salomé (*f*),

41. Qui le suivaient lorsqu'il était en Galilée, et l'assistaient *de leurs biens*; et encore plusieurs autres, qui étaient venues avec lui à Jérusalem.

42. Le soir étant venu (parce que c'était le jour de la préparation, c'est-à-dire la veille du sabbat) (*g*),

43. Joseph d'Arimathie, qui était un homme de considération

---

(*e*) C'est le cri attribué à Voltaire combattant seul jusqu'à la mort pour la raison et la liberté, et délaissé du genre humain : *Dieu et les hommes m'abandonnent!* Jésus a tout fait, jusqu'à sacrifier sa vie pour guérir son peuple de la superstition et lui donner, à la place de son Messie chimérique, une belle et grande idée sociale. On l'a méprisé, calomnié, et le peuple ne l'a pas compris. Il meurt, et il ne sait pas si la parole qu'il a semée germera! (Cf. ci-dessus, XIV, 33-41.)

Non, Jésus, ta parole ne sera pas perdue : après dix-huit siècles elle sera relevée, et toi, tu seras enfin glorifié comme tu as voulu l'être, et compris!...

(*f*) Les hommes ont fui, les femmes restent. Ce sexe, dont l'esprit modeste et docile est si inférieur au nôtre, nous écrase par le cœur.

(*g*) Contradiction avec XIV, 16. C'est le jour où l'agneau se mange que Jésus est mort.

et sénateur, et qui attendait aussi le règne de Dieu, s'en vint hardiment trouver Pilate, et lui demanda le corps de Jésus.

44. Pilate, s'étonnant qu'il fût mort sitôt, fit venir le centenier, et lui demanda s'il était déjà mort (*h*).

45. Le centenier l'en ayant assuré, il donna le corps à Joseph.

46. Joseph, ayant acheté un linceul, descendit Jésus de la croix, l'enveloppa dans le linceul, le mit dans un sépulcre, qui était taillé dans le roc, et ferma l'entrée du sépulcre avec une pierre.

47. Cependant Marie-Madelaine, et Marie, *mère* de Joseph, regardaient où on le mettait.

## CHAPITRE XVI (*a*).

### Résurrection de Jésus-Christ. Ses apparitions. Mission des apôtres. Ascension de Jésus-Christ.

1. Lorsque le *jour du* sabbat fut passé, Marie-Madelaine, et Marie, *mère* de Jacques, et Salomé (*b*), achetèrent des parfums pour venir embaumer Jésus.

2. Et le premier jour de la semaine, *étant parties* de grand matin, elles arrivèrent au sépulcre, au lever du soleil (*c*).

---

(*h*). Cette circonstance fait précisément douter du fait. On voit trop bien qu'elle est notée pour rendre plus certain le fait (impossible) de la résurrection. Ce qui reste donc, c'est que *Jésus ne fut laissé que peu de temps en croix*, à tel point qu'on put douter de sa mort. (Cf. **Jean**, XIX et XX.) Du reste, ni Marc, ni Luc, ni Matthieu ne parlent du coup de lance raconté par Jean.

(*a*) Première nouvelle de la résurrection.

(*b*) *Trois* femmes. Dans Matthieu il n'y en a que *deux*; Salomé manque. Jean n'en compte qu'*une*, Luc un *très-grand nombre*, pour *embaumer* le corps (sic Luc). Mais Matthieu et Jean disent qu'elles ne voulaient faire qu'une visite.

(*c*) *Le soleil était levé*. Suivant Jean et Luc, il ne faisait pas jour.

3. Elles disaient entre elles : Qui nous ôtera la pierre de devant l'entrée du sépulcre ?

4. Mais, en regardant, elles virent que cette pierre, qui était fort grande, en avait été ôtée (*d*).

5. Et, entrant dans le sépulcre, elles virent un jeune homme (*e*), assis du côté droit, vêtu d'une robe blanche, dont elles furent fort effrayées.

6. Mais il leur dit : Ne craignez point. Vous cherchez Jésus de Nazareth, qui a été crucifié ; il est ressuscité ; il n'est point ici ; voici le lieu où on l'avait mis (*f*).

7. Mais allez dire à ses disciples (*g*), et à Pierre, qu'il s'en va.

---

(*d*) Elles voient la pierre levée (*sic* Luc et Jean). D'après Matthieu, elles sont témoins du miracle et du tremblement de terre qui le détermine.

(*e*) *Un* ange dans le tombeau. Suivant Luc, il y en a *deux* ; suivant Jean, Madeleine, la seule témoin, n'a pas vu d'ange ; suivant Matthieu, l'ange n'était pas *dans le tombeau*, mais *sur la pierre*.

(*f*) D'après Matthieu, c'est Jésus qui parle aux femmes et leur enjoint de dire à ses disciples d'aller l'attendre en Galilée.

(*g*) D'après Luc et Jean, deux et même plusieurs disciples, Pierre et Jean entre autres, seraient allés au sépulcre s'assurer de la disparition du corps. Sur ce point, Matthieu est d'accord avec Marc.

Toutes ces différences et contradictions sont inconciliables (cf. Strauss), et tout le profit qu'on en tire, c'est de montrer le progrès de la formation de la légende résurrectionniste.

A propos des anges ou de l'ange, remarquez que Marc parle d'*un jeune homme*, νεανισκον ; Luc de *deux hommes*, ανδρας δυο ; le premier, comme les deux autres, vêtu d'habits blancs, à la façon des Esséniens. — Ces personnages, présentés comme naturels, ramènent l'hypothèse d'une résurrection artificielle (cf. *Jean*, XIX), et les raisons de Strauss, pour l'écarter, ne sont pas suffisantes. Écartons toute idée de préméditation : Jésus fut enlevé de la croix par Joseph, alors qu'à peine il était mort, mis dans un sépulcre hors de

devant vous en Galilée (*h*) ; c'est là que vous le verrez, selon ce qu'il vous a dit.

8. Elles sortirent aussitôt du sépulcre, et s'enfuirent, étant saisies de crainte et de tremblement ; et elles ne dirent rien à personne, tant leur frayeur était grande.

9. Jésus, étant ressuscité le matin, le premier jour de la semaine, apparut premièrement à Marie-Madelaine, dont il avait chassé les sept démons (*i*).

10. Et elle s'en alla le dire à ceux qui avaient été avec lui, et qui étaient alors dans l'affliction et dans les larmes.

11. Mais eux, lui ayant entendu dire qu'il était vivant, et qu'elle l'avait vu, ils ne la crurent point (*j*).

12. Après cela, il apparut, sous une autre forme, à deux d'entre eux, qui s'en allaient à une maison de campagne.

13. Ceux-ci vinrent le dire aux autres *disciples* ; mais ils ne les crurent pas non plus.

14. Enfin il apparut aux onze, lorsqu'ils étaient à table ; il leur reprocha leur incrédulité et la dureté de leur cœur, de ce qu'ils n'avaient point cru ceux qui avaient vu qu'il était ressuscité.

15. Et il leur dit : Allez par tout le monde, prêchez l'évangile à toutes les créatures.

---

la portée du public, et le troisième jour il ne s'y trouva plus. Le fond commun du récit est que le matin de ce troisième jour, une ou plusieurs femmes trouvèrent le sépulcre ouvert, et dans ce sépulcre, au lieu du corps, un ou deux individus occupés à ramasser le drap mortuaire !... Qu'est devenu Jésus ? — Il est en Galilée !... (Cf. *Matthieu*, XXVIII). La vraie vérité est qu'il y a eu enlèvement du corps.

(*h*) *In Galilæam* (cf. *Matthieu*, XXVI, 32 ; *Marc*, XIV, 28 ; *Matthieu*, XXVIII, 10). La Galilée est partout annoncée comme le théâtre des apparitions de Jésus (cf. encore *Jean*, XXI). — Mais tout cela est contredit par Marc, plus loin, 9-14, et surtout par Luc, XXIV.

(*i*) Il y a ici solution de continuité dans le récit, et contradiction avec le verset 1 et le verset 7.

(*j*) Ce n'est que lorsqu'on s'est dit que Jésus est Messie, que comme tel il doit ressusciter, qu'on se met à croire à la résurrection.

16. Celui qui croira et qui sera baptisé, sera sauvé; mais celui qui ne croira point sera condamné.

17. Ces miracles accompagneront ceux qui auront cru : ils chasseront les démons en mon nom; ils parleront de nouvelles langues (*k*).

18. Ils prendront les serpents *avec la main*; et s'ils boivent quelque breuvage mortel, il ne leur fera point de mal; ils imposeront les mains sur les malades, et les malades seront guéris (*l*).

19. Le Seigneur Jésus, après leur avoir ainsi parlé, fut élevé dans le ciel (*m*), où il est assis à la droite de Dieu.

20. Et eux, étant partis, prêchèrent partout, le Seigneur coopérant avec eux, et confirmant sa parole par les miracles qui l'accompagnaient (*n*).

---

(*k*) Promesses qui n'engagent à rien; car qui peut se vanter d'avoir la foi?

(*l*) Vers. 9-18. — Marc, on l'a remarqué, est un conciliateur entre le parti de Pierre et le parti de Paul. Il prend la résurrection de Jésus dans le sens du dernier. Suivant lui, Jésus *apparaît*, non comme le ferait un homme franchement ressuscité, mais à la manière d'un être qui, étant passé de vie à trépas, et ayant opéré sa transmutation, se manifeste aux vivants : *revenant, esprit frappeur, ombre*, etc. D'où l'on peut induire que, selon Marc, Luc et Paul bien entendus, non-seulement Jésus est bien mort, mais qu'il n'est pas du tout *ressuscité*. Seulement son corps s'est *transformé* et est devenu corps céleste. Est-ce bien ainsi que fut prise d'abord la résurrection?

(*m*) *Assumptus est in cœlum*, c'est-à-dire il ne parut plus sur la terre, comme autrefois Hénoch. Jésus-Christ a imité en cela les anciens législateurs, dont la fin était mystérieuse : Lycurgue, Moïse, Hénoch, Élie, Prométhée, Aaron, etc. Il serait difficile de rendre raison de cette singulière pratique. Ceux qui l'ont ainsi fait disparaître ont agi par piété et de bonne foi; ils se sont tus ensuite, et ils ont dû se taire; c'est *quarante ans* après seulement, lorsque Jérusalem est tombée, qu'il n'y a plus de Messie à attendre, que l'on fait l'apothéose de Jésus et qu'on le fait *ressusciter*. Or, en 70 ou 71, Joseph d'Arimathée était mort sans doute; Pierre, Paul, etc., morts. Il n'y avait plus de témoins, si ce n'est le radoteur platonicien Jean.

(*n*) Vers. 9-20. — Tous ces versets sont regardés par de nombreux critiques comme ajoutés après coup, et manquent dans plusieurs anciens manuscrits.

# ÉVANGILE

SELON

# SAINT LUC

---

Écrit, selon moi, après les Évangiles de Matthieu et de Marc, mais avant celui de Jean : toujours sous l'impression des idées messianiques, plutôt que sous celle des idées du *Logos*. L'esprit judaïque y étant plus affaibli encore que dans les deux précédents, on sent que l'auteur s'éloigne davantage de la pensée du maître, qu'il dénature souvent. Outre le point de vue particulier qui a fait entreprendre à Luc sa narration, il a voulu recueillir un certain nombre de faits, de paraboles et de récits légendaires qui ne sont pas chez les autres.

Ce qu'on peut dire de plus exact sur l'authenticité de l'Évangile de Luc, c'est que vers le milieu du *deuxième siècle*, Marcion répandait de son côté un Évangile qui, *suivant les docteurs*, était une mutilation de celui de Luc !... Quant à la preuve tirée des *Actes des Apôtres*, dont le début est de la même main que celui du troisième Évangile, et qui s'arrêtent à l'an 63 ou 65 après Jésus-Christ, elle ne signifie rien, attendu que l'époque où finit une histoire ne prouve pas qu'elle soit celle de sa composition ; et surtout, dans l'espèce, que le narrateur soit autre chose qu'un compilateur. Comparez au surplus, avec les quatre Évangiles canoniques, l'*Évangile des Hébreux* et les citations de *Justin*, Père du deuxième siècle,

4. Afin que vous reconnaissiez la vérité (*f*) de ce qui vous a été annoncé.

5. Il y avait, sous le règne d'Hérode, roi de Judée, un prêtre, nommé Zacharie, de la famille *sacerdotale* d'Abia, l'une de celles qui servaient *dans le temple*, chacune en leur rang; et sa femme était *aussi* de la race d'Aaron, et s'appelait Elisabeth.

6. Ils étaient tous deux justes devant Dieu, et ils marchaient dans tous les commandements et toutes les ordonnances du Seigneur, d'une manière irrépréhensible.

7. Ils n'avaient point de fils, parce qu'Elisabeth était stérile (*g*), et qu'ils étaient déjà tous deux avancés en âge.

8. Or Zacharie faisant sa fonction de prêtre devant Dieu dans le rang de sa famille,

9. Il arriva par le sort, selon ce qui s'observait entre les prêtres, que ce fut à lui à entrer dans le temple du Seigneur, pour y offrir les parfums.

10. Cependant toute la multitude du peuple était dehors, faisant sa prière à l'heure où on offrait les parfums;

11. Et un ange du Seigneur lui apparut, se tenant debout à la droite de l'autel des parfums (*h*).

12. Zacharie, le voyant, en fut troublé, et la frayeur le saisit.

13. Mais l'ange lui dit : Ne craignez point, Zacharie, parce que votre prière a été exaucée; et Elisabeth, votre femme, vous enfantera un fils, auquel vous donnerez le nom de Jean.

14. Vous en serez dans la joie et dans le ravissement, et beaucoup de personnes se réjouiront de sa naissance;

15. Car il sera grand devant le Seigneur; il ne boira point de vin, ni rien de ce qui peut enivrer; et il sera rempli du Saint-Esprit, dès le sein de sa mère.

---

(*f*) *Verborum... veritatem.* Ceci encore décèle un long temps écoulé, capable de faire perdre de vue aux chrétiens eux-mêmes, — plus attachés au fond (à la révolution) qu'à la forme, à la cause qu'à ses défenseurs, — le point de départ des nouvelles idées.

(*g*) *Sterilis* : cf. Isaac, Samson, Samuel et tous les *tardnés* de la Bible. Cette comparaison donne la clef du récit; de même que Jésus ne pouvait être né naturellement, Jean-Baptiste ne le pouvait pas davantage. Le reste se passe suivant les idées hébraïques. (Cf. Strauss.)

(*h*) Cf. histoire de Samson.

## CHAPITRE I (a).

**Préface. Naissance de saint Jean-Baptiste prédite. L'Incarnation du Verbe annoncée. La sainte Vierge. Naissance de saint Jean-Baptiste. Cantique de Zacharie.**

1. Plusieurs (b) personnes ayant entrepris d'écrire l'histoire des choses qui ont été accomplies parmi nous,
2. Suivant le rapport que nous en ont fait ceux qui, dès le commencement (c), les ont vues (d) de leurs propres yeux, et qui ont été les ministres de la parole ;
3. J'ai cru, très-excellent Théophile (e), qu'après avoir été exactement informé de toutes ces choses, depuis leur *premier* commencement, je devais aussi vous en représenter par écrit toute la suite ;

---

(a) Récit miraculeux de la naissance de Jean. Le but est d'attirer à l'Église les disciples de Jean, dont un grand nombre, à l'époque de Luc, existaient encore.

(b) *Multi*, un grand nombre. On ne saurait dire que par ce mot, Luc veuille seulement parler de Matthieu et Marc, qui, d'après la croyance commune, avaient seuls écrit leurs Évangiles avant le sien. Il fait donc allusion à tous ces historiens de Jésus-Christ, qu'on a depuis traités d'apocryphes, et qui ne méritaient ni plus ni moins de créance que les quatre canoniques. On a compté jusqu'à une cinquantaine d'Évangiles.

(c) *Ab initio*. Cela suppose déjà un temps considérable, une certaine durée. Des contemporains ne parlent point ainsi d'événements qui se passent sous leurs yeux.

(d) *Viderunt*. L'auteur n'est pas témoin oculaire.

(e) Le nom de Théophile est celui de *Jedidiah*, qui signifie ami de Jéhovah, nom que les prophètes donnent à Israël. (Cf. *Psaumes*.)

*Paul*, etc.; c'est ainsi, en effet, que Paul s'exprime au sujet de sa prédication.

Que veulent donc dire les rédacteurs des quatre *Evangiles*? Ils entendent donner l'Évangile ou vraie prédication de Jésus, non pas telle qu'ils l'ont recueillie de sa bouche, mais telle qu'elle leur a été enseignée par Matthieu, Marc, Luc et Jean !...

(*Note postérieure.*) On est moins opposé aujourd'hui à l'authenticité des Évangiles que ne l'était Strauss.

qui puisait à la tradition *orale*, à cette source d'où provinrent les Évangiles eux-mêmes.

Suivant l'école de Tubingue, c'est l'Évangile de Marcion qui aurait été l'original de celui de Luc.

Quoi qu'il en soit, cet Évangile a été écrit à un point de vue *paulinien*, c'est-à-dire pour soutenir la doctrine de Paul contre les autres apôtres.

A l'Évangile de Luc s'oppose l'Évangile de Matthieu, écrit pour les Juifs ou judaïsants. Aux uns et aux autres s'oppose l'Évangile de Jean. (Cf. *Jean*, XIII et XVI, et *Paul*, I *Cor.*, X.)

Luc, médecin, Gentil d'origine, par conséquent plus porté au merveilleux qu'un Juif, né à Antioche et converti à la foi par Paul, semble avoir eu surtout pour but d'embellir les principales circonstances de la vie de Jésus-Christ; sa diction a un peu plus d'art et de recherche. Mais le bon sens y est déjà en moindre dose que dans Matthieu, et on y trouve encore moins d'intelligence des discours du maître.

C'est lui qui nous a raconté les détails de la naissance et de la conception de Jean le Baptiseur, de celles de Jésus-Christ, les cantiques de Zacharie et de Marie, et au livre des *Actes*, l'histoire de l'assomption. On s'aperçoit qu'il n'est que l'écho de son patron Paul, qui lui-même n'avait rien vu des faits et gestes de Jésus, et était du reste trop savant, trop métaphysicien pour un historien de l'intelligence de Luc.

*Secundum Lucam.* Ce mot signifie que l'ouvrage qu'on va lire a été rédigé *d'après* la tradition de Luc, de même que *secundum Matthæum*, etc., indique la tradition de Matthieu, de Marc ou de Jean, mais nullement que la composition est l'œuvre de ces hommes. — César n'intitulait pas son récit de la guerre des Gaules, *secundum Cæsarem*.

Ce n'est pas tout : le mot *Evangile* signifie prédication ou bonne nouvelle. Quelle bonne nouvelle? La nouvelle messianique. Or, il y avait bien des manières d'entendre le messianisme; conséquemment il y avait divers Évangiles : l'*Evangile de Jean-Baptiste*, l'*Evangile de Jésus*, l'*Evangile de*

16. Il convertira plusieurs des enfants d'Israël au Seigneur leur Dieu ;

17. Et il marchera devant lui dans l'esprit et dans la vertu d'Élie, pour réunir les cœurs des pères avec leurs enfants, et rappeler les désobéissants à la prudence des justes, pour préparer au Seigneur un peuple parfait.

18. Zacharie répondit à l'ange : A quoi connaîtrai-je *la vérité* de ce que vous me dites? car je suis vieux, et ma femme est déjà avancée en âge.

19. L'ange lui répondit : Je suis Gabriel, qui suis *toujours* présent devant Dieu ; j'ai été envoyé pour vous parler, et pour vous annoncer cette heureuse nouvelle ;

20. Et dans ce moment vous allez devenir muet, et vous ne pourrez plus parler jusqu'au jour où ceci arrivera ; parce que vous n'avez point cru à mes paroles, qui s'accompliront en leur temps (*i*).

21. Cependant le peuple attendait Zacharie, et s'étonnait de ce qu'il demeurait si longtemps dans le temple.

22. Mais, étant sorti, il ne pouvait leur parler ; et comme il leur faisait des signes, *pour se faire entendre*, ils reconnurent qu'il avait eu une vision dans le temple, et il demeura muet.

23. Quand les jours de son ministère furent accomplis, il s'en alla en sa maison.

24. Quelque temps après, Élisabeth, sa femme, conçut ; et elle se tenait cachée durant cinq mois, en disant :

25. C'est là la grâce que le Seigneur m'a faite en ce temps où il m'a regardée, pour me tirer de l'opprobre où j'étais devant les hommes.

26. Or, comme Élisabeth était dans son sixième mois, l'ange Gabriel fut envoyé de Dieu dans une ville de Galilée, appelée Nazareth (*j*),

27. A une vierge qu'un homme de la maison de David, nommé

---

(*i*) Cf. *Daniel*.

(*j*) Ainsi miracle sur miracle : conception miraculeuse de Jean, conception miraculeuse de Marie, conception miraculeuse de Jésus. A mesure qu'on avance, les miracles s'accumulent : en sorte qu'on peut mesurer la date d'un Évangile par les miracles qu'il contient. La conception de Jean, ici relatée, serait à tout le moins de plus d'un siècle antérieure à la narration. Comment Luc a-t-il été instruit de ces détails? — Dans Matthieu, c'est à Joseph que s'adresse l'ange.

Joseph, avait épousée (k); et cette vierge s'appelait Marie (l).

28. L'ange, étant entré où elle était, lui dit : Je vous salue, ô pleine de grâce; le Seigneur est avec vous; vous êtes bénie entre *toutes* les femmes.

29. Mais elle, l'ayant entendu, fut troublée de ses paroles, et elle pensait *en elle-même* quelle pouvait être cette salutation.

30. L'ange lui dit : Ne craignez point, Marie, car vous avez trouvé grâce devant Dieu.

31. Vous concevrez dans votre sein, et vous enfanterez un Fils, à qui vous donnerez le nom de Jésus.

32. Il sera grand, et sera appelé le Fils du Très-Haut; le Seigneur Dieu lui donnera le trône de David, son père; il règnera éternellement sur la maison de Jacob,

33. Et son règne n'aura point de fin.

34. Alors Marie dit à l'ange : Comment cela se fera-t-il ? car je ne connais point d'homme (m);

---

(k). **Desponsatam.** — *Fiancée*, non mariée. Il eût été plus honnête de ne pas attendre qu'elle fût fiancée. — Matthieu dit la femme, ἡ γυνή; l'Évangile apocryphe, au contraire, dit *la jeune fille*, et il ne présente Joseph, déjà vieux, que comme son gardien. C'est cette version que suit l'Église : tout n'est donc pas faux, à son jugement, dans les apocryphes, et tout n'est pas exact dans les authentiques.

(l) *Maria.* Suivant le protévangile de Jacques, approuvé et reconnu des plus anciens Pères, la naissance de Marie ne fut pas moins miraculeuse que celle de Jésus. Elle était fille de Joachim et d'*Anna* (nom de la mère de Samuel); sa naissance avait été aussi annoncée par un ange; elle fut élevée dans le temple, etc. Pourquoi ce protévangile a-t-il été rangé parmi les apocryphes, tandis que la tradition catholique a retenu l'histoire de la conception et de l'enfance de Marie ? Rien n'est plus propre à réfuter les quatre Évangiles que ces *apocryphes*, qu'on a rejetés sans raison suffisante et sans preuve. — Un autre Évangile, également apocryphe, celui de la *Nativité de Marie*, raconte à peu près les mêmes faits.

(m) Comment, si elle est *vierge*, peut-elle faire cette question?

35. L'ange lui répondit : Le Saint-Esprit surviendra en vous, et la vertu du Très-Haut vous couvrira de son ombre; c'est pourquoi le *fruit* saint qui naîtra de vous sera appelé le Fils de Dieu (n).

36. Et sachez qu'Elisabeth, votre cousine, a conçu elle-même un fils dans sa vieillesse, et que c'est ici le sixième mois de *la grossesse* de celle qui est appelée stérile;

37. Parce qu'il n'y a rien d'impossible à Dieu (o).

38. Alors Marie lui dit : Voici la servante du Seigneur; qu'il me soit fait selon votre parole. Ainsi l'ange se sépara (p) d'elle (q).

39. Marie partit en ce même temps, et s'en alla en diligence vers les montagnes *de Judée*, en une ville *de la tribu* de Juda;

---

(n) *Filius Dei*. Ce mot a plusieurs significations dans la Bible : chez *Luc* (I, 35), il signifie, au sens étroit et littéral, un *engendré de Dieu*; c'est le seul passage de l'Ancien et du Nouveau Testament où il soit pris en ce sens. Partout ailleurs, il désigne soit les amis de Dieu, soit les hommes divins, prophètes, saints, etc., et dans ce sens, c'est un synonyme de *Fils de l'homme*, c'est-à-dire une appellation du *Messie*. — Or cette désignation du Messie vient de l'Ancien Testament (cf. *Exode*, IV, 22; *Osée*, XI, 1; II *Rois*, VII, 14; *Psaume* II, 7, et LXXXIX, 28), où elle sert à désigner soit le peuple d'Israël, soit son roi. (Cf. *Matthieu*, XXVI, 64, sur le *Fils de l'homme*; cf. aussi *Jean*, V, 17 et suivants; X, 30; XIX, 7.)

(o) La belle preuve !

(p) *Discessit*. — Dans Matthieu, l'apparition de l'ange a lieu pour expliquer la grossesse; dans Luc pour l'annoncer. Quant à supposer que ces deux apparitions sont consécutives, voir Strauss, tome I, page 17, où il en démontre l'impossibilité. — Sur la génération surnaturelle de Jésus, cf. *Paul*, *Galates*, IV, 4; *Rom.*, I, 3 et suivants, et IX, 5; *Héb.*, VII, 3. Dans tous ces passages, l'apôtre suppose que Jésus est né de Joseph. (Cf. aussi, ci-dessous, III, 23.)

(q) VERS. 26-38. — Dans Matthieu, Marie est *trouvée enceinte*; dans Luc, sa grossesse est annoncée et préparée miraculeusement. Ce qui fait une variante assez considérable, et qui peut aller jusqu'à la contradiction.

40. Et, étant entrée dans la maison de Zacharie, elle salua Elisabeth.

41. Aussitôt qu'Elisabeth eut entendu la voix de Marie, qui la saluait, son enfant tressaillit dans son sein, et elle fut remplie du Saint-Esprit,

42. Et, élevant sa voix, elle s'écria : Vous êtes bénie entre *toutes* les femmes, et le fruit de votre sein est béni ;

43. Et d'où me vient ce bonheur que la mère de mon Seigneur vienne vers moi ?

44. Car votre voix n'a pas plutôt frappé mon oreille, lorsque vous m'avez saluée, que mon enfant a tressailli de joie dans mon sein.

45. Et vous êtes bien heureuse d'avoir cru ; parce que ce qui vous a été dit, de la part du Seigneur, sera accompli.

46. Alors Marie dit (r) : Mon âme glorifie le Seigneur ;

47. Et mon esprit est ravi de joie en Dieu mon Sauveur (s) ;

48. Parce qu'il a regardé la bassesse de sa servante (t) ; et désormais je serai appelée bienheureuse dans la succession de tous les siècles.

---

(r) Vers. 46 et suiv. — Ce cantique est un composé de réminiscences de l'Ancien Testament, notamment du cantique de la mère de Samuel ; œuvre de pure érudition, dépourvue d'originalité, et qu'on ne saurait par conséquent attribuer ni à l'Esprit-Saint ni à Marie.

Cet hymne, composé en partie de versets de l'Ancien Testament, est de toute beauté. Il est impossible d'admettre qu'il soit de la main du rédacteur ou historiographe qui le rapporte. Ne serait-ce pas un chant de l'Église primitive, triomphante déjà de ses persécuteurs et glorieuse dans son humilité ?

Au reste, toutes ces histoires ont leur place dans l'Évangile de Luc, le disciple de Paul, créateur de la théorie de la grâce. La grâce fait tout ici : Jean est le *gracieux* ; Anna, mère de Marie, *gracieuse* ; Marie est *pleine de grâce*.

(s) Le caractère primitif de Jéhovah se retrouve dans le cantique de la Vierge.

(t) Jéhovah se plaît à confondre l'orgueil et à élever les humbles.

49. Car il a fait en moi de grandes choses, lui qui est tout-puissant (*u*), et de qui le nom est saint.

50. Sa miséricorde *se répand* d'âge en âge sur ceux qui le craignent (*v*).

51. Il a déployé la force de son bras. Il a dissipé ceux qui s'élevaient d'orgueil dans les pensées de leur cœur (*w*).

52. Il a arraché les grands de leurs trônes, et il a élevé les petits.

53. Il a rempli de biens ceux qui étaient affamés; et il a renvoyé vides ceux qui étaient riches (*x*).

54. S'étant souvenu de sa miséricorde, il a pris en sa protection Israël, son serviteur,

55. Selon la promesse qu'il a faite à nos pères, à Abraham et à sa race, pour toujours.

56. Marie demeura avec Elisabeth, environ trois mois; et elle s'en retourna *ensuite* en sa maison.

57. Cependant le temps où Elisabeth devait accoucher arriva; et elle enfanta un fils.

58. Ses voisins et ses parents, ayant appris que le Seigneur avait signalé sa miséricorde à son égard, s'en réjouissaient avec elle;

59. Et, étant venus le huitième jour, pour circoncire l'enfant, ils le nommaient Zacharie, du nom de son père.

60. Mais sa mère, prenant la parole, leur dit : Non; mais il sera nommé Jean.

61. Ils lui répondirent : Il n'y a personne dans votre famille qui porte ce nom.

62. Et en même temps ils demandaient, par signe, au père de l'enfant comment il voulait qu'on le nommât.

63. Ayant demandé des tablettes, il écrivit dessus : Jean est le nom qu'il doit avoir. Ce qui remplit tout le monde d'étonnement.

64. Au même instant sa bouche s'ouvrit, sa langue *se délia*, et il parlait en bénissant Dieu.

---

(*u*) Jéhovah est le puissant, l'efficace, le producteur.

(*v*) Jéhovah est tendre de cœur.

(*w*) A quels événements fait allusion ce verset? Ne serait-ce pas à la perte de la Synagogue et à l'exaltation de l'Eglise? (Cf. I *Pet.*, II, 7.) Du reste, ces versets 51 et 52 sont le développement du 48.

(*x*) Jéhovah donne à manger aux affamés; il préside aux récoltes.

65. Tous ceux qui demeuraient dans les lieux voisins furent saisis de crainte; et le bruit de ces merveilles se répandit dans tout le pays des montagnes de Judée.

66. Et tous ceux qui les entendirent, les conservèrent dans leur cœur; et ils disaient entre eux : Que pensez-vous que sera cet enfant? Car la main du Seigneur était avec lui.

67. Et Zacharie, son père, ayant été rempli du Saint-Esprit, prophétisa, en disant (*y*) :

68. Béni soit le Seigneur le Dieu d'Israël, de ce qu'il a visité et racheté son peuple;

69. De ce qu'il nous a suscité un puissant Sauveur dans la maison de son serviteur David,

70. Selon qu'il avait promis par la bouche de ses saints prophètes, qui ont été dans tous les siècles passés,

71. De nous délivrer de nos ennemis, et des mains de tous ceux qui nous haïssent;

72. Pour exercer sa miséricorde envers nos pères, et se souvenir de son alliance sainte;

73. Selon qu'il l'a juré à Abraham, notre père, qu'il nous ferait *cette grâce*;

74. Qu'étant délivrés des mains de nos ennemis, nous le servirions sans crainte,

75. Dans la sainteté et dans la justice, *marchant* en sa présence tous les jours de notre vie.

76. Et vous, petit enfant, vous serez appelé le prophète du Très-Haut; car vous marcherez devant la face du Seigneur, pour lui préparer ses voies;

77. Pour donner à son peuple la connaissance du salut, afin qu'il obtienne la rémission de ses péchés (*z*),

78. Par les entrailles de la miséricorde de notre Dieu, qui a fait que ce *Soleil* levant est venu nous visiter d'en haut,

79. Pour éclairer ceux qui sont assis dans les ténèbres et dans l'ombre de la mort, et pour conduire nos pieds dans le chemin de la paix (*aa*).

---

(*y*) Verset 67 et suiv. — Les évangélistes entrent dans le sens de Jésus, que le vrai messianisme, c'est la morale, la conversion de l'esprit et du cœur.

(*z*) La rémission des péchés! voilà la prédication de Jean.

(*aa*) Il est venu nous éclairer de la vraie doctrine. Ici le vrai messianisme est rapporté à Jean par droit de *priorité*.

80. Or l'enfant croissait et se fortifiait en esprit ; et il demeurait dans les déserts jusqu'au jour où il devait paraître devant le peuple d'Israël.

## CHAPITRE II.

Naissance de Jésus-Christ. Adoration des pasteurs. Circoncision de Jésus-Christ. Purification de Marie. Cantique et prophétie de Siméon. Anne, la prophétesse. Jésus au milieu des docteurs.

1. Vers ce même temps (*a*) on publia un édit de César-Auguste, pour faire un dénombrement *des habitants* de toute la terre.
2. Ce fut le premier (*b*) dénombrement qui se fit par Cyrinus (*c*), gouverneur de Syrie.
3. Et *comme* tous allaient se faire enregistrer chacun dans sa ville,
4. Joseph partit aussi de la ville de Nazareth, qui est en Galilée,

---

(*a*) *In diebus illis*, c'est-à-dire, d'après Matthieu, au temps de *Hérode le Grand*. Or sous Hérode le Grand, la Judée ne pouvait être comprise dans un recensement qui eût été ordonné par Auguste. (Cf. Strauss.)

(*b*) L'interprétation de Bullet, qui consiste à prendre πρωτη au sens de πρωτερα, fait violence à la grammaire. Il n'y a pas besoin de recourir à cette altération pour deviner le sens de l'écrivain et son intention : il a voulu rapporter la naissance de Jésus à l'année du premier recensement, et, sans s'inquiéter des impossibilités politiques, administratives et chronologiques que contient son récit, il n'a rien trouvé de mieux que de faire cet anachronisme, qui lui servait à motiver le voyage à Jérusalem, et par suite la naissance à Bethléem. Or, le motif de Luc connu, éclairci d'ailleurs par le texte d'Isaïe, la naissance de Jésus à Bethléem n'est plus qu'une fable.

(*c*) Quirinus, d'après Josèphe, eut le gouvernement de Syrie dix ans après l'époque fixée pour la naissance de Jésus. (Cf. Strauss, sur l'*impossibilité* de justifier ce texte.)

et vint en Judée à la ville de David, appelée Bethléem ; parce qu'il était de la maison et de la famille de David (d).

5. Pour se faire enregistrer avec Marie, son épouse, qui était grosse.

6. Pendant qu'ils étaient là, il arriva que le temps où elle devait accoucher s'accomplit;

7. Et elle enfanta son Fils premier-né (e) ; et l'ayant emmaillotté, elle le coucha dans une crèche, parce qu'il n'y avait point de place pour eux dans l'hôtellerie.

8. Or il y avait aux environs des bergers, qui passaient la nuit dans les champs, veillant tour à tour à la garde de leur troupeau;

9. Et tout d'un coup un ange du Seigneur se présenta à eux, et une lumière divine les environna : ce qui les remplit d'une extrême crainte.

10. Alors l'ange leur dit : Ne craignez point; car je viens vous apporter une nouvelle, qui sera pour tout le peuple le sujet d'une grande joie :

11. C'est qu'aujourd'hui, dans la ville de David, il vous est né un Sauveur, qui est le CHRIST, le Seigneur;

12. Et voici la marque *à laquelle vous le reconnaîtrez* : vous trouverez un enfant emmaillotté et couché dans une crèche (f).

13. Au même instant, il se joignit à l'ange une grande troupe de l'armée céleste, louant Dieu et disant :

14. Gloire à Dieu au plus haut des cieux et paix sur la terre aux hommes de bonne volonté (g), *chéris de Dieu*.

---

(d) Application de la prophétie de Michée : là est toute l'explication du texte de Luc. Il veut amener Marie à Bethléem; il cherche un motif; il rencontre le recensement dont il ne savait pas la date, et il s'en empare !...

(e) *Primogenitum;* pourquoi pas *unigenitum?* Il est inconvenant de laisser faire des enfants d'un père mortel à celle qui a été l'épouse de Dieu.

(f) VERS. 7-12. — *In præsepio.* Suivant l'apocryphe, Jésus vint au monde dans une caverne servant de magasin à fourrage. (Cf. *Isaïe*, XXXIII, 16.) La circonstance du *bœuf* et de l'*âne* se trouve dans l'*Histoire de la nativité de Marie*, qui se réfère pour cela à Isaïe, I, 3.

(g) *Bonæ voluntatis*, c'est-à-dire *vocationis.* Salut aux

15. Après que les anges se furent retirés dans le ciel, les bergers se dirent l'un à l'autre : Passons jusqu'à Bethléem ; et voyons ce qui est arrivé, et ce que le Seigneur nous a fait connaître.

16. S'étant donc hâtés d'y aller, ils trouvèrent Marie et Joseph, et l'enfant couché dans une crèche ;

17. Et l'ayant vu, ils reconnurent *la vérité de ce* qui leur avait été dit touchant cet enfant (*h*).

18. Et tous ceux qui l'entendirent admirèrent ce qui leur avait été rapporté par les bergers.

19. Or Marie conservait toutes ces choses *en elle-même*, les repassant dans son cœur (*i*).

20. Et les bergers s'en retournèrent, glorifiant et louant Dieu de toutes les choses qu'ils avaient entendues et vues, selon qu'il leur avait été dit (*j*).

21. Le huitième jour, où l'enfant devait être circoncis, étant arrivé, il fut nommé Jésus (*k*), qui était le nom que l'ange lui avait annoncé, avant qu'il fût conçu dans le sein *de sa mère*.

---

hommes de la bienveillance, c'est-à-dire de la vocation messianique. On affirme de plus en plus que Jésus-Christ est le Messie, Messie *incarné*, bien que toujours au sens moral indiqué par le maître lui-même. Tout est préparé d'avance, prémédité, choisi, voulu, préparé, octroyé : le système de Paul se déroule ici dans son plein.

(*h*) Versets 16-17. — C'est d'une naïveté qui fait pardonner la fraude pieuse.

(*i*) Cf. Genèse, XXXVII, 11, où la même chose est dite de Jacob. Cf. ci-dessous, 51. Sans doute elle l'a raconté plus tard !...

(*j*) Versets 8-20. — Cf. le protévangile de Jacques et les anciens Pères sur les circonstances miraculeuses de la naissance de Jésus.

(*k*) *Jésus*. Suivant le rabbin Eliézer, il y a six personnages dont les noms ont été l'objet d'une révélation divine : Isaac, Ismaël, Moïse, Salomon, Josias, et enfin le Messie, qui pour les Juifs s'attend encore. — Hébreu, ישוע abrégé de יהושע, nom de Josué, très-commun chez les Juifs. On sait que depuis

22. Et le temps de la purification *de Marie* étant accompli, selon la loi de Moïse, ils le portèrent à Jérusalem, pour le présenter au Seigneur.

23. Selon qu'il est écrit dans la loi du Seigneur : Tout enfant mâle premier-né sera consacré au Seigneur ;

24. Et pour donner ce qui devait être offert en sacrifice, selon qu'il est écrit dans la loi du Seigneur, deux tourterelles ou deux petits de colombes *(l).*

25. Or il y avait dans Jérusalem un homme juste et craignant Dieu, nommé Siméon *(m)*, qui vivait dans l'attente de la consolation d'Israël ; et le Saint-Esprit était en lui.

26. Il lui avait été révélé, par le Saint-Esprit, qu'il ne mourrait point qu'auparavant il n'eût vu le Christ du Seigneur.

27. Il vint donc au temple, par *un mouvement de* l'Esprit *de Dieu* ; et comme le père et la mère de l'enfant Jésus l'y portaient, afin d'accomplir pour lui ce que la loi avait ordonné,

28. Il le prit entre ses bras et bénit Dieu, en disant :

29. C'est maintenant, Seigneur, que vous laisserez mourir en paix votre serviteur, selon votre parole ;

30. Puisque mes yeux ont vu le Sauveur que vous nous donnez,

31. Et que vous destinez pour être exposé à la vue de tous les peuples,

---

le retour de la captivité, il y a eu sept ou huit grands-prêtres du nom de Jésus.

*(l)* Vers. 21-24. — Ce récit n'est autre que la description des prescriptions moïsiaques ; mais elle contredit positivement le récit de Matthieu (I, 15), concernant l'adoration des Mages et la fuite en Égypte. Ici tout se passe publiquement et en paix ; là Hérode est furieux, et la sainte famille forcée de se cacher. Preuve de plus entre mille que les évangélistes, non-seulement ne se sont pas entendus, mais qu'ils ont raconté des faits fabriqués de toute pièce par les uns et par les autres.

*(m) Siméon*, c'est le même que Samias, dont il est question dans Josèphe, suivant quelques-uns ; ou *Siméon*, fils de Hillel, suivant les autres. Toute cette scène de Siméon et de la prophétesse Anna fait pendant à celle de la circoncision de Jean-Baptiste. (Cf. plus haut, I, 57-80.)

32. Comme la lumière qui éclairera les nations et la gloire d'Israël, votre peuple (*n* et *o*).

33. Le père et la mère de Jésus étaient dans l'admiration des choses qu'on disait de lui.

34. Et Siméon les bénit et dit à Marie, sa mère : Cet enfant est pour la ruine et pour la résurrection de plusieurs dans Israël et pour être en butte à la contradiction (*p*) des hommes;

35. (*Jusque-là que* votre âme même sera percée comme par une épée), afin que les pensées *cachées* dans le cœur de plusieurs soient découvertes (*q*).

36. Il y avait aussi une prophétesse, nommée Anne (*r*), fille de Phanuel, de la tribu d'Aser, qui était fort avancée en âge et qui n'avait vécu que sept ans (*s*) avec son mari, depuis qu'elle l'avait épousé, étant vierge.

37. Elle était alors veuve, âgée de quatre-vingt-quatre ans; et elle demeurait sans cesse dans le temple, servant *Dieu* jour et nuit dans les jeûnes et dans les prières.

38. Etant donc survenue en ce même instant, elle se mit aussi à louer le Seigneur et à parler de lui à tous ceux qui attendaient (*t*) la rédemption d'Israël.

39. Après qu'ils eurent accompli tout ce qui était ordonné par la loi du Seigneur, ils s'en retournèrent en Galilée, à Nazareth (*u*), leur ville.

---

(*n*) Mission de Paul annoncée conjointement à celle de Pierre. L'œuvre de *grâce* se développe. Quel chemin depuis la mort de Jésus!

(*o*) VERSETS 29-32. — Ces cantiques sont très-beaux. (Cf. ci-dessus, I, 46-55.)

(*p*) Jésus et sa doctrine, pierre d'achoppement d'abord.

(*q*) Cf. psaume XXII; c'est le psaume messianique de malheur.

(*r*) Encore une *Anna*.

(*s*) *Annis septem*. Singulier détail domestique!

(*t*) *Exspectabant*. Ceci prouve au moins une chose, l'attente d'Israël.

(*u*) Nazareth, vraie patrie de Jésus. On voit que Bethléem ne figure ici que mythiquement.

40. Cependant l'enfant croissait et se fortifiait, étant rempli de sagesse, et la grâce (*v*) de Dieu était en lui (*w*).

41. Son père et sa mère allaient tous les ans à Jérusalem, à la fête de pâque.

42. Et lorsqu'il fut âgé de douze ans (*x*), ils y allèrent, selon qu'ils avaient accoutumé, au temps de la fête.

43. Quand les jours de la fête furent passés, lorsqu'ils s'en retournaient, l'enfant Jésus demeura dans Jérusalem, sans que son père ni sa mère s'en aperçussent (*y*).

44. Et, pensant qu'il serait avec quelqu'un de ceux de leur compagnie, ils marchèrent durant un jour; et ils le cherchaient parmi leurs parents et ceux de leur connaissance.

45. Mais ne l'ayant point trouvé, ils retournèrent à Jérusalem pour l'y chercher.

46. Trois jours après, ils le trouvèrent dans le temple, assis au milieu des docteurs, les écoutant et les interrogeant.

47. Et tous ceux qui l'écoutaient étaient ravis en admiration de sa sagesse et de ses réponses.

48. Lors donc qu'ils le virent, ils furent remplis d'étonnement, et sa mère lui dit : Mon fils, pourquoi avez-vous agi ainsi avec nous? Voilà votre père et moi qui vous cherchions, étant tout affligés.

49. Il leur répondit : Pourquoi me cherchiez-vous ? Ne saviez-vous pas qu'il faut que je sois *occupé* à ce qui regarde le service de mon Père (*z*)?

---

(*v*) *Gratia.* — C'est du Paul.

(*w*) Cf. ci-dessus, I, 80; cf. *Juges*, XIII, 24 et suiv., ce qui est dit de Samson; cf. plus loin, 52.

(*x*) On a de tout temps recherché les circonstances de l'enfance des hommes célèbres. L'âge de douze ans chez les anciens était un point essentiel de développement. (Cf. Samuel Daniel, Salomon, et Moïse même, d'après les traditions.)

(*y*) Escapade pieuse. Cette historiette puérile est, comme tant d'autres de Luc, d'un goût douteux. Les bienséances y sont complètement sacrifiées; le goût, la critique, tout. — Décidément il n'y a de bon ici que *les paroles* de Jésus, *les cantiques*, tout ce qui est VRAI.

(*z*) *Patris mei.* Ce mot, suivant Strauss, renferme tout le

50. Mais ils ne comprirent point ce qu'il leur disait.

51. Il s'en alla ensuite avec eux, et il vint à Nazareth, et il leur était soumis. Or sa mère conservait dans son cœur toutes ces choses.

52. Et Jésus croissait (*aa*) en sagesse, en âge et en grâce, devant Dieu et devant les hommes.

---

but de cette histoire. Jésus est le *Fils de Dieu*; il le sait dès sa naissance, et ses parents ne s'en doutent pas.

(*aa*) *Proficiebat*. On a fait beaucoup de conjectures sur l'éducation intellectuelle de Jésus. On a supposé tour à tour qu'il avait été élève des rabbins, des scribes, des sadducéens, des esséniens. L'essénianisme surtout a été considéré par plusieurs comme le tronc du christianisme. De même que Moïse a été supposé *imbu de toute la sagesse des Egyptiens*, de même Jésus a dû concentrer en lui la doctrine d'une ou plusieurs écoles avant de se produire sur la scène. Les Juifs hellénistes et jusqu'aux païens convertis ont pu agir sur sa pensée.

Pour moi, je crois assez inutile toute cette investigation. Jésus est Galiléen, domicilié à Nazareth, charpentier de son état. Comme tout Juif, il lit les Écritures; comme plus intelligent et plus religieux, il les pénètre plus à fond, surtout les prophètes et les psaumes; comme homme du peuple, il tend à une réforme de l'Église et de l'État; comme travailleur et praticien, il fuit les sectes et les capucinades. Ses grades, il les prend sur la place publique; sa critique, dans le sens commun; sa religion, dans le mosaïsme interprété à la manière des prophètes. Il dut croire au Messie, vivant dans une époque où chacun en sollicitait la venue, où la conscience publique lui commandait de paraître, et lui traçait par avance le rôle qu'il devait jouer. Jésus fut un de ceux qui s'exprimèrent avec le plus d'énergie sur le vrai messianisme, c'est-à-dire sur l'émancipation du peuple et la réforme des abus. Ici se présente une idée fort simple et qui résout bien des difficultés. Le même spiritualisme, qui depuis des

## CHAPITRE III.

Prédication et baptême de saint Jean-Baptiste. Ses reproches et ses instructions. Témoignage qu'il rend à Jésus-Christ. Sa prison. Baptême et généalogie de Jésus-Christ.

1. Or l'an quinzième (*a*) de l'empire de Tibère César (Ponce Pilate étant gouverneur de la Judée; Hérode, tétrarque de la Galilée; Philippe, son frère, de l'Iturée et de la province de Trachonite, et Lysanias, d'Abylène;

2. Anne et Caïphe étant grands-prêtres), le Seigneur fit entendre sa parole à Jean, fils de Zacharie, dans le désert;

3. Et il vint dans tout le pays qui est aux environs du Jourdain,

---

siècles enseignait aux prophètes à se moquer des cérémonies sacerdotales, a bien pu enseigner à Jésus à se moquer des rêveries juives sur le Messie. — C'est ensuite qu'il a pu dire quelquefois : Je suis le Messie ; c'est-à-dire il n'y a pas d'autre révolution messianique à attendre que celle que je vous prêche !...

(*a*) L'an 15 de Tibère correspond à l'an 28 de l'ère vulgaire. La prédication de Jésus ayant été d'un an environ, c'est donc l'an 29, à la pâque, qu'il fut crucifié, sous le consulat des deux Géminus, ainsi que le crurent Lactance et plusieurs anciens. (Cf. Lactance, *Div. instit.*, liv. IV, ch. 10.) La pâque de cette année, c'est-à-dire le grand sabbat, tombait, suivant cet auteur, le 9 des calendes d'avril, ou le 25 mars, et Jésus aurait été crucifié le 10. — Suivant Tertullien, Chrysostome, Augustin, Jérôme et Vida, Jésus aurait été crucifié le 8. — Le synchronisme indiqué par Luc est du reste exact, sauf en ce qui concerne Lysanias, mis à mort trente-quatre ans avant cette époque par les instigations de Cléopâtre. (Cf. Strauss; cf. *Matthieu* et *Marc*, notes.)

prêchant le baptême de pénitence, pour la rémission des péchés (*b*).

4. Ainsi qu'il est écrit au livre des paroles du prophète Isaïe : *On entendra* la voix de celui qui crie dans le désert : Préparez la voie du Seigneur; rendez droits ses sentiers :

5. Toute vallée sera remplie, et toute montagne et toute colline sera abaissée; les chemins tortus deviendront droits, et les raboteux, unis;

6. Et tout homme verra le Sauveur *envoyé* de Dieu (*c*).

7. Il disait donc au peuple, qui venait en troupes pour être baptisé par lui : Race de vipères, qui vous a avertis de fuir la colère qui doit tomber sur vous?

8. Faites donc de dignes fruits de pénitence, et n'allez pas dire : Nous avons Abraham pour père. Car je vous déclare que Dieu peut faire naître de ces pierres mêmes des enfants à Abraham.

9. La cognée est déjà à la racine des arbres. Tout arbre donc qui ne produit point de bons fruits sera coupé et jeté au feu (*d*).

10. Et le peuple lui demandant : Que devons-nous donc faire?

11. Il leur répondit : Que celui qui a deux vêtements en donne à celui qui n'en a point; et que celui qui a de quoi manger en fasse de même.

12. Il y eut aussi des publicains qui vinrent à lui, pour être baptisés, et qui lui dirent : Maître, que faut-il que nous fassions?

13. Il leur dit : N'exigez rien au delà de ce qui vous a été ordonné.

14. Les soldats aussi lui demandaient : Et nous, que devons-nous faire? Il leur répondit : N'usez point de violence ni de fraude envers personne, et contentez-vous de votre paye (*e*).

15. Cependant le peuple étant dans une grande suspension d'es-

---

(*b*) Jean le Baptiseur, ainsi qu'il a été déjà remarqué ailleurs, est un messianiste dans le sens le plus juif; il prêche la pénitence afin que la prière et les bonnes œuvres du peuple aident à la descente du juste!

(*c*) Vers. 4-6. — L'annonce positive que Jean fait du Messie a été appliquée à Jésus par les chrétiens.

(*d*) Vers 7-9. — Tout à fait dans le style des prophètes. Cependant l'allusion qui s'y trouve à la vocation des Gentils ne permet de les rapporter à Jean qu'avec circonspection.

(*e*) Versets 11-14. — Réformateur moraliste, comme sera Jésus.

prit, et tous pensant en eux-mêmes si Jean ne serait point le Christ;

16. Jean dit devant tout le monde : Pour moi, je vous baptise dans l'eau; mais il en viendra un autre plus puissant que moi, et je ne suis pas digne de délier les cordons de ses souliers. C'est lui qui vous baptisera dans le Saint-Esprit et dans le feu (*f*).

17. Il prendra le van en main, et il nettoiera son aire; il amassera le blé dans son grenier, et il brûlera la paille dans un feu qui ne s'éteindra jamais.

18. Il disait encore beaucoup d'autres choses au peuple, dans les exhortations qu'il leur faisait.

19. Mais Hérode, le tétrarque, étant repris par lui au sujet d'Hérodiade, femme de son frère *Philippe*, et de tous les autres maux qu'il avait faits;

20. Il ajouta encore à tous ses crimes celui de faire mettre Jean en prison (*g*).

21. Or il arriva que le peuple, recevant le baptême, et Jésus ayant été aussi baptisé, comme il faisait sa prière, le ciel s'ouvrit (*h*),

---

(*f*) Jean abonde dans le sens juif; il ne songe nullement à le réfuter. Non, dit-il, je ne suis pas le Christ, mais je l'annonce. Seulement il a l'air de jouer ici sur le mot. — Jésus, au contraire, n'annonce pas le Christ de cette façon : il dit, pour ceux qui peuvent l'entendre : *le voilà !* le Christ, c'est la réforme; ceux qui l'entendent autrement sont des hommes charnels qui ne comprennent point les Ecritures.

(*g*) Anticipation sur ce qui suit, verset 21.

(*h*) Jean prêchait et baptisait la quinzième année de Tibère. A quelle époque de cette année Jésus vint-il le trouver ? Les évangélistes ne le disent pas; mais il est permis de supposer qu'il vint à la pâque de cette année quinzième, puisqu'elle était l'occasion naturelle du voyage, et que pour arriver à l'endroit où Jean baptisait, il fallait passer par Jérusalem. Tous les évangélistes s'entendent à faire de Jean l'initiateur de Jésus, ou du moins à signaler la visite de celui-ci comme le point de départ de sa prédication; on peut en tirer cette conséquence, que la prédication de Jésus dura *un an* entier, dont six mois en Galilée et six mois à Jérusalem. (Cf. *Matthieu*, III.)

22. Et le Saint-Esprit descendit sur lui en forme corporelle, comme une colombe; et on entendit du ciel cette voix : Vous êtes mon Fils bien-aimé; c'est en vous que j'ai mis toute mon affection.

23. Jésus avait environ trente ans lorsqu'il commença *à exercer son ministère*, étant, comme l'on croyait (i), fils de Joseph, qui fut fils d'Héli, qui fut *fils* de Mathat,

24. Qui fut *fils* de Lévi, qui fut *fils* de Melchi, qui fut *fils* de Jeanna, qui fut *fils* de Joseph,

25. Qui fut *fils* de Mathathias, qui fut *fils* d'Amos, qui fut *fils* de Nahum, qui fut *fils* d'Hesli, qui fut *fils* de Naggé,

26. Qui fut *fils* de Mahath, qui fut *fils* de Mathathias, qui fut *fils* de Séméi, qui fut *fils* de Joseph, qui fut *fils* de Juda,

27. Qui fut *fils* de Joanna, qui fut *fils* de Résa, qui fut *fils* de Zorobabel, qui fut *fils* de Salathiel, qui fut *fils* de Néri,

28. Qui fut *fils* de Melchi, qui fut *fils* d'Addi, qui fut *fils* de Cosan, qui fut *fils* d'Elmadan, qui fut *fils* d'Her,

29. Qui fut *fils* de Jésus, qui fut *fils* d'Eliézer, qui fut *fils* de Jorim, qui fut *fils* de Mathat, qui fut *fils* de Lévi,

30. Qui fut *fils* de Siméon, qui fut *fils* de Juda, qui fut *fils* de Joseph, qui fut *fils* de Jona, qui fut *fils* d'Eliakim,

31. Qui fut *fils* de Méléa, qui fut *fils* de Menna, qui fut *fils* de Mathatha, qui fut *fils* de Nathan, qui fut *fils* de David,

32. Qui fut *fils* de Jessé, qui fut *fils* d'Obed, qui fut *fils* de Booz, qui fut *fils* de Salomon, qui fut *fils* de Naasson,

33. Qui fut *fils* d'Aminadab, qui fut *fils* d'Aram, qui fut *fils* d'Esron, qui fut *fils* de Pharès, qui fut *fils* de Juda,

34. Qui fut *fils* de Jacob, qui fut *fils* d'Isaac, qui fut *fils* d'Abraham, qui fut *fils* de Tharé, qui fut *fils* de Nachor,

35. Qui fut *fils* de Sarug, qui fut *fils* de Ragaü, qui fut *fils* de Phaleg, qui fut *fils* d'Héber, qui fut *fils* de Salé,

---

(i) *Ut putabatur* : ce mot prouve que la généalogie rapportée par Luc a été prise d'ailleurs; qu'elle a été fabriquée à une époque où l'on voulait, suivant le messianisme juif, que Jésus descendît de David *selon la chair*, comme le dit Paul lui-même (*Rom.*, i, 3 et suiv.). — En conséquence, cette généalogie détruit l'histoire de la conception surnaturelle, comme celle-ci rend la première inutile et sans objet. Ainsi la doctrine de Luc est un progrès sur celle des auteurs des généalogies attribuées aux plus anciens chrétiens, les Ébionites.

36. Qui fut *fils* de Caïnan, qui fut *fils* d'Arphaxad, qui fut *fils* de Sem, qui fut *fils* de Noé, qui fut *fils* de Lamech,
37. Qui fut *fils* de Mathusalé, qui fut *fils* d'Enoch, qui fut *fils* de Jared, qui fut *fils* de Malaléel, qui fut *fils* de Caïnan,
38. Qui fut *fils* d'Enos, qui fut *fils* de Seth, qui fut *fils* d'Adam, qui fut *créé* de Dieu (*j*).

## CHAPITRE IV.

Jeûne et tentation de Jésus-Christ. Il commence à prêcher. Il prêche à Nazareth. Délivrance d'un possédé. Guérison de la belle-mère de saint Pierre. Retraite de Jésus dans le désert.

1. Jésus, étant plein du Saint-Esprit, revint des bords du Jourdain; et il fut poussé par l'Esprit dans le désert (*a*).
2. Il y demeura quarante jours (*b*), et il fut tenté (*c*) par le diable. Il ne mangea rien pendant tout ce temps-là; et lorsque ces jours furent passés (*c*), il eut faim.

---

(*j*) VERSETS 23-38. — Deux Mathat, deux Mathathias et un Mathata?...

Sur la conciliation de la généalogie de Luc avec celle de Matthieu, cf. Strauss. Un mot, selon moi, résume toute cette discussion, et ce mot n'a pas été dit : c'est que Luc a voulu *démentir* ou *rectifier*, sur plus ample informé, la généalogie donnée par Matthieu.

(*a*) Le récit de la tentation ne se trouve pas dans Jean.

(*b*) Quarante jours, nombre cabalistique. — On ne peut trouver la place nécessaire à ces quarante jours, d'après *Jean*, I, 19, 29, 35, 43, et II, 1, qui raconte sans interruption ce que fit Jésus pendant les quatre premiers jours après son baptême, et le fait aller immédiatement en Galilée...

(*c*) *Tentabatur... et consummatis.* Les trois évangélistes sont ici en divergence : Matthieu place la tentation *après*, Marc *pendant*, Luc *pendant* et *après*. Cette divergence prouve que, pour ce fait spécial, le récit le plus simple et le plus pri-

3. Alors le diable lui dit : Si vous êtes le Fils de Dieu, commandez à cette pierre qu'elle devienne du pain.

4. Jésus lui répondit : Il est écrit que l'homme ne vit pas seulement de pain, mais de toute parole de Dieu.

5. Et le diable le transporta sur une haute montagne, d'où lui ayant fait voir, en un moment, tous les royaumes du monde (*d*).

6. Il dit : Je vous donnerai toute cette puissance, et la gloire de ces royaumes; car elle m'a été donnée, et je la donne à qui me plaît.

7. Si donc vous voulez m'adorer, toutes ces choses seront à vous.

8. Jésus lui répondit : Il est écrit : Vous adorerez le Seigneur votre Dieu, et vous ne servirez que lui seul.

9. Le diable le transporta encore à Jérusalem ; et, l'ayant mis sur le haut du temple, il lui dit : Si vous êtes le Fils de Dieu, jetez-vous d'ici en bas;

10. Car il est écrit qu'il a ordonné à ses anges d'avoir soin de vous et de vous garder,

11. Et qu'ils vous soutiendront de leurs mains, de peur que vous ne vous heurtiez le pied contre quelque pierre.

12. Jésus lui répondit : Il est écrit : Vous ne tenterez point le Seigneur votre Dieu.

13. Le diable, ayant achevé toutes ses tentations, se retira de lui pour un temps (*e*).

---

mitif, suivant les probabilités, est celui de Marc; le deuxième en date, celui de Matthieu; le troisième, celui de Luc.

(*d*) Cette tentation est placée la troisième dans Matthieu. (Voir, pour l'explication de cette histoire, Strauss.)

(*e*) VERS. 1-13. — Il est évident que l'histoire de cette tentation doit être retranchée de la vie de Jésus. — Pourquoi donc et dans quel but a-t-elle été supposée? D'abord on a voulu assimiler Jésus à Moïse et autres (cf. *Matthieu*, IV); puis on a voulu lui faire professer sa doctrine sur le Messie (versets 4, 6 et 12), où il dit : 1° que le *Verbe* est parole de Dieu; 2° que son royaume n'est pas de ce monde; 3° que les miracles ne prouvent rien.

Ainsi interprétée, cette tentation pose très-bien Jésus anti-Messie, réformateur, et point thaumaturge.

Cette narration serait digne de Jésus même à tous les

14. Alors Jésus s'en retourna en Galilée, par la vertu de l'Esprit (f) *de Dieu*; et sa réputation se répandit dans tout le pays d'alentour.

15. Il enseignait dans leurs synagogues, et était estimé et honoré de tout le monde.

16. Étant venu à Nazareth, où il avait été élevé (g), il entra, selon sa coutume, le jour du sabbat, dans la synagogue, et il se leva pour lire.

17. On lui présenta le livre du prophète Isaïe; et, l'ayant ouvert, il trouva l'endroit où ces paroles étaient écrites :

18. L'Esprit du Seigneur s'est *reposé* sur moi; c'est pourquoi il m'a consacré par son onction (h); il m'a envoyé pour prêcher l'évangile aux pauvres, pour guérir ceux qui ont le cœur brisé;

19. Pour annoncer aux captifs leur délivrance, et aux aveugles le recouvrement de la vue; pour renvoyer libres ceux qui sont brisés *sous leurs fers*; pour publier l'année favorable du Seigneur (i), et le jour où il se vengera (j) *de ses ennemis*.

20. Ayant fermé le livre, il le rendit au ministre, et s'assit. Tout le monde, dans la synagogue, avait les yeux arrêtés sur lui.

---

points de vue, et rien n'empêche qu'il en ait fait une de ses paraboles. — Cependant les cantiques de Marie, Zacharie et Siméon prouvent qu'il existait des hommes capables des plus hautes conceptions et de la plus sublime poésie religieuse.

(f) *Virtute spiritûs.* Ces mots, que Strauss n'a pas relevés, montrent assez clairement que la tentation est arrivée aussi par la *vertu de l'esprit*, c'est-à-dire qu'elle est une invention. Il était connu que Jésus, après son baptême, *était retourné en Galilée.* Où donc placer son voyage au désert? Quand et comment l'avait-il fait? Par la vertu de l'esprit, dit Luc.

(g) *Nutritus,* en pension; nous retombons dans le trivial; grec τεθραμμενος, élevé.

(h) *Unxit me;* allusion à l'*Oint* ou Messie. Cette scène est arrangée.

(i) *Annum Domini.* Le temps du Messie.

(j) *Diem retributionis.*

21. Et il commença à leur dire : C'est aujourd'hui que cette écriture que vous venez d'entendre est accomplie (*k*).

22. Et tous lui rendaient témoignage; et, dans l'étonnement (*l*) où ils étaient des paroles pleines de grâce qui sortaient de sa bouche, ils disaient : N'est-ce pas là le fils de Joseph ?

23. Alors il leur dit : Sans doute que vous m'appliquerez ce proverbe : Médecin, guérissez-vous vous-même; *et que vous me direz* : Faites ici en votre pays d'aussi grandes choses que nous avons entendu dire que vous en avez fait à Capharnaüm ?

24. Mais je vous dis, en vérité, ajouta-t-il, qu'aucun prophète n'est bien reçu en son pays (*m*).

25. Je vous dis, en vérité, qu'il y avait beaucoup de veuves en Israël au temps d'Élie, lorsque le ciel fut fermé, durant trois ans et six mois, et qu'il y eut une grande famine dans toute la terre ;

26. Et *néanmoins* Élie ne fut envoyé chez aucune d'elles, mais chez une femme veuve de Sarepta, dans le pays des Sidoniens.

27. Il y avait de même beaucoup de lépreux dans Israël, au temps du prophète Élisée ; et *néanmoins* aucun d'eux ne fut guéri, mais seulement Naaman, qui était de Syrie.

28. Tous ceux de la synagogue, l'entendant parler de la sorte, furent remplis de colère (*n*) ;

---

(*k*) Langage prêté à Jésus par Luc. Ce n'est pas ainsi que Marc et Matthieu le racontent.

(*l*) *Mirabantur*. Jusqu'ici il n'y a pas de quoi. — Mais il faut lire ce qui est dans Matthieu et Marc avant cette scène.

(*m*) Cf. *Matthieu*, XIII, 54, 58, et *Marc*, VI, 1. Le même mot est dit dans une circonstance tout autre et avec un sens différent. — Tout ce passage de Luc semble avoir été imaginé pour servir de commentaire au mot ironique qu'il ne comprenait plus.

(*n*) Il y avait de quoi, en effet. Les paroles que Luc prête ici à Jésus sont de la dernière insolence et d'une verve incroyable. — Remarquons cependant que Matthieu et Marc ne disent mot de cette aventure. Ne serait-ce point que la chose a été arrangée pour motiver l'appel aux Gentils ? On reconnaît, en effet, dans ce discours de Jésus le style caustique de Paul. — Il est à remarquer ici que Luc, de même que Marc, ne dit rien de la doctrine morale de Jésus; tout au

29. Et, se levant, ils le chassèrent hors de leur ville, et le menèrent jusque sur la pointe de la montagne, sur laquelle elle était bâtie, pour le précipiter.

30. Mais il passa au milieu d'eux, et se retira.

31. Il descendit à Capharnaüm, qui est une ville de Galilée, où il les enseignait les jours de sabbat.

32. Et sa manière d'enseigner les remplissait d'étonnement (*o*), parce que la parole était accompagnée de puissance *et* d'autorité.

33. Il y avait dans la synagogue un homme possédé d'un démon impur, qui jeta un grand cri,

34. En disant : Laissez-nous : qu'y a-t-il *de commun* entre nous et vous, Jésus de Nazareth? Êtes-vous venu pour nous perdre? Je sais qui vous êtes : *vous êtes* le Saint de Dieu.

35. Mais Jésus, lui parlant avec menaces, lui dit : Tais-toi, et sors de cet homme. Et le démon, l'ayant jeté à terre au milieu de *tout le peuple*, sortit de lui, sans lui avoir fait aucun mal.

36. Tous *ceux qui étaient là* en furent épouvantés ; et ils se parlaient l'un à l'autre, en disant : Qu'est-ce *donc* que ceci? Il commande avec autorité et avec puissance aux esprits impurs, et ils sortent *aussitôt*.

37. Et sa réputation se répandit de tous côtés dans le pays d'alentour.

38. Jésus, étant sorti de la synagogue, entra dans la maison de Simon, dont la belle-mère avait une grosse fièvre : et ils le prièrent pour elle.

39. Alors, s'étant approché de la malade, il commanda à la fièvre *de la quitter*, et la fièvre la quitta ; et, s'étant levée aussitôt, elle les servait (*p*).

---

moins qu'il n'a pas essayé de la condenser en trois chapitres (ou plus), comme l'a fait Matthieu, V, VI, VII. Ce n'est déjà plus le moraliste que Marc et Luc, personnages d'une autre génération, recherchent : c'est le thaumaturge, le Messie.

(*o*) Cf. ci-dessus, 22. — Luc parle beaucoup du bruit que faisait Jésus, de l'admiration qu'il excitait, etc. Il eût mieux fait de rapporter avec exactitude ses discours.

(*p*) VERS. 33-39. — On voit que le biographe de Jésus non-seulement ne comprend plus son héros, mais ne s'accorde pas avec lui-même. Après nous avoir appris par l'histoire de la tentation que Jésus répudie les miracles, il lui en fait faire deux, coup sur coup.

40. Le soleil étant couché, tous ceux qui avaient des malades, affligés de diverses maladies, les lui amenaient; et, imposant les mains sur chacun d'eux, il les guérissait.

41. Les démons sortaient aussi *du corps* de plusieurs, en criant et en disant : Vous êtes *le Christ*, le Fils de Dieu (*q*). Mais il les menaçait, et les empêchait de dire qu'ils sussent qu'il était le Christ.

42. Lorsqu'il fut jour, il sortit, et s'en alla dans un lieu désert; et tout le peuple vint le chercher jusqu'où il était : et, comme ils s'efforçaient de le retenir, ne voulant point qu'il les quittât,

43. Il leur dit : Il faut que je prêche aussi aux autres villes l'Évangile du royaume de Dieu, car c'est pour cela que j'ai été envoyé.

44. Et il prêchait dans les synagogues (*r*) de Galilée.

## CHAPITRE V (*a*).

Pêche miraculeuse. Vocation de saint Pierre, saint Jacques et saint Jean. Lépreux. Paralytique. Vocation de saint Matthieu. Jeûne.

1. Un jour que Jésus était sur le bord du lac de Génésareth, se trouvant accablé par la foule du peuple, qui se pressait pour entendre la parole de Dieu,

---

(*q*) Voilà des témoignages étranges; mais pour l'époque, c'étaient les meilleurs. Cela s'est vu peu de temps avant la Révolution, à Besançon et ailleurs, à l'exhibition du béni saint *Suaire*.

(*r*) *In synagogis*. Le système de Jésus a été le même que celui de Paul et des autres apôtres. Il allait de synagogue en synagogue; c'était là qu'il trouvait ses premiers auditeurs; il parlait au nom des idées courantes; il était donc sur un terrain commun. Le premier effet obtenu dans la synagogue, la foule entourait le réformateur à la sortie; on lui faisait la conduite; on s'embarquait sur le lac; on banquetait sur l'herbe, etc.

(*a*) Des miracles!...

2. Il vit deux barques arrêtées au bord du lac, dont les pêcheurs étaient descendus, et lavaient leurs filets.

3. Il entra donc dans l'une de ces barques, qui était à Simon, et les pria de s'éloigner un peu de la terre; et, s'étant assis, il enseignait le peuple de dessus la barque.

4. Lorsqu'il eut cessé de parler, il dit à Simon : Avancez en pleine eau, et jetez vos filets pour pêcher.

5. Simon lui répondit : Maître, nous avons travaillé toute la nuit sans rien prendre; mais néanmoins je jetterai le filet sur votre parole.

6. L'ayant jeté, ils prirent une si grande quantité de poissons que leur filet se rompait.

7. Et ils firent signe à leurs compagnons, qui étaient dans une autre barque, de venir les aider. Ils y vinrent, et ils remplirent tellement les deux barques qu'il s'en fallait peu qu'elles ne coulassent à fond.

8. Ce que Simon-Pierre ayant vu, il se jeta aux pieds de Jésus, en disant : Seigneur, retirez-vous de moi, parce que je suis un pécheur.

9. Car il était tout épouvanté, aussi bien que tous ceux qui étaient avec lui, de la pêche des poissons qu'ils avaient faite.

10. Jacques et Jean, fils de Zébédée, qui étaient compagnons de Simon, étaient dans le même étonnement. Alors Jésus dit à Simon : Ne craignez point, votre emploi sera désormais de prendre des hommes.

11. Et, ayant ramené leurs barques à bord, ils quittèrent tout et le suivirent.

12. Lorsque Jésus était en une certaine ville, un homme, tout couvert de lèpre, l'ayant vu, se prosterna contre terre, et le priait, en lui disant : Seigneur, si vous voulez, vous pouvez me guérir.

13. Jésus, étendant la main, le toucha, et lui dit : Je le veux, soyez guéri. Et sa lèpre disparut au même instant.

14. Jésus lui commanda de n'en parler à personne. Mais allez, *dit-il*, vous montrer au prêtre, et offrez, pour votre guérison, ce que Moïse a ordonné, afin que cela leur serve de témoignage.

15. Cependant, comme sa réputation se répandait de plus en plus, les peuples venaient en foule pour l'entendre et pour être guéris de leurs maladies;

16. Mais il se retirait dans le désert et il y priait.

17. Un jour, comme il enseignait, étant assis, et que des pharisiens et des docteurs de la loi, qui étaient venus de tous les villages de la Galilée, *du pays* de Judée, et *de la ville* de Jérusalem, étaient assis *près de lui*, la vertu du Seigneur agissait pour la guérison des malades.

18. Et quelques personnes, portant sur un lit un homme qui était paralytique, cherchaient le moyen de le faire entrer *dans la maison*, et de le présenter devant lui.

19. Mais ne trouvant point par où le faire entrer, à cause de la foule du peuple, ils montèrent sur le haut de la maison, d'où ils le descendirent par les tuiles avec le lit où il était, *et le mirent* au milieu *de la place* devant Jésus,

20. Qui, voyant leur foi, dit au malade : Mon ami, vos péchés vous sont remis.

21. Alors les scribes et les pharisiens dirent en eux-mêmes : Qui est celui-ci qui blasphème *de la sorte?* Qui peut remettre les péchés que Dieu seul ?

22. Mais Jésus, connaissant leurs pensées, leur dit : A quoi pensez-vous dans vos cœurs?

23. Lequel est le plus aisé, ou de dire : Vos péchés vous sont remis ; ou de dire : Levez-vous, et marchez ?

24. Or, afin que vous sachiez que le Fils de l'homme a sur la terre le pouvoir de remettre les péchés : Levez-vous, je vous le commande, dit-il au paralytique; emportez votre lit, et vous en allez en votre maison (*b*).

25. Il se leva au même instant en leur présence; et emportant le lit où il était couché, il s'en retourna en sa maison, rendant gloire à Dieu.

26. Ils furent tous remplis d'un extrême étonnement, et ils rendaient gloire à Dieu. Et, dans la frayeur dont ils étaient saisis, ils disaient : Nous avons vu aujourd'hui des choses prodigieuses.

27. Après cela, Jésus, étant sorti, vit un publicain, nommé Lévi, assis au bureau des impôts, et il lui dit : Suivez-moi.

28. Et lui, quittant tout, se leva et le suivit.

29. Lévi lui fit ensuite un grand festin dans sa maison, où il se trouva un grand nombre de publicains, et d'autres qui étaient à table avec eux.

30. Mais les pharisiens et les docteurs des Juifs en murmuraient, et disaient aux disciples de Jésus : Pourquoi mangez-vous et buvez-vous avec des publicains et des gens de mauvaise vie ?

31. Et Jésus, prenant la parole, leur dit : Ce ne sont pas les sains (*c*), mais les malades, qui ont besoin de médecin.

32. Je suis venu pour appeler, non les justes (*c*), mais les pécheurs, à la pénitence.

33. Alors ils lui dirent : Pourquoi les disciples de Jean, aussi

---

(*b*) Vers. 20-24. — Cf. *Matthieu*, ix, et *Marc*, ii, 7, notes. Luc a suivi Marc, et s'est montré aussi peu intelligent que lui.

(*c*) Vers. 31-32. — *Sani, justos*, mots ironiques à l'adresse des pharisiens.

bien que ceux des pharisiens, font-ils souvent des jeûnes et des prières, et que les vôtres mangent et boivent ?

34. Il leur répondit : Pouvez-vous faire jeûner les amis de l'époux, tandis que l'époux est avec eux ?

35. Mais il viendra un temps où l'époux leur sera ôté, et alors ils jeûneront.

36. Il leur proposa aussi cette comparaison : Personne ne met une pièce de drap neuf à un vieux vêtement; car si on le fait, le neuf déchire *le vieux*, et cette pièce de drap neuf ne convient point au vieux vêtement.

37. Et l'on ne met point non plus le vin nouveau dans de vieux vaisseaux, parce que, si on le fait, le vin nouveau rompra les vaisseaux; le vin sera répandu, et les vaisseaux se perdront.

38. Mais il faut mettre le vin nouveau dans des vaisseaux neufs, et ainsi tout se conserve (*d*).

39. Et il n'y a personne qui, buvant du vin vieux, veuille aussitôt du nouveau; parce qu'il dit : Le vieux est meilleur (*e*).

---

(*d*) VERS. 36-38. — Je doute que Jésus soit allé aussi loin que cela dans ses invectives. C'est l'âcreté du paulinisme qu'on retrouve ici. Le discours de Jésus n'a pas le même sens chez Luc que chez Matthieu. Dans Luc, le discours de Jésus est une exclusion énergique du judaïsme; dans Matthieu, ce sont les pharisiens et les scribes qu'il qualifie de *vieux* et *usés*. — Ici, en un mot, Jésus fait un argument contre la religion, là contre des personnes. — Ajoutons que la critique tombe ici sur Jean aussi bien que sur les pharisiens. Jean, observateur exact de la loi, jeûneur, croyant au Messie, est une de ces outres vieilles qui ne comprennent pas l'idée nouvelle. (Cf. ci-dessous, VII, 28.)

(*e*) VERS. 33-39. — Tout ceci ne me paraît pas avoir été mieux compris de Luc que ce qui précède. (Cf. *Matthieu*, IX, 15.)

## CHAPITRE VI.

Épis rompus. Main sèche. Élection des apôtres. Sermon de Jésus-Christ.

1. Un jour de sabbat, *appelé* le second-premier, comme Jésus passait le long des blés, ses disciples se mirent à rompre des épis; et, les froissant dans leurs mains, ils mangeaient.

2. Alors quelques-uns des pharisiens leur dirent : Pourquoi faites-vous ce qu'il n'est point permis *de faire* au jour du sabbat?

3. Jésus, prenant la parole, leur dit : N'avez-vous donc pas lu ce que fit David, lorsque lui et ceux qui l'accompagnaient furent pressés par la faim.

4. Comment il entra dans la maison de Dieu, et prit les pains qui y étaient exposés, en mangea, et en donna à ceux qui étaient avec lui, quoiqu'il n'y ait que les prêtres seuls à qui il soit permis d'en manger?

5. Et il ajouta : Le Fils de l'homme est maître du sabbat même (*a*).

6. Une autre fois, étant encore entré dans la synagogue, un jour de sabbat, il enseignait; et il y avait là un homme dont la main droite était desséchée.

7. Et les scribes et les pharisiens l'observaient, *pour voir* s'il le guérirait le jour du sabbat, afin d'avoir sujet de l'accuser;

8. Mais, comme il connaissait leurs pensées, il dit à cet homme qui avait la main desséchée : Levez-vous, tenez-vous là au milieu de ce monde. Et, se levant, il se tint debout.

9. Puis Jésus leur dit : J'ai une question à vous faire : Est-il permis aux jours de sabbat de faire du bien ou du mal? de sauver la vie ou de l'ôter?

10. Et, les ayant tous regardés, il dit à cet homme : Étendez votre main. Il l'étendit, et elle devint saine comme l'autre;

11. Ce qui les remplit de fureur; et ils s'entretenaient ensemble de ce qu'ils pourraient faire contre Jésus.

12. En ce temps-là, Jésus s'en étant allé sur une montagne pour prier (*b*), il y passa toute la nuit à prier Dieu.

---

(*a*) VERS. 1-5. — Tout ce trait est encore amoindri et défiguré par Luc. (Cf. *Marc*, II, 27, et *Matthieu*, XII, notes.) Luc force la pensée de Jésus dans le sens de Paul.

(*b*) *In montem orare.* Cela est fréquent dans la vie de Jésus

13. Et quand il fut jour, il appela ses disciples, et en choisit douze d'entre eux, qu'il nomma apôtres (c) :

14. Simon, auquel il donna le nom de Pierre, et André, son frère, Jacques et Jean, Philippe et Barthélemi,

15. Matthieu et Thomas, Jacques, *fils* d'Alphée, et Simon, appelé le Zélé (d);

16. Judas, frère de Jacques, et Judas Iscariote, qui fut celui qui le trahit.

17. Il descendit ensuite avec eux, et s'arrêta dans un lieu plus uni, étant accompagné de la troupe de ses disciples, et d'une grande multitude de peuple de toute la Judée, de Jérusalem et du pays maritime de Tyr et de Sidon,

18. Qui étaient venus pour l'entendre, et pour être guéris de leurs maladies, parmi lesquels il y en avait aussi qui étaient possédés des esprits impurs; et ils étaient guéris.

19. Et tout le peuple tâchait de le toucher, parce qu'il sortait de lui une vertu qui les guérissait tous (e).

20. Alors Jésus, levant les yeux vers ses disciples, leur dit : Vous êtes bienheureux, vous qui êtes pauvres, parce que le royaume de Dieu est à vous.

21. Vous êtes bienheureux, vous qui avez faim maintenant, parce que vous serez rassasiés. Vous êtes bienheureux, vous qui pleurez maintenant, parce que vous rirez.

22. Vous serez bienheureux, lorsque les hommes vous haïront, qu'ils vous sépareront, qu'ils vous traiteront injurieusement, qu'ils rejetteront votre nom comme mauvais, à cause du Fils de l'homme.

23. Réjouissez-vous en ce jour-là, et soyez ravis de joie, parce qu'une grande récompense vous est réservée dans le ciel; car c'est ainsi que leurs pères traitaient les prophètes (*f* et *g*).

---

et rappelle le *sacrifice sur les hauteurs*, tant décrié par le sacerdoce.

(c) *Apostolos*, αποστολους : mot nouveau en grec, mais vieux en hébreu, et qui, appliqué aux douze *envoyés*, indique une prétention hautement messianique.

(d) *Zélotes*. — Ce zélé ou zélateur n'était-il pas de la secte de ceux qui firent tant de mal à leur pays en le portant à la révolte?

(e) Cf. ci-dessous, VIII, 43, et *Matthieu* : réflexion suggérée par l'histoire de l'hémorroïsse.

(f) VERS. 20-23. — Ce discours a beaucoup plus d'ampleur

24. Mais malheur à vous, riches! parce que vous avez votre consolation *dans ce monde*.

25. Malheur à vous qui êtes rassasiés! parce que vous aurez faim. Malheur à vous qui riez maintenant! parce que vous serez réduits aux pleurs et aux larmes (*h*).

26. Malheur à vous, lorsque les hommes diront du bien de vous! car c'est ce que leurs pères faisaient à l'égard des faux prophètes.

27. Mais, pour vous, qui m'écoutez, je vous dis : Aimez vos ennemis; faites du bien à ceux qui vous haïssent;

28. Bénissez ceux qui font des imprécations contre vous, et priez pour ceux qui vous calomnient.

29. Si un homme vous frappe sur une joue, présentez-lui l'autre; et si quelqu'un vous prend votre manteau, ne l'empêchez point de prendre aussi votre robe.

30. Donnez à tous ceux qui vous demanderont; et ne redemandez point votre bien à celui qui vous l'emporte.

31. Traitez les hommes de la même manière que vous voudriez vous-mêmes qu'ils vous traitassent.

32. Si vous *n'aimez que* ceux qui vous aiment, quel gré vous en saura-t-on (*i*)? puisque les gens de mauvaise vie aiment aussi ceux qui les aiment.

33. Et si vous *ne* faites du bien qu'à ceux qui vous en font, quel gré vous en saura-t-on? puisque les gens de mauvaise vie font la même chose.

34. Et si vous *ne* prêtez qu'à ceux de qui vous espérez de recevoir *la même grâce*, quel gré vous en saura-t-on (*i*)? puisque les gens de mauvaise vie s'entre-prêtent de la sorte, pour recevoir le même avantage (*i*).

---

chez *Matthieu*, v, et sent davantage le moraliste révolutionnaire. — *Pauperes spiritu*, de Matthieu, dit beaucoup plus que *pauperes* tout court.

(*g*) Vers. 21-23 et suiv. — Il y a dans tout ceci une âcreté, un esprit de vengeance qui trahit l'inspiration de Paul, mais qui n'est pas de Jésus, du Jésus de Matthieu. — Dans Luc, Jésus n'est pas un vrai révolutionnaire ni un ami des pauvres; c'est un jacobin, un ennemi des riches, des prêtres, etc.!

(*h*) Ce verset et le suivant forment antithèse avec les béatitudes de Matthieu.

(*i*) *Quæ vobis est gratia?* — *Gratia* : ce mot semble vouloir

35. Mais, pour vous, aimez vos ennemis; faites du bien à *tous*, et prêtez, sans en rien espérer; et alors votre récompense sera très-grande, et vous serez les enfants du Très-Haut; parce qu'il est bon aux ingrats *même* et aux méchants (*j*).

36. Soyez donc pleins de miséricorde, comme votre Père est plein de miséricorde.

37. Ne jugez point, et vous ne serez point jugés; ne condamnez point, et vous ne serez point condamnés; remettez, et on vous remettra.

38. Donnez, et on vous donnera; on vous versera dans le sein une bonne mesure, pressée, entassée, et qui se répandra par-dessus; car on se servira envers vous de la même mesure dont vous vous serez servi *envers les autres* (*k*).

39. Il leur proposait aussi cette comparaison : Un aveugle peut-il conduire un autre aveugle? Ne tomberont-ils pas tous deux dans le précipice?

---

faire allusion à la doctrine favorite de Paul. Il ne se trouve pas dans Matthieu.

(*j*) Vers. 27-35. — Tous ces passages sont tronqués, et l'on s'aperçoit aisément que Luc rapporte de mémoire des maximes dont l'enchaînement, l'occasion, le sel ont disparu.

Le sens des paroles de Jésus est : Rendez la justice, et faites le bien, non pas en raison de l'amitié, du mépris ou de la haine que vous avez pour les hommes, mais en vue de l'Humanité générale. Faites le bien pour lui-même; pratiquez la vertu pour elle-même : en sorte que si cette vertu profite à votre ennemi, vous ne devez pas la retenir. Aidez votre prochain sans acception d'amis ni d'ennemis, mais parce que la charité l'ordonne ainsi.

Cette morale de Jésus, encore incomprise de nos jours, est la vraie morale humaine. Elle s'exerce, non en vue de la reconnaissance des hommes ou de la rémunération de Dieu, mais pour sa propre beauté.

(*k*) Vers. 36-38. — Soyez bons, doux, indulgents, généreux, et tout le monde le sera envers vous. La phrase, construite hébraïquement, me semble exprimer, non une conséquence rémunératoire, mais une corrélation. Si tous les membres de la société donnent, tout le monde reçoit.

40. Le disciple n'est pas plus que le maître ; mais tout disciple est parfait lorsqu'il est semblable à son maître.

41. Pourquoi voyez-vous une paille dans l'œil de votre frère, lorsque vous ne vous apercevez pas d'une poutre qui est dans votre œil?

42. Ou comment pouvez-vous dire à votre frère : Mon frère, laissez-moi ôter la paille qui est dans votre œil, vous qui ne voyez pas la poutre qui est dans le vôtre? Hypocrite, ôtez premièrement la poutre qui est dans votre œil, et après cela vous verrez comment vous pourrez tirer la paille qui est dans l'œil de votre frère.

43. L'arbre qui produit de mauvais fruits n'est pas bon ; et l'arbre qui produit de bons fruits n'est pas mauvais.

44. Car chaque arbre se connaît à son propre fruit. On ne cueille point de figues sur des épines, et on ne coupe point des grappes de raisins sur des ronces.

45. L'homme de bien tire de bonnes choses du bon trésor de son cœur, et le méchant en tire de mauvaises du mauvais trésor *de son cœur*; car la bouche parle de la plénitude du cœur.

46. Mais pourquoi m'appelez-vous, Seigneur, Seigneur, tandis que vous ne faites pas ce que je dis?

47. Je veux vous montrer à qui ressemble celui qui vient à moi, qui écoute mes paroles, et qui les pratique.

48. Il est semblable à un homme qui bâtit une maison, et qui, ayant creusé bien avant, en a posé les fondements sur la pierre ; un débordement d'eaux étant arrivé, un fleuve est venu fondre sur cette maison, et il n'a pu l'ébranler, parce qu'elle était fondée sur la pierre.

49. Mais celui qui écoute mes paroles sans les pratiquer, est semblable à un homme qui a bâti sa maison sur la terre, sans y faire de fondement; un fleuve est venu ensuite fondre sur cette maison; elle est tombée aussitôt, et la ruine en a été grande (*l*).

## CHAPITRE VII.

Centenier. Veuve de Naïm. Saint Jean-Baptiste envoie à Jésus-Christ. Éloge de saint Jean-Baptiste. Jésus-Christ et saint Jean rejetés. Pécheresse.

1. Après qu'il eut achevé tout ce discours devant le peuple qui l'écoutait, il entra dans Capharnaüm.

---

(*l*) Vers. 39-49. — Tout cela est donné comme une compilation; jeté en masse, sans saveur, sans le sel de la scène. La relation de Matthieu est bien supérieure.

2. Il y avait un centenier, dont le serviteur, qu'il aimait beaucoup, était fort malade, et près de mourir.

3. Et, ayant entendu parler de Jésus, il lui envoya quelques-uns des sénateurs juifs, pour le supplier de venir guérir son serviteur.

4. Étant donc venus trouver Jésus, ils l'en conjuraient avec grande instance, en lui disant : C'est un homme qui mérite que vous lui fassiez cette grâce ;

5. Car il aime notre nation, et il nous à *même* bâti une synagogue.

6. Jésus s'en alla donc avec eux. Et, comme il n'était plus guère loin de la maison, le centenier envoya ses amis au-devant de lui, pour lui dire de sa part : Seigneur, ne vous donnez point tant de peine ; car je ne mérite pas que vous entriez dans mon logis.

7. C'est pourquoi je ne me suis pas même cru digne de venir vous trouver ; mais dites *seulement* une parole, et mon serviteur sera guéri ;

8. Car, quoique je ne sois qu'un homme soumis à d'autres, ayant néanmoins des soldats sous moi, je dis à l'un : Allez *là*, et il y va ; et à l'autre : Venez *ici*, et il y vient ; et à mon serviteur : Faites cela, et il le fait.

9. Jésus, l'ayant entendu parler, en fut dans l'admiration ; et, se tournant vers le peuple qui le suivait, il leur dit : Je vous dis, en vérité, que je n'ai point trouvé tant de foi (*a*) dans Israël même.

10. Et ceux que le centenier avait envoyés, étant retournés chez lui, trouvèrent ce serviteur, qui avait été malade, parfaitement guéri.

11. Le jour suivant, Jésus allait dans une ville appelé Naïm, et ses disciples l'accompagnaient avec une grande foule de peuple.

12. Et, lorsqu'il était près de la porte de la ville, il arriva qu'on portait en terre un mort, qui était fils unique de sa mère, et cette femme était veuve ; et il y avait une grande quantité de personnes de la ville avec elle.

13. Le Seigneur, l'ayant vue, fut touché de compassion envers elle, et il lui dit : Ne pleurez point.

14. Et, s'approchant, il toucha le cercueil. Ceux qui le portaient s'arrêtèrent ; alors il dit : Jeune homme, levez-vous ; je vous le commande.

15. En même temps, le mort se leva en son séant, et commença à parler, et Jésus le rendit à sa mère (*b*).

---

(*a*). *Fidem.* C'est là que Luc veut en venir. Le mot a-t-il chez lui le même sens que dans Matthieu ?

(*b*) Vers. 12-15. — Cette histoire est particulière à Luc, et

16. Tous ceux qui étaient présents furent saisis de frayeur, et ils glorifiaient Dieu, en disant : Un grand prophète a paru au milieu de nous, et Dieu a visité son peuple.

17. Le bruit de *ce miracle*, qu'il avait fait, se répandit dans toute la Judée et dans tout le pays d'alentour.

18. Les disciples de Jean lui ayant rapporté toutes ces choses,

19. Il en appela deux, et les envoya à Jésus pour lui dire : Êtes-vous celui qui doit venir, ou devons-nous en attendre un autre ?

20. Ces hommes, étant venus trouver Jésus, lui dirent : Jean-Baptiste nous a envoyés à vous, pour vous demander si vous êtes celui qui doit venir, ou si nous devons en attendre un autre ?

21. Jésus, à l'heure même, délivra plusieurs personnes des maladies et des plaies *dont elles étaient affligées*, et des malins esprits *qui les possédaient*; et il rendit la vue à plusieurs aveugles;

22. Après quoi il leur répondit, en disant : Allez rapporter à Jean ce que vous venez d'entendre et de voir (c) : Que les aveugles voient; que les boiteux marchent; que les lépreux sont guéris; que les sourds entendent; que les morts ressuscitent; que l'évangile est annoncé aux pauvres (d).

---

il y a ici gradation dans le détail. La fille de Jaïre était encore couchée sur son lit; le fils de la veuve de Naïm est déjà dans le cercueil, et on le porte en terre; dans l'histoire de Lazare, il sera dit que le mort était enterré depuis quatre jours et *sentait :* de plus fort en plus fort. La même gradation se suit dans ce genre de miracles : d'abord guérison de maladies mentales (fous, épileptiques et possédés) ou nerveuses, puis guérisons de toutes sortes de maladies, puis guérisons à distance, puis résurrections, enfin résurrection de lui-même.

(c) Réponse ambiguë. Matthieu ne prend pas la peine de faire cette réflexion. (Cf. *Matthieu*, XI notes.)

(d) La réponse prêtée à Jésus par Luc et Matthieu est empruntée d'Isaïe : par où l'on peut juger, d'après les règles de critique admises par Strauss, que cette histoire est plus ou moins controuvée. L'opinion étant que le Messie faisait des miracles, d'après Isaïe entre autres, on fait répéter à Jésus les paroles d'Isaïe. Ce qui prouve la fraude pieuse, c'est que dans Isaïe, chapitre XXXV, ces paroles paraissent devoir être

23. Et que bienheureux est celui qui ne prendra point de moi un sujet de scandale (e) *et* de chute.

24. Ceux qui étaient venus de la part de Jean s'en étant retournés, Jésus s'adressa au peuple, et leur parla de Jean en cette sorte : Qu'êtes-vous venus voir dans le désert? Un roseau (f) agité du vent?

25. Qu'êtes-vous, dis-je, allés voir? Un homme vêtu avec luxe *et* avec mollesse? Vous savez que c'est dans les palais des rois que se trouvent ceux qui sont vêtus magnifiquement, et qui vivent dans les délices.

26. Qu'êtes-vous donc allés voir? Un prophète? Oui, certes, je vous le dis, et plus qu'un prophète.

27. C'est de lui qu'il est écrit : J'envoie devant vous mon ange, qui vous préparera la voie.

28. Car je vous déclare qu'entre tous ceux qui sont nés de femmes, il n'y a point de plus grand prophète que Jean-Baptiste ; mais celui qui est le plus petit dans le royaume de Dieu est plus grand que lui (g).

29. Tout le peuple et les publicains, l'ayant entendu, ont justifié *la conduite de* Dieu, en se faisant baptiser par Jean.

30. Mais les pharisiens et les docteurs de la loi méprisèrent le dessein de Dieu sur eux, ne s'étant point fait baptiser par Jean.

---

prises au sens métaphorique ou spirituel; or, comment Jésus, si attentif à saisir en tout le sens spirituel, se serait-il ici renfermé dans le sens physique? Le langage qu'on lui fait tenir est contraire à son caractère, et l'on ne conçoit pas que Strauss s'y soit trompé. — C'est alors que Jésus ne peut s'empêcher, tout en rendant hommage à la vertu de Jean, de lui reprocher son étroitesse d'esprit et ses vieux préjugés. C'est un homme de l'ancienne loi, dit-il; une vieille outre. Et c'est pour cela probablement que lui, Jésus, s'est séparé de lui.

(e) *Scandalizatus* : parce que je prêche la pauvreté et que je ne fais pas de miracles !

(f) *Arundinem vento agitatam?* Allusion à la fable des roseaux de Midas.

(g) Jésus se moque finement de Jean, qui croit encore au Messie. Grand homme, dit-il, le plus grand des prophètes, mais inintelligent du royaume de Dieu. (Cf. plus haut, v, 33).

31. A qui donc, ajouta le Seigneur, comparerai-je les hommes de ce temps-ci? et à qui sont-ils semblables?

32. Ils sont semblables à ces enfants qui sont assis dans la place, et qui, se parlant les uns aux autres, disent: Nous avons joué de la flûte devant vous, et vous n'avez point dansé; nous avons chanté des airs lugubres, et vous n'avez point pleuré.

33. Car Jean-Baptiste est venu, ne mangeant point de pain et ne buvant point de vin, et vous dites de lui: Il est possédé du démon.

34. Le Fils de l'homme est venu, mangeant et buvant, et vous dites: C'est un homme de bonne chère, et qui aime à boire du vin; c'est l'ami des publicains et des gens de mauvaise vie.

35. Mais la sagesse a été justifiée par tous ses enfants (*h* et *i*).

36. Un pharisien ayant prié Jésus de manger chez lui, il entra dans son logis et se mit à table (*j*).

37. En même temps, une femme de la ville, qui était de mauvaise vie, ayant su qu'il était à table chez ce pharisien, y vint avec un vase d'albâtre, plein d'huile de parfum;

38. Et se tenant derrière lui à ses pieds, elle commença à les arroser de ses larmes; et elle les essuyait avec ses cheveux, elle les baisait, et y répandait ce parfum (*k*).

39. Le pharisien, qui l'avait invité, voyant ceci, il dit en lui-même: Si cet homme était prophète, il saurait qui est celle qui le touche, et que c'est une femme de mauvaise vie.

40. Alors Jésus, prenant la parole, lui dit: Simon, j'ai quelque chose à vous dire. Il répondit: Maître, dites.

41. Un créancier avait deux débiteurs; l'un lui devait cinq cents deniers, et l'autre cinquante;

---

(*h*) Cf. *Matthieu*, XI, 19. Ce verset est difficile à interpréter.

(*i*) *Filiis*. On lit dans un manuscrit du Vatican, en grec, ἔργων, *operibus*, à la place de τεκνων, *filiis*. Le sens serait ainsi selon Renan: *La sagesse n'est justifiée que par les œuvres*: c'est-à-dire l'opinion des hommes est aveugle, tandis que la vraie sagesse se prouve par les œuvres.

(*j*) Histoire transposée par Luc, et défigurée comme celle du jeune homme ressuscité et plusieurs autres. (Cf. *Jean*, XII, 3.)

(*k*) Cf. *Jean*, XII, 3, note. — Suivant Matthieu et Marc, c'est sur la *tête*, non sur les *pieds*, que fut versé le parfum.

42. Mais, comme ils n'avaient point de quoi les lui rendre, il leur remit à tous deux leur dette. Lequel des deux l'aimera donc davantage?

43. Simon répondit: Je crois que ce sera celui auquel il a plus remis. Jésus lui dit: Vous avez fort bien jugé.

44. Et, se tournant vers la femme, il dit à Simon: Voyez-vous cette femme? Je suis entré dans votre maison; vous ne m'avez point donné d'eau pour *me laver* les pieds; et elle, au contraire, a arrosé mes pieds de ses larmes, et les a essuyés avec ses cheveux.

45. Vous ne m'avez point donné de baiser; mais elle, depuis qu'elle est entrée, n'a cessé de baiser mes pieds.

46. Vous n'avez point répandu d'huile sur ma tête; et elle a répandu *ses* parfums sur mes pieds.

47. C'est pourquoi je vous déclare que beaucoup de péchés lui sont remis, parce qu'elle a beaucoup aimé; mais celui à qui on remet moins, aime moins (*l*).

48. Alors il dit à cette femme: Vos péchés vous sont remis (*m*).

---

(*l*) VERS. 44-47. — Le sens n'est pas clair. Jésus semble vouloir dire, en transposant les parties de la phrase et les temps des verbes: — Cette pécheresse devait beaucoup, tandis que toi, homme saint, tu devais peu. Aussi tu ne m'as offert ni le bain, ni le baiser, ni l'onction; mais elle, au contraire, m'a comblé de toutes ces choses. C'est donc que, devant plus, il lui a été remis davantage; c'est-à-dire qu'elle a besoin qu'on lui remette davantage, et ainsi vais-je faire. Elle m'aime plus que toi. — Cf. psaume CXIV et CXV, *Dilexi quoniam exaudiet*, et *Credidi propter quod*, etc., où l'amour et la foi sont représentés, d'un côté comme le motif qui a fait exaucer la prière; de l'autre, comme la raison qui fait parler. *Quoniam, quia, propter quod,* conjonctions à double sens; hébreu, כי. Jésus veut dire à Simon: A un saint homme tel que toi, Dieu n'a presque rien à pardonner; aussi tu ne l'aimes guère. Tandis qu'à cette pécheresse, il y a beaucoup à pardonner: ce que je fais en ce moment. C'est pourquoi elle aime beaucoup. — Les mots *Quoniam dilexit multum* indiquent l'effet du pardon pour sa cause.

(*m*) A propos de quoi cette *remise des péchés?*... Luc perd de plus en plus le sens de son auteur, et le remplace par des

49. Et ceux qui étaient à table avec lui commencèrent à dire en eux-mêmes : Qui est celui-ci, qui remet même les péchés ?

50. Et Jésus dit *encore* à cette femme : Votre foi vous a sauvée; allez en paix.

## CHAPITRE VIII.

Parabole des semences. Lampe sur le chandelier. Mère et frères de Jésus-Christ. Tempête apaisée. Démons chassés. Pourceaux précipités. Fille de Jaïre. Femme guérie d'une perte de sang.

1. Quelque temps après, Jésus allait de ville en ville et de village en village, prêchant l'évangile et annonçant le royaume de Dieu ; et les douze *apôtres* étaient avec lui.

2. Il y avait aussi quelques femmes, qui avaient été délivrées des malins esprits, et guéries de leurs maladies, *entre lesquelles était* Marie, surnommée Madeleine (*a*), dont sept démons étaient sortis;

3. Jeanne, femme de Chuza, intendant de la maison d'Hérode ; Suzanne et plusieurs autres (*b*), qui l'assistaient de leurs biens.

4. Or, le peuple s'assemblant en foule et se pressant de sortir des villes pour venir vers lui, il leur dit en parabole :

5. Celui qui sème s'en alla semer son grain, et une partie de la semence qu'il semait tomba le long du chemin, où elle fut foulée aux pieds ; et les oiseaux du ciel la mangèrent.

6. Une autre partie tomba sur des pierres ; et ayant levé, elle se sécha, parce qu'elle n'avait point d'humidité.

7. Une autre tomba au milieu des épines ; et les épines, croissant avec la semence, l'étouffèrent.

---

embellissements. Dans Matthieu, Jésus se sert de cette formule pour guérir les malades ; dans Luc, cette formule d'absolution regarde les gens en santé. Il a voulu par là montrer la *divinité* de Jésus et sa *messianité*. — Quoi qu'il en soit de cette aventure, cet éloge indirect de la *vertu* de Simon est d'une merveilleuse et réjouissante ironie. Jésus a passé par là.

(*a*) *Magdalene*, de Magdala, ville de Galilée.

(*b*) *Aliæ multæ*, beaucoup de femmes. Elles sont de toutes les révolutions.

8. Une autre partie tomba dans de bonne terre ; et, ayant levé, elle porta du fruit, et rendit cent pour un. En disant ceci, il criait : Que celui-là entende, qui a des oreilles pour entendre (c).

9. Ses disciples lui demandèrent ce que voulait dire cette parabole.

10. Et il leur dit : Pour vous, il vous a été donné de connaître le mystère du royaume de Dieu ; mais pour les autres, *il ne leur est proposé qu'*en paraboles ; *afin* (d) qu'en voyant, ils ne voient point, et qu'en écoutant, ils ne comprennent point.

11. Voici donc ce que veut dire cette parabole. La semence, c'est la parole de Dieu.

12. Ceux qui *sont marqués par ce qui tombe* le long du chemin, sont ceux qui écoutent la parole ; mais le diable vient ensuite, qui enlève cette parole de leur cœur, de peur qu'ils ne croient et ne soient sauvés.

13. Ceux qui *sont marqués par ce qui tombe* sur des pierres, sont ceux qui, écoutant la parole, la reçoivent avec joie ; mais ils n'ont point de racine, parce qu'ils croient seulement pour un temps, et qu'au temps de la tentation ils se retirent.

14. Ce qui tombe dans les épines marque ceux qui ont écouté *la parole*, mais en qui elle est ensuite étouffée par les inquiétudes, par les richesses et par les plaisirs de cette vie ; de sorte qu'ils ne portent point de fruit.

15. Enfin, ce qui *tombe* dans la bonne terre marque ceux qui, ayant écouté la parole avec un cœur bon et excellent, la retiennent *et* la conservent, et portent du fruit par la patience (e).

16. Il n'y a personne qui, après avoir allumé une lampe, la couvre d'un vase ou la mette sous un lit ; mais on la met sur le chandelier, afin qu'elle éclaire ceux qui entrent ;

---

(c) Cf. *Matthieu*, XIII, notes *b* et autres.

(d) *Ut*, Matthieu, *quia*. Ce verset tout entier est travesti de Matthieu et ne signifie rien du tout. La cause du travestissement est dans la manie du *sens spirituel*. Jésus annonçait une réforme *sociale*. Il rencontrait peu de partisans, surtout parmi les riches. Il s'en vengeait par de mordantes paraboles. Aussi disait-il à ses disciples : Vous, bonnes gens, je vous parle à cœur ouvert ; mais les égoïstes, je me moque d'eux.

(e) Vers. 11-15. — Cette interprétation n'est à autre fin que de donner aux paroles de Jésus un sens étranger au sien.

17. Car il n'y a rien de secret qui ne doive être découvert, ni rien de caché qui ne doive être connu, et paraître publiquement (*f*).

18. Prenez donc bien garde de quelle manière vous écoutez; car on donnera encore à celui qui a déjà; et pour celui qui n'a rien, on lui ôtera même ce qu'il croit avoir.

19. Cependant sa mère et ses frères étant venus vers lui, et ne pouvant l'aborder à cause de la foule du peuple,

20. Il en fut averti, et on lui dit : Votre mère et vos frères sont là dehors qui désirent de vous voir.

21. Mais il leur répondit : Ma mère et mes frères sont ceux qui écoutent la parole de Dieu et qui la pratiquent.

22. Un jour (*g*), étant monté sur une barque avec ses disciples, il leur dit : Passons à l'autre bord du lac. Ils partirent donc.

23. Et, comme ils passaient, il s'endormit; et un si grand tourbillon de vent vint *tout d'un coup* fondre sur le lac, en sorte que *leur barque* s'emplissant d'eau, ils étaient en péril.

24. Ils s'approchèrent donc de lui et l'éveillèrent, en lui disant : Maître, nous périssons. Jésus, s'étant levé, parla avec menaces aux vents et aux flots agités; et ils s'apaisèrent, et il se fit un *grand* calme.

---

(*f*) Vers. 16-17. — Tout ceci est rapporté au hasard, sans suite. Il faut absolument refaire la vie de Jésus, la recoudre, seul moyen de rendre l'homme et la chose intelligibles.

(*g*) *Una dierum.* Luc ne met pas d'ordre dans sa narration : il la coud par lambeaux détachés. Ainsi il rapporte, comme Matthieu, l'histoire de la tempête, celle des Géraséniens, puis celles de Jaïrus et de l'hémorroïsse, comme consécutives l'une à l'autre ; mais il les fait précéder et suivre d'autres histoires plus ou moins concordantes, comme celle du fils de la veuve de Naïm, etc.

En comparant attentivement ces récits, on voit que les histoires ont été rédigées longtemps après les événements, et qu'en gros les évangélistes ont retenu de la vie de Jésus ces faits généraux : qu'il commença à prêcher après son baptême ; que la mort de Jean le força de se retirer en Galilée ; qu'il fit plusieurs excursions dans les environs du lac, jusque près de Tyr, Césarée et la Décapole ; puis qu'il se disposa à son grand voyage de Jérusalem, où il périt. (Cf. *Matthieu*, XXI, note *a*.)

25. Alors il leur dit : Où est votre foi? Mais eux, remplis de crainte et d'admiration, se disaient l'un à l'autre : Quel est donc cet homme qui commande de la sorte aux vents et aux flots, et à qui ils obéissent?

26. Ils abordèrent ensuite au pays des Géraséniens, qui est sur le bord opposé à la Galilée.

27. Et lorsque Jésus fut descendu à terre, il vint au-devant de lui un homme, qui depuis longtemps était possédé du démon, et qui ne portait point d'habit, ni ne demeurait point dans les maisons, mais dans les sépulcres.

28. Aussitôt qu'il eut aperçu Jésus, il jeta un grand cri, et vint se prosterner à ses pieds, en lui disant à haute voix : Jésus, Fils du Dieu très-haut, qu'y a-t-il entre vous et moi? Je vous conjure de ne point me tourmenter.

29. Car il commandait à l'esprit impur de sortir de cet homme, qu'il agitait avec violence depuis longtemps. Et, quoiqu'on le gardât lié de chaînes et les fers aux pieds, il rompait tous ses liens, et était poussé par le démon dans le désert.

30. Jésus lui demanda : Quel est ton nom? Il lui dit : Je m'appelle Légion, parce que plusieurs démons étaient entrés dans cet homme;

31. Et ces démons le suppliaient qu'il ne leur commandât point de s'en aller dans l'abîme.

32. Mais, comme il y avait là un grand troupeau de pourceaux qui paissaient sur une montagne, ils le suppliaient de leur permettre d'y entrer, ce qu'il leur permit.

33. Les démons, étant donc sortis de cet homme, entrèrent dans les pourceaux ; et aussitôt le troupeau courut avec violence se précipiter dans le lac, où ils se noyèrent.

34. Ceux qui les gardaient, ayant vu ce qui était arrivé, s'enfuirent, et s'en allèrent le dire à la ville et dans les villages,

35. D'où *plusieurs* sortirent pour voir ce qui était arrivé; et étant venus à Jésus, ils trouvèrent cet homme, duquel les démons étaient sortis, assis à ses pieds, habillé et en son bon sens; ce qui les remplit de crainte.

36. Et ceux qui avaient vu ce qui s'était passé leur racontèrent comment le possédé avait été délivré de la légion *de démons*.

37. Alors tous les peuples du pays des Géraséniens le prièrent de s'éloigner d'eux, parce qu'ils étaient saisis d'une grande frayeur. Il monta donc dans la barque pour s'en retourner (*h*).

38. Et cet homme, duquel les démons étaient sortis, le suppliait

---

(*h*) Vers. 27-37. — Cette histoire n'a pas la même portée dans Luc que dans Matthieu.

qu'il lui permît d'aller avec lui; mais Jésus le renvoya, en lui disant :

39. Retournez dans votre maison, et publiez les grandes choses que Dieu a faites en votre faveur (i). Et il s'en alla par toute la ville, publiant les grâces que Jésus lui avait faites.

40. Jésus étant revenu, le peuple le reçut *avec joie*, parce qu'il était attendu de tous.

41. Alors il vint à lui un homme, appelé Jaïre, qui était un chef de synagogue; et, se prosternant aux pieds de Jésus, il le suppliait de venir dans sa maison,

42. Parce qu'il avait une fille unique, âgée d'environ douze ans, qui se mourait. Et comme Jésus y allait, et qu'il était pressé par la foule du peuple,

43. Une femme qui était malade d'une perte de sang, depuis douze ans, et qui avait dépensé tout son bien à se faire traiter par les médecins, sans qu'aucun d'eux l'eût pu guérir,

44. S'approcha de lui par derrière et toucha le bord de son vêtement; au même instant sa perte de sang s'arrêta (j).

45. Et Jésus dit : Qui est-ce qui m'a touché? Mais tous assurant que ce n'étaient pas eux, Pierre et ceux qui étaient avec lui dirent : Maître, la foule du peuple vous presse et vous accable, et vous demandez qui vous a touché?

46. Mais Jésus dit : Quelqu'un m'a touché; car j'ai reconnu qu'une vertu est sortie de moi.

47. Cette femme, se voyant ainsi découverte, vint toute tremblante, se jeta à ses pieds et déclara, devant tout le peuple, ce qui l'avait portée à le toucher, et comment elle avait été guérie à l'instant.

48. Et Jésus lui dit : *Ma* fille, votre foi (k) vous a guérie; allez en paix.

49. Comme il parlait encore, quelqu'un vint dire au chef de synagogue : Votre fille est morte; ne donnez point davantage de peine au Maître.

---

(i) Cet ordre est contraire à la défense que Jésus fait plus bas, 56, et ailleurs; il faut croire que les temps n'étaient pas toujours bons pour lui, et qu'il y avait tantôt convenance, tantôt disconvenance. Cette tactique déplaît.

(j) Paul, guérissant les malades par son ombre, dépassera Jésus.

(k) *Fides*, la foi. Paul tout pur.

50. Mais Jésus, ayant entendu cette parole, dit au père de la fille : Ne craignez point ; croyez (*l*) seulement, et elle vivra.

51. Etant arrivé au logis, il ne laissa entrer personne que Pierre, Jacques et Jean, avec le père et la mère de la fille.

52. Et comme tous ceux de la maison la pleuraient, en se frappant la poitrine, il leur dit : Ne pleurez point, cette fille n'est pas morte, mais seulement endormie.

53. Et ils se moquaient de lui, sachant bien qu'elle était morte.

54. Jésus, la prenant donc par la main, lui cria : *Ma* fille, levez-vous.

55. Et, son âme étant retournée *dans son corps*, elle se leva à l'instant, et il commanda qu'on lui donnât à manger.

56. Alors son père et sa mère furent remplis d'étonnement. Et il leur recommanda de ne dire à personne ce qui était arrivé (*m*).

## CHAPITRE IX.

Mission des apôtres. Hérode souhaite voir Jésus-Christ. Miracle des cinq pains. Confession de saint Pierre. Croix et renoncement à soi-même. Transfiguration. Lunatique. Passion prédite. S'humilier. Feu du ciel. Disposition pour suivre Jésus-Christ.

1. Jésus, ayant appelé ses douze apôtres, leur donna puissance et autorité sur tous les démons, et le pouvoir de guérir les maladies (*a*).

2. Puis il les envoya prêcher le royaume de Dieu, et rendre la santé aux malades.

3. Et il leur dit : Ne portez rien pour le chemin, ni bâton, ni sac, ni pain, ni argent, et n'ayez point deux habits.

4. En quelque maison que vous soyez entrés, demeurez-y, et n'en sortez point.

5. Lorsqu'il se trouvera des personnes qui ne voudront pas vous

---

(*l*) *Crede :* la foi. Nous sommes loin de la pensée du Galiléen.

(*m*) Pourquoi cette interdiction ? Il est probable que la défense attribuée ici à Jésus est authentique ; mais dans le récit de Luc, elle n'a pas de sens.

(*a*) Cf. *Matthieu*, x.

recevoir, sortant de leur ville, secouez même la poussière de vos pieds, afin que ce soit un témoignage contre eux.

6. Étant donc partis, ils allaient de village en village, annonçant l'évangile, et guérissant partout les malades.

7. Cependant Hérode, le tétrarque, entendit parler de tout ce que faisait Jésus; et son esprit était en suspens, parce que les uns disaient que Jean était ressuscité d'entre les morts;

8. Les autres, qu'Élie était apparu (*b*); et d'autres, qu'un des anciens prophètes était ressuscité (*b*).

9. Alors Hérode dit : J'ai fait couper la tête à Jean; mais qui est celui-ci dont j'entends dire de si grandes choses (*c*)? Et il avait envie de le voir.

10. Les apôtres, étant revenus, racontèrent à Jésus tout ce qu'ils avaient fait. Et Jésus les prenant avec lui, il se retira à l'écart, dans un lieu désert, près *la ville* de Bethsaïde.

11. Lorsque le peuple l'eut appris, il le suivit; et Jésus les ayant *bien* reçus, il leur parlait du royaume de Dieu, et guérissait ceux qui avaient besoin d'être guéris.

12. Comme le jour commençait à baisser, les douze *apôtres* vinrent lui dire : Renvoyez le peuple, afin qu'ils s'en aillent dans les villages et dans les lieux d'alentour, pour se loger et pour y trouver de quoi vivre, parce que nous sommes ici dans un lieu désert.

13. Mais Jésus leur répondit : Donnez-leur vous-mêmes à manger. Ils lui repartirent : Nous n'avons que cinq pains et deux poissons; à moins que nous n'allions acheter des vivres pour tout ce peuple;

---

(*b*) *Surrexit*. Ce passage est de la dernière importance pour la résurrection de Jésus. — *Apparuit*, idem. — *Propheta de antiquis*.

(*c*) Nous n'en finirons pas, s'écrie Hérode; mais il se rassure vite; Jésus n'affirme pas le Messie à la façon de Jean. C'est tout autre chose. — Quoi qu'il en soit, on voit, par ce passage précieux de Luc, que rien n'était plus dans les idées du peuple, plus attendu, plus cru, qu'une résurrection, soit de Jean-Baptiste, soit d'Élie, soit de tout autre prophète. — On voit de plus que par le mot résurrection on entendait une *apparition*, de quelque façon qu'elle se produisît; comme Paul l'explique, au long (I *Cor.*, xv), un retour de l'autre monde.

SELON S. LUC. — CHAP. IX

14. Car ils étaient environ cinq mille hommes. Alors il dit à ses disciples : Faites-les asseoir par troupe, cinquante à cinquante (d).

15. Ce qu'ils exécutèrent, en les faisant tous asseoir.

16. Or, Jésus prit les cinq pains et les deux poissons ; et, levant les yeux au ciel, il les bénit, les rompit, et les donna à ses disciples, afin qu'ils les présentassent au peuple.

17. Ils en mangèrent tous, et furent rassasiés ; et on emporta douze paniers, pleins des morceaux qui en étaient restés.

18. Un jour, comme il priait en particulier, ayant ses disciples avec lui, il leur demanda : Que dit le peuple *de moi? Qui dit-il que je suis?*

19. Ils lui répondirent : *Les uns disent que vous êtes* Jean-Baptiste ; *les autres,* Elie ; *les autres, que c'est quelqu'un des anciens prophètes qui est ressuscité.*

20. Mais vous, leur dit-il, qui dites-vous que je suis? Simon Pierre répondit : *Vous êtes* le Christ de Dieu.

21. Alors il leur défendit expressément de parler de cela à personne.

22. Et il ajouta : Il faut que le Fils de l'homme souffre beaucoup ; qu'il soit rejeté par les sénateurs, par les princes des prêtres et par les docteurs de la loi ; qu'il soit mis à mort, et qu'il ressuscite le troisième jour (e).

---

(d) Voir *Matthieu*, XIV, note e.

(e) Vers. 21-22. — Il y a ici deux choses : le *reproche* de Jésus et la défense de dire ou croire rien de pareil ; et la *raison* qu'il en donne, et qui n'est pas une raison du tout, mais tout au contraire un programme anticipé de sa passion, de sa mort et de sa résurrection. (Cf. *Matthieu*, XVII, 21-22.) Je dis donc que le reproche de Jésus est historique ; mais que le motif allégué par Luc est de l'historien ; en sorte que, tandis que Jésus ne voulait pas être appelé *Messie*, parce que le messianisme était, suivant lui, autre chose que ce que l'on pensait, et le Messie un mythe, ses disciples crurent, après coup, qu'il l'avait défendu, *à cause de sa passion!*... Le verset 22 forme ici, pour ainsi dire, une interpolation de l'écrivain au milieu des discours de Jésus, dont le sens général, indiqué par les versets 21 et 23, est celui-ci : *Non, je ne suis pas le Messie,* et que ceux qui veulent la gloire et la

23. Il disait aussi à tout le monde : Si quelqu'un veut venir avec moi, qu'il renonce à soi-même, qu'il porte sa croix (*f*) tous les jours, et qu'il me suive.

24. Car celui qui voudra sauver sa vie, la perdra ; et celui qui aura perdu sa vie pour l'amour de moi, la sauvera.

25. Et que servirait à un homme de gagner tout le monde aux dépens de lui-même, et en se perdant lui-même ?

26. Car, si quelqu'un rougit de moi et de mes paroles, le Fils de l'homme rougira aussi de lui lorsqu'il viendra dans sa gloire, et dans celle de son Père et des saints anges (*g*).

27. Je vous dis, en vérité, qu'il y en a quelques-uns de ceux qui sont ici présents qui ne mourront point, qu'ils n'aient vu le royaume de Dieu.

28. Environ huit jours après qu'il eut dit ces paroles, il prit avec lui Pierre, Jacques et Jean, et s'en alla sur une montagne pour prier.

29. Et pendant qu'il faisait sa prière, son visage parut tout autre ; ses habits devinrent blancs et éclatants (*h*).

---

richesse promises par le prétendu Messie ne viennent pas avec moi ! Car moi, c'est-à-dire la réforme sociale, exige que l'on sacrifie tout, richesse, honneur, repos, liberté, vie, famille, patrie... — Cf. *Matthieu*, où ce sens est développé tout au long.

(*f*) *Tollat crucem* (cf. *Matthieu*, x, 38) : anachronisme de langage.

(*g*) Jésus fait allusion à son humble naissance et à sa pauvreté. Triste Messie, qui n'a pas où reposer sa tête, qui a fabriqué trente ans des jougs et des charrues !... Les chrétiens devaient longtemps souffrir de la bassesse de condition de leur maître, et essayer même de la dissimuler. (Cf. *Marc*, VI, 3, note *a*; et II *Cor.*, VIII, 9.)

(*h*) *Transfiguration*. Cette scène est destinée à servir de pendant à celle de l'onction chez Simon le lépreux. Par l'une Jésus est *sacré*, par l'autre il est *glorifié*, comme Moïse et Élie. Observons la logique des superstitions : Jésus est le Messie ; qui le prouve ? Ce qui le prouve, ce ne sont pas des hommes ; ce sont des *miracles*, des *révélations*, des *prophé-*

SELON S. LUC. — CHAP. IX  245

30. Et l'on vit tout d'un coup deux hommes qui s'entretenaient avec lui; c'étaient Moïse et Élie.

31. Ils étaient pleins de majesté *et* de gloire, et ils lui parlaient de sa sortie *du monde*, qui devait arriver dans Jérusalem.

32. Cependant Pierre et ceux qui étaient avec lui étaient accablés de sommeil; et, se réveillant, ils le virent dans sa gloire, et les deux hommes qui étaient avec lui.

33. Et comme ils se séparaient de Jésus, Pierre lui dit : Maître, nous sommes bien ici; faisons-y trois tentes : une pour vous, une pour Moïse, et une pour Élie; car il ne savait ce qu'il disait.

34. Il parlait encore, lorsqu'il parut une nuée qui les couvrit; et ils furent saisis de frayeur en les voyant entrer dans cette nuée.

35. Et il en sortit une voix qui disait : Celui-ci est mon Fils bien-aimé; écoutez-le.

36. Pendant qu'on entendait cette voix, Jésus se trouva tout seul; et les disciples tinrent ceci secret, et ne dirent pour lors à personne (*i*) rien de ce qu'ils avaient vu.

37. Le lendemain, lorsqu'ils descendaient de la montagne, une grande troupe de peuple vint au-devant d'eux.

38. Et un homme s'écria parmi la foule, et dit : Maître, regardez mon fils *en pitié*, je vous en supplie; car je n'ai que ce seul enfant.

39. L'esprit *malin* se saisit de lui et lui fait tout d'un coup jeter de grands cris; il le renverse par terre, il l'agite par de violentes convulsions, en le faisant écumer, et à peine le quitte-t-il, après l'avoir tout déchiré.

40. J'avais prié vos disciples de le chasser; mais ils n'ont pu.

41. Alors Jésus, prenant la parole, dit : O race incrédule et dépravée, jusqu'à quand serai-je avec vous, et vous souffrirai-je ? Amenez ici votre fils.

42. Et comme l'enfant s'approchait, le démon le jeta par terre, et l'agita par de grandes convulsions.

43. Mais Jésus, ayant parlé avec menaces à l'esprit impur, guérit l'enfant et le rendit à son père.

44. Tous furent étonnés de la grande puissance de Dieu. Et, lorsque tout le monde était dans l'admiration de tout ce que faisait

---

ties, des *apparitions*, une *résurrection*, et toutes sortes de choses surnaturelles.

(*i*) *Nemini dixerunt.* Bien mieux, ils ne l'ont jamais écrit. Il est probable que les évangélistes ont su la chose les premiers !...

14.

Jésus dit à ses disciples : Mettez bien dans votre cœur ce que je vais vous dire : Le Fils de l'homme doit être livré entre les mains des hommes.

45. Mais ils n'entendaient point ce langage; il leur était tellement caché, qu'ils n'y comprenaient rien; et ils appréhendaient même de l'interroger sur ce sujet (*j*).

46. Il leur vint aussi une pensée dans l'esprit, lequel d'entre eux était le plus grand.

47. Mais Jésus, voyant les pensées de leur cœur, prit un enfant, et le mettant près de lui,

48. Il leur dit : Quiconque reçoit cet enfant en mon nom, me reçoit; et quiconque me reçoit, reçoit celui qui m'a envoyé; car celui qui est le plus petit parmi vous tous, est le plus grand (*k*).

49. Alors Jean, prenant la parole, lui dit : Maître, nous avons vu un homme qui chasse les démons en votre nom; mais nous l'en avons empêché, parce qu'il ne *vous* suit pas avec nous.

50. Et Jésus lui dit : Ne l'en empêchez point; car celui qui n'est pas contre vous, est pour vous (*l*).

51. Lorsque le temps auquel il devait être enlevé *du monde* approchait, il se résolut (*m*) à aller à Jérusalem;

52. Et il envoya devant lui des gens, pour annoncer *sa venue*, qui, étant partis, entrèrent dans un bourg des Samaritains, pour lui préparer *un logement*.

---

(*j*) Vers. 44-45. — Même répétition. C'est en ce seul point, on peut le dire, que les évangélistes s'accordent; mais moins on s'en doutait avant l'événement, plus on y croira après: plus, dis-je, un Messie souffrant fut chose inconcevable, inouïe, avant la mort de Jésus, plus ce sera une chose digne de foi, quand on affirmera surtout qu'il l'avait prévu et prédit.

Les disciples de Jésus, rebutés par lui et rabroués, n'osent plus lui parler du Messie; mais ils en parlent entre eux, et ils se partagent les emplois!

(*k*) Vers. 47-48. — Nouvelle et énergique négation du Messie par Jésus. Maxime admirable sur l'ambition des places.

(*l*) Vers. 49-50. — Imité de Moïse, qui ne veut pas qu'on empêche les anciens de prophétiser.

(*m*) Nous ne sommes qu'au chapitre XI, et nous touchons à la passion. — *Firmavit*. Il s'agit d'une résolution grave!...

53. Mais ceux de ce lieu ne voulurent point le recevoir, parce qu'il paraissait qu'il allait à Jérusalem (n).

54. Ce que Jacques et Jean, ses disciples, ayant vu, ils lui dirent : Seigneur, voulez-vous que nous commandions que le feu descende du ciel, et qu'il les dévore?

55. Mais, se retournant, il leur fit réprimande, et leur dit : Vous ne savez pas à quel esprit vous êtes *appelés*:

56. Le Fils de l'homme n'est pas venu pour perdre les hommes, mais pour les sauver. Ils s'en allèrent donc dans un autre bourg.

57. Lorsqu'ils étaient en chemin, un homme lui dit : *Seigneur, je vous suivrai partout où vous irez.*

58. Jésus lui répondit : Les renards ont leurs tanières, et les oiseaux du ciel leurs nids; mais le Fils de l'homme n'a pas où reposer sa tête (o).

59. Il dit à un autre : Suivez-moi. Et il lui répondit : Seigneur, permettez-moi d'aller auparavant ensevelir mon père.

60. Jésus lui repartit : Laissez aux morts le soin d'ensevelir leurs morts; mais, pour vous, allez annoncer le royaume de Dieu.

61. Un autre lui dit : Seigneur, je vous suivrai; mais permettez-moi de disposer auparavant de ce que j'ai dans ma maison.

62. Jésus lui répondit : Quiconque, ayant mis la main à la charrue, regarde derrière soi, n'est point propre au royaume de Dieu (p).

---

(n) Chose naturelle : les Samaritains ne pouvait reconnaître un prophète qui communiait avec ceux de Jérusalem. — On arrêtait en Samarie ceux qui allaient à Jérusalem célébrer la Pâque.

(o) Ironie à l'adresse de ceux qui, le prenant pour Messie, persistaient à le vouloir riche et triomphant.

(p) Vers. 60-62. — Très-belles maximes. Jésus parle en homme qui connaît la portée de son entreprise.

# CHAPITRE X.

Mission et instruction des soixante et douze disciples. Villes impénitentes. Retour des disciples. Noms écrits dans le ciel. Parabole du Samaritain. Marthe et Marie. Unique nécessaire.

1. Ensuite le Seigneur choisit encore soixante et douze (*a*) autres *disciples*, qu'il envoya devant lui, deux à deux, dans toutes les villes et dans tous les lieux où lui-même devait aller.

2. Et il leur disait : La moisson est grande ; mais il y a peu d'ouvriers. Priez donc le Maître de la moisson qu'il envoie des ouvriers dans sa moisson.

3. Allez ; je vous envoie comme des agneaux au milieu des loups.

4. Ne portez ni bourse, ni sac, ni souliers ; et ne saluez personne dans le chemin.

5. En quelque maison que vous entriez, dites d'abord : Que la paix soit dans cette maison ;

6. Et s'il s'y trouve quelque enfant de paix, votre paix reposera sur lui ; sinon, elle retournera sur vous.

7. Demeurez dans la même maison (*b*), mangeant et buvant de ce qu'il y aura chez eux ; car celui qui travaille mérite sa récompense. Ne passez point de maison en maison.

8. Et en quelque ville que vous entriez, et où l'on vous aura reçus, mangez ce qu'on vous présentera ;

9. Guérissez les malades qui s'y trouveront, et dites-leur : Le royaume de Dieu s'est approché de vous (*c*).

---

(*a*) Élection des *soixante-douze*. Encore un nombre sacramentel. Rien n'y manquera ; *douze* disciples ; *quarante* jours au désert ; *trois* jours dans le ventre du poisson ; *soixante-douze* conseillers, comme dans le Sanhédrin. Le sacre, la conception, tout est fait d'avance. L'Église est constituée. — Peut-on croire que Jésus ait, de son vivant, organisé son parti? Il faudrait, pour le croire, de plus forts indices, une étude plus approfondie des circonstances. Cette partie de la biographie évangélique est la plus grave. (Cf. ci-dessus, VI, 13.)

(*b*) *In eâdem domo :* ne pas trop changer de domicile.

(*c*) Il me semble difficile de ne pas admettre en tout ceci

10. Mais si, étant entrés dans quelque ville, on ne vous y reçoit point, sortez dans les rues, et dites :

11. Nous secouons contre vous la poussière même de votre ville qui s'est attachée à nos pieds; sachez néanmoins que le royaume de Dieu est proche.

12. Je vous assure qu'au *dernier* jour, Sodome sera traitée moins rigoureusement que cette ville-là (*d*).

13. Malheur à toi, Corozaïn; malheur à toi, Bethsaïde, parce que si les miracles qui ont été faits au milieu de vous, avaient été faits dans Tyr et dans Sidon (*e*), il y a longtemps qu'elles auraient fait pénitence dans le sac et dans la cendre.

14. C'est pourquoi, *au jour du* jugement, Tyr et Sidon seront traitées moins rigoureusement que vous.

15. Et toi, Capharnaüm, qui t'es élevée jusqu'au ciel, tu seras précipitée jusque dans le fond des enfers (*f*).

16. Celui qui vous écoute, m'écoute; celui qui vous méprise, me méprise; et celui qui me méprise, méprise celui qui m'a envoyé.

17. Or les soixante et douze *disciples* s'en revinrent avec joie, lui disant : Seigneur, les démons mêmes nous sont assujettis par la vertu de votre nom.

18. Il leur répondit : Je voyais Satan tomber du ciel comme un éclair.

19. Vous voyez que je vous ai donné le pouvoir de fouler aux pieds les serpents et les scorpions, et toute la puissance de l'ennemi (*g*); et rien ne pourra vous nuire.

20. Néanmoins ne mettez point votre joie en ce que les esprits *impurs* vous sont soumis; mais réjouissez-vous *plutôt* de ce que vos noms sont écrits dans les cieux.

21. En cette même heure, Jésus tressaillit de joie par le mou-

---

un fond historique. Jésus organise une propagande qui enveloppe tout le pays.

(*d*) VERS. 2-12. — Répétition de ce que l'on a vu plus haut, IX, 1 et suivants. (Cf. *Matthieu*, X, 1 et suiv.). — C'est une propagande, est-ce vrai?

(*e*) Tyr et Sidon, types de corruption païenne.

(*f*) VERS. 13-15. — Cf. *Matthieu*, XI, 21, note *m* et autres. La réforme *ne prenait pas*. Le monde ne se laisse pas entraîner si vite.

(*g*) *Inimici*, le démon.

*vement du* Saint-Esprit, et dit ces paroles : Je vous rends gloire, mon Père, Seigneur du ciel et de la terre, de ce que vous avez caché ces choses aux sages et aux prudents, et que vous les avez révélées aux petits. Oui, mon Père, *cela est ainsi*, parce que vous l'avez ainsi voulu (h).

22. Mon Père m'a mis toutes choses entre les mains ; et nul ne connaît qui est le Fils, que le Père ; ni qui est le Père, que le Fils, et celui à qui le Fils aura voulu le révéler.

23. Et se retournant vers ses disciples, il leur dit : Heureux les yeux qui voient ce que vous voyez.

24. Car je vous déclare que beaucoup de prophètes et de rois ont souhaité de voir ce que vous voyez, et ne l'ont point vu ; et d'entendre ce que vous entendez, et ne l'ont point entendu.

25. Alors un docteur de la loi, se levant, lui dit, pour le tenter : Maître, que faut-il que je fasse pour posséder la vie éternelle ?

26. Jésus lui répondit : Qu'y a-t-il d'écrit dans la loi ? qu'y lisez-vous ?

27. Il lui dit : Vous aimerez le Seigneur votre Dieu de tout votre cœur, de toute votre âme, de toutes vos forces et de tout votre esprit ; et votre prochain comme vous-même.

28. Jésus lui dit : Vous avez fort bien répondu ; faites cela, et vous vivrez.

29. Mais cet homme, voulant faire paraître qu'il était juste, dit à Jésus : Et qui est mon prochain (i) ?

30. Et Jésus, prenant la parole, lui dit (j) : Un homme, qui descendait de Jérusalem à Jéricho, tomba entre les mains des voleurs, qui le dépouillèrent, le couvrirent de plaies, et s'en allèrent, le laissant à demi mort.

31. Il arriva ensuite qu'un prêtre descendait par le même chemin, lequel, l'ayant aperçu, passa outre.

32. Un lévite, qui vint aussi au même lieu, l'ayant considéré, passa outre *encore*.

33. Mais un Samaritain, passant son chemin, vint à l'endroit où était cet homme, et, l'ayant vu, il en fut touché de compassion.

34. Il s'approcha donc de lui ; il versa de l'huile et du vin (k)

---

(h) *Matthieu*, XI, 25 ; voir la note *m* ; — cf. *Matthieu*, XI, sur tout ce passage.

(i) Manque dans Matthieu et Marc.

(j) Très-belle parabole, qui méritait d'être recueillie.

(k) *Oleum et vinum* : cf. *épître* de Jacques, V, 14. — Il y a

dans ses plaies, et les banda ; et, l'ayant mis sur son cheval, il l'amena dans l'hôtellerie, et eut soin de lui (*l*).

35. Le lendemain, il tira deux deniers, qu'il donna à l'hôte, et lui dit : Ayez bien soin de cet homme ; et tout ce que vous dépenserez de plus, je vous le rendrai à mon retour.

36. Lequel de ces trois vous semble-t-il avoir été le prochain (*m*) de celui qui tomba entre les mains des voleurs ?

37. Le docteur lui répondit : Celui qui a exercé la miséricorde envers lui. Allez donc, lui dit Jésus, et faites de même.

38. Jésus, étant en chemin *avec ses disciples*, entra dans un bourg ; et une femme, nommée Marthe, le reçut dans sa maison.

39. Elle avait une sœur, nommée Marie, qui, se tenant assise aux pieds du Seigneur, écoutait sa parole.

40. Mais Marthe était fort occupée à préparer tout ce qu'il fallait ; et, s'arrêtant *devant* Jésus, elle lui dit : Seigneur, ne considérez-vous point que ma sœur me laisse servir toute seule ? Dites-lui donc qu'elle m'aide.

41. Mais le Seigneur lui répondit : Marthe, Marthe, vous vous empressez, et vous vous troublez dans le soin de beaucoup de choses ;

42. Cependant une seule chose est nécessaire. Marie a choisi la meilleure part, qui ne lui sera point ôtée (*n* et *o*).

---

lieu de croire que Jésus, dans ses pérégrinations, s'acquittait de ce devoir, et que ce sont les soins donnés par lui aux malades que la légende a érigés en guérisons miraculeuses.

(*l*) Cf. ci-dessous, XIII, 14, et *Matthieu*, VIII, 14.

(*m*) *Proximus fuisse*, c'est-à-dire avoir rempli son devoir de prochain.

(*n*) VERS. 38-42. — C'est la même aventure que celle qui est racontée en saint Jean, chapitre XII, après la résurrection de Lazare. Comment se fait-il que Luc n'en dise rien ? Seulement cette aventure est ici tronquée, ou plutôt coupée en deux ; la partie racontée par Jean se retrouve plus haut dans Luc, VII, 37. — Luc ne parle pas davantage de la résurrection de Lazare, qui, suivant Jean, XI, aurait précédé le festin.

(*o*) VERS. 41-42. — On a beaucoup disputé sur ce passage, comme si Jésus avait mis Marie, la contemplative, l'artiste,

## CHAPITRE XI (a).

Prière de Jésus-Christ. Demander, chercher et frapper. Démon muet. Blasphème des Juifs. Royaume divisé. Fort armé. Démon rentrant. Bonheur de la mère de Jésus. Signe de Jonas. OEil simple. Dehors de la coupe. Reproches contre les scribes et les pharisiens.

1. Un jour, comme il était en prière dans un certain lieu, après qu'il eut cessé de prier, un de ses disciples lui dit : Seigneur, apprenez-nous à prier, ainsi que Jean l'a appris à ses disciples.

---

au-dessus de Marthe la ménagère. Tout en effet, dans un livre composé pour servir de monument à une religion, semble fait avec intention et porter loin. Il est possible que tel ait été le but du rédacteur mystique ; toutefois, je ne verrais encore là qu'une interprétation forcée d'un mot bien naturel. Jésus, reçu dans la maison de Marthe, l'engage familièrement à ne pas se donner tant de peine pour lui et à faire comme sa sœur. C'est une politesse de circonstance, servant à couvrir, comme d'un voile de modestie, l'importance que le prédicateur attache à ses paroles. Marie, dit-il, a pris le meilleur parti, qui est de m'écouter et de ne rien faire. Laissez-la tranquille !... — Du reste, le silence de Luc sur le miracle raconté par Jean, à cette occasion, peut servir à expliquer comment se sont introduits dans la biographie de Jésus tous ces miracles.

(a) Tout ce chapitre de Luc est un amas de sentences retenues sans ordre et rassemblées au hasard. En comparant ce chapitre avec les chapitres V, VI, VII, IX et XIII de Matthieu, on reconnaîtra en celui-ci une grande supériorité, sinon peut-être historique, au moins de vraisemblance et d'à-propos. On sent à chaque ligne, — miracles et interpolations à part, — que Matthieu a mieux gardé le souvenir des circonstances principales et de l'enchaînement des discours ; tandis que Luc ne tient les choses que de deuxième ou troisième

2. Et il leur dit : Lorsque vous priez, dites : Père, que votre nom soit sanctifié ; que votre règne arrive ;

3. Donnez-nous aujourd'hui notre pain de chaque jour ;

4. Et remettez-nous nos offenses, puisque nous les remettons à tous ceux qui nous sont redevables ; et ne nous abandonnez point à la tentation.

5. Il leur dit encore : Si quelqu'un d'entre vous avait un ami, et qu'il allât le trouver au milieu de la nuit, pour lui dire : Mon ami, prêtez-moi trois pains,

6. Parce qu'un de mes amis, qui est en voyage, vient d'arriver chez moi, et je n'ai rien à lui donner ;

7. Et que cet homme lui répondît de dedans sa maison : Ne m'importunez point, ma porte est déjà fermée, et mes enfants sont couchés aussi bien que moi ; je ne puis me lever pour vous en donner ;

8. Si néanmoins l'autre persévérait à frapper, je vous assure que, quand il ne se lèverait pas pour lui en donner à cause qu'il est son ami, il se lèverait du moins à cause de son importunité, et lui en donnerait autant qu'il en aurait besoin (*b*).

9. Je vous dis de même : Demandez, et on vous donnera ; cherchez, et vous trouverez ; frappez *à la porte*, et on vous ouvrira.

10. Car quiconque demande, reçoit ; et qui cherche, trouve ; et on ouvrira à celui qui frappe.

11. Mais qui est le père d'entre vous qui donnât à son fils une pierre, lorsqu'il lui demanderait du pain ; ou qui lui donnât un serpent, lorsqu'il lui demanderait un poisson ;

12. Ou qui lui donnât un scorpion, lorsqu'il lui demanderait un œuf ?

13. Si donc vous, étant méchants comme vous êtes, vous savez néanmoins donner de bonnes choses à vos enfants ; à combien plus forte raison votre Père, qui est dans le ciel, donnera-t-il le bon Esprit à ceux qui le lui demandent ?

14. *Un jour* Jésus chassa un démon qui était muet ; et, lorsqu'il

---

main. Ces considérations rendent de plus en plus plausible l'opinion qui tend à raccorder les récits des trois derniers évangélistes sur celui du premier, et à embrasser toute la carrière de Jésus dans l'intervalle d'environ un an.

(*b*) Vers. 5-8. — Cette paraphrase est touchante ; elle peut être attribuée à Jésus, bien qu'elle manque dans les autres évangélistes. — *Efficacité de la prière.* C'est une partie essentielle de la théologie du Christ.

eut chassé le démon, le muet parla, et tout le peuple fut ravi en admiration.

15. Mais quelques-uns d'entre eux dirent : Il ne chasse les démons *que* par Beelzébub, prince des démons.

16. Et d'autres, voulant le tenter, lui demandèrent qu'il leur fît voir un prodige dans l'air.

17. Mais Jésus, connaissant leurs pensées, leur dit : Tout royaume divisé contre lui-même sera détruit, et toute maison *divisée* contre elle-même tombera en ruine.

18. Si donc Satan est aussi divisé contre lui-même, comment son règne subsistera-t-il ? Car vous dites que c'est par Beelzébub que je chasse les démons.

19. Que si je chasse les démons par Beelzébub, par qui vos enfants les chassent-ils ? C'est pourquoi ils seront eux-mêmes vos juges.

20. Mais si c'est par le doigt de Dieu que je chasse les démons, il est donc visible que le royaume de Dieu est venu jusqu'à vous (*c*).

21. Lorsque le fort armé garde sa maison, tout ce qu'il possède est en paix.

22. Mais s'il en survient un autre plus fort que lui, qui le surmonte, il emportera toutes ses armes dans lesquelles il mettait sa confiance, et il distribuera ses dépouilles.

23. Celui qui n'est point avec moi est contre moi, et celui qui n'amasse point avec moi, dissipe (*c*).

24. Lorsque l'esprit impur est sorti d'un homme, il s'en va par des lieux arides, cherchant du repos ; et, comme il n'en trouve point, il dit : Je retournerai en ma maison, d'où je suis sorti (*d*).

---

(*c*) Vers. 15-20. — Admirablement raisonné. — Malheureusement on est dans l'embarras sur le sens. Il est positif que les Juifs chassaient ou exorcisaient les démons. Jésus en fait autant. Si l'on ne peut vaincre le mal que par l'assistance même de l'auteur du mal, le règne du mal touche à sa fin. L'obscurité ici est sur les *possessions*. Ce que je conçois de plus raisonnable, c'est que le détraquement des mœurs multipliait les cas de folie, d'aliénation, etc., et que Jésus, par sa morale, par la puissance de ses paroles, ramenait le calme et la sérénité dans les esprits. C'était un magnétisme d'une espèce aujourd'hui inconnue, le magnétisme de la vertu et de la raison.

(*d*) Danger des rechutes. (Cf. *Matthieu*, XII, 43 et suivants, note *k*.

25. Et y venant, il la trouve nettoyée et parée.

26. Alors il s'en va prendre avec lui sept autres esprits plus méchants que lui; et, entrant dans cette maison, ils en font leur demeure; et le dernier état de cet homme devient pire que le premier.

27. Lorsqu'il disait ces choses, une femme, élevant la voix du milieu du peuple, lui dit : Heureuses sont les entrailles qui vous ont porté, et les mamelles qui vous ont nourri !

28. Jésus lui dit : Mais plutôt heureux sont ceux qui entendent la parole de Dieu (*e*) et qui la pratiquent !

29. Et comme le peuple s'amassait en foule, il commença à dire : Cette race *d'hommes* est une race méchante; ils demandent un signe, et il ne leur en sera point donné d'autre que celui du prophète Jonas.

30. Car comme Jonas fut un signe pour ceux de Ninive, ainsi le Fils de l'homme (*f*) en sera un pour ceux de cette nation.

31. La reine du midi s'élèvera au jour du jugement contre les hommes de cette nation, et les condamnera, parce qu'elle est venue des extrémités de la terre pour entendre la sagesse de Salomon; et cependant il y a ici plus que Salomon.

32. Les Ninivites s'élèveront au jour du jugement contre ce peuple, et le condamneront, parce qu'ils ont fait pénitence à la prédication de Jonas; et cependant il y a ici plus que Jonas.

33. Il n'y a personne qui, ayant allumé une lampe, la mette dans un lieu caché ou sous un boisseau; mais on la met sur un chandelier, afin que ceux qui entrent voient la lumière.

34. Votre œil est la lampe de votre corps; si votre œil est simple *et* pur, tout votre corps sera éclairé; que s'il est mauvais, votre corps aussi sera ténébreux.

35. Prenez donc garde que la lumière qui est en vous ne soit elle-même *de vraies* ténèbres.

36. Si donc votre corps est tout éclairé, n'ayant aucune partie ténébreuse, tout sera lumineux, comme lorsqu'une lampe vous éclaire par sa lumière.

37. Pendant qu'il parlait, un pharisien le pria de dîner chez lui; et *Jésus*, y étant entré, se mit à table.

38. Alors le pharisien commença à dire en lui-même : Pourquoi ne s'est-il point lavé avant le dîner (*g*) ?

---

(*e*) **Verbum Dei.** La morale est tout ce qui l'occupe.

(*f*) **Le Fils de l'homme** sera un *prédicateur*. (Cf. **Matthieu**, XII, note *j*.)

(*g*) L'observation était juste. L'à-propos est ici mal amené.

39. Mais le Seigneur lui dit : Vous autres, pharisiens, vous avez *grand* soin de nettoyer le dehors de la coupe et du plat ; mais le dedans de vos cœurs est plein de rapine et d'iniquité.

40. Insensés que vous êtes, celui qui a fait le dehors n'a-t-il pas fait aussi le dedans ?

41. Néanmoins, donnez l'aumône de ce que vous avez, et toutes choses seront pures pour vous.

42. Mais malheur à vous, pharisiens, qui payez la dîme de la menthe, de la rue et de toutes les herbes, et qui négligez la justice et l'amour de Dieu ; c'est là néanmoins ce qu'il fallait pratiquer, sans omettre ces autres choses.

43. Malheur à vous, pharisiens, qui aimez à avoir les premières places dans les synagogues, et qu'on vous salue dans les places publiques.

44. Malheur à vous, qui ressemblez à des sépulcres, qui ne paraissent point (*h*), et que les hommes, qui marchent dessus, ne connaissent pas.

45. Alors un des docteurs de la loi, prenant la parole, lui dit : Maître, en parlant ainsi, vous nous déshonorez aussi nous-mêmes.

46. Mais Jésus lui dit : Malheur aussi à vous autres, docteurs de la loi, qui chargez les hommes de fardeaux qu'ils ne sauraient porter, et qui ne voudriez pas les avoir touchés du bout du doigt.

47. Malheur à vous, qui bâtissez des tombeaux aux prophètes ; et ce sont vos pères qui les ont tués.

48. Certes, vous témoignez assez que vous consentez à ce qu'ont fait vos pères ; car ils ont tué les prophètes, et vous leur bâtissez des tombeaux.

49. C'est pourquoi la sagesse de Dieu a dit : Je leur enverrai des prophètes et des apôtres, et ils en tueront les uns et persécuteront les autres ;

50. Afin qu'on redemande à cette nation le sang de tous les prophètes, qui a été répandu depuis la création du monde,

51. Depuis le sang d'Abel, jusqu'au sang de Zacharie, qui a été tué entre l'autel et le temple. Oui, je vous déclare qu'on en demandera compte à cette nation.

52. Malheur à vous, docteurs de la loi, qui vous êtes saisis de la clef de la science, et qui, n'y étant point entrés vous-mêmes, l'avez encore fermée à ceux qui voulaient y entrer.

53. Comme il leur parlait de la sorte, les pharisiens et les doc-

---

(*h*) *Monumenta*, les *sépulcres*, dont le contact souille, et qu'on n'aperçoit pas. Il leur reproche d'inventer une foule de pratiques auxquelles on manque sans le savoir.

teurs de la loi commencèrent à le presser vivement et à l'accabler par une multitude de questions,

54. Lui tendant des piéges et tâchant de tirer de sa bouche quelque chose qui leur donnât lieu de l'accuser.

## CHAPITRE XII.

Levain des pharisiens. Ne craindre que Dieu. Blasphème contre le Saint-Esprit. Se garder de l'avarice. Ne point s'inquiéter pour les besoins de la vie. Ne chercher que Dieu. Partage du serviteur fidèle et du serviteur infidèle. Feu apporté sur la terre. Temps du Messie méconnu. S'accorder avec son adversaire.

1. Cependant une grande multitude de peuple s'étant assemblée autour de Jésus, en sorte qu'ils marchaient les uns sur les autres, il commença à dire à ses disciples : Gardez-vous du levain des pharisiens, qui est l'hypocrisie.

2. Car il n'y a rien de caché qui ne doive être découvert, ni rien de secret qui ne doive être connu ;

3. Ce que vous avez dit dans l'obscurité se publiera dans la lumière ; et ce que vous avez dit à l'oreille, dans les chambres, sera prêché sur les toits (*a*).

4. Je vous dis donc à vous, qui êtes mes amis : Ne craignez point ceux qui tuent le corps et qui, après cela, n'ont rien à vous faire davantage (*b*).

5. Mais je vais vous apprendre qui vous devez craindre : Craignez celui qui, après avoir ôté la vie, a le pouvoir de jeter dans l'enfer. Oui, je vous le dis *encore une fois*, c'est celui-là que vous devez craindre.

6. N'est-il pas vrai que cinq passereaux se donnent pour deux oboles ? et néanmoins il n'y en a pas un seul qui soit en oubli devant Dieu.

7. Les cheveux même de votre tête sont tous comptés. Ne craignez donc point *qu'il vous oublie* ; vous valez mieux que beaucoup de passereaux.

---

(*a*) Ce verset n'a pas le même sens dans Matthieu (XVI, 6-8).

(*b*) Jésus dit à ses disciples, comme le révolutionnaire de 93 : Faites un pacte avec la mort et avec la pauvreté, et vous ne craindrez plus personne.

8. Or je vous déclare que quiconque me (c) confessera et me reconnaîtra devant les hommes, le Fils de l'homme le reconnaîtra aussi devant les anges de Dieu.

9. Mais si quelqu'un me renonce devant les hommes, je le renoncerai aussi devant les anges de Dieu.

10. Si quelqu'un parle contre le Fils de l'homme, son péché lui sera remis ; mais si quelqu'un blasphème contre le Saint-Esprit, il ne lui sera point remis (d).

11. Lorsqu'on vous mènera dans les synagogues ou devant les magistrats et les puissances *du monde*, ne vous mettez point en peine comment vous vous défendrez, ni de ce que vous direz (e);

12. Car le Saint-Esprit vous enseignera à cette heure-là même ce qu'il faudra que vous disiez (f).

13. Alors un homme lui dit, du milieu de la foule : Maître, dites à mon frère qu'il partage avec moi la succession *qui nous est échue*.

14. Mais Jésus lui dit : O homme, qui m'a établi pour vous juger ou pour faire vos partages (g)?

15. Puis il leur dit : Ayez soin de vous bien garder de toute avarice; car en quelque abondance qu'un homme soit, sa vie ne dépend point des biens qu'il possède.

16. Il leur dit ensuite cette parabole : Il y avait un homme riche, dont les terres avaient extraordinairement rapporté;

17. Et il s'entretenait en lui-même de ces pensées : Que ferai-je ? car je n'ai point de lieu où je puisse serrer tout ce que j'ai à recueillir.

18. Voici, dit-il, ce que je ferai : j'abattrai mes greniers, et j'en

---

(c) *Me* : a-t-il dit moi?

(d) Que veut dire cela? Que le Saint-Esprit est plus que le Fils de l'homme? Cela ne nous éclairerait guère. Il me semble qu'il a voulu dire que la négation du Messie, Verbe divin, peut être pardonnée; mais que la négation de l'Esprit-Saint, qui est la conscience, la distinction du bien et du mal, ne le peut pas être : la morale est plus que le dogme, en autres termes !

(e) Cf. *Matthieu*, x, 19, note *j*.

(f) Vers. 11-12. — La bonne conscience vaut mieux que tous les discours.

(g) Conduite prudente, mais qui n'est pas d'un Messie juif.

bâtirai de plus grands; et j'y amasserai toute ma récolte et tous mes biens;

19. Et je dirai à mon âme : *Mon* âme, tu as beaucoup de biens en réserve pour plusieurs années; repose-toi, mange, bois, fais bonne chère.

20. Mais Dieu *en même temps* dit à cet homme : Insensé que tu est, on va te redemander ton âme cette nuit même; et pour qui sera ce que tu as amassé?

21. C'est ce qui arrive à celui qui amasse des trésors pour soi-même et qui n'est point riche devant Dieu.

22. Et il dit à ses disciples : C'est pourquoi je vous dis de ne point vous mettre en peine pour votre vie, où vous trouverez de quoi manger; ni pour votre corps, où vous trouverez de quoi vous vêtir (*h*).

23. La vie est plus que la nourriture, et le corps plus que le vêtement.

24. Considérez les corbeaux (*i*) : ils ne sèment, ni ne moissonnent; ils n'ont ni cellier, ni grenier; cependant Dieu les nourrit. Eh ! combien êtes-vous plus excellents qu'eux !

25. Mais quel est celui d'entre vous qui, par tous ses soins, puisse ajouter à sa taille la hauteur d'une coudée?

---

(*h*) VERS. 16-22. — Bel apologue, bon à conserver. C'est la paraphrase du *Beati pauperes spiritu*.

(*i*) *Corvos*. Dans les idées orientales, le corbeau n'est point un oiseau de mauvais augure ni disgracieux. (Voir mes notes dans la *Justice*, édition belge). — Il y a trop de choses retenues visiblement de Jésus, en tout ceci, pour que l'on puisse douter qu'il ait donné à ses disciples des instructions relativement à la propagande *évangélique*. Jésus a donc eu la pensée de cette propagande; il l'a préparée, organisée; il en a prévu les résultats, aussi bien que les dangers et les peines. Il a vu le supplice au bout de ses travaux, pour lui et pour les siens. Il s'y est résigné d'avance. — Voilà donc ce qui s'appelle un homme. Sans doute en tout ceci il a été inspiré par le spectacle de la propagande pharisaïque, intéressée, cauteleuse, pleine de mauvaise foi. Il y a ici une antithèse cachée, comme dans tout le reste de sa vie. Quel zèle cette parole devait allumer ! Quel mépris de la mort et de la pauvreté !...

26. Si donc les moindres choses sont au-dessus de votre pouvoir, pourquoi vous inquiétez-vous des autres?

27. Considérez les lis, et voyez comme ils croissent; ils ne travaillent ni ne filent; cependant je vous déclare que Salomon, même dans toute sa magnificence, n'a jamais été vêtu comme l'un d'eux.

28. Que si Dieu a soin de vêtir de la sorte une herbe, qui est aujourd'hui dans les champs, et qu'on jettera demain dans le four, combien aura-t-il plus de soin de vous vêtir, ô hommes de peu de foi!

29. Ne vous mettez donc point en peine, vous autres, de ce que vous aurez à manger ou à boire; et que votre esprit ne soit point suspendu et inquiet (*j*).

30. Car ce sont les païens et *les gens* du monde qui recherchent toutes ces choses; et votre Père sait *assez* que vous en avez besoin.

31. C'est pourquoi cherchez premièrement le royaume de Dieu et sa justice; et toutes ces choses vous seront données par surcroît (*k*).

32. Ne craignez point, petit troupeau; car il a plu à votre Père de vous donner son royaume.

33. Vendez ce que vous avez, et le donnez en aumône; faites-vous des bourses qui ne s'usent point par le temps; *amassez dans le ciel un trésor qui ne périsse jamais*, d'où les voleurs n'approchent point et que les vers ne puissent corrompre (*l*).

34. Car où est votre trésor, là sera aussi votre cœur.

35. Que vos reins soient ceints, et ayez dans vos mains des lampes ardentes;

36. Soyez semblables à ceux qui attendent que leur maître

---

(*j*) Un pacte avec la pauvreté!

(*k*) Vers 22-31. — Tout ce passage est d'une beauté sublime, et se retrouve dans Matthieu.

(*l*) Dans Matthieu, ce *conseil* n'est point général; il n'est donné qu'aux *parfaits*, ce qui, dans la doctrine de Jésus, se comprend très-bien. Il prêche la *pauvreté de cœur;* veut-on la porter au dernier degré? *Vendez et donnez,* etc. Remarquons d'ailleurs qu'il s'adresse à ses disciples, à ceux qui doivent continuer son œuvre. Il ne veut pas qu'ils s'embarrassent de richesses. Défaites-vous de vos biens, dit-il, et marchons. C'est le précepte que Paul se vantait de suivre, non sans orgueil.

retourne des noces ; afin que, lorsqu'il sera venu et qu'il aura frappé à la porte, ils lui ouvrent aussitôt.

37. Heureux ces serviteurs que le maître à son arrivée trouvera veillants ; je vous dis, en vérité, que, s'étant ceint, il les fera mettre à table ; et, passant *devant eux*, il les servira.

38. S'il arrive à la seconde ou à la troisième veille, et qu'il les trouve en cet état, ces serviteurs-là sont heureux.

39. Or, sachez que, si le père de famille était averti de l'heure à laquelle le voleur doit venir, il veillerait sans doute et ne laisserait pas percer sa maison.

40. (*m*) Tenez-vous donc aussi *toujours* prêts ; parce que le Fils de l'homme viendra à l'heure où vous ne penserez pas.

41. Alors Pierre lui dit : Seigneur, est-ce à nous *seuls* que vous adressez cette parabole, ou si c'est à tout le monde ?

42. Le Seigneur lui dit : Quel est le dispensateur fidèle et prudent que le maître a établi sur ses serviteurs, pour distribuer à chacun dans le temps la mesure de blé qui lui est destinée ?

43. Heureux ce serviteur que son maître, à son arrivée, trouvera agissant de la sorte.

44. Je vous dis, en vérité, qu'il l'établira sur tous les biens qu'il possède.

45. Mais si ce serviteur dit en lui-même : Mon maître n'est pas près de venir, et qu'il commence à battre les serviteurs et les servantes, à manger, à boire et à s'enivrer,

46. Le maître de ce serviteur viendra au jour où il ne s'y attend pas et à l'heure qu'il ne sait pas ; et il le retranchera *de sa famille* et lui donnera *pour* partage *d'être puni* avec les infidèles.

47. Le serviteur qui aura su la volonté de son maître, et qui néanmoins ne se sera pas tenu prêt et n'aura pas fait ce qu'il désirait de lui, sera battu rudement ;

48. Mais celui qui n'aura pas su *sa volonté* et qui aura fait des choses dignes de châtiment sera moins battu. On redemandera beaucoup à celui à qui on aura beaucoup donné ; et on fera rendre un plus grand compte à celui à qui on aura confié plus de choses.

---

(*m*) Vers. 40 et suiv. — Jésus, interpellé sur l'opinion millénaire, semble garder le large. Il croyait certes au *siècle nouveau* ; mais s'il prenait le Messie au sens spirituel, il a dû prendre aussi l'opinion de son avènement au sens spirituel. Vous ne savez pas, nul ne sait, dit-il, quand viendra le *Fils de l'homme*.

49. Je suis venu pour jeter le feu dans la terre; et que désiré-je, sinon qu'il s'allume ?

50. Je dois être baptisé d'un baptême; et combien me sens-je pressé jusqu'à ce qu'il s'accomplisse (*o*)?

51. Croyez-vous que je sois venu pour apporter la paix sur la terre? Non, je vous assure; mais, *au contraire*, la division (*p*).

52. Car désormais, s'il se trouve cinq personnes dans une maison, elles seront divisées les unes contre les autres : trois contre deux et deux contre trois.

53. Le père sera en division avec le fils et le fils avec le père, la mère avec la fille et la fille avec la mère, la belle-mère avec la belle-fille et la belle-fille avec la belle-mère.

54. Il disait aussi au peuple : Lorsque vous voyez un nuage se former du côté du couchant, vous dites aussitôt que la pluie ne tardera pas à venir; et il pleut en effet.

55. Et quand vous voyez souffler le vent du midi, vous dites qu'il fera chaud; et le chaud ne manque pas d'arriver.

56. Hypocrites que vous êtes, vous savez *si bien* reconnaître *ce que présagent* les *diverses* apparences du ciel et de la terre; comment donc ne reconnaissez-vous point ce temps-ci?

57. Comment n'avez-vous point de discernement pour reconnaître, par ce qui se passe parmi vous, ce qui est juste?

58. Lorsque vous allez avec votre adversaire devant le magistrat, tâchez de vous dégager de lui pendant que vous êtes *encore* dans le chemin, de peur qu'il ne vous entraîne devant le juge, et que le juge ne vous livre au sergent, et que le sergent ne vous mène en prison (*q*).

59. Car je vous assure que vous ne sortirez point de là, que vous n'ayez payé jusqu'à la dernière obole.

---

(*n*) Cela est d'un homme qui a une conscience profonde de son œuvre, de ses effets et de ses périls : *Quid volo*, etc. (Cf. le texte grec.)

(*o*) Résignation au martyre.

(*p*) Ces prévisions sont d'un homme qui, à un haut sentiment de la justice, joint la prévision de ce que l'annonce du droit produira d'étonnement et de colère.

(*q*) Conseil d'éviter les procès et la justice des tribunaux. Les premiers chrétiens y tenaient fort.

## CHAPITRE XIII.

Exhortation à la repentance. Figuier stérile. Femme courbée. Grain de sénevé. Levain dans la pâte. Peu de sauvés. Menace d'Hérode. Passion prédite. Jérusalem deviendra déserte.

1. En ce même temps (*a*), quelques-uns vinrent dire à Jésus *ce qui s'était passé*, touchant les Galiléens (*b*), dont Pilate avait mêlé le sang avec *celui de* leurs sacrifices.
2. Sur quoi Jésus, prenant la parole, leur dit : Pensez-vous que ces Galiléens fussent les plus grands pécheurs de toute la Galilée, parce qu'ils ont été ainsi traités ?
3. Non, je vous en assure ; mais *je vous déclare que*, si vous ne faites pénitence, vous périrez tous comme eux.
4. Croyez-vous aussi que ces dix-huit hommes sur lesquels la tour de Siloé est tombée, et qu'elle a tués, fussent plus redevables *à la justice de Dieu* que tous les habitants de Jérusalem ?
5. Non, je vous en assure ; mais *je vous déclare que*, si vous ne faites pénitence, vous périrez tous de la même sorte.
6. Il leur dit aussi cette parabole : Un homme avait un figuier planté dans sa vigne ; et venant pour y chercher du fruit, il n'y en trouva point.
7. Alors il dit à son vigneron : Il y a déjà trois ans que je viens chercher du fruit à ce figuier, sans y en trouver ; coupez-le donc ; pourquoi occupe-t-il la terre *inutilement ?*
8. Le vigneron lui répondit : Seigneur, laissez-le encore cette année, afin que je laboure au pied, et que j'y mette du fumier ;
9. Après cela, s'il porte du fruit, *à la bonne heure* ; sinon, vous le ferez couper.
10. Jésus enseignait dans la synagogue un jour de sabbat ;
11. Et il y vint une femme, possédée d'un esprit qui la rendait malade depuis dix-huit ans ; et elle était si courbée, qu'elle ne pouvait du tout regarder en haut.
12. Jésus, la voyant, l'appela, et lui dit : Femme, vous êtes délivrée de votre infirmité.

---

(*a*) *Ipso in tempore.* Quel temps? Luc mêle tout. Mais on peut conjecturer que c'est vers l'époque du voyage à Jérusalem. (Cf. *Matthieu*, xx, 17-29.)

(*b*) *Galilæis.* De quel massacre parle ici Jésus ?

13. Et il lui imposa les mains. Aussitôt elle fut redressée, et elle en rendit gloire à Dieu.

14. Mais le chef de la synagogue, indigné de ce que Jésus l'avait guérie un jour de sabbat, dit au peuple : Il y a six jours destinés pour travailler; venez en ces jours-là pour être guéris, et non pas au jour du sabbat (c).

15. Le Seigneur, prenant la parole, lui dit : Hypocrites, y a-t-il quelqu'un de vous qui ne délie pas son bœuf ou son âne le jour du sabbat, et ne les tire pas de l'étable, pour les mener boire ?

16. Pourquoi donc ne fallait-il pas délivrer de ses liens, en un jour de sabbat, cette fille d'Abraham que Satan avait tenue ainsi liée durant dix-huit ans ?

17. A ces paroles tous ses adversaires demeurèrent confus; et tout le peuple fut ravi de lui voir faire tant d'actions glorieuses.

18. Il disait aussi : A quoi est semblable le royaume de Dieu, et à quoi le comparerai-je ?

19. Il est semblable à un grain de sénevé, qu'un homme prend et jette dans son jardin, et qui croît jusqu'à devenir un grand arbre : de sorte que les oiseaux du ciel se reposent sur ses branches.

20. A quoi, dit-il encore, comparerai-je le royaume de Dieu ?

21. Il est semblable au levain qu'une femme prend, et mêle

---

(c) Pour donner à tout ceci un sens raisonnable, il faut se rappeler que la pratique de la médecine, chez les Juifs, était en partie déléguée aux prêtres; que c'était une œuvre de religion, qui a passé dans le christianisme sous le nom de sacrement de l'extrême-onction; que Jésus, devenu missionnaire et prophète, devait s'occuper des guérisons des malades, et qu'il y vaquait, ainsi que ses disciples. Il est parfaitement inutile que nous sachions quelle était sa médication : si allopathe, ou homœopathe, ou hydrothérapique, ou expectante, ou magnétique. Il y avait de tout cela un peu. Pourquoi Jésus n'aurait-il pas guéri des malades, comme tant d'autres ?... Qui est-ce qui n'en guérit pas ?... Otez l'hyperbole, et vous êtes dans la vérité historique. Le reproche des pharisiens se comprend mieux à l'aide de ces explications : ils ne veulent pas qu'on médicamente le jour du sabbat. Pas bon prendre médecine, disent-ils.

dans trois mesures de farine, jusqu'à ce que toute la pâte soit levée (*d*).

22. Et il allait par les villes et les villages, enseignant, et s'avançant vers Jérusalem.

23. Quelqu'un lui ayant fait cette demande : Seigneur, y en aura-t-il peu de sauvés ? Il leur répondit :

24. Faites effort pour entrer par la porte étroite ; car je vous assure que plusieurs chercheront les moyens d'y entrer, et ne le pourront pas (*e*).

25. Et quand le père de famille sera entré et aura fermé la porte, et que vous, étant dehors, vous commencerez à heurter, en disant : Seigneur, ouvrez-nous ; il vous répondra : Je ne sais d'où vous êtes.

26. Alors vous direz : Nous avons mangé et bu en votre présence, et vous avez enseigné dans nos places publiques.

27. Et il vous répondra : Je ne sais d'où vous êtes ; retirez-vous de moi, vous tous qui commettez l'iniquité.

28. Ce sera alors qu'il y aura des pleurs et des grincements de dents, quand vous verrez qu'Abraham, Isaac, Jacob, et tous les prophètes, seront dans le royaume de Dieu, et que, vous autres, vous serez repoussés dehors.

29. Il en viendra d'orient et d'occident, du septentrion et du midi, qui seront à table dans le royaume de Dieu.

30. Et ceux qui sont les derniers seront les premiers ; et ceux qui sont les premiers seront les derniers (*f*).

31. Le même jour quelques-uns des pharisiens vinrent lui dire : Allez-vous-en, sortez de ce lieu, car Hérode veut vous faire mourir.

---

(*d*) Vers. 18-21. — Ces paroles sont d'un homme qui aperçoit très-bien le mouvement révolutionnaire, qui en comprend les conditions et la portée, qui sait que, lui mort, ses disciples morts, la révolution ne s'arrêtera pas.

(*e*) Sur le petit nombre de *sauvés*, cf. *Matthieu*, VII, 13. Le sens de Jésus est clair ; la théologie du salut l'a dénaturé. Il constate un fait toujours vrai : c'est que le chemin de la corruption est le plus suivi, qu'il est large et commode ; tandis que la voie de la justice, qui commande aux passions, est difficile.

(*f*) Vers. 29-30. — Allusion à la mission des Gentils.

32. Il leur répondit : Allez dire à ce renard (*g*) : J'ai encore à chasser les démons, et à rendre la santé aux malades aujourd'hui et demain, et le troisième jour (*h*) je serai consommé *par ma mort*.

33. Cependant il faut que je continue à marcher aujourd'hui et demain, et le jour d'après ; car il ne faut pas qu'un prophète souffre la mort ailleurs que dans Jérusalem.

34. Jérusalem, Jérusalem, qui tues les prophètes, et qui lapides ceux qui sont envoyés vers toi, combien de fois ai-je voulu rassembler tes enfants, comme une poule rassemble ses petits sous ses ailes, et tu ne l'as pas voulu (*i*) !

35. Le temps s'approche où votre maison demeurera déserte. Or, je vous dis, *en vérité*, que vous ne me verrez plus désormais, jusqu'à ce que vous disiez : Béni soit celui qui vient au nom du Seigneur.

## CHAPITRE XIV.

*Hydropique guéri. Prendre la place. Inviter les pauvres. Conviés qui s'excusent. Renoncer à tout. Porter sa croix. Sel affadi.*

1. Un jour de sabbat, Jésus entra dans la maison d'un des principaux pharisiens, pour y prendre un repas ; et ceux qui étaient là l'observaient.

2. Or il avait devant lui un homme hydropique ;

3. Et Jésus, s'adressant aux docteurs de la loi et aux pharisiens, leur dit : Est-il permis de guérir *des malades* le jour du sabbat ?

4. Et ils demeurèrent dans le silence. Mais lui, prenant cet homme *par la main*, le guérit, et le renvoya.

5. Ensuite, s'adressant à eux, il leur dit : Quel est celui d'entre vous, *qui*, *voyant* son âne ou son bœuf tombé dans un puits, ne l'en retire pas aussitôt le jour *même* du sabbat ?

---

(*g*) *Vulpi* : Hérode était méprisé et impopulaire en Galilée.

(*h*) *Tertia die* : terme indéfini pour dire : Je prêche aujourd'hui, je périrai demain ; c'est accepté. Je me moque de toi. Jésus est conséquent avec ses propres préceptes : il brave la mort et il rit des puissances.

(*i*) Cette apostrophe est naturellement amenée par tout ce qui précède. Jésus n'avait pas besoin d'être à Jérusalem ni d'y être venu pour parler de la sorte.

6. Et ils ne pouvaient rien répondre à cela (*a*).

7. Alors, considérant comme les conviés choisissaient les premières places, il leur proposa cette parabole, et leur dit :

8. Quand vous serez conviés à des noces, n'y prenez point la première place, de peur qu'il ne se trouve parmi les conviés une personne plus considérable que vous;

9. Et que celui qui vous aura invités l'un et l'autre ne vienne vous dire : Donnez votre place à celui-ci; et qu'alors vous ne soyez réduit à vous tenir avec honte au dernier lieu.

10. Mais, quand vous aurez été convié, allez vous mettre à la dernière place, afin que lorsque celui qui vous a convié sera venu, il vous dise : *Mon* ami, montez plus haut. Et alors ce vous sera un sujet de gloire devant ceux qui seront à table avec vous;

11. Car quiconque s'élève sera abaissé, et quiconque s'abaisse sera élevé.

12. Il dit aussi à celui qui l'avait invité : Lorsque vous donnerez à dîner ou à souper, n'y conviez ni vos amis, ni vos frères, ni vos parents, ni vos voisins qui seront riches; de peur qu'ils ne vous invitent ensuite à leur tour, et qu'ainsi ils ne vous rendent ce qu'ils avaient reçu de vous (*b*).

13. Mais, lorsque vous faites un festin, conviez-y les pauvres, les estropiés, les boiteux et les aveugles,

14. Et vous serez heureux de ce qu'ils n'auront pas le moyen de vous le rendre; car cela vous sera rendu dans la résurrection des justes (*c*).

---

(*a*) Versets 1-6. — Cette guérison n'a d'autre but, comme plusieurs autres, que d'attaquer le sabbat. Jésus faisait le métier d'infirmier, il distribuait quelques ordonnances, sans distinction des jours; il n'a pas fallu un grand effort d'imagination, à propos de la critique des pharisiens, pour qu'il leur reprochât, non-seulement de lui défendre de *soigner*, mais de *guérir* le jour du sabbat. De là au miracle, il n'y avait qu'un pas. (Cf. plus haut, xiii, 14). — Luc et Paul ont forcé la pensée de Jésus.

(*b*) La pensée de Jésus me paraît ici forcée. Il ne défend pas les repas entre amis. Il veut dire que dans la plupart des invitations, il y a plus d'orgueil que de charité, et qu'il serait mieux d'inviter des pauvres, c'est-à-dire de distribuer en aumônes le prix de semblables festins.

(*c*) *Justorum.* Cela n'exclut pas la résurrection des méchants.

15. Un de ceux qui étaient à table, ayant entendu ces paroles, lui dit : Heureux celui qui mangera du pain dans le royaume de Dieu !

16. Alors Jésus lui dit (*d*) : Un homme fit un grand souper, auquel il invita plusieurs personnes.

17. Et, à l'heure du souper, il envoya son serviteur dire aux conviés de venir, parce que tout était prêt.

18. Mais tous, comme de concert, commencèrent à s'excuser. Le premier lui dit : J'ai acheté une terre, et il faut nécessairement que j'aille la voir ; je vous supplie de m'excuser.

19. Le second dit : J'ai acheté cinq couples de bœufs, et je vais les éprouver ; je vous supplie de m'excuser.

20. Et le troisième dit : J'ai épousé une femme, et ainsi je ne puis y aller.

21. Le serviteur, étant revenu, rapporta tout ceci à son maître. Alors le père de famille se mit en colère, et dit à son serviteur : Allez-vous-en vitement dans les places et dans les rues de la ville, et amenez ici les pauvres, les estropiés, les aveugles et les boiteux.

22. Le serviteur lui dit ensuite : Seigneur, ce que vous avez commandé est fait, et il y a encore des places.

23. Le maître dit au serviteur : Allez dans les chemins et le long des haies, et forcez *les gens* à entrer, afin que ma maison soit remplie ;

24. Car je vous assure que nul de ces hommes, que j'avais conviés, ne goûtera de mon souper.

25. Une grande troupe de peuple marchant avec Jésus, il se retourna vers eux et leur dit :

26. Si quelqu'un vient à moi et ne hait pas son père et sa mère, sa femme, ses enfants, ses frères et ses sœurs, et même sa propre vie, il ne peut être mon disciple.

27. Et quiconque ne porte pas sa croix et ne me suit pas, ne peut être mon disciple.

---

(*d*) Contre les Juifs, les Gentils sont préférés. (Voir, pour les variantes, *Matthieu*, XXII, 2.) Il est probable que Jésus est revenu à plusieurs reprises sur les mêmes paraboles, car il ne pouvait toujours prêcher que les mêmes vérités ; mais il a modifié son discours, tantôt en y mettant des ornements nouveaux, tantôt en restreignant sa pensée et la rendant plus concise. Dans une vie de Jésus, il faudrait donc compléter les différentes versions les unes par les autres, sauf à avertir le lecteur.

28. Car qui est celui d'entre vous qui, voulant bâtir une tour, ne suppute auparavant, en repos *et à loisir*, la dépense qui y sera nécessaire, *pour voir* s'il aura de quoi l'achever?

29. De peur qu'en ayant jeté les fondements et ne pouvant l'achever, tous ceux qui verront *ce bâtiment imparfait* ne commencent à se moquer de lui,

30. En disant : Cet homme avait commencé à bâtir, mais il n'a pu achever.

31. Ou quel est le roi qui, se mettant en campagne pour combattre un autre roi, ne consulte auparavant, en repos *et à loisir*, s'il pourra marcher avec dix mille hommes contre un ennemi qui s'avance vers lui avec vingt mille?

32. Autrement il lui envoie des ambassadeurs, lorsqu'il est encore bien loin, et lui fait des propositions de paix.

33. Ainsi, quiconque d'entre vous ne renonce pas à tout ce qu'il a, ne peut être mon disciple (*e*).

34. Le sel est bon; mais si le sel devient fade, avec quoi assaisonnera-t-on?

35. Il n'est plus propre ni pour la terre, ni pour le fumier; mais on le jette dehors. Que celui-là entende, qui a des oreilles pour entendre (*f* et *g*).

---

(*e*) Vers. 26-33. — La suite de l'idée est celle-ci : Ceux qui viennent à moi doivent bien calculer tous les sacrifices qu'ils ont à faire : sacrifices de fortune, d'amitié, de parenté, etc. Suit la comparaison du constructeur et du guerrier... Tout cela est admirable d'originalité, de verve, de sublimité et de dévouement. Mais c'est de l'anti-messianisme le mieux caractérisé. Jésus est le signe de *contradiction*; il le sait, il le dit, il le proclame à tout propos. N'importe, il n'en sera pas moins le *Messie, Verbe de Dieu!*

(*f*) Versets 34-35. — Ceci tombe sans à-propos. (Cf. *Matthieu*, v, 13.)

(*g*) Le *messianisme* de Jésus, *son royaume de Dieu*, ou ce qu'il appelle de ces deux noms, c'est-à-dire une révolution sociale et une réforme politique et religieuse par les mœurs, est comme une campagne militaire à laquelle, en effet, on sacrifie tout. Il n'est pas de général d'armée qui ne puisse dire la même chose à ses volontaires et à ses conscrits. Or, l'entre-

## CHAPITRE XV.

*Murmure des pharisiens. Brebis et dragme retrouvées. Joie dans le ciel pour un pécheur qui se convertit. Enfant prodigue.*

1. Les publicains et les gens de mauvaise vie se tenant auprès de Jésus pour l'écouter,
2. Les pharisiens et les docteurs de la loi en murmuraient, et disaient : Quoi! cet homme reçoit des gens de mauvaise vie et mange avec eux?
3. Alors Jésus leur proposa cette parabole (*a*) :
4. Qui est l'homme d'entre vous qui, ayant cent brebis et en ayant perdu une, ne laisse les quatre-vingt-dix-neuf autres dans le désert, pour s'en aller après celle qui s'est perdue, jusqu'à ce qu'il la trouve (*b*)?
5. Et lorsqu'il l'a retrouvée, il la met sur ses épaules avec joie;
6. Et, étant retourné dans sa maison, il appelle ses amis et ses voisins, et leur dit : Réjouissez-vous avec moi, parce que j'ai trouvé ma brebis qui était perdue.
7. Je vous dis qu'il y aura de même plus de joie dans le ciel pour un seul pécheur qui fait pénitence que pour quatre-vingt-dix-neuf justes qui n'ont pas besoin de pénitence.
8. Ou, qui est la femme qui, ayant dix dragmes et en ayant perdu une, n'allume la lampe; et, balayant la maison, ne la cherche avec grand soin jusqu'à ce qu'elle la trouve (*c*)?
9. Et, après l'avoir trouvée, elle appelle ses amies et ses voisines, et leur dit : Réjouissez-vous avec moi, parce que j'ai trouvé la dragme que j'avais perdue.
10. Je vous dis que de même c'est une joie parmi les anges de Dieu, lorsqu'un seul pécheur fait pénitence.

---

prise de Jésus en valait-elle la peine? Assurément. — A cette époque, et longtemps après, le sens du droit était bien faible, puisqu'on a taxé cette morale d'excessive et d'outrée. Mais le vrai miracle, c'est que Jésus ait eu ce sentiment.

(*a*) Cf. *Matthieu*, XVIII, 12.
(*b*) Jésus aime cette figure du bon pasteur.
(*c*) Petit tableau de mœurs très-vrai, très-original.

11. Il leur dit encore (*d*) : Un homme avait deux fils,

12. Dont le plus jeune dit à son père : *Mon* père, donnez-moi ce qui doit me revenir de votre bien. Et le père leur fit le partage de son bien.

13. Peu de jours après, le plus jeune de ces deux fils, ayant amassé tout ce qu'il avait, s'en alla dans un pays étranger fort éloigné, où il dissipa tout son bien *en excès et* en débauches.

14. Après qu'il eut tout dépensé, il survint une grande famine dans ce pays-là, et il commença à tomber en nécessité.

15. Il s'en alla donc, et s'attacha *au service* d'un des habitants du pays, qui l'envoya dans sa maison des champs pour y garder les pourceaux.

16. Et là il eût été bien aise de remplir son ventre des cosses que les pourceaux mangeaient ; mais personne ne lui *en* donnait.

17. Enfin, étant rentré en lui-même, il dit : Combien y a-t-il chez mon père de serviteurs à gages qui ont plus de pain qu'il ne en leur faut ; et moi, je meurs ici de faim !

18. Il faut que je me lève et que j'aille trouver mon père, et que je lui dise : *Mon* père, j'ai péché contre le ciel et contre vous ;

19. Et je ne suis plus digne d'être appelé votre fils ; traitez-moi comme l'un des serviteurs qui sont à vos gages.

20. Il se leva donc, et vint trouver son père. Et, lorsqu'il était encore bien loin, son père l'aperçut, et en fut touché de compassion ; et, courant à lui, il se jeta à son cou, et le baisa.

21. Et son fils lui dit : *Mon* père, j'ai péché contre le ciel et contre vous ; et je ne suis plus digne d'être appelé votre fils.

22. Alors le père dit à ses serviteurs : Apportez promptement la plus belle robe, et l'en revêtez ; et mettez-lui un anneau au doigt, et des souliers aux pieds ;

23. Amenez aussi le veau gras, et le tuez ; mangeons, et faisons bonne chère :

24. Parce que mon fils que voici était mort, et il est ressuscité ; il était perdu, et il est retrouvé. Ils commencèrent *donc* à faire festin.

25. Cependant son fils aîné, qui était dans les champs, revint ; et, lorsqu'il fut proche de la maison, il entendit les concerts et *le bruit de* ceux qui dansaient.

26. Il appela donc un des serviteurs, et lui demanda ce que c'était.

27. Le serviteur lui répondit : C'est que votre frère est revenu ;

---

(*d*) Parabole qui ne se trouve pas chez les trois autres évangélistes. — Luc exagère un peu le communisme de Jésus.

et votre père a tué le veau gras, parce qu'il le revoit en santé.

28. Ce qui l'ayant mis en colère, il ne voulait point entrer dans le logis; mais, son père étant sorti pour l'en prier,

29. Il lui fit cette réponse : Voilà déjà tant d'années que je vous sers, et je ne vous ai jamais désobéi en rien de ce que vous m'avez commandé; et cependant vous ne m'avez jamais donné un chevreau pour me réjouir avec mes amis;

30. Mais aussitôt que votre autre fils, qui a mangé son bien avec des femmes perdues, est revenu, vous avez tué pour lui le veau gras.

31. Alors le père lui dit : *Mon* fils, vous êtes toujours avec moi, et tout ce que j'ai est à vous;

32. Mais il fallait faire festin et nous réjouir, parce que votre frère était mort, et il est ressuscité; il était perdu, et il a été retrouvé.

## CHAPITRE XVI.

Parabole de l'économe injuste. Nul ne peut servir deux maîtres. Reproches contre les pharisiens. Mariage indissoluble. Mauvais riche.

1. Jésus dit aussi, en s'adressant à ses disciples (*a*) : Un homme riche avait un économe, qui fut accusé devant lui d'avoir dissipé son bien.

2. Et, l'ayant fait venir, il lui dit : Qu'est-ce que j'entends dire de vous? Rendez-moi compte de votre administration; car vous ne pourrez plus désormais gouverner mon bien.

3. Alors cet économe dit en lui-même : Que ferais-je, puisque mon maître m'ôte l'administration de son bien? Je ne saurais travailler à la terre, et j'aurais honte de mendier.

4. Je sais bien ce que je ferai, afin que lorsqu'on m'aura ôté la charge que j'ai, je trouve des personnes qui me reçoivent chez elles.

5. Ayant donc fait venir chacun de ceux qui devaient à son maître, il dit au premier : Combien devez-vous à mon maître?

6. Il répondit : Cent barils d'huile. L'économe lui dit : Reprenez votre obligation, asseyez-vous, et faites-en vitement une autre de cinquante.

7. Il dit encore à un autre : Et vous, combien devez-vous? Il

---

(*a*) Parabole qui ne se trouve pas dans les autres évangélistes.

répondit : Cent mesures de froment. Reprenez, dit-il, votre obligation, et faites-en une de quatre-vingts.

8. Et le maître loua cet économe infidèle de ce qu'il avait agi prudemment; car les enfants du siècle sont plus sages dans la conduite de leurs affaires, que ne le sont les enfants de lumière.

9. Et moi je vous dis : Employez les richesses injustes à vous faire des amis ; afin que, lorsque vous viendrez à manquer, ils vous reçoivent dans les tabernacles éternels (*b*).

10. Celui qui est fidèle dans les petites choses, sera fidèle aussi dans les grandes; et celui qui est injuste dans les petites choses, sera injuste aussi dans les grandes.

11. Si donc vous n'avez pas été fidèles dans les richesses injustes, qui voudra vous confier les véritables ?

12. Et si vous n'avez pas été fidèles dans un bien étranger, qui vous donnera le vôtre propre ?

13. Nul serviteur ne peut servir deux maîtres ; car ou il haïra l'un, et aimera l'autre ; ou il s'attachera à l'un, et méprisera l'autre. Vous ne pouvez servir *tout ensemble* Dieu et l'argent (*c*).

14. Les pharisiens, qui étaient avares, *lui* entendaient *dire* toutes ces choses; et ils se moquaient de lui.

15. Et il leur dit : Pour vous, vous avez grand soin de paraître justes devant les hommes, mais Dieu connaît *le fond de* vos cœurs; car ce qui est grand aux yeux des hommes, est en abomination devant Dieu.

16. La loi et les prophètes *ont duré* jusqu'à Jean : depuis ce temps-là le royaume de Dieu est annoncé *aux hommes*, et chacun fait effort pour y entrer (*d*).

17. Or il est plus aisé que le ciel et la terre passent, que non pas qu'un seul point de la loi manque d'avoir son effet (*e*).

---

(*b*) De même que ce régisseur avisé se faisait des amis aux dépens de la fortune de son maître, de même, vous, faites-vous des appuis au jugement de Dieu avec la fortune que Dieu votre maître vous a confiée. On voit par là que Jésus, en citant la ruse du régisseur, n'entend pas en faire un acte de vertu.

(*c*) *Mammonæ*, Mammon, sorte de Plutus syrien.

(*d*) Cf. *Matthieu*, xi, 12. Ce passage ne peut être admis comme venant de Jésus. C'est du messianisme.

(*e*) Versets 16-17. — Luc a supprimé ici une pensée rapportée par Matthieu, v, 17 : *Je ne suis pas venu abolir la loi,*

18. Quiconque renvoie sa femme, et en prend une autre, commet un adultère; et quiconque épouse celle que son mari a renvoyée, commet un adultère (*f*).

19. (*g*) Il y avait un homme riche, qui était vêtu de pourpre et de lin, et qui se traitait magnifiquement tous les jours.

20. Il y avait aussi un pauvre, appelé Lazare (*h*), étendu à sa porte, tout couvert d'ulcères,

21. Qui eût bien voulu pouvoir se rassasier des miettes qui tombaient de la table du riche; mais personne ne lui en donnait; et les chiens venaient lui lécher ses plaies.

22. Or il arriva que ce pauvre mourut, et fut emporté par les anges dans le sein d'Abraham. Le riche mourut aussi, et eut l'enfer pour sépulcre.

---

dit Jésus, *mais la compléter*. — Le premier évangile est ainsi dans la donnée de Pierre, Jacques et Jean, qui judaïsaient; celui de Luc est dans celle de Paul, auteur de la rupture avec le judaïsme. Il en résulte : 1° que les Évangiles de Matthieu et Luc sont en opposition; 2° que l'initiative de la rupture ne peut être attribuée à Jésus, et qu'ainsi la qualité de *fondateur* ne lui convient pas.

(*f*) Versets 15-18. — Il y a peu de suite dans ces versets. (Cf. *Matthieu*, v.)

(*g*) Versets 19 et suiv. — Parabole célèbre, omise par les autres évangélistes, et qui méritait bien d'être conservée. On peut l'appliquer également d'abord à la vocation de la plèbe, si longtemps méprisée par les grands et les prêtres; puis à celle des Gentils, qui prirent la place d'Israël. Le premier sens est incontestablement celui de Jésus.

(*h*) *Nomine Lazarus.* Jésus donne un nom propre à un personnage d'invention. Il faudrait consulter la philologie pour voir si ce nom n'a pas par lui-même quelque signification étymologique ou typique qui rende raison de la chose. En tout cas, on peut dire que ce type du Lazare est devenu dans *Jean*, xi, un personnage réel, supposé frère de Marthe et de Marie, et sujet de la fameuse résurrection racontée par le quatrième évangéliste.

23. Et lorsqu'il était dans les tourments, il leva les yeux en haut, et vit de loin Abraham, et Lazare dans son sein ;

24. Et s'écriant, il dit ces paroles : Père Abraham, ayez pitié de moi, et envoyez-moi Lazare, afin qu'il trempe le bout de son doigt dans l'eau pour me rafraîchir la langue, parce que je souffre d'extrêmes tourments dans cette flamme.

25. Mais Abraham lui répondit : *Mon* fils, souvenez-vous que vous avez reçu *vos* biens dans votre vie, et que Lazare n'y a eu que des maux ; c'est pourquoi il est maintenant dans la consolation, et vous dans les tourments.

26. De plus, il y a pour jamais (*i*) un grand abîme entre nous et vous ; de sorte que ceux qui voudraient passer d'ici vers vous, ne le peuvent, comme on ne peut passer ici du lieu où vous êtes.

27. Le riche lui dit : Je vous supplie donc, père *Abraham*, de l'envoyer dans la maison de mon père,

28. Où j'ai cinq frères ; afin qu'il leur atteste *ces choses*, et les empêche de venir aussi eux-mêmes dans ce lieu de tourments.

29. Abraham lui répartit : Ils ont Moïse et les prophètes ; qu'ils les écoutent.

30. Non, dit-il, père Abraham ; mais si quelqu'un des morts va les trouver, ils feront pénitence.

31. Abraham lui répondit : S'ils n'écoutent ni Moïse, ni les prophètes, ils ne croiront pas non plus, quand quelqu'un des morts ressusciterait.

## CHAPITRE XVII.

Scandale. Pardon. Puissance de la foi. Serviteurs inutiles. Dix lépreux. Royaume de Dieu. Jours de séduction. Avènement de Jésus-Christ.

1. Jésus dit *un jour* à ses disciples : Il est impossible qu'il n'arrive des scandales ; mais malheur à celui par qui ils arrivent (*a*).

---

(*i*) Éternité des peines ! — Parabole adressée aux pharisiens avares et qui enseignaient le dogme de l'immortalité de l'âme, qui pratiquaient la loi en rigoristes et foulaient le petit peuple. Cette parabole est sanglante et formidable. Quelle exaltation devait produire dans la multitude un pareil sermonnaire !...

(*a*) Excommunication. Je fais remarquer ailleurs (I *Cor.*, v)

2. Il vaudrait mieux pour lui qu'on lui mît au cou une meule de moulin, et qu'on le jetât dans la mer, que non pas qu'il fût un sujet de scandale à l'un de ces plus petits.

3. Prenez garde à vous. Si votre frère a péché contre vous, reprenez-le ; et s'il se repent, pardonnez-lui.

4. S'il pèche contre vous sept fois le jour, et que sept fois le jour il revienne vous trouver, et vous dise : Je me repens *de ce que j'ai fait*, pardonnez-lui.

5. Alors les apôtres dirent au Seigneur : Augmentez-nous la foi.

6. Le Seigneur leur dit : Si vous aviez une foi (*b*) semblable au

---

que l'*interdit*, l'*inquisition* et autres peines ecclésiastiques, ou formalités judiciaires, étaient nées de ce précepte de Jésus-Christ. Il en fut ici comme des autres points de la doctrine : l'Évangile défend le vol; mais que de choses à dire en cette matière, que l'Évangile n'a pas soupçonnées, et que cinq mille ans n'ont pas apprises au genre humain ! Il proscrit la fornication et l'adultère ; et aujourd'hui la pensée s'égare sur ces questions; il ordonne le blâme des mauvaises actions, et il ne formule aucune loi disciplinaire. Il recommande d'*accuser* le pécheur devant le prêtre, et il ne prescrit aucun mode d'instruction criminelle, ouvrant la porte à la délation, à l'accusation individuelle, au scandale des débats judiciaires, comme à la procédure secrète et à la torture.

(*b*) *Fidem*. Cette théorie de la foi, rapportée également par Matthieu, XVII, 19, est entièrement conforme à la doctrine de Paul (**Hébreux**, XI), dont Luc était le disciple. Mais, dans Matthieu, les paroles de Jésus viennent à la suite de l'impuissance de ses apôtres à chasser un démon ; et quand, tout étonnés, ils demandent au maître pourquoi ils n'ont pu chasser ce démon, il leur répond alors que c'est à cause de leur *incrédulité*. Or ce mot, employé dans une telle circonstance, ne peut signifier simplement absence de foi en Dieu, puisque les apôtres y allaient bon jeu bon argent; il faut l'entendre au sens de Jacques, IV, 3, qui attribue l'insuccès de la prière à ce qu'elle est mal faite et étouffée par la concupiscence. Quant à Pierre, il la réprouve aussi d'une magrain de sénevé, vous diriez à ce mûrier : Déracine-toi, et va te planter au milieu de la mer; et il vous obéirait.

7. Qui est celui d'entre vous qui, ayant un serviteur occupé à labourer ou à paître les troupeaux, lui dise, aussitôt qu'il est revenu des champs : Allez vous mettre à table.

8. Ne lui dit-il pas, *au contraire* : Préparez-moi à souper, ceignez-vous, et me servez jusqu'à ce que j'aie mangé et bu; et après cela vous mangerez et vous boirez.

9. Et quand ce serviteur aura fait ce qu'il lui aura ordonné, lui en aura-t-il de l'obligation ?

10. Je ne le pense pas. Dites donc aussi, lorsque vous aurez accompli tout ce qui vous est commandé : Nous sommes des serviteurs inutiles; nous n'avons fait *que* ce que nous étions obligés de faire (*c*).

11. Un jour, comme il allait à Jérusalem et passait par le milieu de la Samarie et de la Galilée,

12. Etant près d'entrer dans un village, dix lépreux vinrent au-devant de lui et se tenant éloignés,

13. Ils élevèrent la voix et lui dirent : Jésus, *notre* maître, ayez pitié de nous.

14. Lorsqu'il les eut aperçus, il leur dit : Allez vous montrer aux prêtres. Et comme ils y allaient, ils furent guéris.

15. L'un d'eux, voyant qu'il était guéri, retourna sur ses pas, glorifiant Dieu à haute voix;

---

nière énergique et très-explicite, en faisant consister, comme Jacques, toute la religion dans la pureté de la vie et les bonnes œuvres. Au commencement, toute la réforme de Jésus consistait en une épuration des mœurs et une profession effective de la charité et des autres vertus. Le mot *foi*, qui désignait l'ensemble de cette réforme, fut synonyme de bonnes œuvres; par conséquent, l'incrédulité synonyme de concupiscence. Cette filiation ne se voit plus dans Luc.

(*c*) VERS. 7-10. — Doctrine de la foi, selon Paul, dans toute sa crudité. L'âme de Jésus, pleine de charité, de pitié, ne se trouve point là. Jésus aurait trouvé un mot pour l'esclave revenant fatigué et affamé; il ne se serait pas montré exigeant à ce point; il se serait souvenu que le *droit étroit* est quelquefois l'inhumanité. On reconnaît ici la main et le cœur du pharisien.

16. Il vint se jeter aux pieds de Jésus, le visage contre terre, en lui rendant grâces; et celui-là était Samaritain.

17. Alors Jésus dit: Tous les dix n'ont-ils pas été guéris? Où sont donc les neuf autres (d)?

18. Il ne s'en est point trouvé qui soit revenu et qui ait rendu gloire à Dieu, sinon cet étranger.

19. Et il lui dit: Levez-vous; allez, votre foi vous a sauvé (e).

20. Les pharisiens lui demandaient un jour quand viendrait le royaume de Dieu? et il leur répondit: Le royaume de Dieu ne viendra point d'une manière qui le fasse remarquer (f);

21. Et on ne dira point: Il est ici ou il est là; car, dès à présent, le royaume de Dieu est au milieu de vous (g).

22. Après cela, il dit à ses disciples: Il viendra un temps où vous désirerez voir un des jours du Fils de l'homme, et vous ne le verrez point.

23. Et ils vous diront: Il est ici, il est là. Mais n'y allez point, et ne les suivez point.

24. Car, comme un éclair brille et se fait voir depuis un côté du ciel jusqu'à l'autre, ainsi paraîtra le Fils de l'homme en son jour.

25. Mais il faut auparavant qu'il souffre beaucoup, et qu'il soit rejeté par ce peuple.

26. Et ce qui est arrivé au temps de Noé arrivera encore au temps du Fils de l'homme.

27. Ils mangeaient et ils buvaient; les hommes épousaient des femmes, et les femmes se mariaient jusqu'au jour où Noé entra dans l'arche; et alors le déluge, survenant, les fit tous périr.

---

(d) Vers. 16-17. — Cette histoire, qui semble faire pendant à la parabole du Samaritain, n'est sans doute elle-même qu'une parabole. (Cf. ci-dessus, x, 29-37.)

(e) Vers. 11-19. — Encore une glorification de la *foi* assez mal amenée. L'histoire ou la parabole est trop jolie pour n'être pas de Jésus; elle peint trop au vif l'ingratitude humaine et cet orgueil juif qui s'imagine que la guérison lui est due.

(f) Passage curieux, qui prouve une fois de plus que Jésus entendait le messianisme au sens moral. Mais bientôt les idées du narrateur se brouillent; il mêle la fin du monde avec le spiritualisme.

(g) Le royaume de Dieu est *en vous*. Ceci dit tout.

28. Et comme il arriva encore au temps de Lot, ils mangeaient et ils buvaient, ils achetaient et ils vendaient, ils plantaient et ils bâtissaient.

29. Mais le jour où Lot sortit de Sodome, il tomba du ciel une pluie de feu et de soufre, qui les perdit tous.

30. Il en sera de même au jour où le Fils de l'homme paraîtra.

31. En ce temps-là, si un homme se trouve au haut de la maison, et que ses meubles soient en bas, qu'il ne descende point pour les prendre; et que celui qui se trouvera dans le champ ne retourne point non plus *à ce qui est* derrière lui.

32. Souvenez-vous de la femme de Lot (*h*).

33. Quiconque cherchera à sauver sa vie, la perdra; et quiconque la perdra, la sauvera.

34. Je vous déclare qu'en cette nuit-là, de deux *hommes* qui seront dans le même lit, l'un sera pris et l'autre laissé;

35. De deux *femmes* qui moudront ensemble, l'une sera prise et l'autre laissée; de deux *hommes* qui seront dans le même champ, l'un sera pris et l'autre laissé.

36. Ils lui dirent: Où sera-ce, Seigneur?

37. Et il répondit: En quelque lieu que soit le corps, les aigles s'y assembleront (*i*).

## CHAPITRE XVIII.

Veuve importune à un mauvais juge. Pharisien et publicain. Petits enfants. Conseils de perfection. Salut difficile des riches. Récompense promise à ceux qui quittent tout. Passion prédite. Aveugle de Jéricho.

1. Il leur dit aussi cette parabole, *pour faire voir* qu'il faut toujours prier et ne point se lasser *de le faire;*

---

(*h*) Vers. 22-32. — Sur tout ce passage, cf. *Matthieu*, xxiv. Ici ce n'est plus la pensée de Jésus qui est donnée; c'est celle de l'écrivain qui se produit sous son nom.

(*i*) Vers. 36-37. — Ces deux versets sont mal intercalés. Ils font allusion aux faux messies, qui attireront à eux la multitude. Matthieu a mieux rapporté tout cela, tout en mêlant aux paroles de Jésus des idées qui ne sont évidemment pas de lui.

2. (*a*) Il y avait, dit-il, dans une certaine ville, un juge qui ne craignait point Dieu et ne se souciait point des hommes.

3. Il y avait aussi dans la même ville une veuve qui venait *souvent* le trouver, en lui disant : Faites-moi justice de ma partie.

4. Et il fut longtemps sans vouloir le faire. Mais enfin il dit en lui-même : Quoique je ne craigne point Dieu et que je n'aie point de considération pour les hommes,

5. Néanmoins, parce que cette veuve m'importune, je lui ferai justice, de peur qu'à la fin elle ne vienne me faire quelque affront.

6. Vous entendez, ajouta le Seigneur, ce que dit ce méchant juge.

7. Et Dieu ne fera pas justice à ses élus, qui crient à lui jour et nuit, et il souffrira toujours qu'on les opprime ?

8. Je vous dis qu'il leur fera justice en peu de temps. Mais lorsque le Fils de l'homme viendra, pensez-vous qu'il trouve de la foi sur la terre (*b*) ?

9. Il dit aussi cette parabole à quelques-uns qui mettaient leur confiance en eux-mêmes, comme étant justes, et qui méprisaient les autres :

10. (*c*) Deux hommes montèrent au temple pour y faire leur prière : l'un était pharisien et l'autre publicain.

11. Le pharisien, se tenant debout, priait ainsi en lui-même : *Mon* Dieu, je vous rends grâces de ce que je ne suis point comme le reste des hommes, qui sont voleurs, injustes et adultères ; ni même comme ce publicain.

12. Je jeûne deux fois la semaine ; je donne la dîme de tout ce que je possède.

13. Le publicain, au contraire, se tenant bien loin, n'osait pas même lever les yeux au ciel ; mais il frappait sa poitrine, en disant : Mon Dieu, ayez pitié de moi, *qui suis un* pécheur.

14. Je vous déclare que celui-ci s'en retourna chez lui justifié, et non pas l'autre ; car quiconque s'élève sera abaissé, et quiconque s'abaisse sera élevé.

---

(*a*) Rien n'empêche d'attribuer cette parabole à Jésus, comme une variante de celle des deux amis ; mais elle ne vaut pas l'autre.

(*b*) Quelle amertume ! quel sentiment de déception !... Même s'il paraissait sur les nuées, le Fils de l'homme ne trouverait pas de foi ! dit Jésus.

(*c*) Parabole très-jolie, très-mordante, et qui fait tableau !

15. Quelques-uns aussi lui présentaient de petits enfants (*d*), afin qu'il les touchât; ce que ses disciples voyant, ils les repoussaient avec des paroles rudes.

16. Mais Jésus, les appelant à lui, dit *à ses disciples* : Laissez venir à moi les petits enfants, et ne les en empêchez point; car le royaume de Dieu est pour ceux qui leur ressemblent.

17. Je vous dis, en vérité, que quiconque ne recevra point le royaume de Dieu comme un enfant n'y entrera point.

18. Un *jeune* homme de qualité lui ayant fait cette demande : Bon maître (*e*), que faut-il que je fasse pour acquérir la vie éternelle ?

19. Jésus lui répondit : Pourquoi m'appelez-vous bon ? Il n'y a que Dieu seul qui soit bon.

20. Vous savez les commandements : Vous ne tuerez point; Vous ne commettrez point d'adultère; Vous ne déroberez point; Vous ne porterez point de faux témoignage ; Honorez votre père et votre mère.

21. Il lui répondit : J'ai gardé tous ces commandements dès ma jeunesse.

22. Ce que Jésus ayant entendu, il lui dit : Il vous manque encore une chose : vendez tout ce que vous avez, et le distribuez aux pauvres, et vous aurez un trésor dans le ciel ; puis venez, et me suivez (*f*).

23. Mais lui, ayant entendu ceci, devint tout triste, parce qu'il était extrêmement riche.

24. Et Jésus, voyant qu'il était devenu triste, dit : Qu'il est difficile que ceux qui ont des richesses entrent dans le royaume de Dieu!

25. Il est plus aisé qu'un chameau passe par le trou d'une aiguille qu'il ne l'est qu'un riche entre dans le royaume de Dieu.

26. Et ceux qui l'écoutaient lui dirent : Qui peut donc être sauvé ?

---

(*d*) L'amour des enfants sied au missionnaire de la régénération.

(*e*) *Magister bone*. Politesse hypocrite et fausse à laquelle Jésus répond vertement. Il ne laisse jamais prendre pied sur lui. C'est à imiter, si un pareil homme était imitable.

(*f*) Ceci se rapporte au précepte du détachement et à la loi des parfaits. (Cf. plus haut, XVI, 2 et suiv.) Jésus accable son interrogateur en exposant à ses yeux un degré de vertu qui le dépasse.

27. Il leur répondit : Ce qui est impossible aux hommes est possible à Dieu.

28. Alors Pierre lui dit : Pour nous, vous voyez que nous avons tout quitté pour vous suivre.

29. Jésus leur dit : Je vous dis, en vérité, que personne ne quittera, pour le royaume de Dieu, ou sa maison, ou son père et sa mère, ou ses frères, ou sa femme, ou ses enfants,

30. Qui ne reçoive dès ce monde beaucoup davantage, et dans le siècle à venir la vie éternelle (*g*).

31. Ensuite Jésus, prenant à part les douze *apôtres*, leur dit : Nous allons à Jérusalem ; et tout ce qui a été écrit par les prophètes, touchant le Fils de l'homme, va être accompli.

32. Car il sera livré aux gentils ; on se moquera de lui, on le fouettera, on lui crachera au visage ;

33. Et après qu'ils l'auront fouetté, ils le feront mourir, et il ressuscitera le troisième jour (*h*).

34. Mais ils ne comprirent rien à tout cela (*i*) : ce discours leur était caché, et ils n'entendaient point ce qu'il leur disait.

35. Lorsqu'il était près de Jéricho, un aveugle se trouva assis le long du chemin, qui demandait l'aumône ;

36. Et, entendant le bruit du peuple qui passait, il s'enquit de ce que c'était.

37. On lui répondit que c'était Jésus de Nazareth qui passait.

38. En même temps, il se mit à crier : Jésus, Fils de David, ayez pitié de moi.

39. Et ceux qui allaient devant le reprenaient rudement pour le faire taire (*j*) ; mais il criait encore beaucoup plus fort : Fils de David, ayez pitié de moi.

40. Alors Jésus s'arrêta, et commanda qu'on le lui amenât. Et, lorsqu'il se fut approché, il lui demanda :

41. Que voulez-vous que je vous fasse ? L'aveugle répondit : Seigneur, *faites* que je voie.

---

(*g*) Versets 28-30. — Ceci ne me paraît pas de Jésus. Il s'occupe moins des récompenses que ses disciples. — Renoncer au mariage en vue de l'attente.

(*h*) Versets 31-33. — Prédiction supposée.

(*i*) L'*inintelligence* attribuée ici aux apôtres prouve que la prophétie a été faite après coup.

(*j*) Tout le monde, à ce moment, sent le danger du messianisme.

42. Jésus lui dit : Voyez ; votre foi (*k*) vous a sauvé.
43. Il vit au même instant, et il le suivait en rendant gloire à Dieu. Ce que tout le peuple ayant vu, il en loua Dieu.

## CHAPITRE XIX.

Zachée reçoit Jésus-Christ. Parabole des dix marcs. Entrée de Jésus-Christ dans Jérusalem. Ses larmes sur cette ville. Vendeurs chassés du temple.

1. Jésus, étant entré dans Jéricho, passait par la ville ;
2. Et il y avait un homme, nommé Zachée, chef des publicains, et fort riche,
3. Qui avait envie de voir Jésus pour le connaître, et qui ne le pouvait à cause de la foule, parce qu'il était fort petit.
4. C'est pourquoi il courut devant, et monta sur un sycomore pour le voir, parce qu'il devait passer par là.
5. Jésus, étant venu en cet endroit, leva les yeux en haut, et, l'ayant vu, lui dit : Zachée, hâtez-vous de descendre, parce qu'il faut que je loge aujourd'hui dans votre maison.
6. Zachée descendit aussitôt, et le reçut avec joie.
7. Tous ceux qui le virent murmuraient, en disant : Il est allé loger chez un homme de mauvaise vie.
8. Cependant Zachée, se présentant devant le Seigneur, lui dit : Seigneur, je vais donner la moitié de mon bien aux pauvres ; et si j'ai fait tort à quelqu'un en quoi que ce soit, je lui en rendrai quatre fois autant.
9. Sur quoi Jésus lui dit : Cette famille a reçu aujourd'hui le salut, parce que celui-ci est aussi enfant d'Abraham ;
10. Car le Fils de l'homme est venu pour chercher et pour sauver ce qui était perdu (*a*).
11. Comme ces gens-là étaient attentifs à ce qu'il disait, il ajouta encore une parabole, sur ce qu'il était proche de Jérusalem, et qu'ils s'imaginaient que le règne de Dieu paraîtrait bientôt (*b*).

---

(*k*) Encore une victoire de la *foi*. Il faut mettre cela sur le compte de Luc.

(*a*) Vers. 1-10. — Circonstance particulière, vraie ou supposée, de la vie de Jésus mangeant chez les publicains.

(*b*) Les espérances des disciples sont au comble.

12. Il leur dit donc (c) : Il y avait un homme de grande naissance, qui s'en allait dans un pays fort éloigné, pour y prendre possession d'un royaume et s'en revenir *ensuite*;

13. Et appelant dix de ses serviteurs, il leur donna dix mines *d'argent*, et leur dit : Faites profiter cet argent jusqu'à ce que je revienne.

14. Mais comme ceux de leur pays le haïssaient, ils envoyèrent après lui des députés pour faire cette protestation : Nous ne voulons point que celui-ci soit notre roi.

15. Étant donc revenu, après avoir pris possession de son royaume, il commanda qu'on lui fît venir ses serviteurs, auxquels il avait donné son argent, pour savoir combien chacun l'avait fait profiter.

16. Le premier, étant venu, lui dit : Seigneur, votre mine *d'argent* vous en a acquis dix autres.

17. Il lui répondit : O bon serviteur, parce que vous avez été fidèle en *ce peu que je vous avais commis*, vous commanderez sur dix villes.

18. Le second étant venu, lui dit : Seigneur, votre mine en a acquis cinq autres.

19. Son maître lui dit : Je veux aussi que vous commandiez à cinq villes.

20. Il en vint un troisième, qui lui dit : Seigneur, voici votre mine, que j'ai tenue enveloppée dans un mouchoir;

21. Parce que je vous ai craint, sachant que vous êtes un homme sévère : vous redemandez ce que vous n'avez point donné, et vous recueillez ce que vous n'avez point semé.

22. Son maître lui répondit : Méchant serviteur, je vous condamne par votre propre bouche : vous saviez que je suis un homme sévère, qui redemande ce que je n'ai point donné, et qui recueille ce que je n'ai point semé.

23. Pourquoi donc n'avez-vous pas mis mon argent à la banque (d), afin qu'à mon retour je le retirasse avec les intérêts ?

---

(c) Parabole des *dix mines* (en latin *mna*). Elle est plus complète dans Luc que dans Matthieu, plus circonstanciée, ou, pour mieux dire, plus complexe. Il y a probablement confusion de deux paraboles. Que chacun fasse valoir son talent, dit Jésus-Christ, afin d'augmenter le bien de Dieu, qui est notre maître. On voit qu'il ne recommande pas la quiétude ni l'oisiveté.

(d) En latin *mensam*, à la banque.

24. Alors il dit à ceux qui étaient présents : Otez-lui la mine qu'il a, et la donnez à celui qui en a dix.

25. Mais, Seigneur, répondirent-ils, il en a *déjà* dix.

26. Je vous déclare, *leur dit-il*, qu'on donnera à celui qui a *déjà*, et qu'il sera comblé de biens; et que pour celui qui n'a point, on lui ôtera même ce qu'il a.

27. Quant à mes ennemis, qui n'ont pas voulu m'avoir pour roi, qu'on les amène ici, et qu'on les tue en ma présence.

28. Lorsqu'il eut parlé de la sorte, il marchait avant *tous les autres*, pour arriver à Jérusalem.

29. Et étant arrivé près de Bethphagé et de Béthanie, à la montagne qu'on appelle des Oliviers, il envoya deux de ses disciples,

30. Et leur dit : Allez-vous-en à ce village, qui est devant vous; vous y trouverez, en entrant, un ânon lié, sur lequel nul homme n'a jamais monté; déliez-le, et me l'amenez.

31. Si quelqu'un vous demande pourquoi vous le déliez, vous lui répondrez ainsi : C'est parce que le Seigneur en a besoin.

32. Ceux qu'il envoyait partirent donc, et trouvèrent l'ânon, comme il le leur avait dit.

33. Et comme ils le déliaient, ceux à qui il appartenait leur dirent : Pourquoi déliez-vous cet ânon?

34. Ils lui répondirent : Parce que le Seigneur en a besoin.

35. Ils l'amenèrent donc à Jésus; et, mettant leurs vêtements sur l'ânon, ils le firent monter dessus.

36. Et, partout où il passait, ils étendaient leurs vêtements le long du chemin.

37. Mais lorsqu'il approcha de la descente de la montagne des Oliviers, tous les disciples en foule, étant transportés de joie, commencèrent à louer Dieu à haute voix, pour toutes les merveilles qu'ils avaient vues,

38. En disant : Béni soit le Roi qui vient au nom du Seigneur ! Que la paix soit dans le ciel, et gloire dans les lieux très-hauts (*e*) !

39. Alors quelques-uns des pharisiens, qui étaient parmi le peuple, lui dirent : Maître, faites taire vos disciples.

40. Il leur répondit : Je vous déclare que si ceux-ci se taisent, les pierres *même* crieront.

41. Comme il fut arrivé proche de Jérusalem, regardant la ville, il pleura sur elle, en disant :

42. Ah ! si tu reconnaissais au moins en ce jour, qui t'est encore donné, ce qui peut te procurer la paix ! mais maintenant tout cela est caché à tes yeux.

---

(*e*) Cf. *Matthieu*, XXI, 11.

43. Car il viendra un temps *malheureux* pour toi, où les ennemis t'environneront de tranchées, où ils t'enfermeront et te serreront de toutes parts ;

44. Ils te renverseront par terre, toi et tes enfants qui sont au milieu de toi, et ils ne te laisseront pas pierre sur pierre, parce que tu n'as pas connu le temps où Dieu t'a visitée.

45. Et, étant entré dans le temple, il commença à chasser ceux qui y vendaient et y achetaient (*f*).

46. En leur disant : Il est écrit : Ma maison est une maison de prière ; et *néanmoins* vous en avez fait une caverne de voleurs.

47. Et il enseignait tous les jours dans le temple. Cependant les princes des prêtres, les scribes et les principaux du peuple cherchaient l'occasion de le perdre ;

48. Mais ils ne trouvaient aucun moyen de rien faire contre lui ; parce que tout le peuple était *comme* suspendu *en admiration* en l'écoutant.

## CHAPITRE XX.

Autorité de Jésus-Christ. Vignerons homicides. Pierre angulaire. Dieu et César. Résurrection. Le Messie, Fils et Seigneur de David. Docteurs hypocrites.

1. Un de ces jours-là, comme il était dans le temple, instruisant le peuple et lui annonçant l'évangile, les princes des prêtres et les docteurs de la loi, étant survenus avec les sénateurs,

2. Lui parlèrent en ces termes : Dites-nous par quelle autorité vous faites ces choses, ou qui est celui qui vous a donné ce pouvoir ?

3. Jésus leur fit réponse, et leur dit : J'ai aussi une question à vous faire ; répondez-moi :

4. Le baptême de Jean était-il du ciel, ou des hommes (*a*) ?

---

(*f*) Acte de zèle prophétique.

(*a*) On éprouve ici un certain embarras, résultant de ce que la pensée de Jésus n'est pas clairement pénétrée, et que l'on ne se rend pas exactement compte de ses avantages. — Il voulait dire : Si le baptême de Jean est de Dieu, le mien aussi ; car je continue son œuvre ; — s'il est des hommes, pourquoi ne l'a-t-on pas empêché ? — Conclusion : J'ai le

5. Mais ils raisonnaient ainsi en eux-mêmes : Si nous répondons *qu'il était* du ciel, il nous dira : Pourquoi donc n'y avez-vous pas cru?

6. Et si nous répondons *qu'il était* des hommes, tout le peuple nous lapidera; car il est persuadé que Jean était un prophète.

7. Ils lui répondirent donc qu'ils ne savaient d'où il était.

8. Et Jésus leur répliqua : Je ne vous dirai pas non plus par quelle autorité je fais ces choses.

9. Alors il commença à dire au peuple cette parabole : Un homme planta une vigne, la loua à des vignerons; et, s'en étant allé en voyage, il fut longtemps hors de son pays.

10. La saison étant venue, il envoya un de ses serviteurs vers ces vignerons, afin qu'ils lui donnassent du fruit de sa vigne; mais eux, l'ayant battu, le renvoyèrent sans lui rien donner.

11. Il *leur* envoya ensuite un second serviteur; mais ils le battirent encore; et, l'ayant traité outrageusement, ils le renvoyèrent sans lui rien donner.

12. Il en envoya encore un troisième, qu'ils blessèrent et chassèrent *comme les autres.*

13. Enfin le maître de cette vigne dit *en lui-même* : Que ferai-je? Je leur enverrai mon fils bien-aimé; peut-être que, le voyant, ils auront quelque respect pour lui.

14. Mais ces vignerons, l'ayant vu, pensèrent en eux-mêmes, et *se dirent l'un à l'autre* : Voici l'héritier; tuons-le, afin que l'héritage soit à nous.

15. Et, l'ayant chassé hors de la vigne, ils le tuèrent. Comment donc les traitera le maître de cette vigne?

16. Il viendra, et perdra ces vignerons, et il donnera sa vigne à d'autres. Ce que *les princes des prêtres* ayant entendu, ils lui dirent : A Dieu ne plaise *(b).*

---

droit de prêcher; jugez-moi par ma doctrine. Ce que je fais, je le fais du droit qu'a tout honnête homme d'affirmer la vérité, du droit qu'a tout croyant de prêcher l'adoration en esprit et en vérité.

*(b) Absit.* Ce mot des adversaires de Jésus prouve qu'ils ont compris qu'ils se voient désignés; ils protestent contre l'application qui leur est faite de la parabole. « Ni nous ne sommes des serviteurs infidèles, disent-ils, ni toi tu n'es le fils de Dieu. » — C'est alors que Jésus leur réplique par le fameux verset de la *pierre angulaire,* qui est lui-même. Il

17. Mais Jésus, les regardant, leur dit : Que veut donc dire cette parole de l'Écriture : La pierre qui a été rejetée par ceux qui bâtissaient est devenue la principale pierre de l'angle;

18. Quiconque se laissera tomber sur cette pierre s'y brisera, et elle écrasera celui sur qui elle tombera?

19. Les princes des prêtres et les scribes eurent envie de se saisir de lui à l'heure même, parce qu'ils avaient bien reconnu qu'il avait dit cette parabole contre eux; mais ils appréhendèrent le peuple.

20. Comme ils ne cherchaient que les occasions *de le perdre*, ils lui envoyèrent des personnes apostées, qui contrefaisaient les gens de bien, pour le surprendre dans ses paroles, afin de le livrer au magistrat et au pouvoir du gouverneur.

21. Ces gens-là vinrent donc lui proposer cette question : Maître, nous savons que vous ne dites et n'enseignez rien que de juste, et que vous n'avez pas d'égard aux personnes; mais que vous enseignez la voie de Dieu dans la vérité :

22. Nous est-il libre de payer le tribut à César, ou de ne pas le payer?

23. Jésus, qui voyait leur malice, leur dit : Pourquoi me tentez-vous?

24. Montrez-moi un denier. De qui est l'image et l'inscription qu'il porte? Ils lui répondirent : De César.

25. Alors il leur dit : Rendez donc à César ce qui est à César, et à Dieu ce qui est à Dieu (*c*).

26. Ils ne trouvèrent rien dans ses paroles qu'ils pussent reprendre devant le peuple; et, ayant admiré sa réponse, ils se turent.

27. Quelques-uns des sadducéens, qui sont ceux qui nient la ré-

---

l'affirme, c'est-à-dire il affirme sa doctrine comme le vrai sens des prophètes, la loi de salut, la parole de Dieu.

(*c*) Voir la note *b* sur le passage correspondant de *Matthieu* (XXII, 21). — Paul, à son tour, a développé cette idée en se séparant des tendances insurrectionnelles des Juifs. — Mais il est clair qu'ici encore il a dépassé la pensée du maître. Jésus avait le droit de parler comme il faisait aux autorités, puisqu'en dernière analyse, il ne faisait que penser de César ce qu'elles en pensaient elles-mêmes; tandis que Paul fait de cette soumission, de cette abdication de la nationalité, une loi.

surrection (d), vinrent ensuite le trouver, et lui proposèrent cette question :

28. Maître, lui dirent-ils, Moïse nous a laissé *cette ordonnance* par écrit : Si le frère de quelqu'un, étant marié, meurt sans laisser d'enfants, son frère sera obligé d'épouser sa veuve, pour susciter des enfants à son frère *mort*.

29. Or il y avait sept frères, dont le premier, ayant épousé une femme, est mort sans enfants.

30. Le second l'a épousée après lui, et est mort sans laisser de fils.

31. Le troisième l'a épousée de même, et de même tous les sept, lesquels sont morts sans laisser d'enfants.

32. Enfin la femme même est morte après eux tous.

33. Lors donc que la résurrection arrivera, duquel des sept frères sera-t-elle femme ? car tous l'ont épousée.

34. Jésus leur répondit : Les enfants de ce siècle-ci épousent des femmes, et les femmes des maris ;

35. Mais pour ceux qui seront jugés dignes d'avoir part à ce siècle *à venir* et à la résurrection des morts (e), ils ne se marieront plus, et n'épouseront plus de femmes ;

36. Car alors ils ne pourront plus mourir, parce qu'ils deviendront égaux aux anges, et qu'étant des enfants de la résurrection, ils seront enfants de Dieu.

37. Et quant à ce que les morts doivent ressusciter *un jour*, Moïse le déclare assez lui-même, *en parlant* du buisson, lorsqu'il dit que le Seigneur *lui parla en ces termes* : *Je suis* le Dieu d'Abraham, le Dieu d'Isaac et le Dieu de Jacob (f).

---

(d) J'ai dit ailleurs (*Matthieu*, XXII, 23-24, note d) que ce passage me semblait suspect à cause de l'insistance sur la *résurrection*. Jésus admet l'immortalité de l'âme, voilà tout. Ce qu'il dit ici ne tend à rien de plus.

(e) *Digni..... resurrectione*. Cela semble exclure les méchants de la résurrection.

(f) L'argument est rationnel s'il s'agit de l'immortalité des âmes, non s'il est question de la *résurrection des corps*. La parabole de Jésus de la femme aux sept maris prouve même contre la *résurrection* proprement dite, puisque si dans l'autre vie il n'y a plus de mariage, plus de sexe, c'est qu'il n'y a pas de corps. Tout porte donc à croire que la pensée de Jésus a reçu ici une altération. Du fond, l'objection des sad-

38. Or Dieu n'est point *le Dieu* des morts, mais des vivants; car tous sont vivants devant lui.

39. Alors quelques-uns des scribes, prenant la parole, lui dirent: Maître, vous avez fort bien répondu.

40. Et, depuis ce temps-là, personne n'osait plus lui faire de questions.

41. Mais Jésus leur dit: Comment dit-on que le Christ doit être fils de David;

42. Puisque David dit lui-même, dans le livre des psaumes: Le Seigneur a dit à mon Seigneur: Asseyez-vous à ma droite,

43. Jusqu'à ce que j'aie réduit vos ennemis à vous servir de marchepied?

44. David l'appelant donc lui-même son Seigneur, comment peut-il être son Fils (*g*)?

45. Il dit ensuite à ses disciples, en présence de tout le peuple qui l'écoutait:

46. Gardez-vous des docteurs de la loi, qui se plaisent à se promener avec de grandes robes, qui aiment à être salués dans les places publiques, à occuper les premières chaires dans les synagogues, et les premières places dans les festins;

47. Qui, sous prétexte de leurs longues prières, dévorent les maisons des veuves. Ces personnes en recevront une condamnation plus rigoureuse (*h*).

---

ducéens ne porte pas coup dans l'opinion que se faisait Jésus de la vie future; bien mieux, son argument tiré de Moïse est démonstratif pour quiconque admet l'idée théologique et le rapport de l'homme avec la divinité.

(*g*) Vers. 41-44. — Cf. *Matthieu* (xii, 44, note *g*) sur ce passage.

(*h*) Vers. 46-47. — Suit dans Matthieu une longue invective de la dernière verdeur contre les scribes et les pharisiens.

## CHAPITRE XXI.

*Aumône de la veuve. Prédiction de la ruine du temple. Signes qui précéderont la ruine de Jérusalem et le dernier avènement de Jésus-Christ.*

1. Jésus regardait *un jour* les riches qui mettaient leurs aumônes dans le tronc (*a*),
2. Et il vit aussi une pauvre veuve, qui y mit deux petites pièces *de monnaie*.
3. Sur quoi il dit : Je vous dis, en vérité, que cette pauvre veuve a donné plus que tous les autres ;
4. Car tous ceux-là ont fait des présents à Dieu de ce qu'ils avaient en abondance ; mais celle-ci a donné de son indigence même tout ce qui lui restait pour vivre.
5. Quelques-uns lui disant que le temple était bâti de belles pierres, et orné de riches dons, il leur répondit :
6. Il viendra un temps où tout ce que vous voyez ici sera tellement détruit, qu'il n'y demeurera pas pierre sur pierre.
7. Alors ils lui demandèrent : Maître, quand cela arrivera-t-il ? et *par* quel signe *connaîtra-t-on* que ces choses seront près de s'accomplir ?
8. Jésus leur dit : Prenez garde à ne pas vous laisser séduire ; car plusieurs viendront sous mon nom (*b*), disant : C'est moi *qui suis le Christ* ; et ce temps-là est proche ; gardez-vous donc bien de les suivre.
9. Et lorsque vous entendrez parler de guerres et de séditions, ne vous étonnez pas : car il faut que cela arrive premièrement ; mais la fin ne viendra pas sitôt.
10. Alors, ajouta-t-il, *on verra* se soulever peuple contre peuple et royaume contre royaume.
11. Et il y aura en divers lieux de grands tremblements de terre, des pestes et des famines ; et il paraîtra des choses épouvantables et des signes extraordinaires dans le ciel (*c*).

---

(*a*) Cf. *Marc*, XII, 42-44.

(*b*) *In nomine meo*. Jésus-Christ défend de courir après les Messies. On lui fait dire, après les usurpateurs de *son nom*. Cela ne peut pas être de lui.

(*c*) Description du temps de la mort de Néron et de la ruine de Jérusalem. (Cf. l'*Apocalypse*.)

12. Mais, avant toutes ces choses, ils se saisiront de vous, et vous persécuteront, vous entraînant dans les synagogues et dans les prisons, et vous menant par force devant les rois et les gouverneurs, à cause de mon nom ;

13. Et cela vous servira pour rendre témoignage *à la vérité*.

14. Gravez donc cette pensée dans vos cœurs, de ne point préméditer ce que vous devez répondre ;

15. Car je vous donnerai moi-même une bouche et une sagesse, à laquelle tous vos ennemis ne pourront résister, et à laquelle ils ne pourront contredire.

16. Vous serez même trahis et livrés *aux magistrats* par vos pères et vos mères, par vos frères, par vos parents, par vos amis ; et on fera mourir *plusieurs* d'entre vous ;

17. Et vous serez haïs de tout le monde, à cause de mon nom.

18. *Cependant* il ne se perdra point un cheveu de votre tête.

19. C'est par votre patience que vous posséderez vos âmes.

20. Lorsque vous verrez une armée environner Jérusalem, sachez que sa désolation est proche (d).

---

Les trois Synoptiques sont d'accord que Jésus a passé plusieurs semaines à Jérusalem avant la Pâque ; qu'il enseignait dans le temple, et que sa parole, comme partout, produisait une grande émotion. Cela ne pouvait aller longtemps ; aussi est-il bientôt arrêté.

(d) Prophétie sur les faux Christs, les faux prophètes, la ruine de Jérusalem et la fin du monde. On retrouve ici l'opinion des millénaires, déjà mentionnée au quatrième livre d'Esdras, et la croyance que le monde finirait après une durée de mille ans. A l'égard de la prédiction qui concerne la ruine de Jérusalem, il faut croire d'abord que Jésus-Christ a bien pu, par les seules lumières de sa raison, prévoir les révoltes et la perte de la nation juive ; mais le philosophe doit admettre en même temps que c'est sur cette prévision, en elle-même naturelle, qu'a été plus tard brodée la prophétie très-circonstanciée de la circonvallation de Jérusalem. Ainsi, au lieu de raisonner comme les catholiques, qui calculent la date de la publication des quatre Évangiles sur l'authenticité de la prophétie, nous dirons : Luc, Marc et Matthieu n'ont écrit qu'après le siége de Jérusalem, puisque leur Évangile parle

21. Alors que ceux qui sont dans la Judée s'enfuient sur les montagnes; que ceux qui *se trouveront* dans le milieu du pays s'en retirent; et que ceux *qui seront* dans le pays d'alentour n'y entrent point;

22. Car ce seront alors les jours de la vengeance, afin que tout ce qui est dans l'Écriture soit accompli.

23. Malheur à celles qui seront grosses ou nourrices en ces jours-là : car ce pays sera accablé de maux, et la colère *du ciel tombera* sur ce peuple.

24. Ils passeront par le fil de l'épée; ils seront emmenés captifs dans toutes les nations; et Jérusalem sera foulée aux pieds par les gentils, jusqu'à ce que le temps des nations soit accompli.

25. Et il y aura des signes dans le soleil, dans la lune et dans les étoiles; et, sur la terre, les nations seront dans l'abattement *et* la consternation, la mer faisant un bruit effroyable par l'agitation de ses flots;

26. Et les hommes sécheront de frayeur dans l'attente de ce qui doit arriver dans tout l'univers; car les vertus des cieux seront ébranlées;

27. Et alors ils verront le Fils de l'homme, qui viendra sur une nuée avec une grande puissance et une grande majesté.

28. Pour vous, lorsque ces choses commenceront à arriver, regardez en haut, et levez la tête; parce que votre rédemption est proche.

29. Il leur proposa ensuite cette comparaison : Considérez le figuier et les autres arbres;

30. Lorsqu'ils commencent à pousser leur fruit, vous reconnaissez que l'été est proche.

31. Ainsi, lorsque vous verrez arriver ces choses, sachez que le royaume de Dieu est proche.

32. Je vous dis, en vérité, que cette génération ne passera point que toutes ces choses ne soient accomplies.

33. Le ciel et la terre passeront; mais mes paroles ne passeront point.

34. Prenez donc garde à vous, de peur que vos cœurs ne s'appesantissent par l'excès des viandes et du vin, et par les inquiétudes de cette vie; et que ce jour ne vienne tout d'un coup vous surprendre;

---

de ce siége. Saint Jean, cru postérieur, par la raison qu'il jugeait inutile de rapporter une prophétie déjà accomplie, saint Jean serait-il le plus ancien de tous, et aurait-il écrit avant l'an 69, puisqu'il ne parle pas de cette guerre de Judée?

35. Car il enveloppera, comme un filet, tous ceux qui habitent sur la face de la terre.

36. Veillez donc, priant en tout temps, afin que vous soyez trouvés dignes d'éviter tous ces maux qui arriveront, et de paraître avec confiance devant le Fils de l'homme.

37. Or le jour il enseignait dans le temple, et la nuit il sortait, et se retirait sur la montagne appelée des Oliviers (e);

38. Et tout le peuple venait de grand matin, dans le temple, pour l'écouter.

## CHAPITRE XXII.

Trahison de Judas. Cène pascale. Eucharistie. Domination interdite. Gloire promise. Reniement prédit de saint Pierre. Agonie de Jésus-Christ. Baiser de Judas. Jésus-Christ mené à Caïphe. Reniement et repentance de saint Pierre. Jésus moqué, outragé, condamné.

1. La fête des pains sans levain, appelée la pâque, étant proche,
2. Les princes des prêtres et les scribes cherchaient un moyen pour faire mourir Jésus : car ils appréhendaient le peuple.
3. Or Satan entra dans Judas, surnommé Iscariote (a), l'un des douze *apôtres*,

---

(e) De jour, Jésus semble n'avoir rien à craindre ; c'est la nuit seulement qu'il se cache. Telles étaient les mœurs, la police de ce temps. D'ailleurs, il ne craignait pas beaucoup l'autorité juive tant qu'il ne ferait pas ombrage aux Romains. C'est un disputeur messianique nullement à craindre, pensait Pilate. La politique romaine, loin de l'empêcher, devait le laisser faire. Jusqu'à certain point, Jésus pouvait se croire à Jérusalem plus en sûreté que partout ailleurs.

(a) Sur la trahison de Judas, cf. *Marc*, XIV, où je dis, notes c, e, g, i, que les apôtres, prenant au sérieux les paroles de Jésus, ne le considéraient pas comme *Messie*. Leurs yeux ne furent ouverts qu'APRÈS. Judas Iscariote, un vrai messianiste, suit Jésus tant qu'il voit en lui un prophète continuateur de Jean et annonciateur du Messie. Du moment qu'il s'aperçoit que Jésus ruine la *foi* d'Israël, il l'abandonne et le livre. (Cf., plus bas, note *g*.)

4. Qui étant allé trouver les princes des prêtres et les capitaines *des gardes du temple*, leur proposa la manière en laquelle il le leur livrerait.

5. Ils en furent fort aises ; et ils convinrent *avec lui* de lui donner une somme d'argent.

6. Il promit donc *de le leur* livrer ; et il *ne* cherchait *plus* qu'une occasion favorable de le faire à l'insu du peuple.

7. Cependant le jour des pains sans levain arriva (*b*), où il fallait immoler la pâque.

8. Jésus envoya donc Pierre et Jean, en leur disant : Allez nous apprêter ce qu'il faut pour manger la pâque.

9. Ils lui dirent : Où voulez-vous que nous l'apprêtions?

10. Il leur répondit : Lorsque vous entrerez dans la ville, vous rencontrerez un homme portant une cruche d'eau ; suivez-le dans la maison où il entrera ;

11. Et vous direz au père de famille de cette maison : Le Maître vous envoie dire : Quel lieu avez-vous où je puisse manger la pâque avec mes disciples?

12. Et il vous montrera une grande chambre haute, toute meublée ; préparez-*nous*-y *ce qu'il faut*.

13. S'en étant donc allés, ils trouvèrent tout comme il leur avait dit, et ils préparèrent *ce qu'il fallait pour* la pâque.

14. Quand l'heure fut venue, il se mit à table, et les douze apôtres avec lui.

15. Et il leur dit : J'ai souhaité avec ardeur de manger cette pâque avec vous, avant que je souffre.

16. Car je vous déclare que je n'en mangerai plus désormais, jusqu'à ce qu'elle soit accomplie dans le royaume de Dieu.

17. Et après avoir pris la coupe, il rendit grâces, et *leur* dit : Prenez-la, et la distribuez entre vous (*c*).

18. Car je vous dis que je ne boirai plus du fruit de la vigne, jusqu'à ce que le règne de Dieu soit arrivé.

19. Puis il prit le pain, et ayant rendu grâces, il le rompit et le leur donna, en disant : Ceci est mon corps, qui est donné pour vous ; faites ceci en mémoire de moi (*d*).

---

(*b*) *Venit*. Cela peut ne pas signifier qu'il *fut arrivé*, mais qu'on y *touchait*.

(*c*) Il semble qu'il ne faille voir dans cette première bibition qu'un toast porté à la nouvelle réforme. Cette circonstance manque dans Matthieu et Marc, qui ne parlent que de l'institution eucharistique du pain et du vin.

(*d*) Voir *Matthieu*, xxvi, 20-26, et *Marc*, xiv, 17 et suiv.

20. (e) Il prit de même la coupe après souper, en disant : Cette coupe (f) est la nouvelle alliance en mon sang, qui sera répandu pour vous.

---

(e) Vers. 17-20. — *Institution de la Cène*. Le baptême, la Cène, l'insufflation du Saint-Esprit, voilà les trois rites essentiels du nouveau culte. Le dernier même peut être sans inconvénient retranché à cause de l'incertitude de sa *matière*. A la circoncision, Jésus substitue le baptême ; au sacrifice sanglant, le sacrifice non sanglant (cf. *Jean*, vi). Voilà son rite. Tout tend chez cet homme à une simplification. Pour lui, le Messie n'est qu'un symbole, le sabbat une convention de police ; l'essentiel, c'est la morale, c'est la charité et l'égalité.

Il y a quelques jours, il annonçait la ruine du temple, et en parlant de sa personne, en qui repose la divinité, *templum hoc*, il enseigne aux hommes à se faire eux-mêmes temple du Saint-Esprit. Il répudie les prêtres. — Maintenant on peut dire qu'il va mettre le comble à son *impiété*, en abolissant le sacrifice et en revenant à l'offrande de Melchisédech, plus ancienne et plus humaine que le sacrifice de Moïse. En effet, le Christ mort, ses disciples renoncent aux sacrifices moïsiaques ; ils rompent le pain et versent le vin.

Que les trois Synoptiques aient placé cette institution solennelle le jour même où se devait manger la pâque, cela se conçoit ; mais on conçoit encore mieux que le quatrième évangéliste la passe sous silence, et se borne à donner le sens de l'institution. Strauss a mal jugé tout cela.

(f) *Hic est Calix*, etc. Ces paroles sont un peu entortillées et beaucoup moins claires que dans saint Matthieu, où elles n'ont pas la moindre obscurité. Le grec porte ici littéralement : *Ce calice est la nouvelle alliance, cimentée par mon sang, qui sera répandu pour vous.* Cela est précis et lève tous les doutes que pourrait laisser l'interprétation rapportée par moi (*Matthieu*, xxvi, 28, notes *i* et *j*). — Remarquons que les expressions de *nouvelle alliance* se retrouvent dans les

21. Au reste, la main de celui qui me trahit est avec moi à cette table.

22. Pour ce qui est du Fils de l'homme, il s'en va, selon ce qui a été déterminé ; mais malheur à cet homme par qui il sera trahi (*g*).

23. Et ils commencèrent à s'entre-demander qui était celui d'entre eux qui devait faire cette action.

24. Il s'excita aussi parmi eux une contestation : lequel d'entre eux devait être estimé le plus grand.

25. Mais Jésus leur dit : Les rois des nations les traitent avec empire ; et ceux qui ont autorité sur elles en sont appelés les bienfaiteurs.

---

trois évangélistes, Matthieu, Marc et Luc. Quant à la raison pour laquelle Jésus-Christ institua son sacrifice la veille de sa mort (le jour de la pâque), c'est qu'il convenait de choisir le jour même auquel avait eu lieu l'institution du sacrifice pascal, l'effusion du sang d'un agneau. Il est si vrai que les premiers chrétiens entendirent par la Cène un sacrifice de pain et de vin, en remplacement des chairs immolées et du sang répandu, que, dans l'Apocalypse, Jésus-Christ est qualifié par comparaison d'*agneau de la nouvelle loi*. Ces mots renferment tout à la fois une allusion à son martyre et au sacrifice du pain.

(*g*) D'après ce verset, Judas a assisté à l'institution de la Cène. Or, qu'est-ce que cette institution ? Le renversement de la religion hébraïque, et Jésus n'est pas le *Messie !* Judas, zélé patriote, n'y tient plus ; il sort et va, citoyen dévoué, dénoncer son maître. La conversation des apôtres qui vient ensuite met le comble au sacrilége.

Ils s'adjugent les places et les pouvoirs dans cette révolution appelée *royaume de Dieu*, et qui doit abolir tout l'État juif. Ces idées leur étaient venues plus d'une fois. Tous les révolutionnaires sont ambitieux ; tous les démocrates sont intéressés et cupides. C'est ce sentiment que s'efforce de réprimer Jésus ; mais déjà il n'est plus maître du mouvement par lui commencé : il a porté la main sur l'arche, il est perdu.

26. Qu'il n'en soit pas de même parmi vous; mais que celui qui est le plus grand devienne comme le moindre; et celui qui gouverne, comme celui qui sert.

27. Car lequel est le plus grand de celui qui est à table, ou de celui qui sert? N'est-ce pas celui qui est à table? et néanmoins je suis au milieu de vous comme celui qui sert.

28. C'est vous qui êtes toujours demeurés fermes avec moi dans mes tentations.

29. C'est pourquoi je vous prépare le royaume, comme mon Père me l'a préparé;

30. Afin que vous mangiez et buviez à ma table dans mon royaume, et que vous soyez assis sur des trônes, pour juger les douze tribus d'Israël (*h*).

31. Le Seigneur dit encore : Simon, Simon, Satan vous a demandé pour vous cribler comme on crible le froment;

32. Mais j'ai prié pour vous, afin que votre foi ne défaille point. Lors donc que vous serez converti, ayez soin d'affermir vos frères.

33. Pierre lui répondit : Seigneur, je suis prêt à aller avec vous, et en prison, et à la mort *même*.

34. Mais Jésus lui dit : Pierre, je vous déclare que le coq ne chantera point aujourd'hui que vous n'ayez nié trois fois que vous me connaissez. Il leur dit ensuite :

35. Lorsque je vous ai envoyés sans sac, sans bourse et sans souliers, avez-vous manqué de quelque chose?

36. Non, lui dirent-ils. Jésus ajouta : Mais maintenant que celui qui a un sac ou une bourse les prenne; et que celui qui n'en a point, vende sa robe pour acheter une épée.

37. Car je vous assure qu'il faut encore qu'on voie accompli en moi ce qui est écrit : Il a été mis au rang des scélérats; parce que ce qui a été *prophétisé* de moi est près d'être accompli.

38. Ils lui répondirent : Seigneur, voici deux épées. Et Jésus leur dit : C'est assez.

39. Etant sorti, il s'en alla, selon sa coutume, à la montagne des Oliviers, et ses disciples le suivirent.

40. Lorsqu'il fut arrivé en ce lieu-là, il leur dit : Priez, afin que vous n'entriez point en tentation.

41. Et, s'étant éloigné d'eux environ d'un jet de pierre, il se mit à genoux, et fit sa prière,

42. En disant : *Mon Père*, si vous voulez, éloignez ce calice de moi; néanmoins que ce ne soit pas ma volonté qui se fasse, mais la vôtre.

---

(*h*) Ce verset est en contradiction avec ce qui est dit plus haut, versets 25, 26.

SELON S. LUC. — CHAP. XXII

43. Alors il lui apparut un ange du ciel, qui vint le fortifier (*i*). Et, étant *tombé* en agonie, il redoublait ses prières.
44. Et il lui vint une sueur (*j*) comme de gouttes de sang, qui découlaient jusqu'à terre.

_____

(*i*) Luc renchérit sur Matthieu et Marc dans les circonstances de l'agonie ; il introduit un *ange* qui soutient le courage de Jésus, et lui fait éprouver une *sueur de sang*, deux circonstances surnaturelles inconnues à Matthieu et Marc. Quant à Jean, il ne dit pas un mot de la scène du jardin des Oliviers, et la remplace par de longs discours que Jésus tient, après la Cène, à ses disciples. On se demande donc pourquoi les trois premiers n'ont pas, comme le quatrième, supprimé cette scène qui, après tout et malgré les ornements miraculeux dont on l'a parée, fait médiocrement honneur à Jésus ? Strauss juge que la scène des Oliviers a un fondement historique, ce qui est possible. Mais ne peut-on dire aussi que les évangélistes ont prêté à Jésus le langage et les sentiments qui éclatent partout, dans les psaumes et dans Jérémie, pour des situations semblables ? (Cf. *Marc*, XIV, 33-41 et note *m*.)

(*j*) *Sudor*. — Ce que l'on n'a pas remarqué, et qu'il faut relever ici, c'est que la passion de Jésus est parfaitement adaptée à sa mission et à sa vie. La vie privée antérieure de Jésus est laborieuse, contemplative, son âme triste ; pendant toute sa mission, sa pensée est méconnue, dénaturée, calomniée ; au dernier moment, il se voit perdu, et son œuvre avec lui. De là la défaillance de son âme, fondée sur le désespoir d'une réforme perdue et qui fait de sa passion la plus douloureuse de toutes les passions humaines. Si le cœur de Marie, sa mère, a été percé de sept glaives, celui de Jésus l'a été de sept fois sept. Cette circonstance doit être étudiée et mise en relief par le biographe. Après une série d'alternatives d'espérances et de découragements, Jésus est vraiment l'*homme de douleurs*, couronné d'épines, abreuvé d'amertume, flagellé, conspué, bafoué. — Le trait doit être mis en relief avec force.

45. S'étant levé, après avoir fait sa prière, il vint à ses disciples, qu'il trouva endormis, à cause de la tristesse *dont ils étaient accablés*.

46. Et il leur dit : Pourquoi dormez-vous ? Levez-vous et priez, afin que vous n'entriez point en tentation.

47. Il parlait encore, lorsqu'une troupe de gens parut, à la tête desquels marchait l'un des douze *apôtres*, appelé Judas, qui s'approcha de Jésus pour le baiser.

48. Et Jésus lui dit : Quoi ! Judas, vous trahissez le Fils de l'homme par un baiser ?

49. Ceux qui étaient autour de lui, voyant bien ce qui allait arriver, lui dirent : Seigneur, frapperons-nous de l'épée ?

50. Et l'un d'eux frappa un des gens du grand-prêtre, et lui coupa l'oreille droite.

51. Mais Jésus, prenant la parole, lui dit : Laissez, demeurez-en là. Et ayant touché l'oreille de cet homme, il le guérit (*k*).

52. Puis, s'adressant aux princes des prêtres, aux capitaine *des gardes* du temple et aux sénateurs, qui étaient venus pour le prendre, il leur dit : Vous êtes venus, armés d'épées et de bâtons, comme pour *prendre* un voleur.

53. Quoique je fusse tous les jours avec vous dans le temple, vous ne m'avez point arrêté ; mais c'est ici votre heure, et la puissance des ténèbres.

54. Aussitôt ils se saisirent de lui, et l'emmenèrent dans la maison du grand-prêtre ; et Pierre le suivait de loin.

55. Or *ces gens* ayant allumé du feu au milieu de la cour, et s'étant assis autour, Pierre s'assit aussi parmi eux.

56. Une servante, qui le vit assis devant le feu, le considéra attentivement, et dit : Celui-ci était aussi avec cet homme.

57. Mais Pierre le renonça, en disant : Femme, je ne le connais point.

58. Un peu après, un autre, le voyant, lui dit : Vous êtes aussi de ces gens-là. Pierre lui dit : Mon ami, je n'en suis point.

59. Environ une heure après, un autre assurait *la même chose*, en disant : Certainement cet homme était avec lui ; car il est aussi de Galilée.

60. Pierre répondit : Mon ami, je ne sais ce que vous dites. Au même instant, comme il parlait encore, le coq chanta.

61. Et le Seigneur, se retournant, regarda Pierre. Et Pierre se

---

(*k*) Nouvel embellissement. Jésus guérit ses ennemis, blessés par ses propres défenseurs ! Il est donc bien le Christ tout-puissant, mais mourant volontairement !...

souvint de cette parole que le Seigneur lui avait dite : Avant que le coq ait chanté, vous me renoncerez trois fois.

62. Et Pierre, étant sorti, pleura amèrement.

63. Cependant ceux qui tenaient Jésus se moquaient de lui en le frappant.

64. Et, lui ayant bandé les yeux, ils lui donnaient des coups sur le visage, et l'interrogeaient, en lui disant : Prophétise qui est celui qui t'a frappé.

65. Et ils lui disaient encore beaucoup d'autres injures *et* de blasphèmes.

66. Sur le point du jour, les sénateurs du peuple *Juif*, les princes des prêtres et les scribes s'assemblèrent ; et, l'ayant fait venir dans leur conseil, ils lui dirent : Si vous êtes le Christ, dites-le nous.

67. Il leur répondit : Si je vous le dis, vous ne me croirez point (*l*) ;

68. Et si je vous interroge, vous ne me répondrez point, et ne me laisserez point aller.

69. Mais désormais le Fils de l'homme sera assis à la droite de la puissance de Dieu.

70. Alors ils lui dirent tous : Vous êtes donc Fils de Dieu ? Il leur répondit : Vous le dites ; je le suis (*m*).

71. Et ils dirent : Qu'avons-nous besoin de chercher d'autres témoins, puisque nous l'avons ouï nous-mêmes de sa propre bouche ?

## CHAPITRE XXIII.

Jésus devant Pilate et devant Hérode. Barabbas préféré. Portement de la croix. Crucifiement. Bon larron. Ténèbres. Mort de Jésus-Christ. Sa sépulture.

1. Toute l'assemblée s'étant levée, ils le menèrent à Pilate ;

2. Et ils commencèrent à l'accuser, en disant : Voici un homme que nous avons trouvé pervertissant notre nation, et empêchant

---

(*l*) Si je vous le disais, vous n'en croiriez rien (et vous auriez raison).

(*m*) Équivoque. C'est vous qui le dites ! On l'accuse de s'être dit *Christ ;* on veut qu'il l'ait dit, parce qu'il y a peine de mort.

de payer le tribut à César, et se disant Roi et le Christ (*a*).

3. Pilate l'interrogea donc en lui disant : Etes-vous le Roi des Juifs? Jésus lui répondit : Vous le dites (*b*) ; *Je le suis*.

4. Alors Pilate dit aux princes des prêtres et au peuple : Je ne trouve rien de criminel en cet homme (*c*).

5. Mais eux, insistant de plus en plus, ajoutèrent : Il soulève le peuple par la doctrine qu'il répand dans toute la Judée, depuis la Galilée, où il a commencé, jusqu'ici (*d*).

6. Pilate, entendant parler de la Galilée, demanda s'il était Galiléen.

7. Et, ayant appris qu'il était de la juridiction d'Hérode, il le renvoya à Hérode, qui était aussi alors à Jérusalem.

8. Hérode eut une grande joie de voir Jésus; car il y avait longtemps qu'il souhaitait de le voir, parce qu'il avait entendu dire beaucoup de choses de lui, et qu'il espérait de lui voir faire quelque miracle (*e*).

9. Il lui fit donc plusieurs demandes. Mais Jésus ne lui répondit rien.

10. Cependant les princes des prêtres et les scribes étaient là, qui l'accusaient avec une grande opiniâtreté.

11. Or Hérode, avec sa cour, le méprisa (*f*); et, le traitant avec moquerie, il le revêtit d'une robe blanche, et le renvoya à Pilate.

12. Et, ce jour-là même, Hérode et Pilate devinrent amis, d'ennemis qu'ils étaient auparavant.

13. Pilate ayant donc fait venir les princes des prêtres, les sénateurs et le peuple,

14. Leur dit : Vous m'avez présenté cet homme comme portant le peuple à la révolte; et néanmoins, l'ayant interrogé en

---

(*a*) Double calomnie.

(*b*) Évidemment le narrateur falsifie la réponse de Jésus. (Cf. *Jean*, XVIII, 33-35).

(*c*) Comment Pilate affirmerait-il l'innocence de Jésus, si celui-ci se donnait pour Christ?

(*d*) Jésus fait plus d'agitation en détournant le peuple du messianisme, que les autres en l'y poussant.

(*e*) *Sperabat signum*. Quelle niaiserie de l'évangéliste!

(*f*) Jésus, méprisant Hérode, est par lui traité d'imbécile.

votre présence, je ne l'ai trouvé coupable d'aucun des crimes dont vous l'accusez (*g*),

15. Ni Hérode non plus; car je vous ai renvoyés à lui; et il paraît qu'il n'a rien fait qui soit digne de mort.

16. Je vais donc le renvoyer après l'avoir fait châtier..

17. Or comme il était obligé, à la fête *de pâque*, de leur délivrer un *criminel*,

18. Tout le peuple se mit à crier : Faites mourir celui-ci, et nous donnez Barabbas (*h*) :

19. *C'était un homme* qui avait été mis en prison, à cause d'une sédition qui s'était faite dans la ville, et d'un meurtre *qu'il y avait commis*.

20. Pilate leur parla de nouveau, ayant envie de délivrer Jésus.

21. Mais ils se mirent à crier, en disant : Crucifiez-le, crucifiez-le.

22. Il leur dit, pour la troisième fois : Mais quel mal a-t-il fait? Je ne trouve rien en lui qui mérite la mort. Je vais donc le faire châtier, et je le renverrai.

23. Mais ils le pressaient de plus en plus, demandant avec de grands cris qu'il fût crucifié ; et enfin leurs clameurs l'emportèrent.

24. Pilate ordonna que ce qu'ils demandaient fût exécuté.

25. Il leur délivra en même temps celui qu'ils demandaient, qui avait été mis en prison pour crime de sédition et de meurtre ; et il abandonna Jésus à leur volonté.

26. Comme ils le menaient *à la mort*, ils prirent un homme de Cyrène, appelé Simon, qui revenait des champs, et le chargèrent de la croix, la lui faisant porter après Jésus.

27. Or il était suivi d'une grande multitude de peuple et de femmes qui se frappaient la poitrine, et qui le pleuraient.

28. Mais Jésus, se retournant vers elles, leur dit : Filles de Jérusalem, ne pleurez point sur moi; mais pleurez sur vous-mêmes et sur vos enfants;

29. Car il viendra un temps où l'on dira : Heureuses les stériles, et les entrailles qui n'ont point porté d'enfants, et les mamelles qui n'en ont point nourri (*i*).

---

(*g*) *Nullam causam* · ni Messie ni autre chose.

(*h*) Pilate est mystifié par les Juifs. On veut qu'il mette à mort Jésus comme se disant Messie; tandis que les Juifs veulent sa mort parce qu'il ruine le messianisme.

(*i*) Jésus voit la confusion s'accroître et la Judée courir à sa perte.

30. Ils commenceront alors à dire aux montagnes : Tombez sur nous; et aux collines : Couvrez-nous.

31. Car s'ils traitent de la sorte le bois vert, comment le bois sec sera-t-il traité?

32. On menait aussi avec lui deux autres hommes, qui étaient des criminels, qu'on devait faire mourir.

33. Lorsqu'ils furent arrivés au lieu appelé le Calvaire, ils y crucifièrent (*j*) Jésus, et ces *deux* voleurs, l'un à droite et l'autre à gauche (*k*).

34. Et Jésus disait : *Mon* Père, pardonnez-leur; car ils ne savent ce qu'ils font. Ils partagèrent ensuite ses vêtements, et les jetèrent au sort (*l*).

35. Cependant le peuple se tenait là, et le regardait; et les sénateurs, aussi bien que le peuple, se moquaient de lui, en disant : Il a sauvé les autres; qu'il se sauve maintenant lui-même, s'il est le Christ, l'élu de Dieu.

36. Les soldats même lui insultaient, s'approchant de lui, et lui présentant du vinaigre,

37. En lui disant : Si tu es le roi des Juifs, sauve-toi toi-même.

38. Il y avait aussi au-dessus de lui une inscription en grec, en latin et en hébreu, où était écrit : CELUI-CI EST LE ROI DES JUIFS.

39. L'un des *deux* voleurs, qui étaient crucifiés *avec lui*, le blasphémait, en disant : Si tu es le Christ, sauve-toi toi-même, et nous *avec toi* (*m*).

---

(*j*) *Crucifiement*, supplice réservé aux esclaves, que l'on traitait comme dans les campagnes on traite encore les hiboux, les buses, les chauves-souris et autres animaux malfaisants.

(*k*) Cf. ci-dessus, XXII, 37, et *Isaïe*, LIII, 22.

(*l*) Imité du chapitre LIII d'*Isaïe*, verset 12 : *et pro transgressoribus rogavit*, et du psaume XXI, 19 (cf. *Jean*). Le *nesciunt quid faciunt* est d'une haute portée. Toute cette affaire est un amphigouri.

(*m*) Suivant Matthieu et Marc, les deux voleurs insultent Jésus. Luc fait mieux : il juge à propos de faire confesser la messianité de Jésus par un de ces voleurs. Ainsi va grandissant la fabrication de ce messianisme d'un nouveau genre; on utilise jusqu'aux moindres circonstances, on trouve un mot de l'Écriture pour tout; et quand le fait ne répond pas à

40. Mais l'autre, le reprenant, lui disait : N'avez-vous donc point de crainte de Dieu, *non plus que les autres*, vous qui vous trouvez condamné au même supplice?

41. Encore, pour nous, c'est avec justice, puisque nous souffrons la peine que nos crimes ont méritée; mais celui-ci n'a fait aucun mal.

42. Et il disait à Jésus : Seigneur, souvenez-vous de moi, lorsque vous serez arrivé en votre royaume.

43. Et Jésus lui répondit : Je vous dis, en vérité, que vous serez aujourd'hui avec moi dans le paradis.

44. Il était alors environ la sixième heure du jour, et toute la terre fut couverte de ténèbres jusqu'à la neuvième heure.

45. Le soleil fut obscurci, et le voile du temple se déchira par le milieu.

46. Alors Jésus, jetant un grand cri, dit : *Mon* Père, je remets mon âme entre vos mains. Et, en prononçant ces mots, il expira.

47. Le centenier, ayant vu ce qui était arrivé, glorifia Dieu, en disant : Certainement cet homme était juste (*n*).

48. Et toute la multitude de ceux qui assistaient à ce spectacle, considérant toutes ces choses, s'en retournaient en se frappant la poitrine.

49. Tous ceux qui étaient de la connaissance de Jésus, et les femmes qui l'avaient suivi de Galilée, étaient là aussi, et regardaient de loin ce qui se passait.

50. Dans le même temps, un sénateur, appelé Joseph, homme vertueux et juste,

51. Qui n'avait point consenti au dessein des autres, ni à ce qu'ils avaient fait; qui était d'Arimathie, ville de Judée, et du nombre de ceux qui attendaient le royaume de Dieu;

52. Cet homme, *dis-je*, vint trouver Pilate, et lui demanda le corps de Jésus.

53. Et, l'ayant ôté *de la croix*, il l'enveloppa d'un linceul, et le mit dans un sépulcre, taillé *dans le roc*, où personne n'avait encore été mis.

---

l'Écriture, on l'invente. Jean n'a rien su de toute cette belle histoire; chez lui les voleurs sont muets.

(*n*) Confession du centurion. Les centurions jouent un grand rôle dans le Nouveau Testament, et toujours pour confesser le Christ Jésus. Il y a d'abord celui dont Jésus guérit le serviteur (*Matthieu*, VIII), puis le centurion du crucifiement, enfin celui que baptise Pierre, le centurion Cornélius (*Act.*, x).

54. Or, ce jour était celui de la préparation, et le jour du sabbat allait commencer (o).

55. Les femmes, qui étaient venues de Galilée avec Jésus, ayant suivi *Joseph*, considérèrent le sépulcre, et comment le corps de Jésus y avait été mis.

56. Et, s'en étant retournées, elles préparèrent des aromates et des parfums ; pour ce qui est du jour du sabbat, elles demeurèrent sans rien faire, selon l'ordonnance *de la loi*.

## CHAPITRE XXIV.

### Résurrection. Apparitions et Ascension de Jésus-Christ.

1. Mais, le premier jour de la semaine, ces femmes vinrent au sépulcre, de grand matin, apportant les parfums qu'elles avaient préparés ;

2. Et elles trouvèrent que la pierre, qui était au-devant du sépulcre, en avait été ôtée.

3. Elles entrèrent ensuite dedans, et n'y trouvèrent point le corps du Seigneur Jésus (a).

---

(o) *Illucescebat*, c'est-à-dire le crépuscule. — *Parasceves*, la préparation, la veille du grand sabbat, c'est-à-dire à la fête de Pâques. D'après le Thalmud, Jésus fut crucifié le ערב פסח soir de Pâques, c'est-à-dire soir de la veille de Pâques. Luc concorde avec Marc et Matthieu, aussi bien dans la contradiction que dans la vérité. Il se contredit en faisant faire la pâque à Jésus-Christ le 14 nisan et le faisant périr le lendemain 15, jour du grand sabbat; puis en le faisant ensevelir le jour du 14, veille de Pâques; il dit vrai en ajoutant, à propos de la résurrection, qu'elle eut lieu le lendemain du sabbat, par conséquent que la mort de Jésus-Christ a eu lieu la veille de Pâques ; de sorte qu'il n'a pu manger l'agneau pascal. Il faut donc admettre que la pâque, qu'on fait manger à Jésus n'est qu'une fiction, à propos de son dernier repas. On a voulu ainsi rapprocher l'institution de l'eucharistie de la manducation de l'agneau pascal. (Cf. *Jean*.)

(a) *Disparition du corps de Jésus*. Luc est un disciple de

4. Ce qui leur ayant causé une grande consternation, deux hommes parurent tout d'un coup devant elles avec des robes brillantes ;

5. Et, comme elles étaient saisies de frayeur, et qu'elles tenaient leurs yeux baissés contre terre, ils leur dirent : Pourquoi cherchez-vous parmi les morts celui qui est vivant?

6. Il n'est point ici, mais il est ressuscité. Souvenez-vous de quelle manière il vous a parlé, lorsqu'il était encore en Galilée,

7. Et qu'il disait : Il faut que le Fils de l'homme soit livré entre les mains des pécheurs, qu'il soit crucifié, et qu'il ressuscite le troisième jour (b).

8. Elles se ressouvinrent (c) donc des paroles de Jésus (d).

9. Et étant revenues du sépulcre, elles racontèrent tout ceci aux onze *apôtres*, et à tous les autres,

10. Celles qui firent ce rapport aux apôtres étaient Marie-Madelaine, Jeanne et Marie, *mère* de Jacques, et les autres qui étaient avec elles.

11. Mais ce qu'elles leur disaient leur parut comme une rêverie, et ils ne les crurent point (e).

---

Paul. Suivant celui-ci, résurrection signifie transformation ou spiritualisation du corps, non pas retour à la vie comme nous l'entendons généralement. Aussi le récit de Luc laisse-t-il croire à un enlèvement du cadavre plutôt qu'à une reprise du sentiment chez un homme qui n'était pas mort.

(b) Naïveté évangélique (cf. *Jean*, xx, 31 ; *Marc*, xv, 44 ; *Matthieu*, xxvi, 32). Comme on s'aperçut un peu tard que le Christ devait ressusciter, on le ressuscita ; du moins on inventa l'histoire de la résurrection. *Quia oportet*, IL FAUT ! tout est là.

(c) *Et recordatæ*. La vérité est qu'elles ne s'en doutaient pas. Pour elles, il n'était pas Christ, et ne devait pas ressusciter.

(d) VERS. 4-8. — Strauss a beau repousser l'explication rationaliste : cela a l'air d'un coup monté. Ces deux hommes qui *déterrent* Jésus ne semblent guère pouvoir être du cru de la légende. (Cf. plus loin, verset 49.)

(e) Ils ne croient point à la résurrection ni à la messianité de Jésus.

12. Néanmoins, Pierre se levant, courut au sépulcre; et, s'étant baissé pour regarder, il ne vit que les linceuls qui étaient par terre; et il s'en revint, admirant (*f*) en lui-même ce qui était arrivé.

13. Ce jour-là même, deux d'entre eux s'en allaient dans un bourg, nommé Emmaüs, éloigné de soixante stades de Jérusalem,

14. Parlant ensemble de tout ce qui s'était passé.

15. Et il arriva que lorsqu'ils s'entretenaient, et conféraient ensemble sur cela, Jésus vint lui-même les joindre, et se mit à marcher avec eux;

16. Mais leurs yeux étaient retenus, afin qu'ils ne pussent le reconnaître (*g*).

17. Et il leur dit : De quoi vous entretenez-vous ainsi dans le chemin, et d'où vient que vous êtes *si tristes* ?

18. L'un d'eux, appelé Cléophas, prenant la parole, lui répondit : Etes-vous seul si étranger dans Jérusalem, que vous ne sachiez pas ce qui s'y est passé ces jours-ci?

19. Et quoi? leur dit-il. Ils lui répondirent : Touchant Jésus de Nazareth, qui a été un prophète puissant (*h*) en œuvres et en paroles devant Dieu et devant tout le peuple;

---

(*f*) *Mirans.* Les voilà qui s'aperçoivent que Jésus est bien le Christ!

(*g*) Circonstance imaginée pour la vraisemblance du dialogue qui suit.

(*h*) *Vir propheta :* expression naïve qui exclut l'idée de messianité en Jésus. Tout ce qui suit est un verbiage dans la manière de Luc, et qui met de plus en plus à jour cette vérité : que Jésus a été ressuscité par ses disciples, *parce que c'était une condition de sa messianité*, et après qu'ils se furent *convaincus* qu'il devait être le Messie. (Comparer encore avec les quatre évangélistes le rapport de Paul, I *Corinthiens*, xv, 5 et suiv.) Mais n'avons-nous pas ici deux points de vue différents? Suivant Paul, Jésus est ressuscité, c'est-à-dire qu'il a passé, par la mort, à l'*immortalité*, dont il explique les conditions; de cette manière, Jésus a confirmé par sa résurrection le dogme favori des pharisiens : en sorte qu'on peut dire que sa vie et sa passion sont devenues un instrument entre les mains de Paul. Pour les autres disciples,

20. Et de quelle manière les princes des prêtres et nos sénateurs l'ont livré pour être condamné à mort, et l'ont crucifié.

21. Or, nous espérions que ce serait lui qui rachèterait Israël; et cependant après tout cela, voici déjà le troisième jour que ces choses se sont passées.

22. Il est vrai que quelques femmes, de celles qui étaient avec nous, nous ont étonnés; car, ayant été, avant le jour, à son sépulcre,

23. Et n'y ayant point trouvé son corps, elles sont revenues dire que des anges même leur ont apparu, qui leur ont dit qu'il était vivant.

24. Et quelques-uns des nôtres, ayant été aussi au sépulcre, ont trouvé toutes choses comme les femmes les leur avaient rapportées; mais pour lui, ils ne l'ont point trouvé.

25. Alors il leur dit : O insensés, dont le cœur est tardif à croire tout ce que les prophètes ont dit !

26. Ne fallait-il pas que le Christ (*i*) souffrît toutes ces choses, et qu'il entrât ainsi dans sa gloire ?

27. Et, commençant par Moïse, et ensuite par tous les prophètes, il leur expliquait dans toutes les Écritures ce qui y avait été dit de lui.

28. Lorsqu'ils furent proche du bourg où ils allaient, il fit semblant d'aller plus loin.

29. Mais ils le forcèrent *à s'arrêter*, en lui disant : Demeurez avec nous, parce qu'il est tard, et que le jour est déjà sur son déclin ; et il entra avec eux.

---

c'est une autre affaire. Ils ne subtilisent point tant; ils croient leur maître bel et bien ressuscité, avec son ancien corps, et, qui plus est, monté au ciel avec ce même corps. En sorte que, qui voudrait juger les événements au point de vue rationaliste, et d'après les témoignages et les doctrines opposées des *pauliniens* et des *pétréiens*, devrait croire, en pressant la déposition de Luc et de Paul, que le *corps* de Jésus a été tout simplement enlevé, et qu'on s'est prévalu de cet enlèvement pour faire croire à la spiritualisation, gage de la nôtre à tous ; — suivant Pierre, Jean, etc., que Jésus n'était pas mort de sa passion, et que par conséquent il a survécu à son ensevelissement. (Cf. I *Corinthiens*, xv, note.)

(*i*) **Christum.**

30. Etant avec eux à table, il prit le pain, et le bénit ; et, l'ayant rompu (j), il le leur donna (k).

31. *En même temps* leurs yeux s'ouvrirent, et ils le reconnurent ; mais il disparut (l) de devant leurs yeux.

32. Alors ils se dirent l'un à l'autre : Notre cœur n'était-il pas tout brûlant dans nous, lorsqu'il nous parlait durant le chemin, et qu'il nous expliquait les Écritures ?

33. Et, se levant à l'heure même, ils retournèrent à Jérusalem, et trouvèrent que les onze *apôtres*, et ceux qui demeuraient avec eux, étaient assemblés,

34. Et disaient : Le Seigneur est vraiment ressuscité, et il est apparu (m) à Simon.

35. Alors ils racontèrent aussi eux-mêmes ce qui leur était arrivé en chemin, et comment ils l'avaient reconnu dans la fraction du pain.

36. Pendant qu'ils s'entretenaient ainsi, Jésus se présenta au milieu d'eux, et leur dit : La paix soit avec vous ; c'est moi, n'ayez point de peur.

37. Mais dans le trouble et la frayeur dont ils étaient saisis, ils s'imaginaient voir un esprit (n).

38. Et Jésus leur dit : Pourquoi vous troublez-vous, et pourquoi s'élève-t-il tant de pensées dans vos cœurs ?

39. Regardez mes mains et mes pieds, *et reconnaissez* que c'est moi-même ; touchez-*moi*, et considérez qu'un esprit n'a ni chair, ni os (o), comme vous voyez que j'en ai.

---

(j) Jésus avait une manière à lui de rompre le pain.

(k) Vers. 25-30. — Ceci dépasse tout ce que la manie des suppositions a imaginé de plus hardi. Voici Jésus lui-même, le ressuscité, argumentant sur sa résurrection, la nécessité de sa passion, etc. !

(l) *Evanuit :* théorie de Paul. C'est un corps *spirituel*.

(m) *Apparuit ;* c'est une ombre, non le vrai corps, un revenant.

(n) *Spiritum :* en effet.

(o) *Carnem et ossa.* C'est bien une résurrection. Jean (xx, 27) ne fait aucune mention des pieds. D'après Tertullien, le percement des mains et des pieds était l'*atrocité propre du crucifiement.*

40. Après avoir dit cela, il leur montra ses mains et ses pieds.
41. Mais, comme ils ne croyaient point encore, tant ils étaient transportés de joie et d'admiration, il leur dit : Avez-vous ici quelque chose à manger?
42. Et ils lui présentèrent un morceau de poisson rôti et un rayon de miel.
43. Il en mangea devant eux; et prenant les restes, il les leur donna (*p*).
44. Et il leur dit : Ce que vous voyez est l'accomplissement de ce que je vous avais dit, lorsque j'étais encore avec vous; qu'il était nécessaire que tout ce qui a été écrit de moi dans la loi de Moïse, dans les prophètes et dans les psaumes, fût accompli (*q*).
45. En même temps, il leur ouvrit l'esprit, afin qu'ils entendissent les Écritures;
46. Et il leur dit : C'est ainsi qu'il est écrit, et c'est ainsi qu'il fallait que le Christ souffrît et qu'il ressuscitât d'entre les morts le troisième jour;
47. Et qu'on prêchât en son nom la pénitence et la rémission des péchés dans toutes les nations, en commençant par Jérusalem.
48. Or, vous êtes témoins de ces choses.
49. Et je vais envoyer sur vous le don de mon Père, qui vous a été promis; mais cependant demeurez dans la ville (*r*), jusqu'à ce que vous soyez revêtus de la force d'en haut.
50. Après, il les mena dehors vers Béthanie; et, ayant levé les mains, il les bénit;

---

(*p*) VERS. 39-43. — *Un esprit pur ne mange pas.* Aussi s'agit-il bien d'un corps, mais d'un corps transformé, sublimé, spiritualisé, revêtu de qualités nouvelles. Voilà la doctrine paulinienne. On peut dire que Jésus est ressuscité tout exprès pour donner raison à la philosophie de Paul.

(*q*) C'est clair, tout cela est imaginé d'après les Écritures. Ce qui met le comble à l'imbroglio, c'est que Jésus *ressuscité* a pu croire lui-même tout cela et agir en conséquence.

(*r*) *In civitate :* restez à Jérusalem. Cette injonction est diamétralement opposée à celle qui se lit dans les trois autres évangélistes, et par laquelle il leur fait dire d'aller le joindre en *Galilée.* (Cf. *Act.,* I, 4, où Luc répète la même chose.) A qui croire?

51. Et en les bénissant, il se sépara d'eux, et fut enlevé au ciel (s).

---

(s) *Ferebatur in cœlum.* Toujours l'idée de Paul. Le corps ressuscité n'est plus le *corps terrestre*, il s'élève dans le ciel. (Cf. I *Corinthiens*, xv.) Vraiment les autres, qui se croyaient quelque chose (*Galat.*), et qui s'imaginaient bonnement que leur maître était ressuscité, n'y entendaient rien.

Strauss, dans une longue discussion, fait voir que les contradictions des évangélistes sur les circonstances de la résurrection et le théâtre des apparitions, ne peuvent aucunement être conciliées; que tout ce qu'il en ressort, c'est que chaque narrateur a appris la chose d'une source différente, et n'a rien su de ce qui se disait ailleurs. Or cette incohérence des évangélistes est précisément ce qui en fait la *sincérité*, et qui établit le mieux l'observation faite plus haut, versets 7 et 19, à savoir, que la nécessité d'une résurrection de Jésus fut d'abord généralement comprise; mais que l'impossibilité de s'entendre sur cette *fable* amena les divergences du récit.

Mais ici surgit une double question que n'a point relevée Strauss. La nécessité de ressusciter Jésus, par respect pour sa prétendue messianité, étant reconnue, et la chose ayant été arrangée en conséquence, il n'y a plus lieu à mythe ni à légende : on a devant soi un *fait raisonné*, chimérique sans doute, mais basé sur un besoin de l'opinion, et peut-être sur un commencement d'*exécution*.

Ce qui ajoute à ce soupçon, et que Strauss néglige également, c'est le double projet, de la part du ressuscité, de se tenir à l'écart en Galilée, suivant Matthieu et Marc; de rester à Jérusalem, suivant Luc et Jean. Ce n'est pas là une simple contradiction du récit: cela accuse un projet, des vues particulières, qui touchent à quelque réalité.

Dès avant sa mort, Jésus avait dit à ses disciples, suivant Matthieu (xxvi, 32), qu'ils le verraient en Galilée après sa résurrection. Quoi qu'il en soit de l'authenticité de cet ordre,

52. Les disciples, l'ayant adoré, s'en retournèrent, comblés de joie, à Jérusalem;

---

il révèle un plan, plan qui ne paraît pas avoir été connu des historiens.

Nous ne pouvons donc ici faire que des conjectures. Or, il faut considérer que Jésus, suivant jusqu'au bout l'imitation des prophètes ses modèles, ne pouvait finir vulgairement et pourrir dans un tombeau comme un autre homme. Tous les grands initiateurs avaient disparu d'une façon surnaturelle: Hénoch, Moïse, Elie, Aaron lui-même, et parmi les païens, Hercule, Romulus, Lycurgue, Esculape. Suivant la croyance commune, le Christ ne pouvait mourir et *voir la corruption*. Il fallait donc que Jésus ne mourût pas, ou, s'il mourait, qu'il ressuscitât, c'est-à-dire que son cadavre disparût sans laisser de trace.

Mais *quid*,—si Jésus, comme on a pu l'induire de Marc (xv, 44), des soins donnés à son ensevelissement par Joseph d'Arimathée; de l'exhumation, car ce n'est pas autre chose, racontée par les quatre évangélistes;—*quid*, dis-je, si Jésus n'était pas mort?... N'est-il pas clair qu'alors, pour ne pas s'exposer au danger d'un second crucifiement, il a dû se tenir caché, se borner à quelques manifestations rares, se retirer en un lieu sûr; et, pour mener son rôle jusqu'à la fin, se dérober à ses meilleurs amis, à ses plus fervents disciples, aller mourir dans une retraite inconnue, à peine d'être dépouillé de nouveau et pour jamais de sa messianité?

J'ajoute ici, comme simple observation, que les raisonnements de Strauss contre l'hypothèse d'un retour naturel de Jésus à la vie, sont d'une excessive faiblesse et accusent une grande préoccupation d'esprit; que de plus, Jésus lui-même, aussi bien que ses disciples, a pu voir un miracle dans le fait de sa passion non suivie de mort; qu'on n'en savait pas assez alors pour discerner la léthargie de la mort réelle, ni une reprise des sens d'une extinction totale; qu'enfin ce fut à la suite de cette résurrection que Jésus, se tenant toujours caché,

53. Et ils étaient sans cesse dans le temple, louant et bénissant Dieu. Amen.

---

prépara la *mission des Gentils*, que Paul s'attribua dans la suite : le voyage en Galilée, recommandé aux apôtres après la tragédie du Calvaire, n'étant que le chemin, ainsi qu'on le vit plus tard, qui y conduisait.

# ÉVANGILE

SELON

# SAINT JEAN

---

Composé vers le milieu du deuxième siècle, suivant les uns ; authentique, suivant les autres, mais écrit vers l'an 96. (Cf. *Paul*, I *Corinthiens*, x, ma note.)

Suivant la tradition de l'Église et la chronologie d'Ussérius, l'Évangile de Jean aurait été écrit le dernier de tous, après l'exil de Pathmos, en l'an 96 : ce qui nous porte dans les commencements du deuxième siècle. D'après certains critiques, au contraire, cet Évangile serait le plus ancien ; sa rédaction remonterait même avant la prise de Jérusalem, à laquelle il ne fait aucune allusion.

Et adhuc sub judice lis est.

Suivant l'école de Tubingue, l'Évangile de Jean donne, par la théorie supérieure du *Verbe*, la conciliation des théories des pauliniens et des judéo-chrétiens. (Cf. *Coloss.*, I, 1.)

Pour moi, je vois dans l'Évangile de Jean l'idée-mère de Jésus, à savoir que le messianisme véritable n'est autre chose que l'émancipation des pauvres et la fraternité (cf. *Luc*, II, 52), élevée jusqu'à la divinisation. Cette idée, vraiment audacieuse, pleinement réformatrice et révolutionnaire, qui rompait en visière aux préjugés judaïques, qui niait leur idée de Messie, qui se moquait de la lettre et des détails du culte ; cette idée, vraiment démocratique et prolétaire, aussi radicalement hostile à la royauté qu'au sacerdoce, est la seule qui explique rationnellement la mission du *charpentier*, et qui rende compte de l'histoire et de la légende. L'Église primitive, tout en prenant au pied de la lettre que Jésus était le Messie prédit par les prophètes, et se rapprochant sur ce point de la tradition des Juifs, ne se trompa point sur le sens pratique du rôle de Jésus; et il est étonnant que Strauss l'ait si peu senti! Jésus était ce qu'on appelle aujourd'hui (1848-52), un *révolutionnaire social*, qui ne voyait dans l'idée messianique qu'un mythe, et qui le résolvait en l'interprétant d'une réforme morale, sociale, politique même, s'il pouvait. Cette conception de Jésus a été divinisée; on l'a fait Messie lui-même et Verbe de Dieu; c'est ainsi que le peuple de Février est revenu à Napoléon.

*Jean*, pêcheur, le plus jeune des apôtres, aimé de Jésus-Christ pour sa candeur, la modestie et la pureté de ses mœurs, est célèbre surtout par le pathos et l'amphigouri de l'Évangile qui lui est attribué. J'ai toujours regretté que cet Évangile eût été mis au nombre des livres canoniques. Il fallait le conserver pour mémoire; mais non en faire un ouvrage authentique! Il y a mille lieues de l'Évangile de saint Matthieu à celui-ci, ouvrage, je ne puis en douter, de quelque juif platonicien, rallié au christianisme. — Les idées de Platon, avec les allégories et rêveries rabbiniques, distinguent l'Évangile de saint Jean.

## CHAPITRE I.

**Verbe de Dieu. Réponse de saint Jean-Baptiste. André et Pierre, Philippe et Nathanaël s'attachent à Jésus-Christ.**

1. Au commencement était le Verbe (*a*), et le Verbe était avec Dieu, et le Verbe était Dieu.
2. Il était au commencement avec Dieu.
3. Toutes choses ont été faites par lui, et rien de ce qui a été fait n'a été fait sans lui.
4. En lui était la vie, et la vie était la lumière des hommes.
5. Et la lumière luit dans les ténèbres, et les ténèbres ne l'ont point comprise.
6. Il y eut un homme envoyé de Dieu, qui s'appelait Jean.
7. Il vint pour servir de témoin, pour rendre témoignage à la lumière, afin que tous crussent par lui.
8. Il n'était pas la lumière; mais *il vint* pour rendre témoignage à *celui qui était* la lumière.
9. Celui-là était la vraie lumière, qui éclaire tout homme venant en ce monde.
10. Il était dans le monde, et le monde a été fait par lui, et le monde ne l'a point connu (*b*).

---

(*a*) **Verbum**, Λογος. De ce seul mot, emprunté à la philosophie platonicienne, sortirent une foule d'hérésies et d'iniquités dont le Λογος intérieur, la saine raison, s'indigne. La plupart de ces querelles (cf. ομοουσιος et ομοιουσιος) ne pouvaient subsister que dans la langue grecque; que n'y furent-elles ensevelies, au lieu d'être érigées en doctrine universelle pour tous les lieux et toutes les langues! (Herder.)

(*b*) Versets 1, 2, 3, 9, 10. — Il existe encore aujourd'hui, dans le voisinage de Bassora, une secte semi-chrétienne qui professe toutes les hérésies que saint Jean semble avoir eu l'intention de combattre au commencement de son Évangile, et qui peuvent se réduire aux propositions suivantes :

1° Qu'il y a plusieurs Æons, ou êtres nés de Dieu;

2° Que l'un était le *Verbe*, un autre la *Vie*, un troisième le *seul Engendré*, un quatrième la *Lumière*;

11. Il est venu chez soi, et les siens (c) ne l'ont point reçu.

12. Mais il a donné, à tous ceux qui l'ont reçu, le pouvoir d'être faits enfants de Dieu (d), à ceux qui croient en son nom,

13. Qui ne sont point nés du sang, ni de la volonté de la chair, ni de la volonté de l'homme, mais de Dieu même;

---

3° Que le monde avait été créé par un mauvais esprit;

4° Que saint Jean était la *Lumière*, et qu'il était supérieur au Christ.

Toutes ces opinions différentes furent autrefois connues et plus ou moins admises des pharisiens; et elles descendaient de la philosophie chaldéenne et zoroastrienne.

(c) *Sui*, allusion à ce qui est rapporté dans *Marc*, III, 21, que la famille de Jésus se moquait de lui. Ce verset indique une époque de rédaction point trop tardive.

(d) *Filios Dei fieri*, c'est-à-dire de devenir semblables à lui, fils de Dieu comme lui. Sur cette expression. *fils de Dieu*, remarquons en passant que Jésus-Christ n'est appelé *Dieu* dans aucun passage du Nouveau Testament, mais seulement *Christ* ou le *maître* (*rabbi*, κυριος, *dominus*), ou *Fils de Dieu*. Saint Jean lui-même, l'auteur principal de la divinité de Jésus-Christ, n'a jamais osé lui donner ce titre, qui lui eût paru un blasphème contre le premier commandement. Ce furent des Grecs et des Romains convertis, disciples immédiats des apôtres, qui, sans intelligence de la phrase hébraïque, *enfant de Dieu*, et ne comprenant sous cette dénomination qu'un individu, identique de substance, de facultés, d'attributs, à Dieu même, et y voyant d'ailleurs la réalisation de leurs fables les plus vulgaires, imaginèrent et répandirent le dogme de la divinité du Christ.

D'après ce qui vient d'être dit dans les notes *a*, *b* et *c*, il faut distinguer soigneusement le dogme de l'*incarnation du Verbe divin* d'avec celui de la divinité de Jésus-Christ : le premier, reçu traditionnellement des Orientaux et appliqué à la personne du fils de Marie; le deuxième, résultat d'une équivoque.

14. Et le Verbe a été fait chair (e), et il a habité parmi nous; et nous avons vu sa gloire, sa gloire telle que le Fils unique devait la recevoir du Père; *il a, dis-je, habité parmi nous*, plein de grâce et de vérité.

15. Jean rend témoignage de lui, et il crie, en disant : Voici celui dont je vous disais : Celui qui doit venir après moi m'a été préféré, parce qu'il était avant moi.

16. Et nous avons tous reçu de sa plénitude, et grâce pour grâce.

17. Car la loi a été donnée par Moïse; mais la grâce et la vérité ont été apportées par Jésus-Christ (f).

18. Nul n'a jamais vu Dieu : le Fils unique, qui est dans le sein du Père, est celui qui en a donné la connaissance.

19. Or, voici le témoignage que rendit Jean, lorsque les Juifs envoyèrent de Jérusalem des prêtres et des lévites, pour lui demander : Qui êtes-vous?

20. Car il confessa, et il ne le nia pas : il confessa qu'il n'était point le Christ.

21. Ils lui demandèrent : Quoi donc? êtes-vous Élie? Et il leur dit : Je ne le suis point. Êtes-vous prophète? *ajoutèrent-ils*. Et il leur répondit : Non.

22. Qui êtes-vous donc, lui dirent-ils, afin que nous rendions réponse à ceux qui nous ont envoyés? Que dites-vous de vous-même?

23. Je suis, leur dit-il, la voix de celui qui crie dans le désert : Rendez droite la voie du Seigneur, comme a dit le prophète Isaïe.

24. Or, ceux qu'on lui avait envoyés étaient des pharisiens.

25. Ils lui firent *encore* une *nouvelle* demande, et lui dirent : Pourquoi donc baptisez-vous, si vous n'êtes ni le Christ, ni Élie, ni prophète (g)?

26. Jean leur répondit : Pour moi, je baptise dans l'eau ; mais il y en a un au milieu de vous, que vous ne connaissez pas.

---

(e) *Jésus est une incarnation* du Verbe éternel : voilà le dogme émis par Jean.

(f) Cette incarnation du Verbe est le vrai Messie.

(g) Ce sont les Juifs qui ont fait les miracles de Jésus-Christ ; on voit déjà par cette question qu'il en fallait à qui voulait se faire écouter d'eux. — Magnifique témoignage. Les quatre évangélistes sont d'accord là-dessus. Y a-t-il quelque fondement à cela?

27. C'est lui qui doit venir après moi, qui m'a été préféré; et je ne suis pas digne de dénouer les cordons de ses souliers (*h*).

28. Ceci se passa à Béthanie (*i*), au delà du Jourdain, où Jean baptisait.

29. Le lendemain (*j*), Jean vit Jésus qui venait à lui, et il dit : Voici l'agneau de Dieu (*k*), voici celui qui ôte les péchés du monde.

30. C'est celui-là même de qui j'ai dit : Il vient après moi un homme qui m'a été préféré, parce qu'il était avant moi.

31. Pour moi, je ne le connaissais pas; mais je suis venu baptiser dans l'eau, afin qu'il soit connu dans Israël (*l*).

32. Et Jean rendit *alors* ce témoignage, en disant : J'ai vu le *Saint*-Esprit descendre du ciel comme une colombe, et demeurer sur lui.

33. Pour moi, je ne le connaissais pas; mais celui qui m'a envoyé baptiser dans l'eau m'a dit : Celui sur qui vous verrez descendre et demeurer le *Saint*-Esprit, est celui qui baptise dans le Saint-Esprit.

34. Je l'ai vu, et j'ai rendu témoignage qu'il est le Fils de Dieu.

35. Le lendemain, Jean était encore *là* avec deux de ses disciples;

36. Et, jetant la vue sur Jésus, qui marchait, il dit : Voilà l'agneau de Dieu (*m*).

---

(*h*) Versets 19-27. — Voici de nouveau la prédiction messianique de Jean le Baptiseur confisquée au profit de Jésus. Jean avait laissé une grande réputation de sainteté. Dire qu'il avait reconnu Jésus, c'était un grand témoignage.

(*i*) Quelle est cette Béthanie? (Cf. ci-dessous, III, 23.)

(*j*) *Alterâ die:* ce n'est pas là une date; c'est *un jour*.

(*k*) *Agnus Dei*, cf. *Actes*, VIII, 32.

(*l*) Voilà qui est naïf : Jean-Baptiste ne connaissait point Jésus, ne se doutait point qu'il fût le Messie; il savait seulement que le Messie allait venir. L'autorité de Jean-Baptiste était grande sur ce point parmi les Juifs; il fallait donc, bon gré mal gré, la rallier à l'opinion chrétienne. C'est ce que Jean l'évangéliste lui fait dire à quatre ou cinq reprises différentes.

(*m*) *Ecce agnus Dei*. Que veut dire Jean-Baptiste par ce mot? Que Jésus était la victime propitiatoire du genre humain?

37. Ces deux disciples, l'ayant entendu parler ainsi, suivirent Jésus (*n*).

38. Jésus se retourna ; et, voyant qu'ils le suivaient, il leur dit : Que cherchez-vous? Ils lui répondirent : Rabbi (c'est-à-dire Maître), où demeurez-vous?

39. Il leur dit : Venez, et voyez. Ils vinrent, et virent où il demeurait ; et ils demeurèrent chez lui ce jour-là. Il était alors environ la dixième heure *du jour* (*o*).

40. André, frère de Simon-Pierre, était l'un des deux qui avaient entendu dire ceci à Jean, et qui avaient suivi Jésus.

41. Et ayant trouvé, le premier, son frère Simon, il lui dit : Nous avons trouvé le Messie, c'est-à-dire le Christ.

42. Il l'amena à Jésus. Jésus, l'ayant regardé, lui dit : Vous êtes Simon, fils de Jean ; vous serez appelé Céphas, c'est-à-dire Pierre.

43. Le lendemain (*p*), Jésus, voulant s'en aller en Galilée, trouva Philippe, et lui dit : Suivez-moi.

44. Philippe était de la ville de Bethsaïde, d'où étaient aussi André et Pierre (*q*).

45. Et Philippe, ayant trouvé Nathanaël, lui dit : Nous avons trouvé celui de qui Moïse a écrit dans la loi, et *que* les prophètes *ont prédit*; *savoir* : Jésus de Nazareth, fils de Joseph.

46. Nathanaël lui dit : Peut-il venir quelque chose de bon de Nazareth? Philippe lui dit : Venez, et voyez.

---

Cette opinion n'était pas née alors. Jean put avoir aussi des renseignements sur Jésus. Il l'aurait ainsi caractérisé par ce mot : *Agnus Dei*, c'est un agneau du bon Dieu.

(*n*) VERSETS 29-37. — L'accord des quatre évangélistes sur la mission de Jean comparée à celle de Jésus est remarquable. Il trahit un dessein formel de rattacher les deux sectes à une même pensée, et de les fondre, comme plus tard on raccorda le parti de Pierre et celui de Paul. Les *quatre* doivent être attentivement étudiés, comparés et corrigés l'un par l'autre. Le rapport des deux sermonnaires, Jésus et Jean, est ici un fait de haute importance pour la parfaite intelligence du rôle de Jésus.

(*o*) Circonstance importante !...

(*p*) *In crastinum*, cf. ci-dessous, II, 1.

(*q*) Tous Samaritains.

47. Jésus, voyant Nathanaël, qui venait le trouver, dit de lui : Voici un vrai Israélite, sans déguisement et sans artifice.

48. Nathanaël lui dit : D'où me connaissez-vous ? Jésus lui répondit : Avant que Philippe vous eût appelé, je vous ai vu, lorsque vous étiez sous le figuier.

49. Nathanaël lui dit : Rabbi, *c'est-à-dire Maître*, vous êtes le Fils de Dieu, vous êtes le roi d'Israël (*r*).

50. Jésus lui répondit : Vous croyez, parce que je vous ai dit que je vous ai vu sous le figuier ; vous verrez de bien plus grandes choses (*s*).

51. Et il ajouta : En vérité, en vérité, je vous le dis : Vous verrez le ciel ouvert, et les anges de Dieu monter et descendre sur le Fils de l'homme (*t*).

## CHAPITRE II (*a*).

Noces de Cana. Eau changée en vin. Vendeurs chassés du temple. Jésus annonce sa résurrection. Plusieurs croient en lui.

1. Trois jours (*b*) après, il se fit des noces à Cana en Galilée ; et la mère de Jésus y était.

---

(*r*) La foi de Nathanaël est à bon marché. Au surplus, il paraît que plusieurs parmi les Juifs notables, tels que Joseph d'Arimathée, partageaient les idées de Jésus sur le messianisme ; mais ils s'en cachaient, pour ne pas encourir l'animadversion du peuple.

(*s*) La belle merveille !

(*t*) *Filium hominis*, cf. *Matthieu*, XXVI, 64.

(*a*) Chapitres i et ii. — La scène s'ouvre à Béthanie, au delà du Jourdain, où l'on allait se faire baptiser. Jésus y va avec les autres. C'est à ce moment qu'on place le témoignage de Jean en sa faveur. Mais le bon sens indique que Jean ayant été arrêté promptement, et Jésus s'étant chargé courageusement de poursuivre son œuvre, le témoignage de Jean ne put venir qu'après. Ou bien il faut admettre qu'avant de se faire baptiser, Jésus aurait commencé à dogmatiser ; et que

2. Jésus fut aussi convié aux noces avec ses disciples.

3. Et le vin venant à manquer, la mère de Jésus lui dit : Ils n'ont point de vin.

4. Jésus lui répondit : Femme, qu'y a-t-il de commun entre vous et moi? Mon heure n'est pas encore venue.

5. Sa mère dit à ceux qui servaient : Faites tout ce qu'il vous dira.

6. Or, il y avait là six grandes urnes de pierre, pour servir aux purifications qui étaient en usage parmi les Juifs, dont chacune tenait deux ou trois mesures.

7. Jésus leur dit : Emplissez les urnes d'eau; et ils les emplirent jusqu'au haut.

8. Alors il leur dit : Puisez maintenant, et portez-en au maître d'hôtel; et ils lui en portèrent.

9. Le maître d'hôtel, ayant goûté de cette eau qui avait été changée en vin, et ne sachant d'où venait ce vin, quoique les serviteurs qui avaient puisé l'eau le sussent bien, il l'appela l'époux,

10. Et lui dit : Tout homme sert d'abord le bon vin, et après qu'on a beaucoup bu, il en sert alors de moindre; mais pour vous, vous avez réservé jusqu'à cette heure le bon vin (c).

---

Jean, ravi d'avoir un pareil prosélyte, lui aurait rendu un magnifique témoignage. Dans tout ceci, on aperçoit un *courant* dont Jean et Jésus ne sont que les figures principales.

(b) *Die tertiâ*, et plus bas, 12, *post hoc*, et plus haut, 1, 29, 35, 43. Si ces désignations de temps prouvaient quelque chose, ce serait une éphéméride; il est évident que l'auteur n'a voulu indiquer aucune succession régulière, mais seulement des époques indéterminées et confondues. Ce *die tertiâ* est d'autant plus étrange que la fin du dernier chapitre nous laisse sur le Jourdain, et qu'ici nous sommes en Galilée. Cela veut-il dire le troisième jour après l'arrivée de Jésus?... Ou plutôt, puisque Jean parle sans cesse de la *pâque*, n'a-t-il pas voulu dire *trois jours après la pâque?*

(c) Cette réflexion est d'une niaiserie qu'on peut appeler *joannique*. A chaque verset de cet Évangile se trahit ce gros mysticisme qui prétend à la profondeur et au mystère, et qui ne sait s'exprimer qu'en phrases triviales et tout à fait jocrisses.

11. Ce fut là le premier des miracles de Jésus, qui fut fait à Cana, en Galilée ; et *par là* il fit connaître sa gloire, et ses disciples crurent en lui.

12. Après cela, il alla à Capharnaüm avec sa mère, ses frères et ses disciples ; mais ils y demeurèrent peu de jours (*d*) ;

13. Car la pâque des Juifs étant proche, Jésus s'en alla à Jérusalem (*e*).

14. Et, ayant trouvé dans le temple des gens qui vendaient des bœufs, des moutons et des colombes, comme aussi des changeurs, qui étaient assis *à leurs bureaux* (*f*),

15. Il fit un fouet avec des cordes, et les chassa tous du temple, avec les moutons et les bœufs ; et il jeta par terre l'argent des changeurs, et renversa leurs bureaux.

16. Et il dit à ceux qui vendaient des colombes : Otez *tout* cela d'ici, et ne faites pas de la maison de mon Père une maison de trafic.

17. *Alors* ses disciples se souvinrent qu'il est écrit : Le zèle de votre maison me dévore (*g*).

18. Les Juifs, prenant la parole, lui dirent : Par quel miracle nous montrez-vous que vous avez droit de faire de telles choses ?

19. Jésus leur répondit : Détruisez ce temple, et je le rétablirai en trois jours (*h*).

---

(*d*) Ce passage, *non multis diebus*, est une preuve que la mission de Jésus ne fut pas longue.

(*e*) Transition brusque. — Sur les Pâques de Jésus-Christ, cf. Strauss.

(*f*) Ce fait, qui est rapporté par Marc, xi, 15-17 ; Matthieu, xxi, 12 ; Luc, xix, 45, est placé par les trois Synoptiques immédiatement avant la pâque où Jésus souffrit et fut crucifié. Ce n'est donc pas une *première*, mais une *dernière* pâque. On voit, du reste, que Jean brouille les faits encore plus que Luc.

(*g*) Ne serait-ce point, au contraire, que l'action de Jésus aurait eu lieu afin d'amener l'application ?

(*h*) Cela n'a ni rime ni raison. A quel propos cette vanterie ? à quelle fin ? On ne voit goutte dans ces récits de Jean. Toutefois on y trouve, tant bien que mal, le prétexte qui servit d'accusation aux prêtres.

20. Les Juifs *lui* repartirent : Ce temple a été quarante-six ans à bâtir, et vous le rétablirez en trois jours?

21. Mais il entendait parler du temple de son corps (*i*).

22. Après donc qu'il fut ressuscité d'entre les morts, ses disciples se ressouvinrent qu'il leur avait dit cela, et ils crurent à l'Écriture et à la parole que Jésus avait dite (*j*).

23. Pendant qu'il était dans Jérusalem, à la fête de Pâque (*k*), plusieurs crurent en son nom, voyant les miracles qu'il faisait (*l*).

24. Mais Jésus ne se fiait point à eux, parce qu'il *les* connaissait tous,

25. Et qu'il n'avait pas besoin que personne lui rendît témoignage d'aucun homme ; car il connaissait par lui-même ce qu'il y *avait* dans l'homme (*m*).

## CHAPITRE III.

Nicodème vient trouver Jésus-Christ. Instruction que Jésus-Christ lui donne. Dispute entre les disciples de saint Jean-Baptiste et ceux de Jésus-Christ. Réponse de saint Jean à ses disciples.

1. Or, il y avait un homme d'entre les pharisiens, nommé Nicodème (*a*), sénateur des Juifs,

---

(*i*) Interprétation dépourvue de sens, faite après coup, et qui donne à Jésus une triste et ridicule physionomie.

(*j*) Tout cela est absurde, et prouve seulement combien pauvres étaient les cerveaux qui, les premiers, recueillirent les discours de Jésus.

(*k*) *In paschâ, in die festo,* c'est-à-dire *pour la Pâque, pendant un jour de fête.* (Cf. ci-dessus, 13, et plus bas, VI; *Luc*, XXI, 37-38.) Tous les faits sont pêle mêle, ainsi que les dates.

(*l*) Cf. *Luc*, XXI, 37-38.

(*m*) VERSETS 24-25. — Bavardage, finasserie, amphigouri, platitude. Nous ne trouverons que cela jusqu'à la fin.

(*a*) Histoire de Nicodème. Il semble que Jean prenne plaisir à entasser ici bêtise sur bêtise, calembours sur calembours.

2. Qui vint la nuit trouver Jésus, et lui dit : Maître, nous savons que vous êtes venu de la part de Dieu *pour nous instruire, comme un docteur*; car personne ne saurait faire les miracles que vous faites, si Dieu n'est avec lui.

3. Jésus lui répondit : En vérité, en vérité, je vous dis que personne ne peut voir le royaume de Dieu, s'il ne naît de nouveau (*b*).

4. Nicodème lui dit : Comment peut naître un homme qui est déjà vieux? Peut-il rentrer dans le sein de sa mère, pour naître une seconde fois (*c*)?

5. Jésus lui répondit : En vérité, en vérité, je vous dis que, si un homme ne renaît de l'eau et de l'Esprit-Saint, il ne peut entrer dans le royaume de Dieu.

6. Ce qui est né de la chair est chair, et ce qui est né de l'Esprit est esprit (*d*).

7. Ne vous étonnez pas de ce que je vous ai dit, qu'il faut que vous naissiez de nouveau.

8. L'esprit souffle où il veut, et vous entendez bien sa voix; mais vous ne savez d'où il vient, ni où il va; il en est de même de tout homme qui est né de l'Esprit.

9. Nicodème lui répondit : Comment cela peut-il se faire?

10. Jésus lui dit : Quoi! vous êtes maître en Israël, et vous ignorez ces choses (*e*)?

11. En vérité, en vérité, je vous dis que nous disons ce que nous savons, et que nous rendons témoignage de ce que nous avons vu ; et *cependant* vous ne recevez point notre témoignage (*f*).

12. *Mais* si vous ne me croyez pas, lorsque je vous parle des choses de la terre, comment me croirez-vous quand je vous parlerai des choses du ciel?

---

(*b*) *Renatus :* allusion à la palingénésie qu'annonçaient alors tous les messianistes.

(*c*) Voilà un garçon bien emprunté, qui prend la palingénésie au sens matériel.

(*d*) Versets 5-6. — Ceci vaut mieux et arrive à propos : la *palingénésie*, c'est ce que nous appelons *réforme, révolution;* changement de vie et mœurs. Ce passage, qu'on est surpris de rencontrer ici, prouve que Jésus fut aussi peu mystique que peu messianiste.

(*e*) A la bonne heure.

(*f*) Très-bien.

13. Aussi personne n'est monté au ciel que celui qui est descendu du ciel, *savoir* le Fils de l'homme, qui est dans le ciel.

14. Et comme Moïse éleva dans le désert le serpent *d'airain*, il faut de même que le Fils de l'homme soit élevé en haut (*g*) ;

15. Afin que tout *homme* qui croit en lui ne périsse point, mais qu'il ait la vie éternelle.

16. Car Dieu a tellement aimé le monde qu'il a donné son Fils unique, afin que tout *homme* qui croit en lui ne périsse point, mais qu'il ait la vie éternelle.

17. Car Dieu n'a pas envoyé son Fils dans le monde pour juger le monde, mais afin que le monde soit sauvé par lui (*h*).

18. Celui qui croit en lui n'est pas condamné ; mais celui qui ne croit pas est déjà condamné, parce qu'il ne croit pas au nom du Fils unique de Dieu.

19. Et le *sujet de* cette condamnation est que la lumière est venue dans le monde, et que les hommes ont mieux aimé les ténèbres que la lumière, parce que leurs œuvres étaient mauvaises (*i*).

20. Car quiconque fait le mal hait la lumière et ne s'approche point de la lumière, de peur que ses œuvres ne soient condamnées (*j*).

21. Mais celui qui fait *ce que* la vérité *lui prescrit* s'approche de la lumière, afin que ses œuvres soient découvertes, parce qu'elles sont faites en Dieu.

22. Après cela, Jésus alla en Judée, suivi de ses disciples ; il y demeurait avec eux et y baptisait (*k*).

23. Jean baptisait aussi à Ennon, près de Salim (*l*), parce qu'il

---

(*g*) Discours supposé.

(*h*) Suppositions.

(*i*) Cf. ce verset avec ci-dessus, 11, et I, 10, 11, 33, etc. Jean constate que Jésus n'a pas été reçu pour ce qu'il était, c'est-à-dire, suivant lui, pour le *Christ, fils unique de Dieu*. Pour qui donc Jésus a-t-il été pris ? Pour un réformateur qui prétendait qu'il n'y avait ni Messie ni miracles.

(*j*) Versets 19-20. — Jeux de mots sur la *Lumière*.

(*k*) Concurrence. L'ordre des faits est complétement brouillé.

(*l*) *Ænnon juxta Salim*. Plus haut, I, 28, Jean dit que Jésus fut baptisé à *Béthanie*, en Judée, au delà du Jourdain. Comme on ne connaît pas en Judée, sur le Jourdain, de locay avait là beaucoup d'eau; et plusieurs y venaient et y étaient baptisés (*m*);

24. Car alors Jean n'avait pas encore été mis en prison.

25. Il s'excita donc une dispute entre les disciples de Jean et les Juifs, touchant le baptême.

26. Et *les premiers* étant venus trouver Jean, ils lui dirent : Maître, celui qui était avec vous au delà du Jourdain, auquel vous avez rendu témoignage, baptise maintenant, et tous vont à lui.

27. Jean leur répondit : L'homme ne peut rien recevoir, s'il ne lui a été donné du ciel.

28. Vous me rendez vous-mêmes témoignage que j'ai dit que je ne suis point le Christ, mais que j'ai été envoyé devant lui.

29. L'époux est celui à qui est l'épouse ; mais l'ami de l'époux, qui se tient debout et qui l'écoute, est ravi de joie à cause *qu'il entend* la voix de l'époux. Je me vois donc maintenant dans l'accomplissement de cette joie.

30. Il faut qu'il croisse, et que je diminue (*n*).

31. Celui qui est venu d'en haut est au-dessus de tous. Celui qui tire son origine de la terre est de la terre, et ses paroles tiennent de la terre. Celui qui est venu du ciel est au-dessus de tous (*o* et *p*).

---

lité de ce nom, Origène a supposé qu'il s'agissait de *Bethabara;* sa leçon a été adoptée. Ce *Bethabara* était en face de Jéricho. *Ænnon,* ou les Fontaines, n'était pas loin de là; on ignore la position. Ainsi Jésus était venu avec ses cousins et beaucoup d'autres pour se faire baptiser par Jean. Ce voyage fut fait un peu avant la Pâque, à laquelle il est rationnel de supposer que tout le monde assista.

(*m*) Versets 22-23. — *Témoignage de Jean-Baptiste.* D'après les autres Évangélistes, Jean-Baptiste envoie demander à Jésus s'il est le Christ; d'après le quatrième, Jean-Baptiste atteste formellement cette messianité. (Cf. Strauss.) Voici qui éclaircit tout : Jésus, disciple de Jean, se met à baptiser côte à côte avec lui. Il lui fait concurrence, il le dépasse. (Cf. ci-dessous, iv, 1.)

(*n*) C'est bien et gracieusement dit, et modeste.

(*o*) Cf. plus haut, 12. Dans les discours que l'auteur prête au prédécesseur ainsi qu'à Jésus, il lui arrive constamment

32. Et il rend témoignage de ce qu'il a vu et de ce qu'il a entendu, et personne ne reçoit son témoignage.
33. Celui qui a reçu son témoignage a attesté que Dieu est véritable.
34. Celui que Dieu a envoyé ne dit *que* des paroles de Dieu; parce que Dieu ne *lui* donne pas *son* Esprit par mesure.
35. Le Père aime le Fils et lui a mis toutes choses entre les mains.
36. Celui qui croit au Fils a la vie éternelle; celui qui ne croit pas au Fils ne verra point la vie, mais la colère de Dieu demeure sur lui.

## CHAPITRE IV (*a*).

Entretien de Jésus avec la Samaritaine. Ce qu'il répond à ses disciples dans cette occasion. Foi des Samaritains. Jésus guérit le fils d'un officier de Capharnaüm.

1. Jésus ayant donc su que les pharisiens avaient appris qu'il faisait plus de disciples et baptisait plus de personnes que Jean,
2. (Quoique Jésus ne baptisât pas lui-même (*b*), mais ses disciples),
3. Il quitta la Judée, et s'en alla de nouveau en Galilée (*c*);

---

de mêler ses propres réflexions au langage que ces personnages ont pu tenir. De plus, ses héros et lui-même parlent l'un comme l'autre.

(*p*) VERSETS 27-31. — Nouvelle usurpation du témoignage de Jean, si précieux aux yeux des Juifs.

(*a*) Dans ce chapitre, Jésus tranche plusieurs questions: par exemple la prépondérance des Juifs et des Samaritains; l'adoration sur Garisim ou Moriah, le sacrifice sanglant ou l'adoration du cœur, etc. Quant au récit en lui-même, il est fait à la mode de Jean, plein de puérilités, de coq-à-l'âne et de jeux de mots.

(*b*) Il est dit plus haut, III, 22, que Jésus baptisait.

(*c*) Ceci se passe dans les allées et venues de Jésus, com-

4. Et, comme il fallait qu'il passât par la Samarie,

5. Il vint dans une ville de Samarie, nommée Sichar, près de l'héritage que Jacob donna à son fils Joseph.

6. Or, il y avait là *un puits, qu'on appelait la* fontaine de Jacob. Et Jésus, étant fatigué du chemin, s'assit sur cette fontaine *pour se reposer.* Il était environ la sixième heure *du jour.*

7. Il vint *alors* une femme de Samarie, pour tirer de l'eau. Jésus lui dit : Donnez-moi à boire;

8. Car ses disciples étaient allés à la ville pour acheter à manger.

9. Mais cette femme samaritaine lui dit : Comment, vous qui êtes Juif, me demandez-vous à boire, à moi qui suis Samaritaine? car les Juifs n'ont point de commerce avec les Samaritains.

10. Jésus lui répondit : Si vous connaissiez le don de Dieu et qui est celui qui vous dit : Donnez-moi à boire, vous lui *en* auriez peut-être demandé *vous-même*, et il vous aurait donné de l'eau vive (d).

11. Cette femme lui dit : Seigneur, vous n'avez point de quoi en puiser, et le puits est profond; d'où auriez-vous donc de l'eau vive?

12. Êtes-vous plus grand que notre père Jacob, qui nous a donné ce puits et en a bu lui-même, aussi bien que ses enfants et ses troupeaux?

13. Jésus lui répondit : Quiconque boit de cette eau aura encore soif; au lieu que celui qui boira de l'eau que je lui donnerai n'aura jamais soif.

14. Mais l'eau que je lui donnerai deviendra dans lui une fontaine d'eau, qui rejaillira *jusque* dans la vie éternelle.

15. Cette femme lui dit : Seigneur, donnez-moi de cette eau, afin que je n'aie plus soif et que je ne vienne plus ici pour en tirer.

16. Jésus lui dit : Allez, appelez votre mari, et venez ici.

17. Cette femme lui répondit : Je n'ai point de mari. Jésus lui dit : Vous avez raison de dire que vous n'avez point de mari;

18. Car vous avez eu cinq maris, et maintenant celui que vous avez n'est pas votre mari; vous avez dit vrai en cela.

19. Cette femme lui dit : Seigneur, je vois bien que vous êtes un prophète.

20. Nos pères ont adoré sur cette montagne, et vous autres vous dites que c'est dans Jérusalem qu'est le lieu où il faut adorer.

21. Jésus lui dit : Femme, croyez-moi, le temps va venir où vous n'adorerez plus le Père, ni sur cette montagne, ni dans Jérusalem.

---

prises entre son baptême et le voyage à Jérusalem. C'est un retour en arrière.

(d) *Aquam vivam.* Jeu de mots mal placé, puisque la Samaritaine ne peut comprendre ce dont lui parle Jésus.

22. Vous adorez ce que vous ne connaissez point ; pour nous, nous adorons ce que nous connaissons, car le salut vient des Juifs (e).

23. Mais le temps vient, et il est déjà venu, où les vrais adorateurs adoreront le Père en esprit et en vérité; car ce sont là les adorateurs que le Père cherche.

24. Dieu est esprit, et il faut que ceux qui l'adorent l'adorent en esprit et en vérité (f).

25. Cette femme lui répondit : Je sais que le Messie (c'est-à-dire le Christ) doit venir; lors donc qu'il sera venu, il nous annoncera toutes choses.

26. Jésus lui dit : C'est moi-même qui vous parle (g).

27. En même temps, ses disciples arrivèrent, et ils s'étonnaient de ce qu'il parlait à une femme. Néanmoins nul ne lui dit : Que lui demandez-vous? ou : D'où vient que vous parlez avec elle?

28. Cette femme cependant, laissant là sa cruche, s'en retourna à la ville et commença à dire à tout le monde :

29. Venez voir un homme qui m'a dit tout ce que j'ai fait. Ne serait-ce pas le Christ?

30. Ils sortirent donc de la ville et vinrent le trouver.

31. Cependant ses disciples le priaient *de prendre quelque chose*, en lui disant : Maître, mangez.

32. Et il leur dit : J'ai une viande à manger que vous ne connaissez pas (h).

33. Les disciples se disaient donc l'un à l'autre : Quelqu'un lui aurait-il apporté à manger (i)?

34. Jésus leur dit : Ma nourriture est de faire la volonté de celui qui m'a envoyé et d'accomplir son œuvre.

---

(e) Il n'en coûte guère de reconnaître la légitimité des Juifs, quand on ajoute que leur loi va être abrogée. On voit du reste ici que l'auteur est judéo-chrétien, compliqué d'helléniste.

(f) Spiritualisme philosophique et qui tombe à plomb sur le culte catholique comme sur le culte juif. Dieu est esprit; donc il n'a pas besoin des sacrifices d'animaux. (Cf. *Isaïe* et *Psaumes*.)

(g) Impossible.

(h) Jeu de mots qui fait pendant à celui du verset 10.

(i) Bêtise qui fait ressembler les apôtres à des *pierrots* de la foire.

35. Ne dites-vous pas vous-mêmes que, dans quatre mois, la moisson viendra? Mais moi je vous dis : Levez vos yeux, et considérez les campagnes qui sont déjà blanches *et prêtes* à être moissonnées :

36. Et celui qui moissonne reçoit la récompense et amasse les fruits pour la vie éternelle, afin que celui qui sème soit dans la joie, aussi bien que celui qui moissonne;

37. Car ce que l'on dit d'ordinaire est vrai en cette rencontre : Que l'un sème et l'autre moissonne.

38. Je vous ai envoyés moissonner ce qui n'est pas venu par votre travail; d'autres ont travaillé, et vous êtes entrés dans leurs travaux (*j*).

39. Or, il y eut beaucoup de Samaritains de cette ville-là qui crurent en lui sur le rapport de cette femme, qui les assurait qu'il lui avait dit tout ce qu'elle avait fait (*k*).

40. Les Samaritains, étant donc venus le trouver, le prièrent de demeurer chez eux; et il y demeura deux jours.

41. Et il y en eut beaucoup plus qui crurent en lui pour l'avoir entendu parler.

42. De sorte qu'ils disaient à cette femme : Ce n'est plus sur ce que vous nous en avez dit que nous croyons *en lui*; car nous l'avons entendu nous-mêmes, et nous savons qu'il est vraiment le Sauveur du monde (*l*).

43. Deux jours après, il sortit de ce lieu et s'en alla en Galilée.

44. Car Jésus témoigna lui-même qu'un prophète n'est point honoré dans son pays (*m*).

---

(*j*) Versets 34-38. — Allégorisations perpétuelles. Certes, Jésus eût fait moins de bruit s'il avait parlé de ce style au peuple. Quelle différence avec les discours sur la montagne!...

(*k*) Conversion à bon marché! Il faut l'avouer, les esprits étaient bien disposés.

(*l*) Quelle simplicité!...

(*m*) Ce verset fait allusion à ce qui est raconté chez les trois autres évangélistes; il prouve, ainsi que le verset 19, chapitre II, que l'Evangile de Jean a été écrit après les trois autres; que l'auteur a eu connaissance de ceux-ci, et qu'il s'est proposé un but tout différent. Ici la tradition de l'Église catholique me paraît en conséquence plus près de la vérité quand elle fixe la date de l'Evangile de Jean longtemps après les autres.

45. Étant donc revenu en Galilée, les Galiléens le reçurent *avec joie*, ayant vu tout ce qu'il avait fait à Jérusalem (*n*) au jour de la fête, à laquelle ils avaient été aussi.

46. Jésus vint donc de nouveau à Cana, en Galilée, où il avait changé l'eau en vin. Or il y avait un officier, dont le fils était malade à Capharnaüm,

47. Lequel, ayant appris que Jésus venait de Judée en Galilée, alla le trouver, et le pria de vouloir venir chez lui, pour guérir son fils qui était près de mourir.

48. Jésus lui dit : Si vous ne voyez des miracles et des prodiges, vous ne croyez point (*o*).

49. Cet officier lui dit : Seigneur, venez avant que mon fils meure.

50. Jésus lui dit : Allez, votre fils se porte bien. Il crut à la parole que Jésus lui avait dite, et s'en alla (*p*).

51. Et, comme il était en chemin, ses serviteurs vinrent au-devant de lui, et lui dirent : Votre fils se porte bien.

52. Et s'étant enquis de l'heure à laquelle il s'était trouvé mieux, ils lui répondirent : Hier, environ la septième heure *du jour*, la fièvre le quitta.

53. Son père reconnut que c'était à cette heure-là que Jésus lui avait dit : Votre fils se porte bien ; et il crut, lui et toute sa famille.

54. Ce fut là le second miracle que Jésus fit, étant revenu de Judée en Galilée (*q*).

---

(*n*) *Quæ fecerat Jerosolymis*. Circonstance fausse : d'après les Synoptiques, Jésus n'alla qu'une fois à Jérusalem (pendant sa mission). Cette mission commença après la Pâque de l'an 28, au retour du baptême et du Jourdain ; peut-être même au retour de la célébration de la Pâque ; en sorte que tout le temps de la vie publique de Jésus se serait écoulé entre deux Pâques. — Jean suppose plusieurs voyages de Jésus en Judée ; ce qui est contraire au témoignage des trois Synoptiques, qui n'en admettent qu'un, après le baptême.

(*o*) Jésus réprouve les miracles. Il est en cela conséquent avec son caractère et sa négation du messianisme.

(*p*) Jésus guérit les malades à distance. C'est du pur somnambulisme.

(*q*) Jean semble assez sobre de miracles ; il entre dans l'es-

## CHAPITRE V.

Guérison du paralytique de la piscine. Murmure des Juifs. Discours de Jésus-Christ à cette occasion.

1. Après cela la fête des Juifs étant arrivée (*a*), Jésus s'en alla à Jérusalem.
2. Or il y avait à Jérusalem la piscine des brebis, qui s'appelle en hébreu Bethsaïda, qui avait cinq galeries,
3. Dans lesquelles étaient couchés un grand nombre de malades, d'aveugles, de boiteux, et de ceux qui avaient les membres desséchés, qui *tous* attendaient que l'eau fût remuée.
4. Car l'ange du Seigneur, en un certain temps, descendait dans cette piscine, et en remuait l'eau ; et celui qui entrait le premier, après que l'eau avait été *ainsi* remuée, était guéri, quelque maladie qu'il eût (*b*).
5. Or il y avait là un homme, qui était malade depuis trente-huit ans.
6. Jésus, l'ayant vu couché, et connaissant qu'il était malade depuis fort longtemps, lui dit : Voulez-vous être guéri ?

---

prit du maître, qui n'en faisait aucun cas, et que la plèbe transformait néanmoins, bien malgré lui, en thaumaturge.

(*a*) *Dies festus*, grec ἑορτή, sans article. Il n'est donc pas certain que ce soit une pâque. Le voyage de Jésus de Galilée à Jérusalem dura longtemps.

(*b*) Voici un miracle de la façon des pharisiens, et qui ressemble fort à celui de saint Janvier et de tous les saints, en peinture, qui remuent les yeux. Cependant l'évangéliste ne le révoque point en doute. Il répugne de le mettre sur le compte de Jésus. Au reste, l'intercalation est visible. Jésus semble sauter ici de Capharnaüm à Jérusalem, d'où on le ramènera tout à l'heure (VI, 1) au delà de la mer de Tibériade.
— Le fait raconté dans ce chapitre est de ceux qui se rapportent au dernier voyage de Jésus. Ce qui n'empêche pas Jean de nous reporter plus bas (VI, 1) de l'autre côté du lac de Tibériade.

7. Le malade lui répondit : Seigneur, je n'ai personne pour me jeter dans la piscine, après que l'eau a été remuée; et, pendant le temps que je mets à y aller, un autre y descend avant moi.

8. Jésus lui dit : Levez-vous, emportez votre lit, et marchez;

9. Et cet homme fut guéri à l'instant, et prenant son lit, il commença à marcher. Or ce jour-là était un jour de sabbat.

10. Les Juifs dirent donc à celui qui avait été guéri : C'est aujourd'hui le sabbat; il ne vous est pas permis d'emporter (c) votre lit.

11. Il leur répondit : Celui qui m'a guéri m'a dit : Emportez votre lit, et marchez.

12. Ils lui demandèrent : Qui est donc cet homme-là qui vous a dit : Emportez votre lit, et marchez.

13. Mais celui qui avait été guéri ne savait pas lui-même qui il était, car Jésus s'était retiré de la foule du peuple qui était là.

14. Depuis, Jésus trouva cet homme dans le temple, et il lui dit : Vous voyez que vous êtes guéri; ne péchez plus à l'avenir, de peur qu'il ne vous arrive quelque chose de pis.

15. Cet homme s'en alla trouver les Juifs, et leur dit que c'était Jésus qui l'avait guéri.

16. Et c'est pour cette raison que les Juifs persécutaient Jésus, parce qu'il faisait ces choses le jour du sabbat.

17. Alors Jésus leur dit : Mon Père *ne cesse point* d'agir jusqu'à présent (d), et j'agis aussi *incessamment*.

18. Mais les Juifs cherchaient encore avec plus d'ardeur à le faire mourir, parce que non-seulement il ne gardait pas le sabbat, mais qu'il disait même que Dieu était son Père, se faisant ainsi égal à Dieu (e). Jésus ajouta donc, et leur dit :

19. En vérité, en vérité, je vous dis que le Fils ne peut rien faire de lui-même, *et il ne fait* que ce qu'il voit faire au Père : car tout ce que le Père fait, le Fils le fait aussi comme lui,

20. Parce que le Père aime le Fils, et lui montre tout ce qu'il fait; et il lui montrera des œuvres encore plus grandes que celles-ci,

---

(c) *Tollere*. C'est justement le mot dont se sert la loi pour désigner le travail interdit.

(d) Dieu agit en tout temps; l'homme doit faire de même. Belle pensée qu'il faudrait rappeler aux partisans de la célébration du dimanche.

(e) *Æqualem se faciens Deo*. Cette considération est d'une époque récente; les anciens, qui appelaient fils de Dieu les prophètes, n'y songeaient point. La théologie a passé par là.

en sorte que vous en serez vous-mêmes remplis d'admiration.

21. Car comme le Père ressuscite les morts, et leur rend la vie; ainsi le Fils donne la vie à qui il lui plaît.

22. Le Père ne juge personne; mais il a donné tout pouvoir de juger au Fils,

23. Afin que tous honorent le Fils, comme ils honorent le Père. Celui qui n'honore point le Fils, n'honore point le Père qui l'a envoyé.

24. En vérité, en vérité, je vous dis que celui qui entend ma parole, et qui croit à celui qui m'a envoyé, a la vie éternelle; et il ne tombe point dans la condamnation, mais il est *déjà* passé de la mort à la vie.

25. En vérité, en vérité, je vous dis que l'heure vient, et qu'elle est déjà *venue*, où les morts entendront la voix du Fils de Dieu et que ceux qui l'entendront vivront.

26. (*f*) Car comme le Père a la vie en lui-même, il a aussi donné au Fils d'avoir la vie en lui-même;

27. Et il lui a donné le pouvoir de juger, parce qu'il est le Fils de l'homme.

28. Ne vous étonnez pas de ceci; car le temps vient où tous ceux qui sont dans les sépulcres entendront la voix du Fils de Dieu;

29. Et ceux qui auront fait de bonnes œuvres sortiront *des tombeaux*, pour ressusciter à la vie; mais ceux qui en auront fait de mauvaises en sortiront, pour ressusciter à leur condamnation.

30. Je ne puis rien faire de moi-même. Je juge selon ce que j'entends, et mon jugement est juste, parce que je ne cherche pas ma volonté, mais la volonté de celui qui m'a envoyé (*g*).

---

(*f*) Versets 26 et suivants. — Au reste, il règne entre les Juifs et Jésus un malentendu perpétuel sur les mots *fils de Dieu*. Pour eux, ce mot est synonyme de *fils de l'homme*, *fils de David*, par lesquels on désignait le Messie. Pour Jésus, c'est une désignation de tout homme qui vit d'une vie divine et spirituelle.

(*g*) Versets 19-30. — Tout ce discours de Jésus sur sa filiation divine et les prérogatives qu'elle lui assure, ne sont pas évidemment de la première époque chrétienne : les trois premiers évangélistes ne sont point si hardis; ce qu'ils ne disent qu'avec hésitation et au sens métaphorique, Jean l'affirme résolûment.

31. Si je rends témoignage de moi, mon témoignage n'est pas véritable.

32. Il y en a un autre qui rend témoignage de moi; et je sais que le témoignage qu'il en rend est véritable.

33. Vous avez envoyé à Jean, et il a rendu témoignage à la vérité.

34. Pour moi, ce n'est pas d'un homme que je reçois le témoignage; mais je dis ceci afin que vous soyez sauvés.

35.. Jean était une lampe ardente et luisante, et vous avez voulu vous réjouir, pour un peu de temps, à *la lueur de* sa lumière.

36. Mais, pour moi, j'ai un témoignage plus grand que celui de Jean; car les œuvres que mon Père m'a donné pouvoir de faire, les œuvres, *dis-je*, que je fais, rendent témoignage de moi (*h*), que c'est mon Père qui m'a envoyé;

37. Et mon Père, qui m'a envoyé, a rendu lui-même témoignage de moi. Vous n'avez jamais entendu sa voix, ni rien vu qui le représentât;

38. Et sa parole ne demeure point en vous, parce que vous ne croyez point à celui qu'il a envoyé.

---

L'Évangile de Jean a pour but d'affirmer la messianité de Jésus et son identité avec le *Verbe divin*. Dès avant cette époque, on croyait que la sagesse divine, le Verbe de Dieu, devait s'incarner dans le Messie futur. Voilà la thèse de Jean. Donc il écrit la biographie de Jésus à ce point de vue, et travestit ses discours à sa manière.

A l'époque où fut écrit cet Évangile, il est clair que la messianité de Jésus était chose équivoque. Jean vient lever tous les doutes qui subsistent dans les trois évangélistes antérieurs.

Il y a deux parties dans l'histoire de Jésus : la première, où Jésus est représenté tel qu'il était et se posait lui-même; la seconde, tel que le firent plus tard ses sectateurs. Ce sont deux époques très-différentes, mais qui s'expliquent réciproquement, et doivent se suivre dans le même ouvrage.

(*h*) *Opera quæ facio testimonium perhibent de me.* Cet argument de Jésus-Christ ne saurait être admis en bonne logique; le miracle, en le supposant vrai, prouve le thaumaturge, mais ne prouve ni le prophète ni la doctrine.

39. Lisez avec soin les écritures (i), puisque vous croyez y trouver la vie éternelle; et ce sont elles qui rendent témoignage de moi;

40. Mais vous ne voulez pas venir à moi pour avoir la vie.

41. Je ne tire point ma gloire des hommes.

42. Mais je vous connais; *je sais* que vous n'avez point en vous l'amour de Dieu.

43. Je suis venu au nom de mon Père, et vous ne me recevez pas; si un autre vient en son propre nom (j), vous le recevrez.

44. Comment pouvez-vous croire, vous qui recherchez la gloire que vous vous donnez les uns aux autres (k), et qui ne recherchez point la gloire qui vient de Dieu seul.

45. Ne pensez pas que ce soit moi qui doive vous accuser devant le Père; vous avez un accusateur, qui est Moïse, en qui vous espérez.

46. Car si vous croyiez Moïse, vous me croiriez aussi, parce que c'est de moi qu'il a écrit (l)

47. Que si vous ne croyez pas ce qu'il a écrit, comment croirez-vous ce que je vous dis (m)?

## CHAPITRE VI.

Miracle des cinq pains. Jésus marche sur la mer. Discours de Jésus-Christ sur le pain du ciel. Trahison de Judas prédite.

1. Jésus s'en alla ensuite au delà de la mer de Galilée, qui est *le lac* de Tibériade;

2. Et une grande foule *de peuple* le suivait; parce qu'ils voyaient les miracles qu'il faisait sur les malades.

---

(i) *Scripturas,* le livre! C'est tout dire.

(j) *In nomine suo.* Sarcasme à l'adresse des faux prophètes du temps.

(k) *Asinus asinum fricat!* C'est méchant.

(l) *De me scripsit.* C'est faux; mais Jean le croyait ou le supposait.

(m) Ceci est d'une naïveté colossale et qui trahit son Orient : *Vous qui ne croyez pas à des choses écrites,* aux Écritures de Moïse, comment croiriez-vous à mes paroles?...

3. Jésus monta donc sur une montagne, et s'y assit avec ses disciples.

4. Or le jour de pâque, qui est la *grande* fête des Juifs, était proche (*a* et *b*).

5. Jésus, ayant donc levé les yeux et voyant qu'une grande foule *de peuple* venait à lui, dit à Philippe : D'où achèterons-nous des pains pour donner à manger à tout ce monde?

6. Mais il disait cela pour le tenter; car il savait bien ce qu'il devait faire.

7. Philippe lui répondit : Quand on aurait pour deux cents deniers de pain, cela ne suffirait pas pour en donner à chacun tant soit peu.

8. Un de ses disciples, qui était André, frère de Simon-Pierre, lui dit :

9. Il y a ici un petit garçon qui a cinq pains d'orge et deux poissons; mais qu'est-ce que cela pour tant de gens?

10. Jésus leur dit : Faites-les asseoir. Or, il y avait beaucoup d'herbe dans ce lieu-là; et environ cinq mille hommes s'y assirent.

11. Jésus prit donc les pains; et ayant rendu grâces, il les distribua à ceux qui étaient assis; et *il leur donna*, de même, des *deux* poissons autant qu'ils en voulaient.

12. Après qu'ils furent rassasiés, il dit à ses disciples : Ramassez les morceaux qui sont restés, afin que rien ne se perde.

13. Ils les ramassèrent donc et emplirent douze paniers des morceaux qui étaient restés des cinq pains d'orge, après que tous en eurent mangé.

14. Et ces personnes, ayant vu le miracle qu'avait fait Jésus,

---

(*a*) Même style que plus haut, v, 1, et II, 13 et 23. Cela signifie *aux environs de la Pâque*. Comment admettre que du verset 1, chapitre v, au chapitre VI, il se soit écoulé un *an entier*?... Tout cela est un vrai gâchis. Il s'agit toujours de la même Pâque. En tous cas, cette Pâque n'aurait pas été célébrée comme les autres par Jésus à Jérusalem. Serait-ce celle que Jésus avait compté d'abord passer à Jérusalem après son baptême, et qu'il aurait été forcé de venir passer en Galilée? Si on connaissait la date de l'arrestation de Jean, on pourrait s'orienter. J'incline à penser qu'il fut arrêté *avant* la Pâque, et que tous les baptisés partirent ensuite.

(*b*) *Erat proximum*, c'est-à-dire il n'y avait pas longtemps que la Pâque était passée; ce qui me paraît probable,

disaient : C'est là vraiment le Prophète qui doit venir dans le monde.

15. Mais Jésus, sachant qu'ils devaient venir l'enlever pour le faire roi (c), s'enfuit encore sur la montagne, lui seul.

---

(c) *Regem.* Désespoir des tribuns et de tous les réformateurs populaires ; leurs idées sont toujours prises à contresens, et pour les honorer, la multitude ne sait que les détruire. Les Gracques excitent la plèbe contre la tyrannie patricienne ; et la plèbe crée les Césars. — Les républicains français prêchent les droits de l'homme et le suffrage universel ; et le peuple acclame Napoléon. — Jésus nie le Messie roi, triomphateur et conquérant ; le peuple veut le faire roi lui-même ; il le fera Messie.

Strauss trouve dans ce passage l'explication des réticences de Jésus et de la réserve avec laquelle il s'explique sur sa messianité. Jésus, suivant lui, avait à lutter contre les opinions et les espérances charnelles des Juifs ; c'est pour cela qu'il recommandait sans cesse le silence... Strauss ne suit en cela sa propre donnée qu'à moitié. Dire que Jésus a conçu le Christ comme saint Jean et les Pères de l'Église qui ont suivi, c'est le faire chrétien, c'est le faire Christ. C'est, après avoir sacrifié la forme, retenir le fond ; c'est enfin avouer que toute la doctrine de Nicée sur Jésus est de lui !... Où Strauss a-t-il puisé cette assurance ? Dans les Évangiles ? mais il en a détruit l'autorité ; c'est lui qui a fait voir qu'il ne faut y chercher que les opinions du premier siècle sur Jésus, non les faits et gestes et la doctrine authentique de Jésus. L'Evangile reste un monument dont on a le droit de tout nier, et qui réclame, pour être compris, un système d'interprétation qui, en expliquant tout, reste toujours d'accord avec lui-même.

Non, Jésus ne s'est point donné pour Messie, ni au sens juif, ni au sens chrétien, plus inaccessible à lui et plus absurde que le premier. — Il est le Messie de la rénovation morale, rien de plus. Il ne fait pas de politique, surtout il ne théologise pas.

16. Lorsque le soir fut venu, ses disciples descendirent au bord de la mer,

17. Et montèrent sur une barque, pour passer au delà de la mer, vers Capharnaüm. Il était déjà nuit que Jésus n'était pas encore venu à eux.

18. Cependant la mer commençait à s'enfler, à cause d'un grand vent qui soufflait.

19. Et comme ils eurent fait environ vingt-cinq ou trente stades, ils virent Jésus qui marchait sur la mer et qui était proche de leur barque; ce qui les remplit de frayeur (d).

20. Mais il leur dit : C'est moi, ne craignez point.

21. Ils voulurent donc le prendre dans leur barque; et la barque se trouva aussitôt au lieu où ils allaient (e).

22. Le lendemain, le peuple qui était demeuré de l'autre côté de la mer, ayant vu qu'il n'y avait point eu là d'autre barque, et que Jésus n'y était point entré avec ses disciples, mais que les disciples seuls s'en étaient allés (f) ;

23. Comme il était depuis arrivé d'autres barques de Tibériade, près du lieu où le Seigneur, après avoir rendu grâces, les avait nourris de *cinq* pains ;

24. Et qu'ils connurent enfin que Jésus n'était point là, non plus que ses disciples, ils entrèrent dans ces barques et allèrent à Capharnaüm chercher Jésus.

25. Et l'ayant trouvé au delà de la mer, ils lui dirent : Maître, quand êtes-vous venu ici ?

26. Jésus leur répondit : En vérité, en vérité, je vous le dis, vous me cherchez non à cause des miracles que vous avez vus, mais parce que je vous ai donné du pain à manger et que vous avez été rassasiés (g).

27. Travaillez *pour avoir*, non la nourriture qui périt, mais celle qui demeure pour la vie éternelle, et que le Fils de l'homme vous donnera; parce que c'est en lui que Dieu le Père a imprimé son sceau *et* son caractère.

28. Ils lui dirent : Que ferons-nous pour faire des œuvres de Dieu ?

---

(d) Miracle !

(e) Miracle !

(f) Ces miracles sont puérils, dignes de l'Évangile de l'enfance.

(g) Réflexion absurde, qui n'est pas de Jésus, mais qui va servir de transition à la doctrine eucharistique.

29. Jésus leur répondit : L'œuvre de Dieu est que vous croyiez en celui qu'il a envoyé.

30. Ils lui dirent : Quel miracle donc faites-vous, afin qu'en le voyant, nous croyions? Que faites-vous *d'extraordinaire* (*h*)?

31. Nos pères ont mangé la manne dans le désert, selon ce qu'est écrit : Il leur a donné à manger le pain du ciel.

32. Jésus leur répondit : En vérité, en vérité, je vous le dis, Moïse ne vous a point donné le pain du ciel; mais c'est mon Père qui vous donne le véritable pain du ciel.

33. Car le pain de Dieu est celui qui est descendu du ciel et qui donne la vie au monde.

34. Ils lui dirent donc : Seigneur, donnez-nous toujours ce pain.

35. Jésus leur répondit : Je suis le pain de vie ; celui qui vient à moi n'aura point de faim; et celui qui croit en moi n'aura jamais soif (*i*).

36. Mais, je vous l'ai déjà dit, vous m'avez vu, et vous ne croyez point (*j*).

37. Tous ceux que mon Père me donne viendront à moi; et je ne jetterai point dehors celui qui vient à moi;

38. Car je suis descendu du ciel, non pour faire ma volonté, mais pour faire la volonté de celui qui m'a envoyé.

39. Or la volonté de mon Père, qui m'a envoyé, est que je ne

---

(*h*) Le sens de ce verset est : Puisque tu n'admets point le miracle que tu viens d'accomplir comme preuve de ta mission, quel autre nous promets-tu? C'est ce qu'explique le rapport des *cinq pains* avec la manne du désert, cette manne qui témoigna de la mission de Moïse.

(*i*) VERSETS 32-35. — Jésus équivoque ; ce qui ne répond point à l'attente de la masse. — *Panem de cœlo*: Jésus s'empare de cette expression, employée à propos de la *manne*, pour expliquer ce que c'est que le vrai pain *du ciel*, c'est-à-dire le pain de l'esprit.

(*j*) Jésus se plaint qu'on *ne croit pas à lui*; il veut dire à sa doctrine réformatrice et anti-messianique; il sait bien qu'on ne doute pas de sa puissance et de sa qualité de prophète. Voilà ce que les commentateurs ne veulent pas voir. Pas de Messie; liberté, égalité, fraternité ! Cela n'allait pas aux Juifs, fût-il appuyé de tous les miracles du monde.

perde aucun de tous ceux qu'il m'a donnés ; mais que je les ressuscité tous au dernier jour.

40. La volonté de mon Père, qui m'a envoyé, est que quiconque voit le Fils et croit en lui ait la vie éternelle; et je le ressusciterai (*k*) au dernier jour.

41. Les Juifs se mirent donc à murmurer contre lui, parce qu'il avait dit : Je suis le pain vivant, qui suis descendu du ciel (*l*).

42. Et ils disaient : N'est-ce pas là Jésus, fils de Joseph, dont nous connaissons le père et la mère? Comment donc dit-il qu'il est descendu du ciel?

43. Mais Jésus leur répondit : Ne murmurez point entre vous.

44. Personne ne peut venir à moi, si mon Père, qui m'a envoyé, ne l'attire ; et je le ressusciterai au dernier jour.

45. Il est écrit dans les prophètes : Ils seront tous enseignés de Dieu. Tous ceux donc qui ont entendu *la voix* du Père et ont été enseignés *de lui* viennent à moi.

46. Ce n'est pas qu'aucun homme ait vu le Père, si ce n'est celui qui est *né* de Dieu ; *car c'est* celui-là *qui* a vu le Père.

47. En vérité, en vérité, je vous le dis, celui qui croit en moi a la vie éternelle (*m*).

48. Je suis le pain de vie.

49. Vos pères ont mangé la manne dans le désert, et ils sont morts.

50. Mais voici le pain qui est descendu du ciel, afin que celui qui en mange ne meure point.

51. Je suis le pain vivant, qui suis descendu du ciel.

52. Si quelqu'un mange de ce pain, il vivra éternellement ; et le pain que je donnerai, c'est ma chair *que je dois donner* pour la vie du monde.

---

(*k*) *Ego ressuscitabo :* voilà le fin mot (cf. Paul, *passim*). Ce qu'il faut *croire*, c'est que le Messie est un mythe ; c'est la spiritualisation du culte ; c'est que Dieu est un pur esprit, et que les âmes sont immortelles. Et il le faut croire, ajoute Jésus, même sans miracles !...

(*l*) Voilà Jésus se posant comme la personnification de sa propre doctrine, comparée préalablement à une nourriture. Ceci explique, élucide les chapitres XIV, XV, XVI, XVII, si étonnamment métaphoriques.

(*m*) C'est cela même ; la foi au Christ, c'est la foi à l'immortalité de l'âme !

53. Les Juifs disputaient donc entre eux, en disant : Comment celui-ci peut-il nous donner sa chair à manger ?

54. Et Jésus leur dit : En vérité, en vérité, je vous le dis, si vous ne mangez la chair du Fils de l'homme et ne buvez son sang, vous n'aurez point la vie en vous (*n*).

55. Celui qui mange ma chair et boit mon sang a la vie éternelle, et je le ressusciterai au dernier jour ;

56. Car ma chair est véritablement viande (*o*), et mon sang est véritablement breuvage.

57. Celui qui mange ma chair et boit mon sang demeure en moi, et je *demeure* en lui.

58. Comme mon Père, qui m'a envoyé, est vivant, et que je vis par mon Père, de même celui qui me mange vivra aussi par moi.

59. C'est ici le pain qui est descendu du ciel (*p*). Ce n'est pas comme la manne que vos pères ont mangée et qui ne les a pas empêchés de mourir. Celui qui mange ce pain vivra éternellement (*q* et *r*).

---

(*n*) *Si vous ne recevez sa loi, si vous n'adoptez sa morale*, etc. Jésus-Christ choisit exprès les termes de *cibus* et *caro*, *potus* et *sanguis*, par allusion à ce qui se passait dans les sacrifices, auxquels chaque assistant devait participer par la manducation. Cette cérémonie était aussi une de celles employées dans les initiations.

(*o*) *Oui, ma chair est nourriture*, etc. Jésus-Christ, voyant l'étonnement de ceux qui l'écoutent, se plaît à le redoubler, et il prolonge et renforce sa métaphore.

(*p*) *Qui de cœlo descendit*, cf. ci-dessus, verset 32.

(*q*) Versets 49-59. — Jean parle de la Cène en chrétien qui la connaît et qui est très-bien instruit du rite essentiel de la religion ; qui de plus a le dessein d'expliquer, d'une manière rationnelle, ce même rite. Mais on est surpris qu'il n'ait rien dit de l'institution formelle de la Cène, lors de la passion de Jésus-Christ ; ou que du moins il la rapporte ici d'une tout autre manière que les trois Synoptiques. (Cf. *Luc*, XXII.)

(*r*) Versets 48-59. — La suite de tout ce chapitre fait voir assez clairement que sous ces noms de chair ou de nourriture, de sang ou de breuvage, il faut entendre la doctrine

60. Ce fut en enseignant dans la synagogue de Capharnaüm que *Jésus* dit ces choses.

61. Plusieurs donc de ses disciples, l'ayant entendu, dirent : Ces paroles sont bien dures, et qui peut les écouter?

62. Mais Jésus, connaissant en lui-même que ses disciples murmuraient sur ce sujet, leur dit : Cela vous scandalise-t-il?

63. *Que sera-ce donc*, si vous voyez le Fils de l'homme monter où il était auparavant?

64. C'est l'esprit qui vivifie; la chair ne sert à rien; les paroles que je vous dis sont esprit et vie (*s*).

---

de Jésus-Christ. Ainsi, sous l'allégorie de la fontaine d'eau vive, il avait figuré à la femme samaritaine sa morale; ainsi il qualifiait de mauvais levain les traditions absurdes des pharisiens; et une autre fois encore, se servant des mêmes termes figurés de boisson et d'aliment, il fit dire à ses disciples, dont les provisions étaient épuisées : « *Que prétend-il donc? que parle-t-il de manger? nous n'avons point de pain.* » (Cf. I *Corinthiens*, x, 16.)

(*s*) « Il n'est point ici question de chair; ce que je vous dis est tout esprit, » c'est-à-dire intellectuel, figuratif. Jésus-Christ donne lui-même le mot de l'énigme. Comment après cela y peut-on voir le dogme de la transsubstantiation?

On peut découvrir une double pensée dans cette longue allégorie de la chair et du sang : 1° Jésus-Christ invite les Juifs à recevoir sa loi, sans laquelle ils n'auront pas la *vie* éternelle, c'est-à-dire n'arriveront pas à la perfection morale, à la suprême béatitude; 2° de la prédication de sa loi, de ses dogmes et de sa morale, il passe rapidement à l'idée de se donner lui-même en exemple à ses disciples; il les invite à marcher sur ses traces. Prévoyant peut-être sa fin malheureuse, digne couronnement d'une vie pleine de fatigues, de tribulations, de persécutions, il a dû se regarder comme victime volontaire de sa loi, et s'attendre au martyre. *Je suis le pain de vie*, c'est-à-dire je suis le prédicateur de la loi divine et éternelle; *la nourriture que je donne, c'est ma chair, qui périra pour le salut de tous :* c'est-à-dire la morale que je prêche, c'est de se sacrifier pour ses semblables. *Comme je*

65. Mais il y en a quelques-uns d'entre vous qui ne croient pas. Car Jésus savait, dès le commencement, qui étaient ceux qui ne croyaient point et qui serait celui qui le trahirait.

66. Et il leur disait : C'est pour cela que je vous ai dit que personne ne peut venir à moi, s'il ne lui est donné par mon Père.

67. Dès lors, plusieurs de ses disciples se retirèrent (*t*) de sa suite, et ils n'allaient plus avec lui.

68. Et Jésus, sur cela, dit aux douze *apôtres* : Et vous, ne voulez-vous point aussi me quitter?

69. Simon-Pierre lui répondit : A qui irons-nous, Seigneur? vous avez les paroles de la vie éternelle;

70. Nous croyons, et nous savons que vous êtes le Christ, le Fils de Dieu.

71. Jésus leur répondit : Ne vous ai-je pas choisis au nombre de douze? et néanmoins un de vous est un démon.

72. Ce qu'il disait de Judas Iscariote, *fils* de Simon; car c'était lui qui devait le trahir, quoiqu'il fût l'un des douze.

---

vis pour mon père, celui qui me mange doit vivre pour moi,* c'est-à-dire, comme ma vie est consacrée à la loi de Dieu, ainsi mon vrai disciple doit vivre et mourir pour moi et ma religion. (Cf. I *Corinthiens*, x, 16.)

(*t*) *Multi... abierunt.* Tout cela, dans mon interprétation, s'enchaîne admirablement. On aime Jésus, sa bonté, ses miracles, sa morale, sa critique des scribes et des pharisiens; on est prêt à le saluer Messie, s'il veut; mais quand on le voit dire que le messianisme, etc., etc., doit s'entendre au spirituel, on se rebute et l'on s'en va. Ainsi la prédication de Jésus contrarie radicalement les idées de son époque; réformateur et révolutionnaire, mais point charlatan, point mystique, il s'efforce d'expliquer que la vraie émancipation est l'œuvre du cœur et de la volonté; dès lors on ne l'écoute plus. Le sac de Jérusalem aura beau lui donner raison, on ne l'en *croira* pas davantage. N'ayant pu le faire roi, messie terrestre, on le fera messie spirituel, dans un sens théologique, encore plus loin de sa pensée que toutes les rêveries messianiques des pharisiens.

## CHAPITRE VII.

Jésus va secrètement à la fête des tabernacles. Il y enseigne publiquement. Il y annonce sa mort et sa résurrection, et l'effusion de l'Esprit de Dieu. On veut en vain l'arrêter. Nicodème prend sa défense.

1. Depuis cela (*a*), Jésus parcourait la Galilée, ne voulant pas parcourir la Judée, parce que les Juifs cherchaient à le faire mourir (*b*).

2. Mais la fête des Juifs, *appelée* des tabernacles, étant proche,

3. Ses frères lui dirent : Quittez ce lieu, et allez en Judée, afin que vos disciples voient aussi les œuvres que vous faites.

4. Car personne n'agit en secret, lorsqu'il veut être *connu* dans le public; puisque vous faites ces choses, faites-vous connaître au monde (*c* et *d*).

5. Car ses frères ne croyaient pas en lui.

6. Jésus leur dit donc : Mon temps n'est pas encore venu ; mais pour le vôtre, il est toujours prêt.

7. Le monde ne saurait vous haïr ; mais, pour moi, il me hait, parce que je rends témoignage contre lui que ses œuvres sont mauvaises.

8. Allez, vous autres, à cette fête ; pour moi, je n'y vais pas *encore*, parce que mon temps n'est pas encore accompli.

9. Ayant dit ces choses, il demeura en Galilée.

10. Mais, lorsque ses frères furent partis, il alla aussi lui-même à la fête, non pas publiquement, mais comme s'il eût voulu se cacher (*e*).

---

(*a*) *Post hæc.* Pas de date.

(*b*) Les Juifs veulent tuer Jésus. Pourquoi ? Parce qu'il se dit *Messie ?* — Non, parce qu'il nie le Messie. C'est ce que les Évangélistes ont soin de confondre. Eux aussi veulent un Messie : seulement ils se font un Messie fantastique à la place du Messie réel.

(*c*) Ce verset se rapporte à Matthieu, v, 13, 16, etc.

(*d*) Versets 3-4. — Voilà la grande tentation, ou plutôt la grande trahison. Judas Iscariote n'a pas fait pis.

(*e*) Ce fait n'est pas vrai, d'après le verset 1 et d'après les passages de Matthieu, Marc et Luc, concordants.

11. Les Juifs donc le cherchaient pendant cette fête, et ils disaient : Où est-il (*f*) ?

12. Et on faisait plusieurs discours de lui, en secret, parmi le peuple; car les uns disaient : C'est un homme de bien; les autres disaient : Non, mais il séduit (*g*) le peuple.

13. Personne néanmoins n'osait en parler avec liberté, par la crainte qu'on avait des Juifs (*h*).

14. Or, vers le milieu de la fête, Jésus monta au temple, où il se mit à enseigner.

15. Et les Juifs en étant étonnés, ils disaient : Comment cet homme sait-il les Écritures, lui qui ne les a point étudiées?

16. Jésus leur répondit : Ma doctrine n'est pas ma doctrine; mais c'est la doctrine de celui qui m'a envoyé.

17. Si quelqu'un veut faire la volonté de Dieu, il reconnaîtra si ma doctrine est de lui, ou si je parle de moi-même.

18. Celui qui parle de son propre mouvement cherche sa propre gloire; mais celui qui cherche la gloire de celui qui l'a envoyé est véritable, et il n'a point en lui d'injustice (*i*).

19. Moïse ne vous a-t-il pas donné la loi? et néanmoins nul de vous n'accomplit la loi.

20. Pourquoi cherchez-vous à me faire mourir? Le peuple lui répondit : Vous êtes possédé du démon; qui est-ce qui cherche à vous faire mourir?

21. Jésus lui répondit : J'ai fait une seule action *le jour du sabbat*, et vous en êtes tous surpris.

22. Cependant Moïse vous ayant donné *la loi de* la circoncision, quoiqu'elle vienne des patriarches, et non de Moïse, vous ne laissez pas de circoncire au jour du sabbat.

23. Si un homme peut recevoir la circoncision le jour du sabbat, sans que la loi de Moïse soit violée, pourquoi vous mettez-vous en colère contre moi, parce que j'ai guéri un homme dans tout son corps au jour du sabbat?

24. Ne jugez pas selon l'apparence, mais jugez selon la justice.

25. Alors quelques gens de Jérusalem commencèrent à dire : N'est-ce pas là celui qu'ils cherchent pour le faire mourir?

---

(*f*) On l'attendait parce qu'il allait à Jérusalem ces jours-là.

(*g*) *Seducit*. C'est son crime.

(*h*) *Propter metum Judæorum*. Cette expression est à noter. Les Juifs sont ici représentés comme un parti, le parti messianiste, non comme la nation.

(*i*) Versets 17-18. — Très-sage.

26. Et néanmoins le voilà qui parle devant tout le monde, sans qu'ils lui disent rien. Est-ce que les sénateurs ont reconnu qu'il est *véritablement* le Christ?

27. Mais nous savons cependant d'où est celui-ci; au lieu que quand le Christ viendra, personne ne saura d'où il est (*j*).

28. Jésus cependant continuait à les instruire, et criait à haute voix dans le temple: Vous me connaissez et vous savez d'où je suis; et je ne suis pas venu de moi-même; mais celui qui m'a envoyé est véritable, et vous ne le connaissez point.

29. Pour moi, je le connais, parce que je suis *né* de lui, et qu'il m'a envoyé (*k*).

30. Ils cherchaient donc les moyens de le prendre; et *néanmoins* personne ne mit la main sur lui, parce que son heure n'était pas encore venue.

31. Mais plusieurs du peuple crurent en lui, et disaient *entre eux*: Quand le Christ viendra, fera-t-il plus de miracles que n'en fait celui-ci?

32. Les pharisiens entendirent ces discours que le peuple faisait de lui, et les princes *des prêtres* avec eux envoyèrent des archers pour le prendre.

33. Jésus leur dit: Je suis encore avec vous *pour* un peu de temps, et je vais *ensuite* vers celui qui m'a envoyé.

34. Vous me chercherez, et vous ne me trouverez point; et vous ne pouvez venir où je serai.

35. Les Juifs dirent donc entre eux: Où est-ce qu'il s'en ira, que nous ne pourrons le trouver? Ira-t-il vers les gentils, qui

---

(*j*) On trouve ici la réponse à l'argument que Bossuet fait aux Juifs: « Si le Christ venait, vous ne pourriez le reconnaître, puisque vous ne sauriez d'où il vient. » On voit que telle était précisément l'antique opinion. Quelle était la source de cette tradition?

(*k*) VERSETS 28-29. — Argument décisif contre les messianistes: Eh bien! dit Jésus, puisque vous savez qui je suis et d'où je viens, il est clair que je ne parle pas de mon chef, mais en vertu de l'ordre divin. Aussi vous le dis-je, le sabbat n'est rien..., le Messie rien.... Il n'y a de vrai que la justice et les bonnes œuvres. Il faut avouer que tout cela est plus hardi que tout ce qu'avaient fait et publié les prophètes. Ici la figure de Jésus apparaît grandiose.

sont dispersés par tout le monde, et instruira-t-il les gentils (*l*)?

36. Que signifie cette parole qu'il vient de dire : Vous me chercherez, et vous ne me trouverez point; et vous ne pouvez venir où je serai?

37. Le dernier jour de la fête, qui était le plus solennel, Jésus, se tenant debout, disait à haute voix : Si quelqu'un a soif, qu'il vienne à moi, et qu'il boive.

38. Si quelqu'un croit en moi, il sortira des fleuves d'eau vive de son cœur, comme dit l'Écriture.

39. Ce qu'il entendait de l'Esprit que devaient recevoir ceux qui croiraient en lui; car le *Saint*-Esprit n'avait pas encore été donné, parce que Jésus n'était pas encore glorifié.

40. Cependant *plusieurs* d'entre le peuple, écoutant ces paroles, disaient : Cet homme est assurément un prophète.

41. D'autres disaient : C'est le Christ. Et quelques autres disaient : Mais le Christ viendra-t-il de Galilée?

42. L'Écriture ne dit-elle pas que le Christ viendra de la race de David, et de la petite ville de Bethléem, d'où était David (*m*)?

43. Le peuple était ainsi divisé sur son sujet (*n*);

44. Et quelques-uns d'entre eux avaient envie de le prendre; mais néanmoins personne ne mit la main sur lui.

45. Les archers retournèrent donc vers les princes des prêtres et les pharisiens, qui leur dirent : Pourquoi ne l'avez-vous pas amené?

---

(*l*) Si ce verset est historique, on y trouve l'origine de la mission des Gentils. On savait, par Malachie et autres, que toutes les nations suivraient le Christ et viendraient à Jérusalem.

(*m*) Versets 40-42. — L'opinion sous-entendue de l'évangéliste est ici manifeste. Il rapporte le dire contradictoire des Juifs pour s'en moquer. Jésus n'est ni prophète, ni le Messie; il est le *Logos;* voilà ce que pense saint Jean. Or, supprimez encore cette conception transcendantale, et vous aurez le vrai caractère de Jésus : un rabbin réformateur qui se moque des superstitions juives, et qui périt pour vouloir guérir sa nation d'une dangereuse erreur!...

(*n*) De fait, il y avait pour des Juifs de quoi se quereller et se battre.

46. Les archers leur répondirent : Jamais homme n'a parlé comme cet homme-là (o).

47. Les pharisiens leur répliquèrent : Êtes-vous donc aussi vous-mêmes séduits ?

48. Y a-t-il quelqu'un des sénateurs ou des pharisiens qui ait cru en lui ?

49. Car pour cette populace (p), qui ne sait ce que c'est que la loi, ce sont des gens maudits de Dieu.

50. Sur cela, Nicodème, l'un d'entre eux, et le même qui était allé trouver Jésus la nuit, leur dit :

51. Notre loi permet-elle de condamner personne, sans l'avoir auparavant entendu, et sans s'être informé de ses actions ?

52. Ils lui répondirent : Est-ce que vous êtes aussi Galiléen (q) ? Lisez avec soin les Écritures, et apprenez qu'il ne sort point de prophète (r) de Galilée.

53. Et chacun s'en alla en sa maison.

## CHAPITRE VIII.

*Femme adultère. Discours de Jésus-Christ aux Juifs.*

1. Pour Jésus, il s'en alla sur la montagne des Oliviers.
2. Mais, dès la pointe du jour, il retourna au temple, où tout le

---

(o) En effet, Jésus contrariait de tous points la foi et l'espérance des Juifs ; sa mission moraliste dépassait tout.

(p) *Turba hæc.* Les pharisiens ne regardent pas même comme issue d'Abraham cette multitude. Les vrais Juifs, les Israélites, ce sont les scribes, les pharisiens, les sadducéens, etc.

(q) *Galilæus.* C'est le premier nom donné aux disciples de Jésus ; ils ne furent appelés *chrétiens* qu'à Antioche, malgré la parole formelle de Jésus leur maître.

(r) *Propheta.* Il n'y a pas de prophète qui vienne de *Galilée.* Il n'est pas question ici de savoir si Jésus est ou non le Messie : la question est évidente pour tout vrai Juif ; on se demande seulement si un homme qui professe de pareilles opinions sur le Messie, et qui est Galiléen, est un homme digne de foi, un homme de Dieu, un prophète.

peuple s'amassa autour de lui; et, s'étant assis, il commença à les instruire.

3. Alors les scribes et les pharisiens lui amenèrent une femme, qui avait été surprise en adultère; et, la faisant tenir debout au milieu *du peuple,*

4. Ils lui dirent : Maître, cette femme vient d'être surprise en adultère.

5. Or Moïse nous a ordonné, dans la loi, de lapider les adultères. Quel est donc sur cela votre sentiment?

6. Ils disaient ceci en le tentant, afin d'avoir de quoi l'accuser. Mais Jésus, se baissant, écrivait avec son doigt sur la terre (*a*).

7. Comme donc ils continuaient à l'interroger, il se leva, et leur dit : Que celui d'entre vous qui est sans péché lui jette le premier la pierre (*b*).

8. Puis, se baissant de nouveau, il continua à écrire sur la terre.

9. Mais, pour eux, l'ayant entendu parler de la sorte, ils se retirèrent l'un après l'autre, les vieillards sortant les premiers; et ainsi Jésus demeura seul avec la femme, qui était au milieu *de la place.*

10. Alors Jésus, se relevant, lui dit : Femme, où sont vos accusateurs? Personne vous a-t-il condamnée?

11. Elle lui dit : Non, Seigneur. Jésus lui répondit : Je ne vous condamnerai pas non plus. Allez-vous-en, et, à l'avenir, ne péchez plus (*c*);

---

(*a*) *Scribebat in terrâ.* Ceci est peut-être seulement du langage typique; quel en est le sens? C'est ce que l'on n'a pas encore expliqué.

(*b*) Jésus ne répond pas à la question. Il ne veut ni condamner ni infirmer la loi; il se contente de donner aux interrogateurs une leçon d'honnêteté. Rien de plus fort n'a été dit dans aucun temps contre le *droit de juger et de punir*, et contre les institutions judiciaires. (Cf. plus loin, verset 15.) Beaucoup, parmi les anciens chrétiens, se scandalisaient de la conclusion de Jésus-Christ. Elle est pourtant aussi édifiante que profonde et vraie; Jésus n'a pas mission de juger; il se récuse; mais, satisfait de la leçon donnée aux Juifs, il avertit la femme de ne plus pécher.

(*c*) VERSETS 1-11. — Cette anecdote est considérée par de

12. Jésus, parlant de nouveau au peuple, leur dit : Je suis la lumière du monde ; celui qui me suit ne marche point dans les ténèbres ; mais il aura la lumière de la vie.

13. Les pharisiens lui dirent donc : Vous vous rendez témoignage à vous-même ; *ainsi* votre témoignage n'est point véritable.

14. Jésus leur répondit : Quoique je me rende témoignage à moi-même, mon témoignage est véritable ; parce que je sais d'où je viens et où je vais ; mais, pour vous, vous ne savez d'où je viens ni où je vais.

15. Vous jugez selon la chair ; mais, pour moi, je ne juge personne (d) ;

16. Et si je juge, mon jugement est véritable, parce que je ne suis pas seul, mais moi et mon Père, qui m'a envoyé.

17. Il est écrit dans votre loi que le témoignage de deux hommes est véritable.

18. Or je me rends témoignage à moi-même (e) ; et mon Père, qui m'a envoyé, me rend aussi témoignage.

19. Ils lui disaient donc : Où est-il, votre Père ? Jésus leur répondit : Vous ne connaissez ni moi, ni mon Père ; si vous me connaissiez, vous connaîtriez aussi mon Père.

---

nombreux critiques comme apocryphe ; elle manque dans beaucoup de manuscrits ; elle a été longtemps rejetée.

(d) *Non judico.* Cela ferait aujourd'hui arrêter un homme. L'Eglise n'a garde de suivre ce précepte. Elle juge et elle tue. C'est son métier.

(e) Cela ne s'admettrait nulle part, s'il s'agissait d'autre chose que de *doctrine*. Or, c'est précisément ce qu'entend Jésus. Si, dit-il, je prétendais être le Messie, par exemple, il me faudrait des témoignages, des *autorités*. Mais je vous prêche la morale, la loi de Dieu ; je n'ai pas besoin d'autre autorité ou témoignage que celui de ma parole même. Jésus en cela a parfaitement raison ; mais tout ceci contredit radicalement ce qui est rapporté au chapitre I de saint Jean et dans les trois premiers évangélistes : *que Jean le Baptiseur rendit témoignage à la messianité de Jésus.* Par où l'on voit que les évangélistes ont été sans cesse embarrassés sur la véracité de leurs rapports concernant les actes et discours de Jésus, et leurs opinions sur son compte.

20. Jésus dit ces choses, enseignant dans le temple, au lieu où était le trésor; et personne ne se saisit de lui, parce que son heure n'était pas encore venue.

21. Jésus leur dit encore : Je m'en vais, et vous me chercherez, et vous mourrez dans votre péché. Vous ne sauriez venir où je vais?

22. Les Juifs disaient donc : Est-ce qu'il se tuera lui-même, lorsqu'il dit : Vous ne pouvez venir où je vais?

23. Et il leur dit : Pour vous, vous êtes d'ici-bas; mais pour moi, je suis d'en haut. Vous êtes de ce monde, et moi je ne suis pas de ce monde.

24. Je vous ai donc dit que vous mourrez dans vos péchés, parce qu'en effet, si vous ne *me* croyez *ce* que je suis, vous mourrez dans votre péché.

25. Ils lui dirent : Qui êtes-vous *donc?* Jésus leur répondit : *Je suis* le principe *de toutes choses*, moi-même qui vous parle.

26. J'ai beaucoup de choses à dire de vous, et à condamner en vous; mais celui qui m'a envoyé est véritable; et je ne dis dans le monde que ce que j'ai appris de lui.

27. Et ils ne comprirent point qu'il disait que Dieu était son Père.

28. Jésus leur dit donc : Quand vous aurez élevé en haut le Fils de l'homme, alors vous connaîtrez *ce* que je suis, et que je ne fais rien de moi-même; mais que je dis ce que *mon* Père m'a enseigné.

29. Et celui qui m'a envoyé est avec moi, et ne m'a point laissé seul; parce que je fais toujours ce qui lui est agréable.

30. Lorsqu'il disait ces choses, plusieurs crurent en lui.

31. Jésus dit donc aux Juifs, qui croyaient en lui : Si vous demeurez dans *l'observation* de ma parole, vous serez véritablement mes disciples,

32. Et vous connaîtrez la vérité, et la vérité vous rendra libres (*f*).

33. Ils lui répondirent : Nous sommes de la race d'Abraham, et nous n'avons jamais été esclaves de personne. Comment *donc* dites-vous que nous serons rendus libres (*g*)?

---

(*f*) *Liberabit vos*. Jésus touche la corde sensible. Si vous m'en croyez, vous réformerez votre vie, et la possession de la vérité vous *affranchira*. Allusion au rôle de libérateur que devait jouer le Messie. Il est impossible de dire plus nettement : votre Messie n'est rien; et ce que vous prenez pour servitude, rien.

(*g*) L'allusion est mal reçue. Pour qui nous prends-tu,

34. Jésus leur répondit : En vérité, en vérité, je vous dis que quiconque commet le péché est esclave du péché.
35. Or, l'esclave ne demeure pas toujours en la maison ; mais le fils y demeure toujours.
36. Si donc le Fils vous met en liberté, vous serez véritablement libres.
37. Je sais que vous êtes enfants d'Abraham ; mais vous voulez me faire mourir, parce que ma parole ne trouve point d'entrée en vous (h).
38. Pour moi, je dis ce que j'ai vu dans mon Père ; et vous, vous faites ce que vous avez vu dans votre père.
39. Ils lui répondirent : C'est Abraham qui est notre père. Jésus leur repartit : Si vous êtes enfants d'Abraham, faites donc les œuvres d'Abraham.
40. Mais maintenant vous cherchez à me faire mourir, moi qui vous ai dit la vérité que j'ai apprise de Dieu ; c'est ce qu'Abraham n'a point fait.
41. Vous faites les œuvres de votre père (i). Ils lui dirent : Nous ne sommes pas des enfants bâtards ; nous n'avons tous qu'un père, qui est Dieu.
42. Jésus leur dit donc : Si Dieu était votre père, vous m'aimeriez, parce que *c'est* de Dieu *que* je suis sorti, et *c'est de sa part que* je suis venu ; car je ne suis pas venu de moi-même ; mais c'est lui qui m'a envoyé.
43. Pourquoi ne connaissez-vous point mon langage ? parce que vous ne pouvez écouter ma parole.
44. Vous êtes les enfants du diable (j), et vous voulez accomplir les désirs de votre père. Il a été homicide, dès le commencement, et il n'est point demeuré dans la vérité, parce que la vérité n'est point en lui. Lorsqu'il dit des mensonges, il dit ce qu'il trouve dans lui-même ; car il est menteur, et père du mensonge.
45. Mais, pour moi, lorsque je dis la vérité, vous ne me croyez pas.

---

disent ces crânes ? Nous n'avons jamais été esclaves de personne.

(h) *Capit in vobis :* ne prend pas sur vous. Gallicisme.

(i) *Patris vestri*, sous-entendu, *diaboli*.

(j) *Vos ex patre diabolo estis*. La discussion dégénère en invectives. Tout cela est bien dans le rôle du Jésus de saint Matthieu. Ce n'est plus là même narration ni le même point de vue ; mais il s'agit toujours réellement du même homme.

46. Qui de vous me convaincra d'aucun péché? Si je vous dis la vérité, pourquoi ne me croyez-vous pas?

47. Celui qui est de Dieu écoute les paroles de Dieu. C'est pour cela que vous ne les écoutez point, parce que vous n'êtes point de Dieu.

48. Les Juifs lui répondirent donc : N'avons-nous pas raison de dire que vous êtes un Samaritain (*k*), et que vous êtes possédé du démon?

49. Jésus *leur* repartit : Je ne suis point possédé du démon; mais j'honore mon Père; et vous, vous me déshonorez.

50. Pour moi, je ne recherche point ma propre gloire; un autre *la* recherchera, et *me* fera justice.

51. En vérité, en vérité, je vous le dis : si quelqu'un garde ma parole, il ne mourra jamais (*l*).

52. Les Juifs lui dirent : Nous connaissons bien maintenant que vous êtes possédé du démon. Abraham est mort, et les prophètes aussi, et vous dites : Si quelqu'un garde ma parole, il ne mourra jamais.

53. Êtes-vous plus grand que notre père Abraham, qui est mort, et *que* les prophètes, *qui* sont morts aussi? Qui prétendez-vous être?

54. Jésus leur répondit : Si je me glorifie moi-même, ma gloire n'est rien. C'est mon Père qui me glorifie; vous dites qu'il est votre Dieu,

55. Et cependant vous ne le connaissez pas. Mais, pour moi, je le connais; et si je disais que je ne le connais pas, je serais un menteur (*m*) comme vous; mais je le connais et je garde sa parole.

56. Abraham, votre père, a désiré avec ardeur de voir mon jour; il l'a vu, et il en a été rempli de joie (*n*).

---

(*k*) *Samaritanus*. En effet, il nie le Christ ou Messie juif; et il trouve que le Samaritain vaut autant que le pharisien. (Cf. plus haut, vii, 52, où l'on demande à Nicodème s'il est Galiléen.)

(*l*) Doctrine de l'immortalité, que les pharisiens même n'entendent pas, mettant à sa place la *résurrection des corps*.

(*m*) *Mendax*. Cela va se gâter.

(*n*) Ceci est en contradiction avec ce que Jésus-Christ dit lui-même au chapitre x, 34-35, quand il définit le sens des mots *fils de Dieu*; et je ne vois d'autre moyen d'en rendre

57. Les Juifs lui dirent : Vous n'avez pas encore cinquante ans, et vous avez vu Abraham?

58. Jésus leur répondit : En vérité, en vérité, je vous le dis : je suis avant qu'Abraham fût (*o* et *p*).

59. Là-dessus ils prirent des pierres pour les lui jeter ; mais Jésus se cacha et sortit du temple (*q*).

---

raison qu'en admettant que l'évangéliste, préoccupé de sa doctrine touchant les *Æons* ou les *émanations incarnées de Dieu*, a voulu faire dire à Jésus-Christ même qu'il était cet *Æon*, ce *Verbe* fait chair. Il s'ensuivrait que les Évangiles, avec une certaine quantité de faits et de discours authentiques, renferment aussi beaucoup de choses supposées, et qui sont le fait de l'ignorance ou des préjugés des historiens. Il y en a bien d'autres preuves.

(*o*) Parle-t-il comme Λογος, ou comme âme immortelle?

(*p*) Suivant Strauss, l'idée de la préexistence du Messie parmi les Juifs était antérieure à Jésus ; du moins elle se pouvait déduire de leur théologie supérieure. Le discours que Jean met ici dans la bouche de Jésus n'a rien, par conséquent, d'invraisemblable. (Cf. Strauss, 2ᵉ partie.) Mais Strauss ne s'accorde pas avec lui-même en acceptant ainsi la donnée de l'évangéliste et attribuant à Jésus une opinion qui ne fut pas la sienne. Jésus, imitateur des prophètes, ne raffinait point en théologie ; il dédaignait le mythe autant que la lettre ; et quand il raillait le sabbat, le Messie victorieux et le résurrectionisme grossier des pharisiens, il n'est pas à présumer qu'il argumentât sur les hypostases diverses de Jéhovah. Il le dit lui-même : *Je suis en contradiction avec vous. Ego autem dico vobis!* il est novateur, praticien, moraliste, révolutionnaire ; il se moque de la théologie.

(*q*) Le but de Jean l'évangéliste est évidemment, je le répète, d'établir la messianité de Jésus et son identité avec le Λογος. Pour cela que fait-il ? Il rappelle les discours qu'a tenus Jésus sur son propre compte, et il les interprète dans le sens de sa thèse. Les autres évangélistes rapportent surtout ses

## CHAPITRE IX.

Aveugle-né guéri par Jésus-Christ. Enquête des pharisiens sur ce miracle. Ils chassent de la synagogue celui qui avait été guéri. Jésus-Christ l'instruit. Double jugement exercé par Jésus-Christ.

1. Lorsque Jésus passait, il vit un homme qui était aveugle dès sa naissance.
2. Et ses disciples lui firent cette demande : Maître, est-ce le péché de cet homme, ou le péché de ceux qui l'ont mis au monde (*a*), qui est cause qu'il est né aveugle ?
3. Jésus leur répondit : Ce n'est point qu'il ait péché, ni ceux qui l'ont mis au monde ; mais c'est afin que les œuvres de la *puissance* de Dieu éclatent en lui.
4. Il faut que je fasse les œuvres de celui qui m'a envoyé, pendant qu'il est jour ; la nuit vient, dans laquelle personne ne peut agir.

---

discours au peuple sur la morale ; Jean rappelle les disputes avec les Juifs sur le Messie.

(*a*) *Quis peccavit.* C'est la question de Job et l'opinion judaïque, qu'aucun mal ne devant arriver sans un péché qui le motive, le mal qui arrive à l'innocent comme au coupable est impossible. Jésus s'en tire ici par une considération particulière, que l'on ne peut accepter comme une réponse. Car si l'on prétend, avec les providentialistes, et en généralisant l'explication de Jésus, que Dieu peut très-bien, pour des fins connues de lui seul, distribuer les biens et les maux sans qu'il y ait crime ou délit préalable, etc., on détruit par là l'économie même de la Providence en la livrant à un arbitraire absolu, et en faisant de Dieu un monarque régnant selon le bon plaisir, non selon les lois absolues de la justice. L'athéisme peut seul répondre ici d'une manière convenable, en disant que la douleur et le bien-être, en dehors de l'activité propre de l'homme qui les détermine pour une partie, tiennent, pour l'autre partie, à l'enchaînement des effets et des causes : ce qui est du domaine de la nécessité pure.

5. Tant que je suis dans le monde, je suis la lumière du monde.

6. Après avoir dit cela, il cracha à terre; et ayant fait de la boue avec sa salive, il oignit de cette boue les yeux de l'aveugle,

7. Et il lui dit : Allez-vous laver dans la piscine de Siloé, qui signifie Envoyé. Il y alla donc; il s'y lava, et il s'en revint voyant clair.

8. Ses voisins, et ceux qui l'avaient vu auparavant demander l'aumône, disaient : N'est-ce pas là cet aveugle qui était assis, et qui demandait l'aumône? Les uns répondaient : C'est lui.

9. D'autres disaient : Non, c'en est un qui lui ressemble. Mais lui leur disait : C'est moi-même.

10. Ils lui dirent donc : Comment vos yeux se sont-ils ouverts?

11. Il leur répondit : Cet homme qu'on appelle Jésus a fait de la boue et en a oint mes yeux, et il m'a dit : Allez à la piscine de Siloé, et vous y lavez. J'y ai été, je m'y suis lavé, et je vois.

12. Ils lui dirent : Où est-il? Il leur répondit : Je ne sais.

13. Alors ils amenèrent aux pharisiens cet homme qui avait été aveugle.

14. Or, c'était le jour du sabbat que Jésus avait fait cette boue et lui avait ouvert les yeux.

15. Les pharisiens l'interrogèrent donc aussi eux-mêmes, *pour savoir* comment il avait recouvré la vue. Et il leur dit : Il m'a mis de la boue sur les yeux; je me suis lavé, et je vois.

16. Sur quoi quelques-uns des pharisiens dirent : Cet homme n'est point *envoyé* de Dieu, puisqu'il ne garde pas le sabbat. Mais d'autres disaient : Comment un méchant homme pourrait-il faire de tels prodiges? Et il y avait sur cela de la division entre eux.

17. Ils dirent donc de nouveau à l'aveugle : Et toi, que dis-tu de cet homme qui t'a ouvert les yeux? Il répondit : C'est un prophète (*b*).

18. Mais les Juifs ne crurent point que cet homme eût été aveugle et qu'il eût recouvré la vue, jusqu'à ce qu'ils eussent fait venir son père et sa mère,

19. Qu'ils interrogèrent, en leur disant : Est-ce là votre fils, que vous dites être né aveugle? Comment donc voit-il maintenant?

---

(*b*) *Quia propheta est.* La réponse était immanquable. Demandez à un soldat d'Austerlitz ce qu'il pense de Napoléon, il vous dira : C'est un grand homme! Mais il y a beaucoup à dire, et sur le miracle, et sur la bataille, et sur la qualification de grand homme et de prophète.

20. Le père et la mère leur répondirent : Nous savons que c'est là notre fils, et qu'il est né aveugle;

21. Mais nous ne savons comment il voit maintenant, et nous ne savons pas non plus qui lui a ouvert les yeux. Interrogez-le, il a de l'âge; qu'il réponde pour lui-même.

22. Son père et sa mère parlaient ainsi, parce qu'ils craignaient les Juifs; car les Juifs avaient déjà conspiré, et résolu ensemble que quiconque reconnaîtrait Jésus pour être le Christ serait chassé de la synagogue (c).

23. Ce fut ce qui obligea le père et la mère à répondre : Il a de l'âge, interrogez-le lui-même.

24. Ils appelèrent donc une seconde fois cet homme, qui avait été aveugle, et lui dirent : Rends gloire à Dieu; nous savons que cet homme est un pécheur.

25. Il leur répondit : Si c'est un pécheur, je n'en sais rien; tout ce que je sais, c'est que j'étais aveugle, et que je vois maintenant.

26. Ils lui dirent encore : Que t'a-t-il fait? et comment t'a-t-il ouvert les yeux?

27. Il leur répondit : Je vous l'ai déjà dit, et vous l'avez entendu. Pourquoi voulez-vous l'entendre encore une fois? est-ce que vous voulez devenir aussi ses disciples?

28. Sur quoi ils le chargèrent d'injures, et lui dirent : Sois toi-même son disciple; mais, pour nous, nous sommes les disciples de Moïse.

29. Nous savons que Dieu a parlé à Moïse; mais pour celui-ci, nous ne savons d'où il est.

30. Cet homme leur répondit : C'est ce qui est étonnant que vous ne sachiez d'où il est, et qu'il m'ait ouvert les yeux.

31. Or nous savons que Dieu n'exauce point les pécheurs; mais si quelqu'un l'honore, et qu'il fasse sa volonté, c'est celui-là qu'il exauce.

32. Depuis que le monde est, on n'a jamais entendu dire que personne ait ouvert les yeux à un aveugle-né.

33. Si cet homme n'était point *envoyé* de Dieu, il ne pourrait rien faire *de tout ce qu'il fait*.

34. Ils lui répondirent : Tu n'es que péché, dès le ventre de

---

(c) Rien de plus naturel que cette *conspiration* des Juifs; Jésus était un ANTI-MESSIE. Jésus, anti-Messie par la doctrine, devenant Messie par la faveur populaire, devenait le destructeur des espérances judaïques.

ta mère, et tu veux nous enseigner (d)? Et ils le chassèrent dehors.

35. Jésus apprit qu'ils l'avaient ainsi chassé; et, l'ayant rencontré, il lui dit: Croyez-vous au Fils de Dieu?

36. Il lui répondit: Qui est-il, Seigneur, afin que je croie en lui?

37. Jésus lui dit: Vous l'avez vu, et c'est celui-là même qui parle à vous.

38. Il lui répondit: Je crois, Seigneur; et, se prosternant, il l'adora.

39. Et Jésus ajouta: Je suis venu dans ce monde pour exercer un jugement, afin que ceux qui ne voient point, voient, et que ceux qui voient, deviennent aveugles (e).

40. Quelques pharisiens, qui étaient avec lui, entendirent ces paroles, et lui dirent: Sommes-nous donc aussi aveugles (f)?

41. Jésus leur répondit: Si vous étiez aveugles, vous n'auriez point de péché; mais maintenant vous dites que vous voyez; et *c'est pour cela que* votre péché demeure *en vous.*

## CHAPITRE X (a).

Discours où Jésus-Christ déclare qu'il est la porte du bercail et le bon pasteur, et qu'il donnera sa vie pour ses brebis. Il prouve sa mission et sa divinité par ses œuvres.

1. En vérité, en vérité, je vous le dis, celui qui n'entre pas par la porte dans la bergerie des brebis, mais qui y monte par un autre endroit, est un voleur et un larron.

---

(d) Jamais poëte comique ne trouva de repartie plus plaisante que celle de ces pharisiens: *In peccatis natus es totus, et tu doces nos!*

(e) Jeu de mots qui permet de croire que l'histoire de l'*aveugle-né* n'est autre chose qu'un apologue contre l'ignorance des Juifs.

(f) Les pharisiens sentent le sarcasme et somment Jésus de s'expliquer. Alors, à l'ironie il ajoute l'invective: Si vous étiez aveugles, vous seriez innocents!...

(a) Ce chapitre forme une suite non interrompue avec ce qui précède. (Cf. plus bas, verset 21.)

2. Mais celui qui entre par la porte est le pasteur des brebis.

3. C'est à celui-là que le portier ouvre, et les brebis entendent sa voix ; il appelle ses propres brebis par leur nom, et il les fait sortir.

4. Et lorsqu'il a fait sortir ses propres brebis, il va devant elles ; et les brebis le suivent, parce qu'elles connaissent sa voix.

5. Elles ne suivent point un étranger ; mais elles le fuient, parce qu'elles ne connaissent point la voix des étrangers.

6. Jésus leur dit cette parabole ; mais ils n'entendirent point de quoi il leur parlait.

7. Jésus leur dit encore : En vérité, en vérité, je vous le dis, je suis la porte des brebis.

8. Tous ceux qui sont venus sont des voleurs et des larrons, et les brebis ne les ont point écoutés.

9. Je suis la porte : si quelqu'un entre par moi, il sera sauvé ; il entrera, il sortira, et il trouvera des pâturages.

10. Le voleur ne vient que pour voler, pour égorger et pour perdre. Mais, pour moi, je suis venu, afin que *les brebis* aient la vie, et qu'elles l'aient abondamment (*b*).

11. Je suis le bon pasteur. Le bon pasteur donne sa vie pour ses brebis (*c*).

12. Mais le mercenaire, et celui qui n'est point pasteur, et à qui les brebis n'appartiennent pas, voyant venir le loup, abandonne les brebis et s'enfuit ; et le loup les ravit et disperse le troupeau.

13. Le mercenaire s'enfuit, parce qu'il est mercenaire, et qu'il ne se met point en peine des brebis.

14. Je suis le bon pasteur ; et je connais mes (*d*) brebis, et mes (*d*) brebis me connaissent,

15. Comme mon Père me connaît, et que je connais mon Père, et je donne ma vie pour mes brebis (*e*).

16. J'ai encore d'autres brebis, qui ne sont pas de cette bergerie ; il faut aussi que je les amène ; elles écouteront ma voix, et il n'y aura qu'un troupeau et qu'un pasteur.

17. C'est pour cela que mon Père m'aime, parce que je quitte ma vie pour la reprendre.

---

(*b*) Versets 1-10. — Très-vigoureuse parabole. Il faut refondre les quatre évangélistes.

(*c*) Parabole touchante.

(*d*) *Meas, meæ*. Touchant.

(*e*) *Doctrine du sacrifice*. Le vrai tribun risque sa vie ; il faut prêcher cela au peuple.

18. Personne ne me la ravit; mais c'est de moi-même que je la quitte : j'ai le pouvoir de la quitter, et j'ai le pouvoir de la reprendre. C'est le commandement que j'ai reçu de mon Père (*f*).

19. Ce discours excita une nouvelle division parmi les Juifs.

20. Plusieurs d'entre eux disaient : Il est possédé du démon; il a perdu le sens; pourquoi l'écoutez-vous?

21. Mais les autres disaient : Ce ne sont pas là des paroles d'un homme possédé du démon : le démon peut-il ouvrir les yeux des aveugles?

22. Or, on faisait à Jérusalem la fête de la dédicace, et c'était l'hiver (*g*).

23. Et Jésus se promenant dans le temple, dans la galerie de Salomon,

24. Les Juifs s'assemblèrent autour de lui et lui dirent : Jusques à quand nous tiendrez-vous l'esprit en suspens? Si vous êtes le Christ, dites-le-nous clairement (*h*).

---

(*f*) Allusion à la doctrine plus ou moins ésotérique de l'immortalité des âmes. — Jésus va d'une idée à l'autre sans autre transition qu'un mot. Il parle en *hiéroglyphes*; il n'est pas étonnant que les Juifs ne comprennent rien à ses discussions. Au surplus, il faut ici faire la part du narrateur, comme on l'a faite pour Marc et Luc, et se dire bien une chose : c'est que Jean, pour rendre raison de l'incrédulité des Juifs et de leur inintelligence, exagère encore le sens moral que Jésus donne au messianisme, et le tourne au sens mystique et allégorique. Le fond est toujours le même; il n'y a que l'amplification qui diffère. (Cf. le verset 15, qui se retrouve dans *Matthieu* et *Luc*, et observer la manière dont Jean, sur ces mots de berger, de brebis et de dévouement, compose sa harangue. — Comparer encore ce qui est dit du Père dans *Matthieu*, XI, 27-30 et ailleurs, avec les élucubrations de *Jean*, V, VI, VIII et X.)

(*g*) Ici commence une autre histoire. On voit que la biographie de Jean se renferme dans un an, d'une pâque à l'autre.

(*h*) *Dic palam*. Jésus ne s'explique jamais catégoriquement. Il ne le pouvait pas. Oui et non, selon le point de vue.

25. Jésus leur répondit : Je vous parle, et vous ne *me* croyez pas. Les œuvres que je fais, au nom de mon Père, rendent témoignage de moi ;

26. Mais, pour vous, vous ne croyez pas, parce que vous n'êtes pas de mes brebis.

27. Mes brebis entendent ma voix ; je les connais, et elles me suivent ;

28. Je leur donne la vie éternelle, et elles ne périront jamais ; et nul ne les ravira d'entre mes mains.

29. Ce que mon Père m'a donné est plus grand que toutes choses ; et personne ne peut *le* ravir de la main de mon Père.

30. *Mon* Père et moi, nous sommes une même chose (*i*).

31. Alors les Juifs prirent des pierres pour le lapider.

32. Et Jésus leur dit : J'ai fait devant vous plusieurs bonnes œuvres, par *la puissance* de mon Père ; pour laquelle est-ce que vous me lapidez ?

33. Les Juifs lui répondirent : Ce n'est pas pour aucune bonne œuvre que nous vous lapidons, mais à cause de votre blasphème, et parce qu'étant homme, vous vous faites Dieu (*j*).

34. Jésus leur repartit : N'est-il pas écrit dans votre loi : J'ai dit que vous êtes des dieux (*k*) ?

35. Si donc elle appelle dieux ceux à qui la parole de Dieu était adressée, et que l'Ecriture ne puisse être détruite,

36. Pourquoi dites-vous que je blasphème, moi que *mon* Père a sanctifié et envoyé dans le monde, parce que j'ai dit que je suis Fils de Dieu (*l*) ?

---

Les Juifs s'en plaignent, et les critiques ne peuvent en rendre raison. Dans l'hypothèse évangélique qui présente Jésus comme Messie, cette réserve est inexplicable ; dans la mienne, où fait de Jésus un anti-messianiste, interprétant le mythe du Messie d'une réforme générale, on conçoit très-bien la modération de Jésus. (Cf. *Luc*, II, 52.)

(*i*) VERSETS 25-30. — Divagation qui est de Jean, non de Jésus.

(*j*) L'observation est sans réplique. Que va dire Jésus ?

(*k*) Ou ceci n'est qu'une escobarderie, ou Jésus a démenti d'avance par ces mots l'opinion de sa divinité. Il est Dieu, parce qu'il est de Dieu, comme nous tous.

(*l*) *Filius Dei sum.* Jésus-Christ a soin d'expliquer ce que

37. Si je ne fais pas les œuvres de mon Père, ne me croyez pas.
38. Mais si je les fais, quand vous ne voudriez pas croire, croyez à *mes* œuvres; afin que vous connaissiez et que vous croyiez que *mon* Père est en moi et moi dans *mon* Père.
39. Les Juifs alors tâchèrent de le prendre; mais il s'échappa de leurs mains;
40. Et s'en alla de nouveau au delà du Jourdain (*m*), au même lieu où Jean d'abord avait baptisé; et il demeura là (*n*).
41. Plusieurs vinrent l'y trouver, et ils disaient: Jean n'a fait aucun miracle (*o*);

---

l'on doit entendre par le titre qu'il prend de Fils de Dieu, à l'exemple des anciens prophètes. Pourquoi a-t-on voulu le faire plus qu'il n'a demandé?

Observons qu'en grec, l'article ὁ, *le*, manque; en sorte qu'il faut traduire: *Je suis fils de Dieu*, et non pas: LE *fils de Dieu*.

(*m*) Territoire neutre.

(*n*) VERSETS 34-40. — Ainsi, d'après ce passage décisif, Jésus, dans l'opinion de Jean l'évangéliste lui-même, ne s'est point donné comme *fils de Dieu* au sens de Nicée. Jésus n'est pas le Verbe; il est une manifestation du Verbe; il est un des Æons; quelque chose de plus que prophète et Messie; il n'est pas Dieu; il n'est pas Messie. Nulle part, dans les Évangiles, autant qu'ici, on ne voit que l'opinion sur le compte de Jésus s'est *formée lentement après sa mort*, beaucoup plus que de son vivant; qu'ainsi les Evangiles nous donnent la croyance de leurs auteurs, non l'affirmation de Jésus. Cette affirmation de Jésus, cette réponse au *quid dicis de teipso* qu'on lui pose sans cesse, il faut la dégager, par une élaboration critique, des tergiversations évangéliques, qui évidemment trahissaient l'embarras des disciples, non celui du maître.

(*o*) *Jean-Baptiste ne fit jamais de miracles*. On voit par ce passage que l'on ne regardait point comme nécessaire qu'un prophète fît des miracles. Il y a plus; c'est que même un thaumaturge n'avait pas besoin, pour être reconnu comme tel, que la puissance surnaturelle ne l'abandonnât jamais;

42. Et tout ce que Jean a dit de celui-ci était vrai. Et il y en eut beaucoup qui crurent en lui (p).

## CHAPITRE XI (a).

Mort de Lazare. Entretien de Marthe avec Jésus. Résurrection de Lazare. Les Juifs veulent prendre Jésus. Caïphe prophétise.

1. Il y avait un homme malade, nommé Lazare, qui était du bourg de Béthanie, où demeuraient Marie et Marthe, sa sœur.
2. Cette Marie était celle qui répandit sur le Seigneur une huile de parfum et qui lui essuya les pieds avec ses cheveux (b); et Lazare, qui était alors malade, était son frère.
3. Ses sœurs envoyèrent donc dire à Jésus : Seigneur, celui que vous aimez est malade.
4. Ce que Jésus ayant entendu, il dit : Cette maladie ne va point à la mort; mais *elle n'est que* pour la gloire de Dieu, *et* afin que le Fils de Dieu en soit glorifié (c).
5. Or Jésus aimait Marthe et Marie, sa sœur, et Lazare (d).

---

il suffisait qu'il en eût fait un seul. Après cela, si l'on réfléchit combien les Juifs étaient peu difficiles en fait de miracles, combien leur judiciaire était faible, on trouvera bien misérable l'étalage d'argumentations par lequel on a voulu défendre l'authenticité des miracles du Christ.

(p) La boule de neige grossit. Jésus est si haut que, même quand il se défend d'être le Christ, on le suit.

(a) Chaque histoire arrive pour servir d'occasion et de texte à un discours : en sorte qu'on peut rigoureusement leur appliquer la règle que nous appliquons à tous les faits arrivés en conséquence de soi-disant prophéties : ces histoires et ces faits *ont été imaginés* pour la prophétie et pour encadrer la doctrine; donc ils sont faux; c'est de l'apologue.

(b) Allusion à un fait que l'écrivain suppose déjà connu, bien qu'il le raconte plus bas, xii, 3.

(c) Cf. plus haut, ix, 3; même réflexion.

(d) *Lazarum.* Le verset 1 dit : *quidam languens Lazarus.*

6. Ayant donc entendu dire qu'il était malade, il demeura encore deux jours au lieu où il était (*e*);

7. Et il dit ensuite à ses disciples : Retournons en Judée.

8. Ses disciples lui dirent : Maître, il n'y a qu'un moment que les Juifs voulaient vous lapider, et vous parlez déjà de retourner parmi eux?

9. Jésus leur répondit. N'y a-t-il pas douze heures au jour? Celui qui marche durant le jour ne se heurte point, parce qu'il voit la lumière du monde;

10. Mais celui qui marche la nuit se heurte, parce qu'il n'a point de lumière (*f*).

11. Il leur parla de la sorte, et ensuite il leur dit : Notre ami Lazare dort; mais je vais le réveiller (*g*).

12. Ses disciples lui répondirent : Seigneur, s'il dort, il sera guéri.

13. Mais Jésus entendait parler de sa mort; au lieu qu'ils crurent qu'il leur parlait du sommeil ordinaire (*h*).

14. Jésus leur dit donc alors clairement : Lazare est mort;

15. Et je me réjouis, pour vous autres, de ce que je n'étais pas là, afin que vous croyiez. Mais allons à lui (*i*).

---

Or, ce nom de Lazare est donné (*Luc*, XVI, 20) à un pauvre mendiant qui semble être le type de celui-ci.

(*e*) Il attend que Lazare soit mort, naïveté joannique, afin de donner plus de relief à la résurrection.

(*f*) VERSETS 9-10. — Il veut dire : On y voit clair encore; pour le moment, il n'y a rien à craindre. Style figuré.

(*g*) Jésus est l'ami de Lazare, c'est-à-dire du pauvre.

(*h*) Équivoque de mauvais goût, mais qui est dans l'esprit de Jean.

(*i*) VERSETS 14-15. — Il y a ici de la préméditation. On veut donner du relief au miracle, ce qui est contre les habitudes de Jésus. Pourquoi tous ces arrangements? D'où vient cette conduite inexplicable au point de vue du sens commun? Les versets 23 et suivants nous l'expliqueront. — D'après la tradition des rabbins, le Christ devait ressusciter des morts (cf. *Matthieu*, XXII, 32). Il fallait donc que Jésus en eût ressuscité. Jean nous sert à souhait. Mais ce n'est pas tout, pour Jean, Paul, etc., que cette puissance de ressusciter les morts:

16. Sur quoi, Thomas, appelé Didyme, dit aux autres disciples : Allons-y aussi, nous autres, afin de mourir avec lui.
17. Jésus, étant arrivé, trouva qu'il y avait déjà quatre jours que Lazare était dans le tombeau.
18. Et comme Béthanie n'était éloignée de Jérusalem que d'environ quinze stades,
19. Il y avait quantité de Juifs qui étaient venus voir Marthe et Marie, pour les consoler *de la mort* de leur frère.
20. Marthe, ayant donc appris que Jésus venait, alla au-devant de lui, et Marie demeura dans la maison.
21. Alors Marthe dit à Jésus : Seigneur, si vous eussiez été ici, mon frère ne serait pas mort ;
22. Mais je sais que, présentement même, Dieu vous accordera tout ce que vous lui demanderez.
23. Jésus lui répondit : Votre frère ressuscitera (*j*).
24. Marthe lui dit : Je sais qu'il ressuscitera dans la résurrection *qui se fera* au dernier jour.
25. Jésus lui repartit : Je suis la résurrection et la vie ; celui qui croit en moi, quand il serait mort, vivra.

---

il y a là-dessous une question plus grande encore (cf. plus bas, 23). Notez qu'Apollonius de Tyane, de son côté, en faisait autant.

(*j*) *Resurget*. Voilà le mot de l'apologue : la résurrection, c'est-à-dire l'*immortalité de l'âme*. Quand on songe que cette idée, toute métaphysique, ne pouvait, surtout à cause de la langue, entrer dans l'esprit du peuple ; que pour en rendre raison, il fallait de toute nécessité en appeler à des preuves sensibles, à des faits, à l'expérience, on se rend compte alors de ces histoires de résurrections par lesquelles on montrait au peuple, pour ainsi dire, l'âme rentrant dans le corps, la vie humaine se montant et se démontant comme une machine ; et, indépendamment du penchant à l'imitation de l'Ancien Testament, qui éclate partout, on a ici une raison de plus de dire que ces mythes ou apologues ont été imaginés, non-seulement par la croyance populaire, mais provoqués par le besoin de la question résurrectionniste elle-même ; question qui, selon Jean et Paul, est tout l'essentiel de la foi chrétienne.

26. Et quiconque vit et croit en moi ne mourra jamais. Croyez-vous cela (*k*) ?

27. Elle lui répondit : Oui, Seigneur, je crois que vous êtes le Christ, le Fils du Dieu vivant, qui êtes venu dans ce monde.

28. Lorsqu'elle eut ainsi parlé, elle s'en alla, et appela tout bas Marie, sa sœur, en lui disant : Le Maître est venu, et il vous demande.

29. Ce qu'elle n'eut pas plutôt entendu, qu'elle se leva, et alla le trouver.

30. Car Jésus n'était pas encore entré dans le bourg ; mais il était au même lieu où Marthe l'avait rencontré.

31. Cependant les Juifs qui étaient avec Marie dans la maison, et qui la consolaient, ayant vu qu'elle s'était levée si promptement, et qu'elle était sortie, la suivirent, en disant : Elle va au sépulcre, pour y pleurer.

32. Lorsque Marie fut venue au lieu où était Jésus, l'ayant vu, elle se jeta à ses pieds, et lui dit : Seigneur, si vous aviez été ici, mon frère ne serait pas mort.

33. Jésus, voyant qu'elle pleurait, et que les Juifs, qui étaient venus avec elle, pleuraient aussi, frémit (*l*) en *son* esprit, et se troubla lui-même (*m*),

34. Et il *leur* dit : Où l'avez-vous mis ? Ils lui répondirent : Seigneur, venez, et voyez.

35. Alors Jésus pleura (*n*).

---

(*k*) Versets 24-26. — Il ressuscitera si bien au dernier jour, que si je le veux, moi qui suis la résurrection, il va ressusciter tout de suite. Voilà le raisonnement de l'évangéliste ; raisonnement qui vient d'un croyant réfléchi et qui arrange, après coup, sur des miracles apocryphes, ses preuves, mais qu'on ne peut attribuer à Jésus même.

(*l*) *Infremuit.* Ce frémissement, selon Strauss, vient de la colère de Jésus contre l'incrédulité des Juifs et leurs réflexions malignes.

(*m*) *Turbavit seipsum.* Il y a des commentateurs qui prétendent que ce fut par un acte de sa volonté divine que Jésus troubla sa nature humaine.

(*n*) Versets 35 et suivants. — L'histoire de Lazare, si elle est vraie, je veux dire quant à la scène apparente de résurrection, est celle qui jette le plus de louche sur la bonne foi

36. Et les Juifs dirent entre eux : Voyez comme il l'aimait.

37. Mais il y en eut *aussi* quelques-uns qui dirent : Ne pouvait-il pas empêcher qu'il mourût, lui qui a ouvert les yeux à un aveugle-né (*o*) ?

38. Jésus, frémissant donc de nouveau en lui-même, vint au sépulcre : c'était une grotte, et on avait mis une pierre par-dessus.

39. Jésus leur dit : Otez la pierre. Marthe, qui était sœur du mort, lui dit : Seigneur, il sent déjà mauvais, car il y a quatre jours qu'il est là.

40. Jésus lui répondit : Ne vous ai-je pas dit que si vous croyez, vous verrez la gloire de Dieu ?

41. Ils ôtèrent donc la pierre ; et Jésus, levant les yeux en haut, dit ces paroles : *Mon* Père, je vous rends grâces de ce que vous m'avez exaucé.

42. Pour moi, je savais que vous m'exauceriez toujours ; mais je dis ceci pour ce peuple qui m'environne, afin qu'ils croient que c'est vous qui m'avez envoyé (*p*).

---

et la gravité de Jésus-Christ. Ces apprêts de maladie, cet enterrement, ce deuil, toute cette comédie enfin sont peu dignes d'un réformateur et d'un sage ; à ces traits on ne reconnaît plus le Christ de saint Matthieu. Il faut nier purement et simplement toute cette histoire, dont certains détails sont d'un grotesque qui touche à l'horrible, s'il s'agit d'une mystification (voyez verset 39, *jam fœtet*), ou plutôt sont d'une naïveté qui démontre la supposition et l'interpolation. En pareil cas, l'historien s'attache à rassembler ses autorités et ses preuves et à prévenir toute objection ; le génie populaire, au rebours, ne songe qu'à la vérité dramatique et s'inquiète peu de la vraisemblance historique. D'après ces principes, on peut reconnaître ce qui, dans l'Evangile, est d'invention et ce qui est de fait ; la psychologie sociale nous donne ici la clef de l'énigme et du merveilleux. (Cf. *Jean*, xx, histoire de saint Thomas.)

(*o*) Jean n'a connu qu'une résurrection, celle de Lazare ; autrement il n'aurait pas manqué de faire dire à ses personnages : Comment Jésus, qui a ressuscité la fille de Jaïre, etc., ne ressuscite-t-il pas son ami ?

(*p*) Cela est inconvenant de la part de Jésus ; mais cela se

43. Ayant dit ces mots, il cria d'une voix forte : Lazare, sortez.

44. Et, à l'heure même, le mort sortit, ayant les pieds et les mains liés de bandes ; et son visage était enveloppé d'un linge. Alors Jésus leur dit : Déliez-le, et le laissez aller.

45. Plusieurs donc d'entre les Juifs, qui étaient venus voir Marie et Marthe, et qui avaient vu ce que Jésus avait fait, crurent en lui.

46. Mais quelques-uns d'entre eux s'en allèrent trouver les pharisiens, et leur rapportèrent ce que Jésus avait fait (*q*).

47. Les princes des prêtres et les pharisiens tinrent donc conseil ensemble (*r*), et dirent : Que faisons-nous ? Cet homme fait plusieurs miracles.

48. Si nous le laissons faire, tous croiront en lui ; et les Romains viendront (*s*), et ruineront notre ville et notre nation.

---

conçoit très-bien de la part du narrateur, qui a l'habitude de mettre ses propres pensées dans la bouche de son héros.

(*q*) Versets 45-46. — Conclusion de Jean : *Beaucoup vinrent à lui*. Traduisons : Ami lecteur, vous voyez que Jésus a ressuscité des morts, donc vous croirez avec moi qu'il est le Messie.

(*r*) *Collegerunt concilium*. Il est indubitable que le sanhédrin s'occupa plus d'une fois et très-sérieusement du bruit que faisait Jésus ; mais faut-il croire, sur la foi de Jean, que la scène qu'il vient d'arranger si bien pour ses lecteurs, avait été jouée, en tout ou en partie, par Jésus, en complicité de Lazare, de ses sœurs, etc., dans le but de se faire passer pour Messie ? C'est ce qui résulterait du récit de Jean, qui nous montre les prêtres prenant des mesures pour arrêter l'imposteur. Mais tout cela est en contradiction complète avec le rôle véritable et maintenant démontré de Jésus. Jésus se moque des miracles comme des cérémonies du culte ; il repousse le messianisme ; il n'avait garde de se poser en Messie. Il faut donc mettre tous ces détails controuvés ou travestis sur le compte de Jean.

(*s*) *Venient Romani*. C'est une contre-vérité. Jésus, je l'ai établi dans mes notes sur l'histoire de la passion (cf. les

49. Mais l'un d'eux, nommé Caïphe, qui était grand-prêtre cette année-là, leur dit : Vous n'y entendez rien.

50. Et vous ne considérez pas qu'il vous est avantageux qu'un seul homme meure pour le peuple, et que toute la nation ne périsse point (*t*).

51. Or il ne disait pas ceci de lui-même ; mais étant grand-prêtre cette année-là, il prophétisa que Jésus devait mourir pour la nation *des Juifs*;

52. Et non-seulement pour cette nation, mais aussi pour rassembler et réunir les enfants de Dieu, qui étaient dispersés.

53. Ils ne pensèrent donc plus, depuis ce jour-là, qu'à *trouver le moyen* de le faire mourir.

54. C'est pourquoi Jésus ne se montrait plus en public parmi les Juifs ; il se retira même dans une contrée, près du désert, en une ville nommée Éphrem, où il se tint avec ses disciples.

55. Or la pâque des Juifs était proche ; et plusieurs de ce quartier-là étant allés à Jérusalem, avant la pâque (*u*), pour se purifier,

56. Ils cherchaient Jésus, et se disaient, dans le temple, les uns aux autres : Que pensez-vous de ce qu'il n'est point venu à ce jour de fête ? Car les princes des prêtres et les pharisiens avaient donné ordre que si quelqu'un savait où il était, il le découvrît, afin qu'ils le fissent prendre.

---

quatre Évangiles), se posait en anti-messianiste, et ce n'était pas lui qui pouvait donner de l'inquiétude aux Romains. Les vrais messianistes étaient les prêtres. Jean, pour donner de la couleur à son récit, fait dire de Jésus par les prêtres ce qu'ils pensaient en effet du Messie, mais qui était précisément le contraire de ce qu'ils pensaient de Jésus.

(*t*) Versets 49-50. — Cf. plus loin, xviii, 14, note *e*.

(*u*) Qui empêcherait donc de compter cette pâque comme la quatrième ? et celle mentionnée plus bas (xii, 1), comme une cinquième ; plus une autre (xiii, 1) comme la sixième ? Il est donc évident que toutes les pâques dont il est fait mention dans Jean sont la même : ce qui réduit la durée du ministère de Jésus à un an et moins.

## CHAPITRE XII.

Marie parfume les pieds de Jésus. Murmure de Judas. Les Juifs veulent tuer Lazare. Entrée de Jésus-Christ dans Jérusalem. Des gentils demandent à voir Jésus. Discours de Jésus-Christ à cette occasion.

1. Six jours avant la pâque, Jésus vint à Béthanie (*a*), où il avait ressuscité Lazare d'entre les morts.
2. On lui apprêta là à souper; Marthe servait, et Lazare était un de ceux qui étaient à table avec lui (*b*).
3. Mais Marie ayant pris une livre d'huile de parfum de vrai nard, qui était de grand prix, la répandit sur les pieds (*c*) de Jésus,

---

(*a*) Arrivée de Jésus à Béthanie. Ceci rentre purement et simplement dans ce qui est raconté par Matthieu et Marc; de telle façon que l'histoire précédente est toute en hors-d'œuvre. Dans Marc, le maître de la maison est nommé *Simon le lépreux*. Matthieu de même. Ce Lazare a tout l'air d'une invention de Jean, prise à la fin par lui-même pour une réalité. (Cf. *Luc*, XVI, 20 et suivants, et X, 38-42, où le repas de Béthanie est raconté sans aucune mention de Lazare.)

(*b*) Cf. *Luc*, X, 38-42, pour le festin.

(*c*) *Unxit pedes*. Cette onction des pieds est sans aucune convenance et sans la moindre signification. C'est une entorse audacieusement faite à l'histoire, dont la vérité apparaît, quoique encore dissimulée, dans Matthieu et Marc. Jésus avait ses zélateurs aussi exagérés qu'imprudents, qui voulaient à toute force le faire Messie. Le mot *Messie* signifie *oint*. Jésus n'était pas oint, une femme s'avisa de lui donner cette onction; ce qui se faisait en répandant de l'huile sur la tête. C'était un pas dans cette carrière dangereuse où Jésus refusait d'entrer. Les disciples s'élevaient contre une pareille démonstration, que Jésus se hâte d'interpréter en disant qu'il ne s'agit pas de son *sacre*, mais de sa *sépulture*. C'est pour mieux déguiser la chose que Jean dit que l'onction fut faite sur les pieds de Jésus. (Cf. *Marc*, XIV, 3-8, notes *b*, *c*, *d*, *e*.).

et les essuya avec ses cheveux; et toute la maison fut remplie de l'odeur de ce parfum.

4. Alors l'un de ses disciples, *savoir* Judas Iscariote, qui devait le trahir, dit :

5. Pourquoi n'a-t-on pas vendu ce parfum trois cents deniers, qu'on aurait donnés aux pauvres?

6. Il disait ceci, non qu'il se souciât des pauvres, mais parce qu'il était larron; et que, gardant la bourse (*d*), il portait l'argent qu'on y mettait.

7. Mais Jésus dit : Laissez-la faire, *parce qu*'elle a gardé ce *parfum* pour le jour de ma sépulture;

8. Car vous avez toujours des pauvres avec vous; mais, pour moi, vous ne m'aurez pas toujours.

9. Une grande multitude de Juifs, ayant su qu'il était là, y vinrent, non-seulement pour Jésus, mais aussi pour voir Lazare, qu'il avait ressuscité d'entre les morts.

10. Mais les princes des prêtres délibérèrent de faire mourir aussi Lazare,

11. Parce que beaucoup de Juifs se retiraient d'avec eux, à cause de lui, et croyaient en Jésus.

12 (*e*) Le lendemain, une grande quantité de peuple, qui était venu pour la fête, ayant appris que Jésus venait à Jérusalem,

13. Ils prirent des branches de palmiers, et allèrent au-devant de lui, en criant : Hosanna, *salut et gloire*; béni soit le roi d'Israël, qui vient au nom du Seigneur (*f*).

---

(*d*) *Fur erat et loculos habens.* Jean ne craint pas de calomnier Judas en le représentant comme avare et volant la caisse. Cela prépare de loin, avec les versets 65 et 71 du chapitre VI, la trahison de Judas. Mais il est clair que tout cela est controuvé et travesti; que la vérité a été violée dans l'intérêt de l'idée messianique nouvelle, et que le motif attribué à Judas, joint à la modicité de la somme reçue, est insoutenable. (Cf. *Marc*, XIV, 18.)

(*e*) VERSETS 12 et suivants. — Il y a ici transposition de date et de faits. D'après Matthieu et les autres, l'ovation aurait eu lieu dès le premier jour de la résidence de Jésus; ce qui est naturel.

(*f*) Il se pourrait que cette petite ovation eût été préparée par les agents provocateurs des pharisiens. Il fallait un pré-

14. Et Jésus, ayant trouvé un ânon (*g*), monta dessus, selon qu'il est écrit :

15. Ne craignez point, fille de Sion : voici votre Roi, qui vient monté sur le poulain d'une ânesse.

16. Les disciples ne firent point d'abord attention à cela ; mais, quand Jésus fut entré dans sa gloire, ils se souvinrent alors que ces choses avaient été écrites de lui, et que ce qu'ils avaient fait à son égard *en était l'accomplissement* (*h*).

17. Le grand nombre de ceux qui s'étaient trouvés avec lui, lorsqu'il avait appelé Lazare du tombeau, et l'avait ressuscité d'entre les morts, *lui* rendait témoignage.

18. Et ce fut aussi ce qui fit sortir tant de peuple, pour aller au-devant de lui, parce qu'il avait entendu dire qu'il avait fait ce miracle.

19. De sorte que les pharisiens dirent entre eux : Vous voyez que nous ne gagnons rien ; voilà tout le monde qui court après lui.

20. Or il y eut quelques gentils, de ceux qui étaient venus pour adorer au jour de la fête,

21. Qui s'adressèrent à Philippe, qui était de Bethsaïde, en

---

texte à l'arrestation ; elle le fournit ; il fallait découvrir Jésus-Christ qui se cachait depuis l'éclat qu'avait causé la résurrection de Lazare ; l'entrée triomphale le remit en évidence. Le conseil présidé par Caïphe venait tout récemment de prendre une délibération ; et il est dit que des mesures avaient été prises pour le faire périr. Du reste, comme il entre dans le plan des évangélistes de poser Jésus en Messie, il y a tout lieu de penser que si le fait, rapporté à l'unanimité par les évangélistes, n'est pas entièrement controuvé, il a reçu postérieurement une signification incompatible avec le caractère avéré du réformateur.

(*g*) La circonstance de l'âne et de l'ânesse est visiblement empruntée à l'Ancien Testament, et doit par conséquent être rangée dans la catégorie des fictions évangéliques.

(*h*) Ce verset très-naïf signifie simplement qu'on s'aperçut après coup que la chose *avait dû arriver*, que par conséquent elle était arrivée. Et puis, qui donc ne voyageait à dos d'âne en Judée ?

Galilée, et lui firent cette prière : Seigneur, nous voudrions bien voir Jésus.

22. Philippe alla le dire à André, et André et Philippe le dirent ensemble à Jésus.

23. Jésus leur répondit : L'heure est venue où le Fils de l'homme doit être glorifié (*i*).

24. En vérité, en vérité, je vous le dis : Si le grain de froment ne meurt après qu'on l'a jeté en terre, il demeure seul ; mais quand il est mort, il porte beaucoup de fruit.

25. Celui qui aime sa vie, la perdra ; mais celui qui hait sa vie dans ce monde, la conservera pour la vie éternelle.

26. Si quelqu'un me sert, qu'il me suive ; et où je serai, là sera aussi mon serviteur. Si quelqu'un me sert, mon père l'honorera.

27. Maintenant mon âme est troublée ; et que dirai-je ? *Mon Père, délivrez-moi de cette heure* ; mais c'est pour cela que je suis venu en cette heure (*j*).

28. *Mon* Père, glorifiez votre nom. Au même temps, on entendit une voix du ciel (*k*) *qui dit* : Je l'ai déjà glorifié, et je le glorifierai encore.

29. Le peuple qui était là, et qui avait entendu *le son de cette voix*, disait que c'était un coup de tonnerre. D'autres disaient : C'est un ange qui lui a parlé.

30. Jésus répondit : Ce n'est pas pour moi que cette voix s'est fait entendre, mais pour vous.

31. C'est maintenant que le monde va être jugé ; c'est maintenant que le prince de ce monde va être chassé dehors.

---

(*i*) Mouvement d'orgueil bien naturel chez un sectaire, et qui semble copié sur nature. Malheureusement, ici encore il y a un but dont Jésus ne s'occupe que d'une manière fort indirecte, la *vocation des Gentils*. (Cf. l'histoire de la Cananéenne.)

(*j*) Versets 24-27. — Le moindre événement fournit à Jésus l'occasion de débiter ses sentences. Il est infiniment probable que ce fut là sa manière ; en ce point les évangélistes sont concordants entre eux et unanimes. Jean seulement paraît outrer le procédé.

(*k*) *Une voix du ciel*. Cela nous étonnerait peut-être, si l'auteur ne prenait soin d'ajouter aussitôt qu'elle se fit entendre *pour manifester le Christ !*...

32. Et, pour moi, quand j'aurai été élevé de la terre, j'attirerai tout à moi.

33. (Ce qu'il disait pour marquer de quelle mort il devait mourir) (*l*).

34. Le peuple lui répondit : Nous avons appris de la loi que le Christ doit demeurer éternellement. Comment donc dites-vous qu'il faut que le Fils de l'homme soit élevé *de la terre?* Qui est ce Fils de l'homme (*m*)?

35. Jésus leur répondit : La lumière est encore avec vous pour un peu de temps ; marchez pendant que vous avez la lumière, de peur que les ténèbres ne vous surprennent. Celui qui marche dans les ténèbres ne sait où il va.

36. Pendant que vous avez la lumière, croyez en la lumière, afin que vous soyez des enfants de lumière. Jésus parla de la sorte ; et, se retirant, il se cacha d'eux (*n*).

37. Mais, quoiqu'il eût fait tant de miracles devant eux, ils ne croyaient point en lui ;

38. Afin que cette parole du prophète Isaïe fût accomplie : Seigneur, dit-il, qui a cru à la parole qu'il a entendue de nous, et à qui le bras du Seigneur a-t-il été révélé (*o*)?

---

(*l*) Versets 32-33. — Jeu de mots aussi fade que froid. Mais il n'y a plus rien ici de Jésus.

(*m*) D'après la tradition juive, le Christ ne mourrait pas. Saint Jean s'efforce de faire sentir la nécessité de cette mort, en alléguant que toute la gloire du Messie ne devait s'entendre que spirituellement et ne pouvait être que le prix de sa passion. La réponse qu'il prête à Jésus-Christ est évasive et un peu amphigourique.

(*n*) *Abscondit se.* Jésus-Christ était fréquemment obligé de se cacher (cf. plus haut, XI, 54); cela motivé la trahison de Judas.

(*o*) Versets 37-38. — Cela contredit le verset 13, et plus haut XI, 45, et tous les passages où, à la suite d'un miracle, il est dit que plusieurs crurent en lui. Ce va-et-vient du narrateur indique très-bien l'oscillation de l'esprit des masses en présence de Jésus. Elles ne demandaient *qu'à croire;* mais elles voulaient croire à un Messie; et Jésus les désolait par sa théorie du messianisme. Aussi, en fin de compte, per-

39. C'est pour cela qu'ils ne pouvaient croire, parce qu'Isaïe a dit encore :

40. Il a aveuglé leurs yeux, et il a endurci leur cœur, de peur qu'ils ne voient des yeux, et ne comprennent du cœur; et que, venant à se convertir, je ne les guérisse.

41. Isaïe a dit ces choses lorsqu'il a vu sa gloire, et qu'il a parlé de lui.

42. Plusieurs néanmoins des sénateurs mêmes crurent en lui; mais à cause des pharisiens, ils n'osaient le reconnaître publiquement, de crainte d'être chassés de la synagogue (p).

43. Car ils ont plus aimé la gloire des hommes que la gloire de Dieu (q).

44. Or Jésus s'écria, et dit : Celui qui croit en moi, ne croit pas en moi, mais en celui qui m'a envoyé (r et s);

---

sonne ne crut, jusqu'à ce que la république judaïque fût ruinée. Alors tout le monde se dit : Jésus avait raison; il n'y a point de Messie, ou, ce qui revient absolument au même, le Messie, c'est la réforme. C'est alors seulement que l'on se mit à croire pour tout de bon. Alors les têtes s'échauffent, les actes de Jésus grandissent dans la mémoire de ceux qui l'avaient connu; on trouve en lui du merveilleux dans les moindres choses, on en cherche ou on en crée partout.

(p) Encore des croyants qui n'osent s'avouer. Ceci est dit pour le besoin du système; cependant il est à présumer que l'incrédulité de Jésus à l'endroit du Messie dut être partagée par plusieurs.

(q) Réflexion injuste et qui trahit le sectaire qui triomphe et devient intolérant. Les apôtres eux-mêmes ne crurent pas.

(r) Jésus répond à la pensée de son historien; il se donne un rôle tout subalterne vis-à-vis de Dieu. J'ai vu déjà (*Jean*, I) que, suivant le quatrième évangéliste, le Logos n'était pas encore ce qu'il est devenu depuis : Dieu, égal à Dieu.

(s) N'est-ce pas le chef-d'œuvre de l'accommodation, d'avoir trouvé le moyen d'expliquer l'incrédulité des contemporains de Jésus par une prophétie d'Isaïe ? On n'a pas cru! C'était prédit. Tout est prédit, l'avilissement, la misère

45. Et celui qui me voit, voit celui qui m'a envoyé.

46. Je suis venu dans le monde, moi qui suis la lumière, afin que tous ceux qui croient en moi ne demeurent point dans les ténèbres.

47. Que si quelqu'un entend mes paroles, et ne les garde pas, je ne le juge point ; car je ne suis ▓▓ venu pour juger le monde, mais pour sauver le monde.

48. Celui qui me méprise, et qui ne reçoit point mes paroles, a pour juge la parole que j'ai annoncée; ce sera elle qui le jugera au dernier jour ;

49. Car je n'ai point parlé de moi-même ; mais *mon Père*, qui m'a envoyé, est celui qui m'a prescrit par son commandement ce que je dois dire, et comment je dois parler ;

50. Et je sais que son commandement est la vie éternelle. Ce que je dis donc, je le dis selon que *mon* Père me l'a ordonné.

## CHAPITRE XIII.

Jésus lave les pieds à ses apôtres. Prédiction de la trahison de Judas. Glorification de Jésus. Commandement de l'amour. Reniement de saint Pierre prédit.

1. Avant la fête de pâque (*a*), Jésus sachant que son heure était venue de passer de ce monde à *son* Père ; comme il avait aimé les siens qui étaient dans le monde, il les aima jusqu'à la fin.

---

et la mort du Christ, c'est-à-dire la négation du Messie même est prédite ; et le vrai Messie des prophètes, c'est *non-Messie*.

(*a*) Jean est très-précis. *Ante diem festum... venit hora*. Il précise que le dernier jour de Jésus, son dernier repas, fut l'avant-veille de Pâques.

D'après Jean, la mission de Jésus embrasserait trois pâques entières, c'est-à-dire un peu plus de deux ans ; et en comptant la fête mentionnée, chapitre VI, 1, pour une pâque, trois ans et quelques mois. C'est le *minimum*.

Suivant un autre calcul, en supposant que Jésus soit mort la dernière année de Pilate, cette année tombant la septième depuis la quinzième de Tibère, il aurait exercé son ministère sept ans. — *Incertum !*

2. Et, après le souper (*b*), le diable ayant déjà mis dans le cœur de Judas, fils de Simon Iscariote, le dessein de le trahir ;

3. Jésus, qui savait que *son* Père lui avait mis toutes choses entre les mains, qu'il était sorti de Dieu, et qu'il s'en retournerait à Dieu,

4. Se leva de table, quitta ses vêtements, et ayant pris un linge, il le mit autour de lui (*c*),

---

(*b*) *Cœnâ factâ.* Suivant Jean, le dernier souper de Jésus ne fut pas une pâque, puisqu'il fut crucifié le lendemain, jour où elle devait être mangée. Il est parlé dans ce souper de la pâque ; il y est fait allusion ; Jésus institue la pâque nouvelle, il ne participera pas à l'ancienne. Il faut donc accorder la préférence à Jean, dont le récit s'accorde mieux en soi que le récit des trois autres.

*Cœnâ factâ.* Cette circonstance est décisive pour l'intelligence de la trahison de Judas. Strauss, qui a discuté toutes les opinions produites à cet égard, n'y a rien compris. Il tend à supposer que tout le récit est controuvé. Mais pour qui suit attentivement le récit des évangélistes, la vérité éclate ; il fallait seulement, pour la saisir, une expérience des partis politiques que n'avait pas Strauss. La trahison ou *prodition* de Judas fut déterminée par le *sacrilége* commis par Jésus, l'avant-veille de Pâques, dans l'institution de cette même *cène*, qui est devenue le grand sacrement chrétien. Quand il vit que Jésus, non-seulement n'était pas le Messie, mais ruinait tout le culte mosaïque, son indignation ne connut plus de bornes, et il courut chercher les Juifs. — Un autre incident de ce souper, c'est qu'il vit les apôtres ses collègues *se partager les pouvoirs et les places* de la nouvelle religion. En présence de ce complot infernal, la conscience juive et pieuse de Judas se souleva, et il livra celui qui avait été son maître, et dans lequel il ne voyait plus qu'un imposteur, un conspirateur. Par la suite, on lui prêta des motifs d'intérêt. C'est le propre des partis d'accuser et de calomnier les défectionnaires.

(*c*) On lavait les pieds avant le repas. Il y a ici à faire un petit redressement. Pour trouver le sens et le motif de cette

5. Puis, ayant versé de l'eau dans un bassin, il commença à laver les pieds de ses disciples, et à les essuyer avec le linge qu'il avait autour de lui.

6. Il alla donc à Simon-Pierre, qui lui dit : Quoi! Seigneur, vous me laveriez les pieds?

7. Jésus lui répondit : Vous ne savez pas maintenant ce que je fais, mais vous le saurez ensuite.

8. Pierre lui dit : Vous ne me laverez jamais les pieds. Jésus lui repartit : Si je ne vous lave, vous n'aurez point de part avec moi (*d*).

9. *Alors* Simon-Pierre lui dit : Seigneur, non-seulement les pieds, mais aussi les mains et la tête.

10. Jésus lui dit : Celui qui a été déjà lavé n'a plus besoin que de se laver les pieds, et il est pur dans tout *le reste*; et pour vous aussi, vous êtes purs, mais non pas tous;

11. Car il savait quel était celui qui devait le trahir; et c'est pour cela qu'il dit : Vous n'êtes pas tous purs.

12. Après donc qu'il leur eut lavé les pieds, il reprit ses vêtements; et, s'étant remis à table, il leur dit : Savez-vous ce que je viens de vous faire?

13. Vous m'appelez *votre* Maître et *votre* Seigneur; et vous avez raison, car je le suis.

14. Si donc je vous ai lavé les pieds, moi qui suis *votre* Seigneur et *votre* Maître, vous devez aussi vous laver les pieds les uns aux autres;

15. Car je vous ai donné l'exemple, afin que, *pensant à* ce que je vous ai fait, vous fassiez aussi *de même*.

16. En vérité, en vérité, je vous le dis : le serviteur n'est pas plus grand que son maître, et l'envoyé n'est pas plus grand que celui qui l'a envoyé (*e*).

---

action de Jésus, il faut voir Luc, qui dit que, les apôtres disputant entre eux des places qu'ils occuperaient dans la nouvelle république, Jésus leur déclara que le premier était le serviteur de tous.

(*d*) *Non habebis partem mecum.* Voilà la vérité.

(*e*) Affirmation de l'égalité. Jean n'oublie qu'une chose, que rapporte Luc : c'est de dire à quel propos Jésus fit à ses disciples cette *parabole en action*.

17. Si vous savez ces choses, vous serez heureux, pourvu que vous les pratiquiez (*f*).

18. Je ne dis pas ceci de vous tous : je sais qui sont ceux que j'ai choisis ; mais *il faut* que cette parole de l'écriture soit accomplie : Celui qui mange du pain avec moi, lèvera le pied contre moi.

19. Je vous dis ceci, dès à présent, avant qu'il arrive ; afin que, lorsqu'il arrivera, vous *me* reconnaissiez *pour ce* que je suis.

20. En vérité, en vérité, je vous le dis : quiconque reçoit celui que j'aurai envoyé, me reçoit *moi-même* ; et qui me reçoit, reçoit celui qui m'a envoyé.

21. Jésus, ayant dit ces choses, se troubla dans *son* esprit, et se déclara ouvertement, en disant : En vérité, en vérité, je vous le dis : un d'entre vous me trahira (*g*).

22. Les disciples se regardaient donc l'un l'autre, ne sachant de qui il parlait.

23. Mais l'un d'eux, que Jésus aimait, étant couché sur le sein de Jésus (*h*) ;

---

(*f*) VERSETS 5-17. — Leçon pratique et typique d'égalité et de fraternité.

(*g*) Cette perspicacité de Jésus n'a rien de merveilleux. En observateur attentif, il avait reconnu que Judas n'était point persuadé, et que son cœur grondait.

(*h*) Cf. plus loin, XIX, 26 ; XX, 2, et XXI, 7-20. — L'auteur revient sur cet amour de prédilection de Jésus pour le jeune saint Jean. Quelques critiques ont à ce sujet, et fort mal à propos, élevé des doutes sur l'honnêteté de cet amour de Jésus pour son jeune disciple. Pour moi, ce passage et celui du chapitre XXI me donnent une nouvelle preuve que l'Evangile attribué à Jean est l'œuvre d'un Juif converti qui *hellénisait*, et qui trouva d'autant plus beau de prêter à Jésus un de ces amours, d'ailleurs très-chastes, comme en eurent presque tous les grands hommes de la Grèce, Socrate pour Alcibiade, Epaminondas pour Micythus, Alexandre pour Ephestion. Dans les idées grecques, ces sortes d'amours, en tant du moins qu'ils n'allaient pas jusqu'à l'union contre nature, étaient la forme sous laquelle ils concevaient l'amour pur, et ceux qui le cultivaient s'en honoraient. Mais il ne me

SELON S. JEAN. — CHAP. XIII

24. Simon-Pierre lui fit signe de s'enquérir qui était celui dont Jésus parlait.
25. Ce disciple, se reposant donc sur le sein de Jésus, lui dit : Seigneur, qui est-ce ?
26. Jésus lui répondit : C'est celui à qui je présenterai du pain que j'aurai trempé. Et, ayant trempé du pain, il le donna à Judas Iscariote, *fils* de Simon.
27. Et quand il eut pris ce morceau, Satan entra en lui, et Jésus lui dit : Faites au plus tôt ce que vous faites.
28. Mais nul de ceux qui étaient à table ne comprit pourquoi il lui avait dit cela.
29. Car quelques-uns pensaient que, parce que Judas avait la bourse, Jésus avait voulu lui dire : Achetez-nous ce qui nous est nécessaire pour la fête (*i*) ; ou qu'il lui donnait ses ordres, pour distribuer quelque chose aux pauvres.
30. Judas, ayant donc reçu ce morceau, sortit aussitôt ; et il était nuit.
31. Après qu'il fut sorti, Jésus dit : Maintenant le Fils de l'homme est glorifié, et Dieu est glorifié en lui.
32. Que si Dieu est glorifié en lui, Dieu le glorifiera aussi en lui-même, et c'est bientôt qu'il le glorifiera.
33. *Mes* petits enfants, je n'ai plus que peu de temps à être avec vous. Vous me chercherez ; et comme j'ai dit aux Juifs qu'ils ne pouvaient venir où je vais, je vous le dis aussi à vous-mêmes présentement.
34. Je vous fais un commandement nouveau, qui est que vous vous aimiez les uns les autres, et que vous vous entr'aimiez comme je vous ai aimés.
35. C'est en cela que tous connaîtront que vous êtes mes disciples, si vous avez de l'amour les uns pour les autres.
36. Simon-Pierre lui dit : Seigneur, où allez-vous ? Jésus lui répondit : Vous ne pouvez maintenant me suivre où je vais ; mais vous me suivrez après.

---

paraît pas que de telles mœurs aient été comprises ni reçues chez les Juifs : les Juifs étaient lascifs, mais non *pédérastes*. On comprend, d'après cette histoire de l'amour de Jésus pour Jean, comment celui-ci est devenu l'apôtre de la charité ; Jean est l'Antinoüs du Christ et le Cupidon de la religion nouvelle, dont la Vierge est la Vénus.

(*i*) *Ad diem festum* : circonstance qui prouve qu'on n'était pas au soir de Pâques.

37. Pierre lui dit : Pourquoi ne puis-je pas vous suivre maintenant? je donnerai ma vie pour vous.

38. Jésus lui repartit : Vous donnerez votre vie pour moi ? En vérité, en vérité, je vous le dis : le coq ne chantera point que vous ne m'ayez renoncé trois fois (j).

## CHAPITRE XIV (a).

### Discours de Jésus-Christ à ses disciples:

1. Que votre cœur ne se trouble point; vous croyez en Dieu, croyez aussi en moi.

2. Il y a plusieurs demeures dans la maison de mon Père. S'il en était autrement, je vous l'aurais dit, car je m'en vais vous préparer le lieu ;

3. Et après que je m'en serai allé, et que je vous aurai préparé le lieu, je reviendrai, et vous retirerai à moi, afin que là où je suis vous y soyez aussi.

4. Vous savez bien où je vais, et vous en savez la voie.

5. Thomas lui dit : Seigneur, nous ne savons où vous allez ; et comment pouvons-nous en savoir la voie (b)?

6. Jésus lui dit : Je suis la voie, la vérité et la vie; personne ne vient au Père que par moi (c).

---

(j) VERSETS 31-38. — Comparez tout ceci avec les passages analogues de *Matthieu*, XXVI, 31-35; *Marc*, XIV, 27-31; *Luc*, XXII, 31-37, et l'on aura une idée de la manière de Jean.

(a) Sur la nécessité de la mort du Christ pour ouvrir les portes de la vie éternelle. Ce chapitre, ainsi que les trois suivants, est une dissertation mise dans la bouche de Jésus pour établir sa messianité, sa qualité de Verbe, les motifs de sa passion, etc.

(b) La question de Thomas, comme celle de Philippe, ci-dessous, 8, et celle de Judas, 22, est à bout portant. Jésus ne répond que par des calembours insipides.

(c) Doctrine du *médiateur*. Toute cette gnose, dans laquelle le théologien chrétien lit pour ainsi dire couramment, rap-

7. Si vous m'aviez connu, vous auriez aussi connu mon Père ; et vous le connaîtrez bientôt, et vous l'avez déjà vu.

8. Philippe lui dit : Seigneur, montrez-nous *votre* Père, et il nous suffit.

9. Jésus lui répondit : Il y a si longtemps que je suis avec vous, et vous ne me connaissez pas encore? Philippe, celui qui me voit, voit *mon* Père. Comment *donc* dites-vous : Montrez-nous *votre* Père ?

10. Ne croyez-vous pas que je suis dans *mon* Père, et que *mon* Père est en moi? Ce que je vous dis, je ne vous le dis pas de moi-même ; mais *mon* Père, qui demeure en moi, fait lui-même les œuvres *que je fais* (d).

11. Ne croyez-vous pas que je suis dans *mon* Père, et que *mon* Père est en moi? Croyez-le, au moins à cause des œuvres *que je fais*.

12. En vérité, en vérité, je vous le dis : celui qui croit en moi fera lui-même les œuvres que je fais, et en fera encore de plus grandes, parce que je m'en vais à *mon* Père.

13. Et quoi que vous demandiez à *mon* Père en mon nom, je le ferai, afin que le Père soit glorifié dans le Fils.

14. Si vous me demandez quelque chose en mon nom, je le ferai.

15. Si vous m'aimez, gardez mes commandements ;

16. Je prierai *mon* Père, et il vous donnera un autre Consolateur, afin qu'il demeure éternellement avec vous (e) :

---

portée à un pur homme, est d'une interprétation peut-être impossible. On ne devine pas comment s'est faite la transformation des paroles et des idées de Jésus, si tant est qu'il ait fourni la base ou le prétexte de toute cette métaphysique.

(d) C'est de l'humanisme tout pur. Dieu, c'est la conscience de l'homme.

(e) Jésus se donne ici pour le maître, l'avocat, le consolateur, Παρακλητος, des apôtres. Mais il leur en promet un second, c'est-à-dire une certaine *force divine d'en haut*, Δυναμις εξ υψους, Πνευμα αληθειας, qui leur donnera le courage, la connaissance et l'enthousiasme. Ceci fait allusion à la fameuse histoire des langues de feu dont il est parlé au livre des *Actes*. Par ce Πνευμα, les apôtres entendaient-ils une vertu émanée de Dieu, une impulsion divine ou une personne de la Trinité,

17. L'Esprit de vérité, que le monde ne peut recevoir, parce qu'il ne le voit point, et qu'il ne le connaît point. Mais, pour vous, vous le connaîtrez, parce qu'il demeurera avec vous, et qu'il sera en vous.

18. Je ne vous laisserai point orphelins ; je viendrai à vous.

19. Encore un peu de temps, et le monde ne me verra plus. Mais, pour vous, vous me verrez ; parce que je vis, et que vous vivrez aussi.

20. En ce jour-là, vous connaîtrez que je suis en mon Père, et vous en moi, et moi en vous.

21. Celui qui a mes commandements, et qui les garde, c'est celui-là qui m'aime. Or, celui qui m'aime sera aimé de mon Père, et je l'aimerai aussi, et je me découvrirai moi-même à lui.

22. Judas, non pas l'Iscariote, lui dit : Seigneur, d'où vient que vous vous découvrirez vous-même à nous, et non pas au monde ?

23. Jésus lui répondit : Si quelqu'un m'aime, il gardera ma parole, et mon Père l'aimera, et nous viendrons à lui, et nous ferons en lui notre demeure.

24. Celui qui ne m'aime point ne garde point mes paroles ; et la parole que vous avez entendue n'est point ma parole, mais celle de mon Père, qui m'a envoyé.

25. Je vous ai dit ceci, demeurant encore avec vous.

26. Mais le Consolateur, *qui est* le Saint-Esprit, que *mon* Père enverra en mon nom, sera celui qui vous enseignera toutes choses et qui vous fera ressouvenir de tout ce que je vous ai dit.

27. Je vous laisse la paix ; je vous donne ma paix ; je ne vous la donne pas comme le monde la donne. Que votre cœur ne se trouble point, et qu'il ne soit point saisi de frayeur.

28. Vous avez entendu que je vous ai dit : Je m'en vais ; et je reviens à vous. Si vous m'aimiez, vous vous réjouiriez de ce que je m'en vais à *mon* Père, parce que *mon* Père est plus grand que moi.

29. Et je vous le dis maintenant, avant que cela arrive, afin que, lorsqu'il sera arrivé, vous ayez une entière croyance *en moi*.

---

comme on l'a cru depuis ? Ou bien enfin, par ce πνεῦμα, voulaient-ils marquer le principe chrétien dont ils étaient pénétrés, comme quand on dit l'*esprit du paganisme*, l'*esprit des courtisans*, l'*esprit de la loi*, etc. ?... Il est difficile de rien affirmer à cet égard, tant le propre et le figuré, le concret et l'abstrait, se trouvent fréquemment mêlés et pris l'un pour l'autre dans le Nouveau Testament.

30. Je ne vous parlerai plus guère; car le prince du monde va venir, quoi qu'il n'ait rien en moi *qui lui appartienne*;

31. Mais afin que le monde connaisse que j'aime mon Père, et que je fais ce que mon Père m'a ordonné. Levez-vous; sortons d'ici (*f*).

## CHAPITRE XV.

### Suite du discours de Jésus-Christ.

1. Je suis la vraie vigne, et mon Père est le vigneron.

2. Il retranchera toutes les branches qui ne portent point de fruit en moi; et il émondera toutes celles qui portent du fruit, afin qu'elles en portent davantage.

3. Vous êtes déjà purs, à cause des instructions que je vous ai données.

4. Demeurez en moi, et moi en vous. Comme la branche ne saurait porter de fruit d'elle-même et sans demeurer *attachée* au cep de la vigne, il en est ainsi de vous autres, si vous ne demeurez en moi.

5. Je suis *le cep de* la vigne, et vous *en* êtes les branches. Celui qui demeure en moi et en qui je demeure porte beaucoup de fruit; car vous ne pouvez rien faire sans moi.

6. Si quelqu'un ne demeure pas en moi, il sera jeté dehors comme un sarment *inutile*; il séchera, et on le ramassera pour le jeter au feu et le brûler.

7. Si vous demeurez en moi et que mes paroles demeurent en vous, vous demanderez tout ce que vous voudrez, et il vous sera accordé.

8. C'est la gloire de mon Père que vous rapportiez beaucoup de fruit et que vous deveniez mes disciples.

9. Comme mon Père m'a aimé, je vous ai aussi aimés. Demeurez dans mon amour.

---

(*f*) Versets 23-31. — Ce passage est une réponse plus ou moins heureuse à l'objection des incrédules qui demandent : Pourquoi le ressuscité ne se manifeste-t-il pas ? Et en effet, un homme ressuscité est immortel; ce ne sont pas seulement les Juifs qui eurent à se plaindre de n'avoir pas vu Jésus : ce sont *tous les chrétiens*, depuis dix-huit siècles.

10. Si vous gardez mes commandements, vous demeurerez dans mon amour, comme j'ai moi-même gardé les commandements de mon Père et que je demeure dans son amour.

11. Je vous ai dit ces choses, afin que ma joie demeure en vous et que votre joie soit pleine et *parfaite*.

12. Le commandement que je vous donne est de vous aimer les uns les autres, comme je vous ai aimés.

13. Personne ne peut avoir un plus grand amour que de donner sa vie pour ses amis.

14. Vous êtes mes amis si vous faites les choses que je vous commande (*a*).

15. Je ne vous appellerai plus serviteurs, parce que le serviteur ne sait ce que fait son maître; mais je vous ai appelés mes amis, parce que je vous ai fait savoir tout ce que j'ai appris de mon Père.

16. Ce n'est pas vous qui m'avez choisi; mais c'est moi qui vous ai choisis; et je vous ai établis afin que vous marchiez, que vous rapportiez du fruit, et que votre fruit demeure *toujours*, et que mon Père vous donne tout ce que vous lui demanderez en mon nom.

17. Ce que je vous commande est de vous aimer les uns les autres.

18. Si le monde vous hait, sachez qu'il m'a haï avant vous (*b*).

19. Si vous étiez du monde, le monde aimerait ce qui serait à lui; mais parce que vous n'êtes point du monde et que je vous ai choisis du milieu du monde, c'est pour cela que le monde vous hait (*c*).

20. Souvenez-vous de la parole que je vous ai dite : Le serviteur n'est pas plus grand que son maître. S'ils m'ont persécuté, ils vous persécuteront aussi; s'ils ont gardé mes paroles, ils garderont aussi les vôtres.

21. Mais ils vous feront tous ces mauvais traitements, à cause de mon nom, parce qu'ils ne connaissent point celui qui m'a envoyé.

---

(*a*) Toute vraie amitié doit reposer sur la vertu.

(*b*) Jésus a pu parfaitement prévoir les persécutions que rencontreraient ses disciples.

(*c*) Versets 18, 19 et suivants. — *Mundus... de mundo...* C'est dans le même sens que ce mot est employé lorsque Jésus répond à Pilate : *Regnum meum non est de hoc mundo* (plus loin, xviii, 36). Il s'agit du monde existant, de la vieille société, de l'ancien régime, que le Christ devait abolir.

22. Si je n'étais point venu et que je ne leur eusse point parlé, ils n'auraient point le péché *qu'ils ont*; mais maintenant ils n'ont point d'excuse de leur péché.

23. Celui qui me hait, hait aussi mon Père (*d*).

24. Si je n'avais point fait parmi eux des œuvres qu'aucun autre n'a faites, ils n'auraient point le péché *qu'ils ont*; mais maintenant ils les ont vues, et ils ont haï et moi et mon Père;

25. Afin que la parole qui est écrite dans leur loi soit accomplie, ils m'ont haï sans aucun sujet (*e*).

26. Mais lorsque le Consolateur, l'Esprit de vérité, qui procède du Père, que je vous enverrai de la part de *mon* Père, sera venu, il rendra témoignage de moi (*f*);

---

(*d*) VERSETS 20-23. — Cela s'entend très-bien. Jésus est haï, non pour sa personne, mais pour sa doctrine. Ses disciples le seront aussi.

(*e*) VERSETS 1-25. — Ce chapitre tient au précédent par une simple association d'idées. *C'est par moi*, dit Jésus, *que l'on va au Père* (cf. plus haut. XIV, 6). — *Qui est le Père?* dit Philippe. — *Celui qui me voit, voit le Père*, répond Jésus. *La preuve sera ma manifestation après ma mort, ma résurrection.* — *Pourquoi donc ne vous montrez-vous pas à tout le monde?* reprend Judas. — *Je ne me montre qu'aux amis*, réplique Jésus.

D'où vient ce mystère? Le voici: *Je suis la vigne, vous êtes les branches.* Le Père est le vigneron. L'amour nous unissant tous, je suis visible pour tous ceux qui ont ma foi et mon amour!... Donc *aimez-vous!*... C'est par la charité qu'on devient témoin de la résurrection. (Cf. XIV, 21-23; XV, 7-8 et suivants.) — Tout cela est amphigourique; mais il ne fallait pas moins pour convertir le monde. Du reste, le fond est sublime.

(*f*) Dernière question: Comment par la charité obtient-on la vision du Christ? — Par la possession du Paraclet, qui rend témoignage de Jésus; c'est ainsi, en effet, que Paul en acquit la croyance. Or, la possession du Paraclet fera que vous-mêmes, me rendrez témoignage sans m'avoir vu (verset

27. Et vous en rendrez aussi témoignage, parce que vous êtes dès le commencement avec moi.

## CHAPITRE XVI (a).

### Fin du discours de Jésus-Christ.

1. Je vous ai dit ces choses afin que vous n'en soyez point scandalisés.

2. Ils vous chasseront des synagogues; et le temps vient où quiconque vous fera mourir croira faire une chose agréable à Dieu (b).

3. Ils vous traiteront de la sorte, parce qu'ils ne connaissent ni mon Père ni moi.

4. Or, je vous ai dit ces choses afin que, lorsque ce temps-là sera venu, vous vous souveniez que je vous les ai dites.

5. Je ne vous les ai pas dites dès le commencement, parce que j'étais avec vous. Mais maintenant je m'en vais à celui qui m'a envoyé, et aucun de vous ne me demande où je vais.

6. Mais, parce que je vous ai dit ces choses, votre cœur a été rempli de tristesse (c).

7. Cependant je vous dis la vérité; il vous est utile que je m'en aille; car si je ne m'en vais point, le Consolateur ne viendra pas à vous; mais si je m'en vais, je vous l'enverrai (d).

---

27). Donc il importe que je m'en aille pour vous envoyer ce Paraclet. (Cf. XVI, 7.) Quel gâchis d'idées!

(a) Ce chapitre, où se trouvent mêlées quelques réminiscences des discours de Jésus, est tout entier de l'invention de Jean. Il a pour but de donner le dernier mot du christianisme, à savoir la *venue du Paraclet*, lequel s'obtient surtout par la charité et le sacrifice. Une fois qu'on a le Paraclet, les doutes disparaissent, etc., etc.

(b) Bien dit! Il connaissait les *sauveurs de la société!*

(c) Tristesse des disciples provenant de ce que leur maître leur dit de la *passion* du Christ.

(d) Apologie de la passion. Ceci ne peut pas s'attribuer à Jésus, anti-messianiste. Le Christ souffrant était le scandale universel.

8. Et lorsqu'il sera venu, il convaincra le monde, touchant le péché, touchant la justice et touchant le jugement :

9. Touchant le péché, parce qu'ils n'ont pas cru en moi ;

10. Touchant la justice, parce que je m'en vais à *mon* Père et que vous ne me verrez plus ;

11. Et touchant le jugement, parce que le prince de ce monde est déjà jugé.

12. J'ai encore beaucoup de choses à vous dire ; mais vous ne pouvez les porter présentement (*e*).

13. Quand cet Esprit de vérité sera venu, il vous enseignera toute vérité ; car il ne parlera pas de lui-même ; mais il dira tout ce qu'il aura entendu, et il vous annoncera les choses à venir.

14. Il me glorifiera, parce qu'il recevra de ce qui est à moi, et il vous l'annoncera.

15. Tout ce qu'a *mon* Père est à moi ; c'est pourquoi je vous dis qu'il recevra de ce qui est à moi, et il vous l'annoncera.

16. Encore un peu de temps, et vous ne me verrez plus ; et encore un peu de temps, et vous me verrez, parce que je m'en vais à *mon* Père (*f*).

17. Sur cela, quelques-uns de ses disciples se dirent les uns aux autres : Que veut-il nous dire par là : Encore un peu de temps, et vous ne me verrez plus ; et : Encore un peu de temps, et vous me verrez, parce que je m'en vais à *mon* Père ?

---

(*e*) Il a beaucoup de choses à dire, et il s'excuse sur l'infirmité de ses disciples. Qu'il prenne son temps ou qu'il attende. — La promesse d'un *Esprit de vérité, qui ne parle pas de lui-même, mais qui dit ce qu'il entend*, n'est qu'un vain amphigouri qui trahit le sophiste. Le Jésus de saint Jean est bien différent de celui de saint Matthieu. (Cf. plus haut, XIV, 16 ; et XV, 26.)

(*f*) Jésus annonce sa passion et sa mort, et, comme conséquence peu éloignée, son retour sur les nuées du ciel pour la fin du monde. Ce retour était universellement attendu. C'était la réponse qu'on faisait dans les premiers temps à ceux qui doutaient de la résurrection. Patience, disait-on, il va venir, *in virtute multâ et majestate.* Quand Jérusalem tomba, on redoubla d'anxiété et d'attente ; depuis lors, les chrétiens, comme les juifs, l'attendent toujours. (Cf. *Hebr.*, X, 37.)

18. Ils disaient donc : Que signifie ce qu'il dit : Encore un peu de temps ? Nous ne savons ce qu'il veut dire.

19. Mais Jésus, connaissant qu'ils voulaient l'interroger là-dessus, leur dit : Vous vous demandez les uns aux autres ce que je vous ai voulu dire par ces paroles : Encore un peu de temps, et vous ne me verrez plus ; et encore un peu de temps, et vous me verrez.

20. En vérité, en vérité, je vous le dis, vous pleurerez et vous gémirez, et le monde se réjouira ; vous serez dans la tristesse, mais votre tristesse se changera en joie.

21. Une femme, lorsqu'elle enfante, est dans la douleur, parce que son heure est venue ; mais, après qu'elle a enfanté un fils, elle ne se souvient plus de tous ses maux, dans la joie qu'elle a d'avoir mis un homme au monde.

22. C'est donc ainsi que vous êtes maintenant dans la tristesse ; mais je vous verrai de nouveau, et votre cœur se réjouira ; et personne ne vous ravira votre joie.

23. En ce jour-là, vous ne m'interrogerez plus sur rien. En vérité, en vérité, je vous le dis, si vous demandez quelque chose à mon Père en mon nom, il vous le donnera.

24. Jusqu'ici, vous n'avez rien demandé en mon nom. Demandez, et vous recevrez, afin que votre joie soit pleine et parfaite.

25. Je vous ai dit ces choses en paraboles (g). L'heure vient en laquelle je ne vous entretiendrai plus en paraboles : mais je vous parlerai ouvertement de mon Père.

26. En ce jour-là, vous demanderez en mon nom ; et je ne vous dis pas que je prierai *mon* Père pour vous ;

27. Car *mon* Père vous aime lui-même, parce que vous m'avez aimé et que vous avez cru que je suis sorti de Dieu (h).

28. Je suis sorti de *mon* Père (i), et je suis venu dans le monde ; maintenant je laisse le monde, et je m'en retourne à *mon* Père (j).

29. Ses disciples lui dirent : Vous parlez, dès maintenant, tout ouvertement, et vous n'usez d'aucune parabole (k).

---

(g) *Proverbiis*. Donc il ne faut pas prendre tout ceci au pied de la lettre.

(h) Un homme n'a pu dire cela de lui-même.

(i) Messianisme spirituel.

(j) *Jean s'en alla comme il était venu !...*

(k) C'est impayable. Jamais le Christ de Jean ne fut plus entortillé et plus ténébreux ; et ses disciples lui disent : Maintenant tu es clair, et nous te comprenons !... Aussi nous sommes certains que tu es le Christ !...

30. Nous voyons bien à présent que vous savez toutes choses, et que vous n'avez pas besoin que personne vous interroge ; c'est pour cela que nous croyons que vous êtes sorti de Dieu.

31. Jésus leur répondit : Vous croyez maintenant.

32. Le temps va venir, et il est déjà venu, où vous serez dispersés chacun de votre côté, et où vous me laisserez seul ; mais je ne suis pas seul, parce que *mon* Père est avec moi (*l*).

33. Je vous ai dit ces choses, afin que vous trouviez la paix en moi. Vous aurez à souffrir bien des afflictions dans le monde ; mais ayez confiance, j'ai vaincu le monde (*m*).

## CHAPITRE XVII (*a*).

Prière de Jésus-Christ pour ses disciples et pour ceux qui croiront en lui.

1. Jésus, ayant dit ces choses, leva les yeux au ciel, et dit : *Mon* Père, l'heure est venue ; glorifiez votre Fils, afin que votre Fils vous glorifie ;

---

(*l*) C'est plus obligeant que de leur dire sans cesse qu'ils sont lâches.

(*m*) Paroles très-fortes et d'un grand caractère. Jésus a fort bien pu non-seulement prévoir sa mort, mais la juger nécessaire. Il devait croire à l'efficacité du sacrifice. Mais il n'est pas compris ; entre lui et ses disciples, le *quiproquo* est perpétuel.

(*a*) Ce chapitre met le sceau à l'argumentation de l'évangéliste. Rappelons-la.

Rien de plus étrange pour un Juif que la mort d'un Messie, *fils de Dieu*. Il s'agit de rendre raison de cela théologiquement.

1° La fin de l'homme est en Dieu le *Père*.

2° On ne possède Dieu que par son *Verbe*.

3° Ce Verbe est la *vigne*, nous sommes les rameaux ; en sorte que par lui nous formons *un tout* avec le Père. *Dii estis*.

4° Cette union en Dieu se produit par l'amour, qu'est venu prêcher le Verbe.

2. Comme vous lui avez donné puissance sur tous les hommes, afin qu'il donne la vie éternelle à tous ceux que vous lui avez donnés.

3. Or, la vie éternelle consiste à vous connaître, vous qui êtes le seul Dieu véritable, et Jésus-Christ que vous avez envoyé.

4. Je vous ai glorifié sur la terre; j'ai achevé l'ouvrage dont vous m'aviez chargé.

5. Et vous, *mon Père*, glorifiez-moi donc aussi maintenant, en vous-même, de cette gloire que j'ai eue, en vous, avant que le monde fût (*b*).

6. J'ai fait connaître votre nom aux hommes que vous m'avez donnés *en les séparant* du monde. Ils étaient à vous, et vous me les avez donnés, et ils ont gardé votre parole.

7. Ils savent présentement que tout ce que vous m'avez donné vient de vous;

---

5° Mais comment obtiendrons-nous cette charité? Comment, Jésus parti, la garderons-nous?...

6° Par l'arrivée de l'Esprit, deuxième Consolateur.

7° Mais la venue de l'Esprit est subordonnée au départ de Jésus.

8° Donc il faut qu'il s'en aille.

9° Donc, à ce moment suprême, il prie son Père et le remercie de tout ce qu'il a fait et fera pour ses disciples.

Il est clair que dans tout ce mysticisme il règne un cercle vicieux, infranchissable. Pourquoi Jésus s'en va-t-il, puisque le Consolateur ne doit venir que pour tenir lieu de lui? Ici, il n'y a d'autre moyen d'échapper au sophisme qu'en faisant appel à un autre dogme, qui n'apparaît nulle part dans cette harangue : c'est que la mort de Jésus est elle-même nécessaire pour l'*expiation des péchés*. Alors, comme il faut en finir, on comprend le lien des idées de Jean.

(*b*) Jamais homme n'a pu parler de lui-même en pareils termes. Il y a aussi loin de ces lamentations de Jean aux discours de Jésus sur la montagne, que des récits des *Rois* aux paraphrases des *Paralipomènes*. On comprend que Jésus, en butte à la persécution, prévoyant sa fin malheureuse, ait prié Dieu pour ses disciples et pour la conservation de son œuvre, mais nous n'avons certainement plus la prière de Jésus.

8. Parce que je leur ai donné les paroles que vous m'avez données, et ils les ont reçues; ils ont reconnu véritablement que je suis sorti de vous, et ils ont cru que vous m'avez envoyé.

9. C'est pour eux que je prie. Je ne prie point pour le monde; mais pour ceux que vous m'avez donnés, parce qu'ils sont à vous.

10. Tout ce qui est à moi est à vous, et tout ce qui est à vous est à moi : et je suis glorifié en eux.

11. Je ne suis plus dans le monde; mais *pour eux* ils sont encore dans le monde; et moi, je m'en retourne à vous. Père saint, conservez en votre nom ceux que vous m'avez donnés, afin qu'ils soient un, comme nous.

12. Lorsque j'étais (*c*) avec eux, je les conservais en votre nom. J'ai conservé ceux que vous m'avez donnés, et nul d'eux ne s'est perdu, il n'y a eu de perdu que celui qui était enfant de perdition (*d*), afin que l'écriture fût accomplie.

13. Mais maintenant je viens à vous; et je dis ceci, *étant encore* dans le monde, afin qu'ils aient en eux-mêmes la plénitude de ma joie.

14. Je leur ai donné votre parole, et le monde les a haïs, parce qu'ils ne sont point du monde, comme je ne suis point *moi-même* du monde.

15. Je ne vous prie pas de les ôter du monde, mais de les garder du mal.

16. Ils ne sont point du monde, comme je ne suis point moi-même du monde.

17. Sanctifiez-les dans la vérité. Votre parole est la vérité même.

18. Comme vous m'avez envoyé dans le monde, je les ai aussi envoyés dans le monde.

19. Et je me sanctifie moi-même pour eux, afin qu'ils soient aussi sanctifiés dans la vérité.

20. Je ne prie pas pour eux seulement, mais encore pour ceux qui doivent croire en moi par leur parole (*e*),

21. Afin qu'ils soient un tous ensemble, comme vous, *mon Père*, vous êtes en moi, et moi en vous, qu'ils soient de même un en nous; afin que le monde croie (*f*) que vous m'avez envoyé.

---

(*c*) *Cum essem.* Jésus parle comme s'il n'était plus.

(*d*) *Filius perditionis.* Allusion à Judas.

(*e*) Tout cela trahit un écrivain rétrospectif.

(*f*) *Ut credat.* Ceci est de l'évangéliste, non du maître.

22. Et je leur ai donné la gloire que vous m'avez donnée, afin qu'ils soient un, comme nous sommes un.

23. Je suis en eux, et vous en moi, afin qu'ils soient consommés en l'unité, et que le monde connaisse que vous m'avez envoyé, et que vous les avez aimés, comme vous m'avez aimé (*g*).

24. *Mon* Père, je désire que là où je suis, ceux que vous m'avez donnés y soient aussi avec moi; afin qu'ils contemplent ma gloire que vous m'avez donnée, parce que vous m'avez aimé avant la création du monde.

25. Père (*h*) juste, le monde ne vous a point connu; mais, moi, je vous ai connu; et ceux-ci ont connu que vous m'avez envoyé.

26. Je leur ai fait connaître votre nom, et le leur ferai connaître *encore*; afin que l'amour dont vous m'avez aimé soit en eux, et *que je sois* moi-*même* en eux (*i*).

---

Jésus fait dépendre la foi en sa mission de la charité et de la sainteté de ses disciples.

(*g*) Versets 21-23. — Union en Dieu, type de l'union des hommes. C'est la charité fondée sur l'amour divin.

(*h*) *Pater.* Pour Jésus, la justice est toujours Dieu; son Dieu père est bien différent de Jéhovah le juif. D'après ce verset, Jésus serait venu apporter au monde la vraie connaissance et le vrai amour de Dieu.

(*i*) Ces quatre chapitres, xiv, xv, xvi et xvii de Jean, sont les plus difficiles à entendre de tout le Nouveau Testament. Pour l'Église primitive qui, comme la moderne, voyait en Jésus un Dieu homme, un Messie transcendant, l'interprétation va toute seule : on n'a qu'à suivre le sens littéral. Mais pour un rationaliste, qui n'admet point la divinité de Jésus et ne peut voir en lui qu'un réformateur moraliste, il en est tout autrement. On ne sait que penser d'un homme qui se pose en intermédiaire auprès de Dieu, qui se fait son égal; recommande l'amour de sa personne comme le sceau de la vertu. Plus j'y pense, plus je me dis qu'il y a ici une formidable métaphore, partie du fait du narrateur, partie du fait du héros. Tout ce que Jésus dit de lui-même doit s'entendre de la doctrine dont il est l'incarnation. Cette clef trouvée, il faut

# CHAPITRE XVIII.

Jésus dans le jardin. Juifs renversés. Jésus pris et mené chez Anne, et de là chez Caïphe. Reniement de saint Pierre. Jésus devant Pilate. Barabbas préféré.

1. Jésus, ayant dit ces choses, s'en alla avec ses disciples au delà du torrent de Cédron, où il y avait un jardin, dans lequel il entra, lui et ses disciples.

2. Judas, qui le trahissait, connaissait aussi ce lieu-là, parce que Jésus y avait souvent été avec ses disciples (*a*).

---

se dire encore que Jésus, en parlant de lui, passe du sens propre au sens figuré, entendant tour à tour la doctrine et lui-même.

Une chose à remarquer, c'est qu'il n'est pas du tout question dans l'Évangile de Jean de l'institution eucharistique la veille de la mort de Jésus. Au soin que prennent les trois autres évangélistes, et saint Paul (I *Cor.*, XI, 24) de la placer à ce même jour et de la faire coïncider avec la manducation de l'agneau pascal, à l'omission non moins affectée de Jean, on voit que le point de vue des narrateurs n'est plus le même. Pour les uns, l'essentiel de la nouvelle foi est dans la révolution du culte et l'abrogation du sacrifice; pour le dernier, ce qui importe est la doctrine du *Verbe*. Du reste, Jean n'a pas ignoré ce qui a donné lieu à l'établissement de l'eucharistie; mais il le raconte autrement (cf. plus haut, VI), où il réfute tout le *fétichisme* eucharistique introduit par Paul et les autres. (Cf. *Paul*, I *Cor.*, X et XI, notes.)

(*a*) Cf. plus haut, VI, 65-71, et *Marc*, XIV, 18. On voit en Judas un homme longtemps en suspens, mais à la fin poussé à bout, et qui se dit : Décidément cet homme est un *imposteur* (cf. plus haut, XIII, 2, note *b*). Cette trahison patriotique de Judas forme contre Jésus un témoignage terrible qui l'écrase. Ni le Jésus de Renan, ni celui de Strauss n'y échappent. Mais en

3. Judas, ayant donc pris *avec lui* une compagnie de soldats, et des gens envoyés par les princes des prêtres et les pharisiens, vint en ce lieu avec des lanternes, des flambeaux et des armes.

4. Mais Jésus, qui savait tout ce qui devait lui arriver, vint au-devant d'eux, et leur dit : Qui cherchez-vous ?

5. Ils lui répondirent : Jésus de Nazareth. Jésus leur dit : C'est moi. Or Judas, qui le trahissait, était aussi là présent avec eux.

6. Lors donc que Jésus leur eut dit : C'est moi ; ils furent renversés, et tombèrent par terre (*b*).

7. Il leur demanda encore une fois : Qui cherchez-vous ? Et ils lui dirent : Jésus de Nazareth.

8. Jésus leur répondit : Je vous ai dit que c'est moi. Si c'est donc moi que vous cherchez, laissez aller ceux-ci ;

9. Afin que cette parole qu'il avait dite fût accomplie : Je n'ai perdu aucun de ceux que vous m'avez donnés.

10. Alors Simon-Pierre, qui avait une épée, la tira, en frappa un des gens du grand-prêtre, et lui coupa l'oreille droite ; et cet homme s'appelait Malchus (*c*).

11. Mais Jésus dit à Pierre : Remettez votre épée dans le fourreau ; ne faut-il pas que je boive le calice que mon Père m'a donné (*d*) ?

12. Les soldats et leur capitaine, avec les gens envoyés par les Juifs, prirent donc Jésus, et le lièrent,

13. Et ils l'emmenèrent premièrement chez Anne, parce qu'il était beau-père de Caïphe, qui était grand-prêtre, cette année-là.

14. Et Caïphe était celui qui avait donné ce conseil aux Juifs : Qu'il était utile qu'un seul homme mourût pour *tout* le peuple (*e*).

---

prenant Jésus pour un anti-Christ, tel que je le conçois, la moralité du maître est sauvée, bien que Judas reste excusable. Jésus était trop haut pour être compris.

(*b*) J'admets la surprise. La chute est de trop.

(*c*) Mauvaise plaisanterie.

(*d*) Voir *Matthieu*, XXVI, 52 : la réflexion est tout autre.

(*e*) Cf. la note plus haut, XI, 48-50. Caïphe raisonne ici et parle d'après les idées de l'évangéliste. Il a l'air de dire que *Jésus se donnant pour Messie, et cela pouvant éveiller la colère de Rome, il faut le sacrifier à la paix publique.* Témoignage très-avantageux pour les chrétiens de l'an 71 à 100, en effet, mais qui n'en est pas moins en contradiction fla-

15. Cependant Simon-Pierre suivit Jésus, comme aussi un autre disciple, qui, étant connu du grand-prêtre, entra avec Jésus dans la maison du grand-prêtre ;

16. Mais Pierre demeura dehors, à la porte. Alors cet autre disciple, qui était connu du grand-prêtre, sortit, et parla à la portière, qui fit entrer Pierre.

17. Cette servante, qui gardait la porte, dit donc à Pierre : N'êtes-vous pas aussi des disciples de cet homme ? Il lui répondit : Je n'en suis point.

18. Les serviteurs et les gens *qui avaient pris Jésus* étaient auprès du feu, où ils se chauffaient, parce qu'il faisait froid. Et Pierre était aussi avec eux, et se chauffait.

19. Cependant le grand-prêtre interrogea Jésus, touchant ses disciples et touchant sa doctrine.

20. Jésus lui répondit : J'ai parlé publiquement à tout le monde ; j'ai toujours enseigné dans la synagogue et dans le temple, où tous les Juifs s'assemblent ; et je n'ai rien dit en secret (*f*).

21. Pourquoi *donc* m'interrogez-vous ? Interrogez ceux qui m'ont entendu, pour savoir ce que je leur ai dit. Ce sont ceux-là qui savent ce que j'ai enseigné (*g*).

---

grante avec le rôle véritable de Jésus, avec ses paroles et avec la nature de l'accusation diamétralement opposée, portée contre lui par les prêtres. (Cf. plus bas, 20, 33-34, 36, et *Luc*, II, 52.)

(*f*) Il n'est question ici que de *doctrine ;* pas un mot de la messianité. On dirait qu'entre Caïphe et Jésus, l'un pontife, l'autre prophète, il n'y a pas de doute à ce sujet. Le Messie n'est pas un rabbin ; toute confusion est impossible. Or, la messianité personnelle de Jésus écartée, que reste-t-il ? Ce n'est pas d'avoir prêché la morale, guéri des infirmes, chassé des démons, préconisé la pénitence et les bonnes œuvres qu'on peut lui faire un crime. C'est de transformer l'opinion du Messie-roi en une théorie sociétaire : ce qui n'allait à rien de moins qu'à renverser la puissance sacerdotale et refroidir le zèle patriotique des Hébreux. (Cf. plus bas, 36 ; *Marc*, XIV et XV ; et *Luc*, II, 52).

(*g*) Réflexion juste : il faut commencer par une enquête et citer des témoins.

22. Comme il eut dit cela, un des officiers qui était là présent donna un soufflet à Jésus, en lui disant : Est-ce ainsi que vous répondez au grand-prêtre ?

23. Jésus lui répondit : Si j'ai mal parlé, faites voir le mal que j'ai dit ; mais si j'ai bien parlé, pourquoi me frappez-vous ?

24. Or Anne l'avait envoyé lié à Caïphe, le grand-prêtre.

25. Cependant Simon-Pierre était debout, *près du feu*, et se chauffait. Quelques-uns donc lui dirent : N'êtes-vous pas aussi de ses disciples ? Il le nia, en disant : Je n'en suis point.

26. Alors un des gens du grand-prêtre, parent de celui à qui Pierre avait coupé l'oreille, lui dit : Ne vous ai-je pas vu dans le jardin avec cet homme ?

27. Pierre le nia encore une fois ; et le coq chanta aussitôt.

28. Ils menèrent donc Jésus de chez Caïphe au palais du gouverneur. C'était le matin ; et, pour eux, ils n'entrèrent point dans le palais, afin de ne pas se souiller, et de pouvoir manger la pâque.

29. Pilate vint donc les trouver dehors, et leur dit : Quel est le crime dont vous accusez cet homme ?

30. Ils lui répondirent : Si ce n'était point un méchant, nous ne vous l'aurions pas livré entre les mains.

31. Pilate leur dit : Prenez-le vous-même, et le jugez selon votre loi. Mais les Juifs lui répondirent : Il ne nous est pas permis de faire mourir personne ;

32. Afin que ce que Jésus avait dit, lorsqu'il avait marqué de quelle mort il devait mourir, fût accompli.

33. Pilate, étant donc rentré dans le prétoire, et ayant fait venir Jésus, lui dit : Êtes-vous le roi des Juifs (*h*) ?

34. Jésus lui répondit : Dites-vous cela de vous-même, ou si d'autres vous l'ont dit de moi (*i*) ?

---

(*h*) Pilate raisonne autrement que Caïphe et va droit au fait. La *doctrine* de Jésus inquiète peu les Romains ; ce qui les touche, c'est le *Messie* (voir Tacite). Or Jésus est-il ou prétend-il, oui ou non, être ce Messie ? Voilà ce que demande Pilate. Si oui, il sévira ; si non, il n'a que faire d'intervenir dans cette dispute ; cela regarde les Juifs. *Jugez-le suivant votre loi*, leur dit-il.

(*i*) Jésus comprend parfaitement l'intention de Pilate ; il lui dit : Ce n'est pas de vous-même que vous m'adressez cette question ?... Et sur l'aveu de Pilate, il dit, en jouant sur les

35. Pilate lui répliqua : Ne savez-vous pas bien que je ne suis pas Juif ? Ceux de votre nation et les princes des prêtres vous ont livré entre mes mains ; qu'avez-vous fait ?

36. Jésus lui répondit : Mon royaume n'est pas de ce monde (*j*). Si mon royaume était de ce monde, mes gens auraient combattu

---

mots, qu'il n'est *un roi que de la vérité !*... Ce que le gouverneur latin juge, comme de raison, parfaitement inoffensif.

Voilà ce que raconte le quatrième Évangile, — ce qui ne se trouve pas dans les trois autres, — et ne l'empêche pas de conclure comme eux à la messianité, et à une messianité plus grande encore de Jésus, c'est-à-dire à sa *divinité* même. (Cf. plus loin, xix, 3 ; et plus haut, i, 1-14.)

(*j*) *Mon royaume n'est pas de ce monde.* A l'aide de l'hypothèse exposée (*Luc*, ii, 52, et *alibi, passim*) sur la théorie de Jésus touchant le Messie, ce passage devient parfaitement clair. Es-tu le Messie juif, demande Pilate, c'est-à-dire *es-tu roi* ? En d'autres termes, ton action est-elle politique ? Non, dit Jésus, je ne crois pas au Messie des pharisiens, je prêche la réforme religieuse et sociale. (Cf. *Marc*, xiv et xv.) Donc, devant Pilate, Jésus est innocent, mais d'autant plus coupable devant les prêtres dont il attaque le patrimoine et les superstitions les plus chères.

Que veut dire cela : *Mon royaume n'est pas de ce monde ?* Faut-il croire que Jésus-Christ n'a eu en vue que l'ordre *spirituel ?* Impossible. J'aime mieux croire qu'il a voulu dire : Mon royaume, c'est-à-dire mon gouvernement, ma société n'est pas de cet *ordre* (εκ τουτου κοσμου), de l'espèce des gouvernements actuels. (Cf. ci-dessus, xv, 17). — Au reste, ceci est un exemple entre mille du danger des propositions générales ou mal définies : on y trouve tout ce que l'on veut. Il y a un millier de passages qu'on peut interpréter à volonté de plusieurs façons, à cause de la compréhension multiple des termes. Les partisans de la théocratie, comme les chrétiens qui veulent la séparation du temporel et du spirituel, peuvent trouver ici de quoi se satisfaire.

pour m'empêcher de tomber entre les mains des Juifs ; mais mon royaume n'est point d'ici.

37. Pilate lui dit alors : Vous êtes donc Roi ? Jésus lui repartit : Vous le dites, que je suis Roi. C'est pour cela que je suis né, et que je suis venu dans le monde, afin de rendre témoignage à la vérité ; quiconque appartient à la vérité, écoute ma voix.

38. Pilate lui dit : Qu'est-ce que la vérité ? Et, ayant dit ces mots, il sortit encore pour aller vers les Juifs, et il leur dit : Je ne trouve aucun crime en cet homme (k).

39. Mais, comme c'est la coutume que je vous délivre un *criminel* à la *fête de* pâque, voulez-vous que je vous délivre le Roi des Juifs ?

40. Alors ils se mirent de nouveau à crier tous ensemble : Nous ne voulons point celui-ci, mais Barabbas. Or Barabbas était un voleur (l).

## CHAPITRE XIX.

Flagellation. Couronne d'épines. Voici l'homme. Tout pouvoir vient d'en haut. Portement de la croix. Crucifiement. Partage des vêtements. Mort de Jésus-Christ. Sa sépulture.

1. Pilate prit donc alors Jésus, et le fit fouetter.

2. Et les soldats, ayant fait une couronne d'épines entrelacées, la lui mirent sur la tête, et ils le revêtirent d'un manteau d'écarlate.

3. Puis ils venaient lui dire : Salut au roi des Juifs (a) ; et ils lui donnaient des soufflets.

4. Pilate sortit donc encore une fois, et dit aux Juifs : Le voici que je vous amène dehors, afin que vous sachiez que je ne trouve en lui aucun crime.

5. Jésus sortit donc, portant une couronne d'épines et un manteau d'écarlate, et Pilate leur dit : Voici l'homme.

6. Les princes des prêtres et leurs gens, l'ayant vu, se mirent à

---

(k) Justification de Jésus par Pilate, comme Jérémie. (XXVI, 16.)

(l) *Jésus* et *Barabbas*, cf. *Lévit.*, XVI, les deux boucs.

(a) Comment les soldats pouvaient-ils le traiter en *Messie* après la justification de Pilate ?

crier, en disant : Crucifiez-le, crucifiez-le. Pilate leur dit : Prenez-le vous-mêmes, et le crucifiez; car, pour moi, je ne trouve en lui aucun crime.

7. Les Juifs lui répondirent : Nous avons une loi, et, selon cette loi, il doit mourir, parce qu'il s'est fait Fils de Dieu (*b*).

8. Pilate, ayant donc entendu ces paroles, craignit encore davantage.

9. Et, étant rentré dans le prétoire, il dit à Jésus : D'où êtes-vous ? Mais Jésus ne lui fit aucune réponse (*c*).

10. Alors Pilate lui dit : Vous ne me parlez point ? Ne savez-vous pas que j'ai le pouvoir de vous faire attacher à une croix, et que j'ai le pouvoir de vous délivrer ?

11. Jésus lui répondit : Vous n'auriez aucun pouvoir sur moi, s'il ne vous avait été donné d'en haut. C'est pourquoi celui qui m'a livré à vous est coupable d'un plus grand péché.

12. Depuis cela, Pilate cherchait un moyen de le délivrer. Mais les Juifs criaient : Si vous délivrez cet homme, vous n'êtes point ami de César; car quiconque se fait roi se déclare contre César (*d*).

13. Pilate, ayant ouï ce discours, mena Jésus hors du prétoire, et s'assit à son tribunal, au lieu appelé *en grec* Lithostrotos, et en hébreu Gabbatha.

14. C'était le jour de la préparation de la pâque; et il était alors environ la sixième heure (*e*); et il dit aux Juifs : Voilà votre Roi.

---

(*b*) *Filium Dei*. Ce n'est pas tout à fait la même chose que *Messie*; tous les prophètes étaient enfants de Dieu. Il règne partout ici une équivoque causée par le souvenir des circonstances de la mort de Jésus et l'opinion accréditée depuis, et à la fin reçue partout, excepté par les Juifs, qu'il était le Messie, mais le Messie au sens théologique.

(*c*) Silence de Jésus; en conséquence d'Isaïe, LIII, 7.

(*d*) Cette circonstance est-elle exacte? La calomnie motive la condamnation; mais si c'est une calomnie, Jésus n'est pas Messie.

(*e*) Suivant cette indication et les suivantes (34, et XX, 1), Jésus fut crucifié le soir même du jour où se mangeait l'agneau pascal, 14 nisân, c'est-à-dire la veille du jour de la Pâque; dont la solennité commençait le soir, et qui cette année était un sabbat, et un grand sabbat. En cela Jean

15. Mais ils se mirent à crier : Otez-le, ôtez-le *du monde* ; crucifiez-le. Pilate leur dit : Crucifierai-je votre Roi? Les princes des prêtres lui répondirent : Nous n'avons point d'autre roi que César (*f*).

16. Alors donc il le leur abandonna, pour être crucifié. Ainsi ils prirent Jésus, et l'emmenèrent.

17. Et, portant sa croix, il vint au lieu appelé le Calvaire, qui se nomme en hébreu Golgotha,

18. Où ils le crucifièrent, et deux autres avec lui; l'un d'un côté, l'autre de l'autre, et Jésus au milieu.

19. Pilate fit aussi une inscription, qu'il fit mettre au haut de la croix, où étaient écrits ces mots : Jésus de Nazareth, Roi des Juifs.

20. Cette inscription fut lue de plusieurs d'entre les Juifs, parce que le lieu où Jésus avait été crucifié était proche de la ville, et que l'inscription était en hébreu, en grec et en latin.

21. Les princes des prêtres dirent donc à Pilate : Ne mettez pas dans l'inscription, Roi des Juifs ; mais qu'il s'est dit Roi des Juifs.

22. Pilate leur répondit : Ce qui est écrit est écrit (*g* et *h*).

23. Les soldats, ayant crucifié Jésus, prirent ses vêtements, et les divisèrent en quatre parts, une pour chaque soldat. *Ils prirent aussi la tunique, et, comme elle était sans couture, et d'un seul tissu depuis le haut jusqu'en bas,*

---

diffère des trois Synoptiques. La raison de cette divergence, selon Schwegler, vient de ce que l'auteur du quatrième Évangile écrivait vers le milieu du deuxième siècle, au temps des discussions sur la Pâque. (Cf. *Matthieu*, XXVI, 20.) Pour moi, je crois que le quatrième a voulu simplement redresser le calcul erroné des autres.

(*f*) Versets 14-15. — Ces ironies ne peuvent être de Pilate : outre qu'elles sont tout à fait déplacées, elles sont un démenti à la gravité magistrale et juridique des Romains. — Pas d'autre Messie que César! c'était l'opinion de Josèphe.

(*g*) Pilate avait ses raisons.

(*h*) Versets 19-22. — Plaisanterie encore plus déplacée que les précédentes, et qui fait peu d'honneur à la vénération des *chrétiens* pour leur Christ. Mais l'écrivain y insiste afin de faire ressortir la messianité de Jésus.

24. Ils dirent entre eux : Ne la coupons point, mais jetons au sort à qui l'aura ; afin que cette parole de l'Écriture fût accomplie : Ils ont partagé entre eux mes vêtements, et ils ont jeté ma robe au sort. Voilà ce que firent les soldats (*i*).

25. Cependant la mère de Jésus, et la sœur de sa mère, Marie, *femme* de Cléophas, et Marie-Madelaine, se tenaient auprès de sa croix.

26. Jésus, ayant donc vu sa mère, et près d'elle le disciple qu'il aimait, dit à sa mère : Femme, voilà votre fils.

27. Puis il dit au disciple : Voilà votre mère. Et, depuis cette heure-là, ce disciple la prit chez lui.

28. Après cela Jésus sachant que toutes choses étaient accomplies ; afin qu'une *parole* de l'Écriture s'accomplît encore, il dit : J'ai soif (*j*).

29. Et comme il y avait là un vase plein de vinaigre, *les soldats* en emplirent une éponge, et, l'environnant d'hysope, la lui présentèrent à la bouche.

30. Jésus, ayant donc pris le vinaigre, dit : Tout est accompli. Et, baissant la tête, il rendit l'esprit (*k*).

31. Or, de peur que les corps ne demeurassent à la croix le jour du sabbat, parce que c'en était *la veille et* la préparation, et que ce jour du sabbat était une grande fête, les Juifs prièrent Pilate qu'on leur rompît les jambes, et qu'on les ôtât *de là*.

---

(*i*) Versets 23-24. — Le détail où Jean entre sur les vêtements qui furent divisés, et ceux qui ne le furent pas, tient à la manière dont il entendait le psaume XXI, 19. Il ne comprenait pas que les deux moitiés du verset exprimaient la même idée, et il inventa, ce lui sembla-t-il pour plus d'exactitude, la circonstance de la tunique. Mais c'est ce qui prouve précisément que cette circonstance n'a aucune valeur historique. (Cf. *Matthieu*, XXI, 5, une remarque analogue.)

(*j*) La soif est ordinaire chez tous les suppliciés. — Mais il s'agit d'une prétendue prophétie.

(*k*) Versets 29-30. — Accommodation qui, du reste, peut avoir eu une réalité pour base. La boisson ordinaire des soldats était de l'eau vinaigrée. Cette circonstance manque dans Luc ; Marc ne parle que d'un vin *myrrhé*, sans allusion à la prophétie d'Isaïe ; Matthieu de même.

32. Il vint donc des soldats qui rompirent les jambes au premier, et de même à l'autre qu'on avait crucifié avec lui (*l*).

33. Puis, étant venu à Jésus, et, voyant qu'il était déjà mort, ils ne lui rompirent point les jambes (*m*).

34. Mais un des soldats lui ouvrit le côté avec une lance, et il en sortit aussitôt du sang et de l'eau.

35. Celui qui l'a vu en rend témoignage, et son témoignage est véritable; et il sait qu'il dit vrai, afin que vous le croyiez aussi (*n*).

36. Car ces choses ont été faites, afin que cette parole de l'Écriture fût accomplie : Vous ne briserez aucun de ses os (*o*).

37. Il est dit encore dans un autre endroit de l'Écriture : Ils verront celui qu'ils ont percé (*p*).

38. Après cela, Joseph d'Arimathie, qui était disciple de Jésus, mais en secret, parce qu'il craignait les Juifs, supplia Pilate qu'il lui permît d'enlever le corps de Jésus ; et Pilate le lui ayant permis, il vint, et enleva le corps de Jésus.

39. Nicodème, qui était venu trouver Jésus la première fois durant la nuit, y vint aussi avec environ cent livres d'une composition de myrrhe et d'aloès;

40. Et, ayant pris le corps de Jésus, ils l'enveloppèrent dans des linceuls avec des aromates, selon que les Juifs ont accoutumé d'ensevelir.

41. Or, il y avait au lieu où il avait été crucifié un jardin, et

---

(*l*) Versets 31-32. — Le supplice de la croix était à peu près le même que celui de la roue.

(*m*) Allusion à ce qui se passait dans la manducation de l'agneau pascal (plus bas, 36).

(*n*) Saint Jean l'a vu, il le dit et le répète. Jésus-Christ était donc bien mort. En pareil cas, deux ou trois affirmations comme celles de Jean ne produisent que le doute.

(*o*) L'accomplissement d'une prophétie ne fut pas, il faut le croire, le seul motif qui empêcha de rompre les jambes à Jésus; l'espoir de le sauver fit gagner probablement les gardes, qui, pour ne se point compromettre, feignirent sans doute d'y substituer le coup de lance. On avait peur d'achever le patient.

(*p*) Autre motif de doute.

dans ce jardin un sépulcre tout neuf, où personne n'avait encore été mis (*q*).

42. Comme donc c'était le jour de la préparation *du sabbat* des Juifs, et que ce sépulcre était proche, ils y mirent Jésus.

---

(*q*) Jésus-Christ fut enterré dans le jardin de Joseph d'Arimathée, dans sa propriété bien close, près de sa demeure. S'il n'était pas mort quand on le descendit de la croix, il fut facile de le faire disparaître ; la comédie de l'enterrement ne fut que le prélude de celle de la résurrection.

Remarquons que saint Jean ne parle pas de gardes mis au sépulcre ; cette circonstance a été forgée après coup pour donner un relief merveilleux à la réapparition de Jésus. — Que penser d'une exécution judiciaire où l'on ne voit aucune formalité remplie, aucune constatation du supplice, de la mort, de la sépulture ? Tout fut fait à la hâte, avec précipitation et comme par escamotage.

La mort de Jésus fut une vengeance du sacerdoce, peut-être aussi un acte de prudence cruelle, qui avait pour but de retenir les exaltés parmi les Juifs et d'empêcher un soulèvement funeste. En un moment pareil, pensait Caïphe, il valait mieux sacrifier un homme que tout le peuple. Tout le monde, au fond, regrettait donc cette mort : et Pilate, qui s'en lavait les mains, et les pontifes, qui l'avaient décidée par un excès de prudence patriotique. Comment s'étonner après cela du désordre qui règne dans l'exécution et de la négligence qui la suit, de la connivence générale au salut du patient ?

Jésus a pu n'être pas mort ; il a pu diriger encore après sa passion, mais clandestinement, son Église, et travailler ainsi lui-même à sa résurrection, à son ascension, à sa messianité, à sa propre apothéose… C'est encore une des chances offertes à la critique pour rendre raison des faits de l'Église primitive, et qui n'est pas plus improbable qu'une autre.

## CHAPITRE XX.

Madelaine va au sépulcre. Elle avertit saint Pierre et saint Jean, qui y viennent après elle. Apparition de Jésus à Madelaine et aux apôtres. Saint Thomas voit et croit.

1. Le premier jour de la semaine, Marie-Madelaine vint dès le matin au sépulcre, lorsqu'il faisait encore obscur; et elle vit que la pierre avait été ôtée du sépulcre.
2. Elle courut donc, et vint trouver Simon-Pierre, et cet autre disciple que Jésus aimait, et leur dit : Ils ont enlevé le Seigneur du sépulcre, et nous ne savons où ils l'ont mis.
3. Pierre sortit *aussitôt*, et cet autre disciple aussi ; et ils s'en allèrent au sépulcre.
4. Ils couraient l'un et l'autre ensemble ; mais cet autre disciple courut plus vite que Pierre, et arriva le premier au sépulcre ;
5. Et, s'étant baissé, il vit les linceuls qui y étaient, mais il n'entra point.
6. Simon-Pierre, qui le suivait, arriva ensuite, et entra dans le sépulcre ; il vit les linceuls qui y étaient,
7. Et le suaire qu'on avait mis sur sa tête, qui n'était pas avec les linceuls, mais plié en un lieu à part.
8. Alors donc cet autre disciple qui était arrivé le premier au sépulcre y entra aussi ; et il vit, et il crut ;
9. Car il ne savait pas (*a*) encore ce que l'Écriture enseigne : Qu'il fallait qu'il ressuscitât d'entre les morts.

---

(*a*) *Ils ne savaient pas.* Ils ne se doutaient pas encore qu'il dût ressusciter. Cependant Jésus-Christ l'avait dit assez clairement en cet endroit ; et si, parmi les prophéties qui regardaient le Christ, il s'en était trouvé une qui eût parlé d'un *retour à la vie*, à coup sûr, elle eût été remarquée. Concluons donc que les passages des Évangiles où Jésus-Christ annonce sa résurrection sont supposés, et qu'on n'a pu que fabriquer après coup l'annonce d'un événement dont on n'avait jamais entendu parler. Autrement il faudrait admettre dans les apôtres un degré de bêtise plus merveilleux que le miracle lui-même.

10. Ces disciples s'en retournèrent donc ensuite chez eux.

11. Mais Marie se tint dehors, pleurant près du sépulcre. Et comme elle pleurait, s'étant baissée pour regarder dans le sépulcre,

12. Elle y vit deux anges, vêtus de blanc, assis au lieu où avait été le corps de Jésus, l'un à la tête et l'autre aux pieds.

13. Ils lui dirent : Femme, pourquoi pleurez-vous ? Elle leur répondit : C'est qu'ils ont enlevé mon Seigneur, et je ne sais où ils l'ont mis.

14. Ayant dit cela, elle se retourna, et vit Jésus debout, sans savoir néanmoins que ce fût Jésus.

15. Alors Jésus lui dit : Femme, pourquoi pleurez-vous ? Qui cherchez-vous ? Elle, pensant que ce fût le jardinier, lui dit : Seigneur, si c'est vous qui l'avez enlevé, dites-moi où vous l'avez mis, et je l'emporterai.

16. (*b*) Jésus lui dit : Marie. *Aussitôt* elle se retourna, et lui dit : Rabboni ; c'est-à-dire *mon* maître.

17. Jésus lui répondit : Ne me touchez pas ; car je ne suis pas encore monté vers mon Père ; mais allez trouver mes frères et leur dites *de ma part* : Je monte vers mon Père et votre Père, vers mon Dieu et votre Dieu.

18. Marie-Madelaine vint donc dire aux disciples qu'elle avait vu le Seigneur, et qu'il lui avait dit ces choses (*c*).

---

(*b*) VERSETS 16 et suivants. — Tout ce récit est de nature à inspirer la méfiance. Voilà l'apostolat organisé ; Jésus se tient à l'écart ; il ne se montre plus ; son rôle visible est fini ; mais il gouverne encore, quoique absent ; il dirige, donne le Saint-Esprit.

(*c*) VERSETS 1-18. — Les dix-huit premiers versets de ce chapitre sont en substance conformes au récit de Matthieu. Jésus ressuscité ne se montre qu'à Madelaine, à une ou plusieurs femmes, et se borne à les charger d'un rendez-vous pour ses apôtres. Même il oublie de donner ce rendez-vous, et se borne à dire : *Je monte à mon Dieu, à mon Père*. Mais ce qui donne lieu de croire que l'évangéliste sous-entend une commission, savoir, d'aller l'attendre en Galilée, c'est qu'au chapitre suivant (XXI), Jésus se trouve en effet en Galilée, sur le lac de Tibériade, avec ses disciples. En sorte que nous avons ici les deux apparitions si bien liées de Matthieu, et qui, selon toute apparence, furent les *seules*. Mais tout à coup

19. Sur le soir du même jour, qui était le premier de la semaine, les portes du lieu où les disciples étaient assemblés, de peur des Juifs, étant fermées (d), Jésus vint et se tint au milieu d'*eux*, et leur dit : La paix soit avec vous.

20. Ce qu'ayant dit, il leur montra ses mains et son côté. Les disciples eurent donc une grande joie de voir le Seigneur.

21. Et il leur dit une seconde fois : La paix soit avec vous. Comme mon Père m'a envoyé, je vous envoie aussi de même.

22. Ayant dit ces mots, il souffla sur eux et leur dit : Recevez le Saint-Esprit.

23. Les péchés seront remis à ceux à qui vous les remettrez, et ils seront retenus à ceux à qui vous les retiendrez.

24. Or, Thomas, l'un des douze *apôtres*, appelé Didyme, n'était pas avec eux lorsque Jésus vint (e).

---

le narrateur se ravisa : il avait eu connaissance des histoires racontées par Luc, Marc, Paul, sur la résurrection ; et le voilà qui, se mettant à enchérir sur eux, raconte une autre apparition à Jérusalem, et dit, par deux fois, qu'il y en a eu une *multitude si grande* qu'on ne pourrait l'écrire.

(d) *Fores clausæ*. Jean n'y met point de malice ; il ne voit là qu'une circonstance merveilleuse ; il ne soupçonne pas qu'il touche à la théorie des *corps ressuscités*, laquelle implique la négation de la résurrection de Jésus telle qu'il l'entend.

(e) Cette histoire de saint Thomas n'est point, comme on l'a cru, une preuve de la supercherie de l'historien ; c'est tout simplement une naïveté du narrateur populaire. Il n'est point venu à l'esprit des historiens de l'Évangile de prévoir qu'on pourrait révoquer en doute leur témoignage, et qu'ils avaient besoin de se prémunir d'avance contre l'incrédulité. Ils ont raconté les faits comme la *tradition*, c'est-à-dire l'imagination du peuple chrétien, les leur livrait. Dans une affaire comme celle de la résurrection, où tous les apôtres se montrent étonnés, il devait arriver qu'un, plus incrédule, ne se rendrait pas du premier coup au commun témoignage. C'est cette réflexion de simple bon sens qui a suggéré l'aventure de Thomas.

25. Les autres disciples lui dirent donc : Nous avons vu le Seigneur. Mais il leur dit : Si je ne vois dans ses mains la marque des clous *qui les ont percées*, et si je ne mets mon doigt dans le trou des clous et ma main dans *la plaie de* son côté, je ne le croirai point.

26. Huit jours après, les disciples étant encore dans le même lieu et Thomas avec eux, Jésus vint, les portes étant fermées (*d*), et il se tint au milieu *d'eux* et leur dit : La paix soit avec vous.

27. Il dit ensuite à Thomas : Portez ici votre doigt, et considérez mes mains; approchez aussi votre main et la mettez dans mon côté, et ne soyez plus incrédule, mais fidèle (*f*).

28. Thomas répondit et lui dit : Mon Seigneur et mon Dieu.

29. Jésus lui dit : Vous avez cru, Thomas, parce que vous m'avez vu : heureux ceux qui, sans avoir vu, ont cru.

30. Jésus a fait beaucoup d'autres miracles à la vue de ses disciples, qui ne sont pas écrits dans ce livre.

31. Mais ceux-ci sont écrits, afin que vous croyiez que Jésus est le Christ, Fils de Dieu, et qu'en croyant, vous ayez la vie en son nom (*g*).

## CHAPITRE XXI (*a*).

Apparition de Jésus, près de la mer de Tibériade. Pêche miraculeuse. Amour de saint Pierre. Jésus lui confie ses brebis, lui prédit son martyre.

1. Jésus se fit voir encore depuis à ses disciples sur le bord de la mer de Tibériade; et il s'y fit voir de cette sorte :

---

(*f*) Il n'est pas question des pieds.

(*g*) Cela est d'une naïveté qui ne pouvait venir que de saint Jean. Ainsi, le quatrième Évangile est écrit pour prouver que Jésus est le CHRIST. En vérité, nous nous en doutions; mais lui Jésus ne s'y attendait guère.

(*a*) Ce dernier chapitre est d'une rédaction étrangère, ou tout au moins postérieure. Il paraît avoir été fait pour établir la *primauté de Pierre*, et détruire l'opinion que saint Jean ne mourrait qu'au retour du Christ. (Cf. ci-dessous, XXI, 22, note *e*.)

2. Simon-Pierre et Thomas, appelé Didyme, Nathanaël, qui était de Cana, en Galilée; les fils de Zébédée et deux autres de ses disciples étaient ensemble.

3. Simon-Pierre leur *ayant* dit : Je m'en vais pêcher. Ils lui dirent : Nous allons aussi avec vous. Ils s'en allèrent donc et entrèrent dans une barque; mais cette nuit-là ils ne prirent rien.

4. Le matin étant venu, Jésus parut sur le rivage, sans que ses disciples connussent que c'était Jésus.

5. Jésus leur dit donc : Enfants, n'avez-vous rien à manger? Ils lui répondirent : Non.

6. Il leur dit : Jetez le filet au côté droit de la barque, et vous en trouverez. Ils le jetèrent aussitôt; et ils ne pouvaient plus le tirer tant il était chargé de poissons.

7. Alors le disciple que Jésus aimait dit à Pierre : C'est le Seigneur. Et Simon-Pierre, ayant appris que c'était le Seigneur, mit son habit, car il était nu, et il se jeta dans la mer.

8. Les autres disciples vinrent dans la barque, n'étant pas loin de la terre, mais environ deux cents coudées; et ils tirèrent le filet plein de poissons.

9. Lors donc qu'ils furent descendus à terre, ils trouvèrent des charbons allumés et du poisson mis dessus, et du pain.

10. Jésus leur dit : Apportez de ces poissons que vous venez de prendre.

11. Alors Simon-Pierre monta *dans la barque* et tira à terre le filet, qui était plein de cent cinquante-trois grands poissons. Et quoiqu'il y en eût tant, le filet ne se rompit point.

12. Jésus leur dit : Venez, dînez. Et nul de ceux qui étaient à table n'osait lui demander : Qui êtes-vous? car ils savaient que c'était le Seigneur.

13. Jésus vint donc, prit le pain, leur en donna, et du poisson de même.

14. Ce fut là la troisième fois que Jésus apparut à ses disciples, depuis qu'il fut ressuscité d'entre les morts.

15. Après donc qu'ils eurent dîné, Jésus dit à Simon-Pierre : Simon, *fils* de Jean, m'aimez-vous plus que *ne font* ceux-ci? Il lui répondit : Oui, Seigneur, vous savez que je vous aime. Jésus lui dit : Paissez mes agneaux (*b*).

16. Il lui demanda de nouveau : Simon, fils de Jean, m'aimez-vous? Pierre lui répondit : Oui, Seigneur, vous savez que je vous aime. Jésus lui dit : Paissez mes agneaux.

17. Il lui demanda pour la troisième fois : Simon, *fils* de Jean, m'aimez-vous? Pierre fut touché de qu'il lui demandait pour la

---

(*b*) Institution du *sacerdoce chrétien*.

troisième fois : M'aimez-vous? Et il lui dit : Seigneur, vous savez toutes choses, vous connaissez que je vous aime. Jésus lui dit : Paissez mes brebis.

18. En vérité, en vérité, je vous le dis, lorsque vous étiez plus jeune, vous vous ceigniez vous-même, et vous alliez où vous vouliez ; mais lorsque vous serez vieux, vous étendrez vos mains, et un autre vous ceindra et vous mènera où vous ne voudrez pas.

19. Or, il dit cela pour marquer par quelle mort il devait glorifier Dieu (c). Et après avoir ainsi parlé, il lui dit : Suivez-moi (d).

20. Pierre, s'étant retourné, vit venir après lui le disciple que Jésus aimait, qui, pendant la cène, s'était reposé sur son sein et lui avait dit : Seigneur, qui est celui qui vous trahira ?

21. Pierre, l'ayant donc vu, dit à Jésus : Et celui-ci, Seigneur, que deviendra-t-il ?

22. Jésus lui dit : Si je veux qu'il demeure jusqu'à ce que je vienne, que vous importe ? Pour vous, suivez-moi (d).

23. Il courut sur cela un bruit, parmi les frères, que ce disciple ne mourrait point. Jésus néanmoins n'avait point dit : Il ne mourra point ; mais : *Si* je veux qu'il demeure jusqu'à ce que je vienne (e), que vous importe ?

24. C'est ce même disciple qui rend témoignage de ces choses

---

(c) Ce verset indique que la rédaction est au moins postérieure à l'an 66, année présumée de la mort de Pierre.

(d) *Tu me sequere*, c'est-à-dire tu seras mis à mort comme moi ; Jean mourra de vieillesse.

(e) *Donec veniam*. Dans l'esprit de l'époque, cela ne voulait pas dire longtemps. Il faut, pour comprendre ce passage, le rapprocher de *Matthieu*, XVI, 28 ; *Marc*, VIII, 39, et *Luc*, IX, 27, et les notes.

Le grand âge de saint Jean avait fait croire aux uns qu'il vivrait jusqu'à la venue du Messie, aux autres qu'il ne mourrait point. Saint Jean, qui ne croyait pas à sa propre immortalité, explique naïvement ce qu'il en pense en disant qu'il pourrait bien vivre, avec la grâce de Dieu, jusqu'au jugement dernier. Or ce jugement, suivant lui, ne devait pas tarder beaucoup après la persécution de Néron et la ruine de Jérusalem. (Cf. l'*Apocalypse*.)

414 ÉVANGILE

et qui a écrit ci ; et nous savons que son témoignage est véritable (*f*).

25. Jésus a fait encore beaucoup d'autres choses ; et, si on les rapportait en détail, je ne crois pas que le monde même pût contenir les livres qu'on en écrirait (*g*).

---

(*f*) Ce verset signifie bien que le rédacteur du quatrième Évangile est saint Jean ; mais il ne le *prouve* pas, et la critique ne se livre pas pour une si maigre raison. L'annotateur orthodoxe de la Bible sur laquelle j'ai écrit ces commentaires, a essayé de prévenir les objections par la note suivante sur le verset 31, chapitre xx, ci-dessus : « Grotius a cru que Jean avait terminé son Évangile à ce verset, et que le chapitre suivant avait été ajouté par l'Église d'Éphèse, d'après les documents de l'apôtre lui-même, pour faire tomber la croyance que Jean ne devait jamais mourir. Mais il n'y a rien dans ces versets qui doive nous surprendre, puisque déjà, au chapitre xix, verset 35, l'Évangéliste a employé la même forme de conclusion. »

(*g*) Suivant les *Ophites*, Jésus aurait passé sur la terre, non quarante jours après sa résurrection, mais dix-huit mois. Il n'aurait pas été reconnu de ses disciples ; et lui-même, séparé, depuis le jour de sa passion, du *Christos* céleste, aurait été alors initié à la gnose. Après avoir longtemps réfléchi, je crois avec les Ophites que Jésus n'est pas mort de son supplice, et en cela je me sépare de Strauss.

Plus je relis cet Évangile attribué à Jean, plus je reste convaincu qu'il a été écrit assez longtemps après les autres. Déjà les premiers, racontant la vie du maître au point de vue de tous les événements qui s'étaient passés depuis sa mort, lui avaient attribué beaucoup de choses qui ne sont pas de lui. Jean se montra encore moins réservé. Le temps avait marché ; à l'agitation extraordinaire de la Judée, sous Néron et Titus, avait succédé un calme général : la communauté chrétienne se répandait partout et jouissait d'une sécurité relative. Le Jésus de Jean devient de plus en plus théologien, philosophe et parleur. A quelques détails insignifiants, souvenirs tout personnels, Jean ajoute une foule de choses qui n'ont de réalité que dans son imagination. Son Évangile *explique* Jésus, tel que lui, en dernier lieu, l'a conçu ; il ne le raconte pas. En revanche, et pour la même raison, il supprime d'autres choses importantes, mais qui n'ont plus le même intérêt. — Ainsi, pour n'en citer qu'un exemple, au temps de la catastrophe de Jérusalem, il importait encore aux évangélistes de montrer que Jésus était de la race de David, le vrai Messie davidique : Jean n'en est plus là : son Messie est le *Verbe*.

*Conclusion générale sur la résurrection.* — Autre est le sens donné à la résurrection par Matthieu et Jean, et autre le sens adopté par Marc, Luc et Paul. — D'après les uns, Jésus est ressuscité dans le sens strict du mot, comme Lazare était censé l'avoir été ; d'après les autres, il n'a eu sur les autres hommes, qui tous doivent ressusciter, que le bénéfice de l'abréviation du temps ; et son corps est devenu *autre*, corps céleste et spirituel, une ombre. D'où résulte, à l'égard des uns et des autres, ce double soupçon : que si Matthieu et Jean parlent avec conviction, s'ils ont vu leur maître, c'est que Jésus *n'était pas mort* sur la croix, mais qu'il jugeait à propos de ne se plus montrer, ou qu'il mourut peu après ; et que si l'on doit s'en rapporter au récit de Luc et de Paul, alors Jésus n'est pas ressuscité, mais son corps a été enlevé. (Cf. *Epître* de Pierre.)

Dès son vivant, Jésus n'était pas maître du mouvement messianique. Les uns suivaient obstinément la croyance des zélateurs à un Messie triomphant et victorieux ; les autres commençaient à rêver toutes sortes de *gnoses*, forgeant les mystères les plus étranges sur *Caïn*, sur le *serpent*, sur *Jéhovah*, sur *Adam*, sur le *Christ*, sur le *Logos*, etc., etc., etc. On eût fait le christianisme sans Jésus.

Restaurer cette figure, c'est grandir l'homme ; et rétablir la vérité, en ôtant à Jésus son apothéose, c'est servir la raison et l'humanité.

# NOTES

## SUR

# LA CHRONOLOGIE SACRÉE

### RELATIVE AUX ÉVANGILES

---

An 2 avant l'ère vulgaire. Naissance de Jésus, suivant Luc (III, 1 et 23) et la chronologie des trois premiers évangélistes, suivie par Lactance (cf. *Luc*, III. 1, note *a*; *Matthieu*, XXI, 1, note *a*; et *Jean*, II, v et *alias*, notes). — L'édit de César, sur le dénombrement de la population de l'empire, est une hypothèse de Luc, adoptée par tous ceux qui sont venus après, et qui sont devenus ensuite eux-mêmes des autorités. (Cf. Strauss sur toute cette question de chronologie ; cf. *Luc*, II, note.)

---

An 29 de l'ère vulgaire. Ussérius reconnaît que plusieurs Pères ont regardé cette année comme celle de la mort de Jésus. Une considération à joindre à celle que j'ai développée ailleurs, est que les trois ans et demi de prédication que d'autres lui prêtent, ou quarante-deux mois, sont un nombre cabalistique qui se retrouve dans l'*Apocalypse*, chapitre XII, verset 6, et ailleurs. Les Romains ne laissaient pas aller loin les réformateurs ; et pour peu que les chefs juifs s'en mêlassent, c'était bientôt fait. Je crois que la mise à mort de

Jésus suivit de près celle de Jean le Baptiseur. Tous ces prédicants étaient livrés par la cabale de Jérusalem et tués par les Romains.

---

*Jour de la crucifixion.* Il est fixé par la chronologie d'Ussérius au 3 avril de l'an 33, et la Pâque au 5. Mais en prenant avec Lactance, d'après les trois Synoptiques, l'an 29 pour celui de la mort de Jésus, cette mort serait arrivée le 10 des calendes d'avril, c'est-à-dire le 23 mars. Dans mon opinion, cette date est aussi bien constatée qu'aucune de l'histoire de Jésus. Il avait *environ* 31 ans (*Luc*, III, 23); il était né par conséquent l'an 2 avant l'ère vulgaire. L'ère vulgaire lui donne trente-trois ans et trois mois; la chronologie d'Ussérius, trente-sept. En donnant au mot *environ* une certaine extension, la vérité se trouvera entre la première et la deuxième opinion, trente et un à trente-quatre ans.

De toute cette chronologie de la naissance, de la vie et de la mort du *Christ*, une seule chose est certaine et bien constatée : c'est qu'il fut mis à mort sous le *gouvernement de Ponce-Pilate*, c'est-à-dire *de l'an 26 à l'an 36*. — Suivant Lactance et d'autres anciens cités par Gibbon, cette mort serait arrivée l'an 29, sous le consulat des deux Géminus. (Cf. *Luc*, III, 1, note *a*.)

Les seules raisons qui aient fait abandonner ce témoignage sont : l'assertion de Luc (chapitre III), qui dit que Jésus fut baptisé l'an 29, et celle de Jean, qui prétend que, depuis son baptême jusqu'à sa mort, il célébra *quatre fois* la Pâque.

Ajoutons le calcul des *semaines de Daniel*, qui s'accorderait mieux avec la nouvelle chronologie.

Mais Luc et les deux autres évangélistes, Matthieu et Marc, ne parlent point de *quatre Pâques*; ils ne font mention que d'une seule. D'autre part, les prétendues Pâques de Jean doivent d'abord se réduire à trois (*Jean*, v, 1); ensuite les *trois autres* peuvent fort bien être toujours la même, que Jean rappelle de temps en temps comme le point chronologique sur lequel pivote l'histoire de la passion.

Quant aux *semaines de Daniel*, nous passerons condamnation.

Reste donc un seul point qui, avec le témoignage de Tacite, paraisse devoir être considéré comme certain : c'est la coïncidence de la prédication de Jean-Baptiste et de celle de Jésus, de même que celle de leur mort : ce qui ramène toujours aux alentours de l'an 29.

FIN DES ÉVANGILES

6) 11 сент.

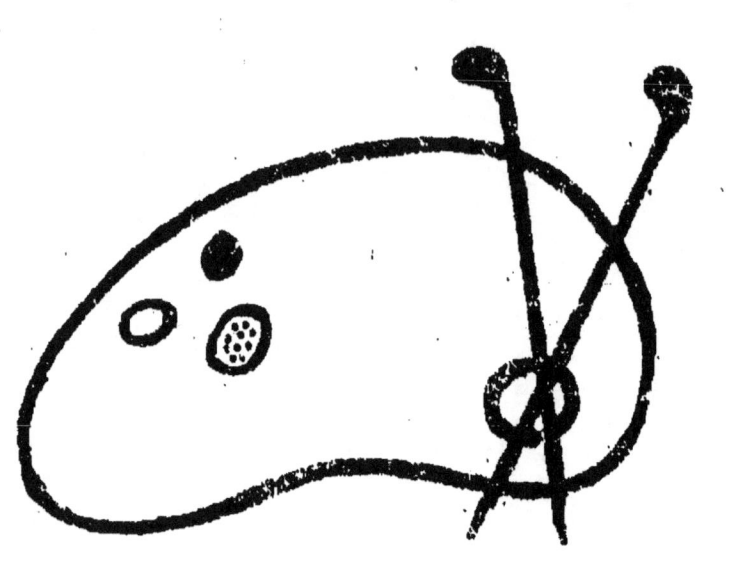

Original en couleur
NF Z 43-120-8

www.ingramcontent.com/pod-product-compliance
Lightning Source LLC
Chambersburg PA
CBHW050905230426
43666CB00010B/2039